FACHBUCHREIHE
für wirtschaftliche Bildung

Schwerpunkt Einzelhandel

Schuljahr 2

6. Auflage

VERLAG EUROPA-LEHRMITTEL
Nourney, Vollmer GmbH & Co. KG
Düsselberger Straße 23
42781 Haan-Gruiten

Europa-Nr.: 97897

Verfasser

Joachim **Beck** †

Steffen **Berner**

6. Auflage 2017

Druck 5 4 3 2 1

Alle Drucke derselben Auflage sind parallel einsetzbar, da bis auf die Behebung von Druckfehlern untereinander unverändert.

ISBN 978-3-8085-9307-3

© 2017 by Verlag Europa-Lehrmittel, Nourney, Vollmer GmbH & Co. KG, 42781 Haan-Gruiten
http://www.europa-lehrmittel.de

Umschlag, Satz: Satz+Layout Werkstatt Kluth GmbH, 50374 Erftstadt
Umschlagkonzept: tiff.any GmbH, 10999 Berlin
Umschlagfoto: © adisa – Fotolia.com
Druck: Konrad Triltsch Print und digitale Medien GmbH, 97199 Ochsenfurt-Hohestadt

Vorwort zur 6. Auflage

„Schwerpunkt Einzelhandel – Schuljahr 2" ist ein umfassendes Lehr- und Lernbuch, das nunmehr in der 6. Auflage vorliegt. Es richtet sich an Auszubildende, Lehrer/innen und Ausbilder/innen in den Berufen

- **Verkäufer/Verkäuferin**
- **Kaufmann im Einzelhandel/Kauffrau im Einzelhandel.**

sowie an alle in der **beruflichen Weiterbildung Tätigen im Einzelhandel.** Zugleich kann es **Fachleuten in der Einzelhandelspraxis** als wertvolles Nachschlagewerk und zur Vertiefung bekannter Inhalte dienen.

Das Buch umfasst die **Lerngebiete** des zweiten Schuljahres in der **Berufsfachlichen Kompetenz** sowie in der Projektkompetenz auf der Grundlage des aktuellen **baden-württembergischen Bildungsplans.**

Die inhaltliche Gestaltung orientiert sich am baden-württembergischen **Lernfeldkonzept.** Es stellt lernfeldbezogene und handlungsorientierte Materialien und Unterlagen für eine Unterrichtsgestaltung bereit, welche die Aktivität der Auszubildenden fördert und fordert und es ihnen ermöglicht, am Ende eines Ausbildungsabschnittes berufliche Handlungsabläufe zu verstehen.

„Schwerpunkt Einzelhandel" bietet dazu eine **Vielzahl praxisnaher Situationsaufgaben** mit zahlreichen lerngruppenzentrierten Aufgabenstellungen und will so **selbstorganisiertes Lernen** sowie die Erarbeitung und Gestaltung **klassenindividueller Lernarrangements** ermöglichen.

Neben dem bisherigen Schwerpunkt Gesamtwirtschaft wurden im **Kompetenzbereich (WiSo)** „Wirtschaftliches Handeln in der Sozialen Marktwirtschaft analysieren" noch **Zusatzaufgaben** ergänzt. Dieses **Kompetenztraining** beinhaltet im Wesentlichen komplexe und realitätsnahe Problemstellungen unter Berücksichtigung der Erfahrungswelt der Lernenden. Das Kompetenztraining dient einer aktiven Beteiligung der Lernenden und zur **Prüfungsvorbereitung.**

Das Lehrbuch wird durch ein **Arbeitsheft** ergänzt sowie durch einen **Lösungsband** für Buch und Arbeitsheft.

Ihr Feedback ist uns wichtig. Wir freuen uns auf eine positive Aufnahme dieses Buches, aber auch auf Hinweise, die zu einer Verbesserung des Buches führen. Ihre Anregungen und Stellungnahmen sind uns unter lektorat@europa-lehrmittel.de sehr willkommen.

Sommer 2017

Für die Autoren
Steffen Berner

Inhaltsverzeichnis

■ Schwerpunkt Betriebswirtschaft (SBW)
Lernfeld 6: Besondere Verkaufssituationen bewältigen

■ Schwerpunkt Betriebswirtschaft (SBW)
Lernfeld 7: Waren beschaffen, annehmen und lagern

■ Schwerpunkt Steuerung und Kontrolle (SSuK)
Lernfeld 12: Geschäftsprozesse bei der Beschaffung, Kalkulation und Lagerung der Ware erfolgsorientiert planen, kontrollieren und steuern

◼ Schwerpunkt Steuerung und Kontrolle (SSuK)
Lernfeld 13: Kennziffern im Verkauf analysieren und erfolgswirksame Geschäftsprozesse erfassen

■ Schwerpunkt Gesamtwirtschaft (Kompetenzbereich WiSo)
Wirtschaftliches Handeln in der Sozialen Marktwirtschaft analysieren

Schwerpunkt Betriebswirtschaft (SBW)

Lernfeld 6
Besondere Verkaufssituationen bewältigen

© BlueSkyImage – shutterstock.com

© Fotosenmeer.nl – Fotolia.com

© Adam Gregor – Fotolia.com

1 Kundeneinwände

Lästig oder hilfreich?

■ SITUATION

© Guido Adolphs

In der Obstabteilung eines Supermarktes:

Kundin: „Ein Kilo für 2,99 €, das ist aber teuer!"

Verk.: „Bitte bedenken Sie, wir hatten dieses Jahr während der Blütezeit der Apfelbäume extrem ungünstige Witterungsbedingungen. Daher gab es eine sehr schlechte Ernte. Das wirkt sich natürlich auf den Preis aus."

 Auch Ihnen gegenüber haben Kunden sicher schon öfter einen Einwand gegen den Preis einer Ware vorgebracht. Formulieren Sie drei unterschiedliche Widerlegungen an Warenbeispielen aus Ihrer Branche.

■ INFORMATION

Trotz einer begründeten Verkaufsargumentation muss man als Verkäufer stets damit rechnen, dass das Verkaufsgespräch nicht immer schnell und problemlos zum Kaufabschluss führt. Sind **Kunden** noch unsicher und haben Bedenken, äußern sie in Form von **Einwänden**, dass für sie entweder noch ein weiterer Informationsbedarf besteht oder sie vom Angebot aus unterschiedlichen Gründen noch nicht vollständig überzeugt sind.

Einwände sollte man **nicht negativ** sehen, zeigen sie doch ein Interesse der Kunden an der angebotenen Leistung. Damit es zu einem erfolgreichen Kaufabschluss kommen kann, ist es in solchen Situationen für den Verkäufer wichtig die **Einwände** der Kunden **wirkungsvoll** zu **entkräften** oder mit **neuen Verkaufsargumenten** auf sie einzugehen.

1.1 Einwände – Signale des Kunden im Verkaufsgespräch

Einwände signalisieren, dass den Kunden nicht alles gefällt, was ihnen an Waren angeboten wird.

■ Ursachen für Kundeneinwände

Die **Ursachen** für Kundeneinwände können sowohl in der Person des Kunden als auch in der Person und im Verhalten des Verkäufers liegen.

Es kommt zu Einwänden im Verkaufsgespräch …	
wenn der Kunde	**wenn der Verkäufer**
› mit der gewünschten Ware bisher keine oder wenig Erfahrung hatte,	› den Kundenwunsch nicht eindeutig erkannt hat,
› mit ähnlicher Ware bereits eine negative Erfahrung gemacht hat,	› über schlechte oder gar keine Warenkenntnisse verfügt,
› den Nutzen, den ihm die Ware bringen soll, nicht eindeutig erkennt,	› nicht nutzenorientiert argumentieren kann,
› dem Verkäufer misstraut.	› mit Methoden arbeitet, die der Kunde als aufdringlich empfindet.

■ Arten der Kundeneinwände

Damit der Verkäufer **erfolgreich** mit den **Kundeneinwänden** umgeht, muss er in der Lage sein, diese zu erkennen, und er muss zusätzlich wissen, wogegen sich der Einwand richtet. Ist dies der Fall, kann er sich die jeweils passende „**Strategie**" zurechtlegen und den Einwand entkräften bzw. widerlegen.

Einwände können sich richten gegen

Einwände gegen	Beispiele	Gründe des Kunden
Ware	„Die Lautsprecherboxen sind viel zu groß!" „Die Farbe passt nicht!"	Der Kunde ist mit der Ware nicht einverstanden. Mögliche Gründe sind: Art, Menge, Aussehen, Material oder Zustand der Produkte.
Preis	„Das ist mir zu teuer!" „Dieser Artikel ist aber bei der Konkurrenz billiger!" „Bei diesem Preis kann das Gerät doch nichts taugen!"	Der Kunde empfindet den Preis entweder im Vergleich zur Leistung bzw. Qualität oder im Vergleich zu Konkurrenzangeboten zu hoch. Für Kunden, die niedrige Preise mit schlechter Qualität gleichsetzen, können günstige Angebote zu Preiseinwänden führen.
Verkaufspersonal	„Sie verkaufen wohl noch nicht lange!" „Sonst hat mich immer Frau Merkle bedient!" „Ja zeigen Sie mir doch endlich mal was!"	Der Kunde hat u. U. bereits schlechte Erfahrungen mit Verkaufspersonal gemacht. Dazu zählen z. B. geringe Beratungskompetenz und mangelhafte Sortiments- und Warenkenntnisse.
Geschäft	„Von Auswahl kann man bei Ihnen aber nicht sprechen!" „Bei Ihnen findet man sich überhaupt nicht zurecht!" „Service ist wohl bei Ihnen ein Fremdwort!"	Der Kunde ist mit dem Warenangebot, der Platzierung oder der Warenpflege nicht einverstanden. Auch mangelhafte Serviceleistungen führen oft zu Einwänden.

Allgemeine und spezielle Einwände

Nicht jeder Einwand hilft dem Verkäufer weiter, das Einkaufsproblem des Kunden zu dessen Zufriedenheit zu lösen. Ist der **Einwand** zu **allgemein** (*„Diese Lampe gefällt mir nicht!"*), müssen zusätzliche Fragen an den Kunden gestellt werden, da sonst keine Ausräumung des Einwandes möglich ist (*„Was gefällt Ihnen an der Lampe denn nicht?"*).

Spezielle Einwände des Kunden (*„Das Braun des Lampenschirms ist mir viel zu dunkel!"*) dagegen geben dem Verkäufer die Möglichkeit, unmittelbar darauf zu reagieren (*„Hier die Lampe mit einem hellbeigen Schirm!"*).

Echte und unechte Einwände

Echte Einwände meint der Kunde ernst. Er hat wirklich ein Problem mit der Ware *(Preis, Farbe, Ausstattung, Service)* und möchte vom Verkaufspersonal Hilfe und Unterstützung (*„Ich hatte mir eigentlich drei Jahre Garantie vorgestellt!"*). Wenn man ihm helfen kann, steigen die Chancen auf einen Kaufabschluss.

Unechte Einwände werden meist nur zum **Schein** gemacht, wenn der Kunde bereits vom Kauf abgerückt ist. Viele Kunden können bzw. wollen nach einer längeren Beratung nicht direkt sagen, dass sie diesmal nichts kaufen wollen. Sie äußern dann einen unechten Einwand (*„Da muss ich erst noch meine Frau fragen!"*). Auch wenn es offensichtlich ist, dass der Einwand nur als **„Ausrede"** dient, sollte man ihn akzeptieren. Dadurch verschafft man dem Kunden Erleichterung und ermuntert ihn zum Wiederkommen, um tatsächlich etwas zu kaufen.

1.2 Verhalten des Verkaufspersonals bei Kundeneinwänden

■ Einwände als Verkaufschancen verstehen

Kunden bringen ihre Einwände auf sehr unterschiedliche Weise vor: leise und sachlich, laut und aufbrausend, zögernd und verlegen, aber auch kritisch und selbstbewusst. Aber Vorsicht! Häufig kann man nicht entscheiden, ob es sich um einen echten Einwand oder nur um eine Ausrede handelt. Womöglich fühlt sich mancher Kunde missverstanden oder falsch behandelt.

Einwände mögen oft lästig, unzutreffend oder unberechtigt erscheinen. Dennoch ist es wichtig, auf alle Einwände **kundenbezogen** und mit **Feingefühl** einzugehen. Jeder Mensch möchte, dass seine Fragen und Bedenken ernst genommen werden. Daher sollte man **Einwände** auch immer als **Gesprächsangebot** verstehen, denn der Kunde möchte damit eigentlich sagen: „Ich möchte mit dir sprechen. Bitte räume meine Bedenken aus!" Deshalb sollten Sie die folgenden **Grundsätze** beachten.

Grundregeln zum Verhalten bei Kundeneinwänden

› Sie hören den Einwand des Kunden ruhig an und unterbrechen ihn nicht, denn Zuhören schafft Sympathie und bringt Ihnen wichtige Informationen!

› Sie zeigen Ihrem Kunden, dass Sie für seinen Einwand Verständnis haben und seine Meinung respektieren!

› Sie geben offen zu, wenn der Kunde mit seinem Einwand Recht hat!

› Sie überlegen, wie Sie die unberechtigten Einwände des Kunden entkräften können!

› Sie streiten mit Ihrem Kunden nicht, sondern argumentieren ruhig und sachlich!

› Sie belehren nicht und sind nicht rechthaberisch!

■ Einwände richtig ausräumen

Bei allen Arten von Einwänden empfiehlt sich folgendes Vorgehen: Den Einwand ernst nehmen, dann abfedern, anschließend umlenken und erst dann ausräumen. Ein direkter Widerspruch (*„Das ist völlig falsch, was Sie da behaupten!"*) sollte immer vermieden werden.

Die richtige Einwandbehandlung soll an folgendem **Beispiel** verdeutlicht werden:

Kundin: „Leder kann man doch nicht waschen. Dann sieht die Jacke schnell schmuddelig aus!"

ernst nehmen	„Sie haben völlig recht, diese Jacke können Sie natürlich nicht waschen. Das verträgt sie nicht."
abfedern	„Das bedeutet aber nicht, dass Lederkleidung unsauber oder unhygienisch werden muss."
um- lenken	„Das glatte Leder verschmutzt längst nicht so schnell wie ein Textilgewebe. Staub und Schmutz können Sie abwischen und für hartnäckige Fälle gibt es Fachreinigungen."
aus- räumen	„Auch in dieser Jacke können Sie mit wenig Aufwand immer sauber und gepflegt wirken!"

1.3 Methoden der Einwandbehandlung

Jedes Warenangebot hat seine Stärken und Schwächen und keine Ware ist so perfekt, dass sie allen Kauferwartungen entsprechen kann. Können Sie einen berechtigten Einwand nicht entkräften, so müssen Sie diesen akzeptieren. Kennt ein Kunde nur die Nachteile Ihres Angebotes, so stellen Sie ihm die Vorteile vor.

Vermeiden Sie aber unter allen Umständen den **unmittelbaren Widerspruch**, denn direktes Gegenhalten stimmt keinen Kunden günstig. Sie können damit das Selbstwertgefühl des Kunden verletzen.

Sind Sie mit einer Ware vertraut, so wissen Sie auch, dass bestimmte Einwände des Kunden zu erwarten sind. Lassen Sie es nicht so weit kommen. Sprechen Sie den zu erwartenden Einwand selbst an, bevor es Ihr Gesprächspartner tut.

》》 **Beispiel:** „Möglicherweise erscheint Ihnen der Preis relativ hoch, bedenken Sie bitte, dass die schwere Qualität eine lange Lebensdauer garantiert."

Kommt es dennoch zu einem Einwand, dann wenden Sie eine der folgenden Methoden an.

■ Ja-Und-Methode

Ja, und Die **Ja-Und-Methode** hat die Ja-Aber-Methode ersetzt, da ein „aber" von den Kunden als unfreundlicher Widerspruch aufgefasst werden kann. Sie stimmen zuerst mit „Ja" dem Kunden scheinbar zu und lenken den Einwand mit dem „Und" um und bringen neue Verkaufsargumente in das Verkaufsgespräch ein, die den Kundeneinwand widerlegen.

A. Einwand	B. Ja-Teil	C. Und-Teil
„Die Akkus sind aber teuer!"	„Ja, natürlich haben Sie Recht, wenn Ihnen die Akkus auf den ersten Blick im Preis sehr hoch erscheinen."	„Bitte bedenken Sie, dass Sie diese mehrere hundert Mal aufladen können. Und außerdem leisten Sie einen Beitrag zum Umweltschutz."

Eine Variante dieser Methode ist die **Minus-Plus-Methode.** Bei ihr wird der negative Einwand zugegeben und durch einen positiven Aspekt überlagert.

■ Rückfrage-Methode

 Sie parieren einen Einwand des Kunden mit einer Gegenfrage.
Bei dieser Methode werden zwei Varianten unterschieden.

Bestätigungsmethode

Formulieren Sie zunächst eine Überleitung, damit Sie den Eindruck eines „Schlagabtausches" vermeiden. So erhalten Sie zusätzliche Informationen und Sie können den Kundeneinwand leichter entkräften.

A. Einwand des Kunden	B. Überleitung	C. Gegenfrage
„Der Preis erscheint mir sehr hoch."	„Gut, dass Sie diesen Punkt ansprechen."	„Womit vergleichen Sie den Preis?"

Umwandlungsmethode

Sie verwandeln den Einwand des Kunden in eine Frage. Anschließend beantworten Sie die von Ihnen formulierte Frage.

A. Der Kunde hat den Einwand	B. Sie machen daraus eine Frage
„Der Preis ist aber hoch!"	„Wenn ich Sie richtig verstanden habe, fragen Sie, ob der Preis gerechtfertigt ist?"

C. Sie beantworten die Frage

„Wir gewähren Ihnen auf diese Badewanne 10 Jahre Garantie. Ein 3,5 mm starkes Stahl-Email macht die Wanne so langlebig. Sie ist kratzfest, lichtecht und sehr pflegeleicht. Außerdem ist sie der Form des menschlichen Körpers optimal angepasst. Wenn Sie sich hineinlegen, werden Sie merken, dass Sie sich richtig entspannen können."

■ Bumerang-Methode

 Sie verwandeln den Einwand des Kunden in ein wirkungsvolles Argument für den Kauf einer Ware. Sie verweisen zusätzlich auf einen Vorteil, den der Kunde bis dahin noch nicht gesehen hat.

A. Einwand des Kunden	B. Umwandlung in ein wirkungsvolles Argument
„Das ist ja ein Auslaufmodell!"	„Das ist richtig. Es gibt bald ein neues Modell. Ich habe Ihnen aber bewusst dieses Gerät angeboten, da Sie im Vergleich zu den neuen Geräten 200 € sparen. Außerdem ist es ein bewährtes und erprobtes Gerät ohne Kinderkrankheiten."

Entscheiden Sie sich für die eine oder andere Technik der Einwandbehandlung. Berücksichtigen Sie dabei, ob Ihnen die gewählte Technik zusagt und ob sie Ihrem Sprachausdruck entspricht.

Vermuten Sie unausgesprochene Einwände, so versuchen Sie durch eröffnende Fragen, die Bedenken gegen Ihr Angebot zu erschließen. Schwieriger sind unechte Einwände der Kunden zu behandeln. Versuchen Sie, die echten Vorbehalte der Kunden herauszufinden, damit Sie Ihr Verkaufsgespräch darauf abstellen können. Zeigen Sie aber Ihren Kunden nie, dass Sie deren Vorbehalte durchschaut haben.

■ AKTION ■

1 Warum sollten sich Verkäufer oder Kundenberater über die Einwände Ihrer Kunden freuen? Beantworten Sie die Frage anhand eines von Ihnen gewählten Beispiels.

2 Formulieren Sie je drei typische Beispiele für Kundeneinwände aus Ihrer Erfahrung. Die Einwände richten sich gegen:

a) den Preis

b) die Ware

c) das Verkaufspersonal

Nennen Sie die Ware und formulieren Sie die Einwände.

3 Bestimmen Sie die folgenden Kundeneinwände nach allgemeinem Einwand, speziellem Einwand, echtem Einwand und Scheineinwand.

> „So viel wollte ich für einen Wecker nicht ausgeben."

> „Haben Sie nichts anderes?"

> „Leider habe ich nicht genügend Geld bei mir."

> „Dieser Rock gefällt mir nicht."

> „Der Rock ist für mich doch wohl zu kurz."

> „Ich bin mir nicht sicher, ob das für meine Tochter richtig ist."

4 Untersuchen Sie die Einwandbehandlung in diesem Verkaufsgespräch:

Ein Kunde betritt ein Hi-Fi-Center und verlangt eine Audio-Kompaktanlage MC 60. Der Verkäufer bedauert, dass er dieses Gerät zurzeit nicht anbieten kann, und präsentiert gleichzeitig ein Sonderangebot. Der Kunde ist von der Kompaktanlage begeistert, bringt aber folgenden Einwand: „Die Boxen sind mir zu klein!" Die Reaktion des Verkäufers: „Das sehen Sie nicht richtig! Die Größe hat wenig mit dem Klang zu tun."

a) Wie kann sich das Verhalten des Verkäufers auswirken?

b) Wie hätten Sie den Einwand des Kunden widerlegt? Schreiben Sie Reaktionen des Verkäufers auf, die Sie an seiner Stelle gezeigt hätten.

5 Wie reagieren Sie auf die dargestellten Kundeneinwände?

a) „Die Hose ist wegen der hellen Farbe sehr empfindlich."
(Die Hose ist maschinenwaschbar.)

b) „Mit einem Fensterputzer kann ich meine großen Fenster nicht putzen."
(Fensterputzer mit Drehgelenk und ausziehbarem Stiel)

c) „Diese Bluse kann aber nur bis 30 Grad gewaschen werden."
(Hochmodischer Aufdruck in aktuellen Farben)

d) „Diese Bluse ist mir aber zu dunkel."
(Guter Kontrast zu blonden Haaren der Kundin.)

e) „Die Qualität gefällt mir nicht."
(Es ist unklar, was der Kunde mit Qualität meint.)

Formulieren Sie Ihre Reaktion schriftlich. Stellen Sie eine der Situationen im Rollenspiel dar.

6 Sie kennen Waren aus Ihrem Ausbildungssortiment, gegen die Einwände erhoben werden. Formulieren Sie zu einer Ware Argumente, die diesen Einwand vorwegnehmen.

Beispiel (zu erwartender Einwand):

„Dieser Gemüsehobel ist zu teuer."

Grundlage für Argumente zur Einwand-Vorwegnahme:

> Vielseitige Einsatzmöglichkeiten: Hobeln, Raspeln, Riffeln von Gemüse, Obst, Käse, Nüssen.
> Auswechselbare Einsätze, rostfrei, spülmaschinengeeignet.
> Spezialhalter für Endstücke.

7 Erfinden Sie ein Verkaufsbeispiel aus Ihrem Erfahrungsbereich:

Ein Kunde bringt einen Einwand vor. Der Verkäufer vermutet einen unechten Einwand und bedient den Kunden mit freundlichen Worten, ohne seinen Verdacht zu zeigen.

a) Nehmen Sie Ihr Verkaufsgespräch auf und kontrollieren Sie, ob Sie den Kunden so behandelt haben, dass er wiederkommen wird.

b) Spielen Sie die Aufzeichnung Ihrer Klasse oder Gruppe vor.

8 Prüfen Sie, wie Sie Einwände vorwegnehmen können:

a) Sprechen Sie Ihre Lösung, die Sie zu Arbeitsaufgabe 6 formuliert haben, auf Band.

b) Hören Sie sich die Ergebnisse gemeinsam an, und beurteilen Sie diese nach folgenden Gesichtspunkten:

> sachlich einleuchtend und zutreffend?
> sprachlich angemessen argumentiert?
> überzeugend in der Wirkung?

9 Die Auszubildenden des Merkur-Warenhauses nehmen an einer innerbetrieblichen Schulung zum Thema „Professioneller Umgang mit Kundeneinwänden" teil. Zum Abschluss zieht jeder eine Karte, auf der ein Kundeneinwand vermerkt ist.

Ihre Aufgabe:	Notieren Sie eine Antwort, die den jeweiligen Einwand widerlegt.
Erster Kunde:	„Bei Mode-Schneider kostet diese Hose aber 20 € weniger!"
Zweiter Kunde:	„Was Sie mir hier zeigen, kostet ja alles über 100 €. Ich wollte eigentlich nicht mehr als 70 € ausgeben!"
Dritter Kunde:	„Was Sie mir hier erzählen ist doch Quatsch! Ich weiß da besser Bescheid!"
Vierter Kunde:	„Schade, dass man diesen Anzug nicht waschen kann, sondern nur reinigen!"
Fünfter Kunde:	„Ich weiß nicht. Ich überleg es mir noch mal!"
Sechster Kunde:	„Wie ich sehe, kommt der Teppich aus Indien. Den haben sicher kleine Kinder geknüpft."
Siebter Kunde:	„So ein leichter Koffer soll eine Flugreise unbeschadet überstehen? Das kann ich nicht glauben!"

2 Alternativangebote

Roadrunner? Haben wir leider nicht!

■ SITUATION

In einem Sportfachgeschäft:

K: „Ich finde die ‚Roadrunner' nicht!"
V: „Tut mir leid, die haben wir nicht!"
K: „Dann tschüss!"
V: „Auf Wiedersehen!"

    * * *

K: „Ich finde die ‚Roadrunner' nicht!"
V: „Bei uns sind ‚K2' angesagt: besser
   getestet und Super-Design! Probier sie
   mal aus!"
K: „Mach ich. Sehen ja nicht schlecht
   aus."

 Beurteilen Sie die jeweilige Reaktion des Verkäufers.

■ INFORMATION

Die Beispiele machen deutlich, dass es für Kunden und für Verkäufer wichtig ist, Alternativvorschläge in das Verkaufsgespräch einzubeziehen. Im ersten Beispiel zeigt das Verhalten des
Verkäufers, dass er entweder keine Warenkenntnisse, kein Engagement oder zu wenig Fantasie
besitzt, um dem Kunden Alternativvorschläge zu unterbreiten.

2.1 Sinn von Alternativangeboten

Das gesamte Warenangebot des Weltmarktes kann kein Anbieter seinen Kunden präsentieren.
So wird es immer wieder vorkommen, dass Sie gewünschte Waren nicht führen oder diese zurzeit
nicht vorrätig haben. Sie kennen Ihr Sortiment und die Vor- und Nachteile Ihrer Waren besser als
die Kunden. Es ist deshalb Ihre Aufgabe, den Kunden solche Waren anzubieten, die am besten
für sie geeignet sind und ihre Probleme lösen. Wenn Sie sinnvolle Alternativen anbieten, nimmt
es Ihnen kein Kunde übel. Im Gegenteil, oft wissen Kunden nicht, dass es in der entsprechenden
Warenart andere Angebote gibt, die für sie günstiger sind. **Alternativangebote** können die **Wünsche** Ihrer Kunden **erfüllen** und bringen Ihnen **höhere** Umsätze.

Manchmal verlangen Kunden Markenartikel, weil sie den Markennamen als Verkehrsbezeich-
nung verwenden.

>> **Beispiele:**

Die Kunden sagen Markennamen:	Die Kunden meinen eventuell:
› Uhu	› Alleskleber
› Maggi	› Suppenwürze
› Tesafilm	› Klarsichtklebefilm
› Tempo	› Papiertaschentücher
› Nutella	› Nussnougatcreme
› Duden	› Wörterbuch

In solchen Fällen ist es leicht, Kunden von Alternativvorschlägen zu überzeugen.

2.2 Unterbreitung von Alternativangeboten

Kunden besuchen Sie, weil sie von Ihnen beraten werden möchten. Das Warenangebot wird ständig modernisiert und verändert. Davon sind nicht nur modische Artikel, wie z.B. Textilien, sondern auch technische Geräte, Möbel und Haushaltswaren betroffen. Es wird daher immer wieder vorkommen, dass Kunden nach Waren fragen, die Sie nicht mehr führen, da sie inzwischen geändert oder weiterentwickelt wurden.

Zeigen Sie Ihren Kunden, welche Vorteile sie mit dem aktuellen Angebot erwerben können. Sprechen Sie nicht davon, was Sie nicht haben. Vermeiden Sie deshalb folgende Formulierungen, die dem Kunden deutlich machen, dass er nicht die von ihm gewünschte Ware bekommt:

„Das bekommen wir bedauerlicherweise nicht mehr herein."

„Dieser Füller schreibt auch ganz gut!"

„Nein, die Marke ABS führen wir nicht, wir haben nur BSA!"

„Ich kann Ihnen leider nur Sona-Dent-Zahnpasta anbieten."

Diese Formulierungen erwecken den Eindruck, dass Sie keinen gleichwertigen Ersatz anbieten können.

Führen Sie Ihren Kunden sofort Alternativangebote vor und sprechen Sie über nicht vorhandene Ware möglichst wenig. Ihr Kunde wird überrascht sein, welche Alternativen Sie ihm anbieten können. Versuchen Sie jedoch nie, Ihren Kunden etwas aufzudrängen. Wenn Sie nicht wissen, wozu Ihre Kunden einen gewünschten Artikel verwenden möchten, dann fragen Sie danach. Ihr Ersatzangebot können Sie dann gezielt abstimmen.

>> **Beispiele:**

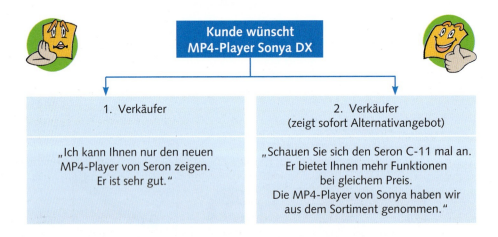

Kunde wünscht MP4-Player Sonya DX	
1. Verkäufer	2. Verkäufer (zeigt sofort Alternativangebot)
„Ich kann Ihnen nur den neuen MP4-Player von Seron zeigen. Er ist sehr gut."	„Schauen Sie sich den Seron C-11 mal an. Er bietet Ihnen mehr Funktionen bei gleichem Preis. Die MP4-Player von Sonya haben wir aus dem Sortiment genommen."

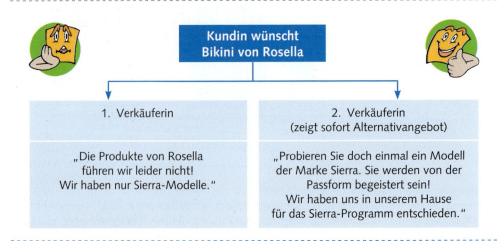

Kundin wünscht Bikini von Rosella	
1. Verkäuferin	2. Verkäuferin (zeigt sofort Alternativangebot)
„Die Produkte von Rosella führen wir leider nicht! Wir haben nur Sierra-Modelle."	„Probieren Sie doch einmal ein Modell der Marke Sierra. Sie werden von der Passform begeistert sein! Wir haben uns in unserem Hause für das Sierra-Programm entschieden."

■ AKTION ■

1 Listen Sie auf, welche Markennamen mit Verkehrsbezeichnungen aus Ihrem Ausbildungssortiment verwechselt werden können.

2 Sammeln Sie Redewendungen, die Sie bei Alternativangeboten vermeiden sollen. Formulieren Sie positive Redewendungen für die entsprechenden Gelegenheiten.

3 Beurteilen Sie die folgenden Verkaufsgespräche. Finden Sie die Fehler und erarbeiten Sie in Partnerarbeit Alternativen!

    a) K: „Ich hätte gerne ein Kress-Brotmesser!"

       V: „Tut mir Leid. Diese Marke haben wir nicht in unserem Angebot."

    b) K: „Ich möchte gern das Autoradio Ricarda für 99 € aus Ihrem Angebot!"

       V: „Aus dem Angebot? Ach ja, das vor zwei Wochen! Die Geräte sind alle schon verkauft. Ich kann Ihnen aber ein ähnliches Autoradio empfehlen. Es hat sogar eine eingebaute Codesicherung und kostet nur 15 € mehr."

    c) K: „Ich möchte 100 g mittelalten Gouda!"

       V: „Schade, der ist ausverkauft. Ich kann Ihnen höchstens jungen Gouda anbieten."

    d) K: „Ich möchte gerne eine Flasche Cognac!"

       V: „Nein, echten Cognac führen wir nicht. Wir haben nur deutschen Weinbrand."

4 Unterbreiten Sie im Rollenspiel ein Alternativangebot. Wählen Sie dazu je einen Fall aus Aufgabe 3 oder aus Ihrem Ausbildungssortiment.

5 Nehmen Sie das Zahnpasta-Beispiel aus Kap. 2.2 und arbeiten Sie die Formulierungen für ein sinnvolles Alternativangebot aus (Partnerarbeit). Zeichnen Sie die Umsetzung auf Video auf und vergleichen Sie alle Lösungen aus der Klasse.

6 a) Suchen Sie sich in einem Einzelhandelsbetrieb, der Waren Ihres Ausbildungssortiments führt, drei Artikel einer Marke, die bei Ihnen nicht im Sortiment gelistet ist.

    b) Formulieren Sie Argumente, die Sie bei Kunden im Verkaufsgespräch anführen, wenn diese nach den Markenartikeln fragen, die im von Ihnen besuchten Unternehmen geführt werden. Ihr Ziel ist es, die Kunden von den Artikeln Ihres Sortiments zu überzeugen.

7 Nach Durcharbeiten des Informationstextes sollte es für Sie kein Problem sein, die passenden Begriffe (es können auch mehrere Wörter sein) anstelle des Fragezeichens einzusetzen:

Wenn Kunden eine ? verlangen, die wir nicht im ? führen, dann bieten wir ein ? Produkt an, das im ? und der ? ähnlich ist.

Wir vermeiden den Eindruck, dass das ? gegenüber dem nicht geführten Artikel ? ist. Wichtig ist, dass wir die ? des ? nennen. Dabei erwähnen wir in der Verkaufsargumentation den ? nicht mehr.

Besteht der Kunde aber auf dem Kauf seines ?, dann versuchen wir ihn zu ? Auch wenn dies mit zusätzlichen ? verbunden ist, kann durch dieses kundenfreundliche Verhalten ein ? gewonnen werden.

3 Kaufabschluss

3.1 Unterstützung der Kaufentscheidung

Ende gut, alles gut!

■ **SITUATION** ■

Verk.: „Natürlich haben wir noch andere Bücher zum Thema Gartenarbeit. Hier ‚Der Garten‘ mit vielen Abbildungen, und da hätte ich noch das ‚Garten-ABC‘, ein prima Nachschlagewerk. Aber, da fällt mir ein, da gibt es noch …"

1. Beurteilen Sie das Verhalten der Verkäuferin.
2. Deuten Sie die körpersprachlichen Signale des Kunden.

■ **INFORMATION** ■

Das Verkaufsgespräch geht dem Ende zu. Spätestens jetzt zeigt sich, ob Sie die Probleme Ihres Kunden erkannt und richtig argumentiert haben. Versuchen Sie nie, mit Druck Ihre Kunden zum Kauf zu bewegen. Sie schaffen sonst selbst die Grundlage für Reklamationen und Umtausch. Möglicherweise verlieren Sie sogar Kunden. Stellen Sie sich deshalb vor jedem Verkaufsabschluss die Frage: „Wird der Kunde mit meinem Angebot zufrieden sein und löst es sein Problem?"

Können Sie die Frage positiv beantworten, dann braucht der Kunde zum Verkaufsabschluss Ihre Hilfe. Die meisten Menschen sind dankbar für Entscheidungshilfen. Vielleicht haben Ihre Kunden noch letzte Bedenken, die sie ausgeräumt wissen möchten:

> „Ist das auch das Richtige für mich?"
> „Ist der Preis nicht zu hoch?"
> „Was wird meine Familie dazu sagen?"
> „Steht mir das auch wirklich?"
> „Erfüllt es wirklich seinen Zweck?"
> „Wer hilft mir bei Problemen nach dem Kauf?"

Ihre Aufgabe ist es, den Kunden zu helfen, sich für einen erkannten Nutzen zu entscheiden. Räumen Sie mögliche Bedenken aus, Ihre Kunden erwarten es von Ihnen.

3.2 Kaufsignale der Kunden

Vermeiden Sie den Fehler der Verkäuferin aus der Eingangssituation. Sortieren Sie Waren, die Ihre Kunden nicht ansprechen, aus Ihrer Vorlage heraus. Konzentrieren Sie sich auf die Waren, die für Ihre Kunden den größten Nutzen bringen. Sie haben es dann leichter, sich für ein Angebot zu entscheiden. Die meisten Kunden zeigen durch ihr Verhalten, dass ihnen nur der letzte Anstoß durch den Verkäufer fehlt, um eine Ware zu erwerben. Sie müssen deshalb während des Verkaufsgesprächs auf Signale Ihrer Kunden achten, die auf deren Kaufbereitschaft hindeuten.

Kunden geben durch **Signale** zu erkennen, dass sie unmittelbar **vor** der **Kaufentscheidung** stehen.

Die Kundin/
der Kunde:

> prüft nochmals anerkennend die Ware,

> stimmt den Argumenten des Verkäufers nickend zu,

> greift nach der Ware und will sich offensichtlich nicht mehr von ihr trennen.

durch Körpersprache

durch Sprache

© pathdoc, ALDEC – Fotolia.com

Die Kundin/
der Kunde:

> formuliert Zustimmung („*Die Kette kann ich zu jeder Bluse tragen!*"),

> beschäftigt sich mit Einzelheiten (*Frage nach Zubehör, Kundendienst, Reparatur, Zahlung*).

Zeigen Kunden **Kaufbereitschaft**, so können Sie den **Kaufabschluss** durch Entscheidungshilfen erleichtern.

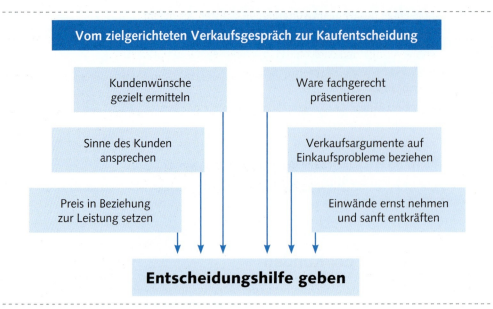

3.3 Abschlusstechniken

1. Abschlusstechnik: Alternativfrage

Sie stellen zwei positive Alternativen zur Wahl.

> „Genügt Ihnen die Normalpackung oder wollen Sie lieber die preisgünstige Familienpackung?"

> „Möchten Sie die Ware gleich mitnehmen, oder sollen wir sie Ihnen anliefern?"

2. Abschlusstechnik: Direkte Kaufaufforderung

Sie haben zuvor alle wesentlichen Fragen besprochen. Ihr Kunde lässt eindeutig seine Kaufbereitschaft erkennen. Sie fordern direkt zur Entscheidung auf.

> „Darf ich Ihnen die Bluse als Geschenk einpacken?"

> „Greifen Sie bei diesem günstigen Angebot zu, solange der Vorrat reicht!"

3. Abschlusstechnik: Suggestivfrage

Diese Abschluss- oder Fragetechnik können Sie anwenden, um dem Kunden eine bestimmte Antwort „in den Mund zu legen". Sie beeinflusst den Kunden und unterstellt ihm die Antwort „ja". Verwenden Sie die Suggestivfrage nur, wenn Sie sicher sind, dass sie der Bedürfnislage Ihrer Kunden entspricht.

> „Sie möchten doch sicher mit dem neuen Tennisschläger heute Nachmittag schon spielen?"

> „Sie wünschen doch bestimmt, dass wir Ihnen die Satellitenanlage fachmännisch montieren?"

4. Abschlusstechnik: Zusammenfassung der wichtigsten Argumente

Sie wiederholen die wichtigsten Verkaufsargumente in Frageform. Sie erzeugen bei Ihrem Kunden eine „Ja-Stimmung" und erleichtern ihm damit seine Kaufentscheidung.

> „Der Föhn ist sehr leistungsstark, dabei handlich und klein, und Sie verreisen sehr viel. Ist das nicht genau das Richtige für Sie?"

> „Das Blutdruckmessgerät ist handlich und leicht zu bedienen. Genau darauf haben Sie doch Wert gelegt, nicht wahr?"

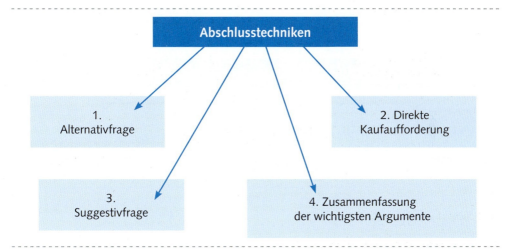

3.4 Abschlussverstärker

Ihr Kunde hat sich für eine Ware entschieden. Ihre Mühe hat sich gelohnt. Bestärken Sie jetzt den Kaufentschluss Ihres Kunden, denn jeder möchte bestätigt wissen, dass er richtige Entscheidungen trifft. Es fördert das Selbstwertgefühl und zeigt dem Kunden, dass er gut überlegt hat.

>> **Beispiele:**

> „Sie werden es bestimmt nicht bereuen, denn dieses Gerät wird Ihnen noch viele Jahre Freude machen."

> „Der Trainingsanzug wird Ihrem Sohn gefallen. Er ist modern, bequem und außerdem sehr pflegeleicht."

> Sie geben Hinweise, Tipps und Anregungen für die weitere Verwendung, für die Wartung und Pflege des Produktes.

> „Sie können den Mantel sogar bei 40 Grad in der Waschmaschine waschen!"
> „Wir geben Ihnen für Ihr Kaffeeservice eine Nachkaufgarantie von 10 Jahren."

An dieser Stelle haben Sie die Möglichkeit, Zusatzangebote zu unterbreiten.

> „Imprägnieren Sie Ihre Wildlederjacke mit diesem Imprägnier-Spray. Sie schützen sie so vor Nässe, Schmutz und Flecken!"
> „Zu Ihrem neuen Leuchter passen besonders gut die violetten Tafelkerzen aus unserem Sonderangebot!"

3.5 Abschluss ohne Kaufentscheidung

Trotz eines ausführlichen und angeregten Verkaufsgesprächs kann der Fall eintreten, dass nichts gekauft wird.

Dieser Fall darf von Ihnen nicht als „Niederlage" empfunden werden. Es gibt immer wieder Kunden, die längere Zeit für eine Kaufentscheidung benötigen und erst einmal eine Nacht darüber schlafen müssen.

Manchmal erkennen Kunden erst während des Verkaufsgesprächs, dass sich ihre Einkaufsabsichten nicht so verwirklichen lassen, wie sie sich das vorgestellt haben.

In beiden Fällen ist es falsch, die Kunden zum Kauf zu drängen. Diese Kunden wurden dann erfolgreich beraten, wenn sie später wiederkommen. Deshalb sollten Sie alles daran setzen, auch diese Kunden bis zum Abschied freundlich und zuvorkommend zu behandeln. Denken Sie immer daran:

Nicht die Ware, sondern die Kunden sollen wiederkommen!

■ AKTION ■

1 Listen Sie Gründe auf, die eine Bekräftigung der Kaufentscheidung des Kunden rechtfertigen.

2 Wie verhalten Sie sich, wenn ein Kunde trotz reichlicher Warenvorlage keine Kaufentscheidung treffen kann? Schreiben Sie dazu eine Verkaufsszene.

3 Beschreiben Sie, welches Verkäuferverhalten in der Abschlussphase des Verkaufsgesprächs angebracht ist, wenn sich Kunden wie folgt verhalten oder äußern:

a) Ein Kunde wendet einen Pullover mehrmals und streichelt ihn liebevoll.

b) Kundin: „Kann meine Tochter die Puppe auch baden?"

c) Kunde setzt einen Hut auf und betrachtet sich mit zufriedenem Gesicht im Spiegel.

d) Kundin: „Können Sie die Gartenbank auch nach Hause liefern?"

4 Verdeutlichen Sie an einem Beispiel aus Ihrem Ausbildungssortiment folgende Methoden der Abschlusstechnik:

a) Alternativfrage

b) Direkte Kaufaufforderung

c) Suggestivfrage

d) Zusammenfassung der wichtigsten Argumente

Schreiben Sie Ihre Formulierungen auf.

5 Durch welche Signale gibt der Kunde zu erkennen, dass er kaufbereit ist? Führen Sie Ihrer Klasse typische Beispiele vor.

6 Erleichtern und bekräftigen Sie die Kaufentscheidung der Kunden bei folgenden Situationen im Rollenspiel:

a) Ein junger Mann hat in jeder Hand einen Modellbausatz und überlegt offensichtlich, für welchen er sich entscheiden soll.

b) Eine Frau kommt mit einer Kaffeemaschine auf Sie zu.

c) Ein älterer Herr fragt nach einer Garantieleistung für einen Rasierapparat, der ihn interessiert.

d) Eine Dame fragt Sie, ob die Malstifte für vierjährige Kinder geeignet sind.

7 Zeichnen Sie einige Rollenspiele auf und diskutieren Sie nach der Wiedergabe, ob die Hilfe bei der Kaufentscheidung

angemessen	–	vorschnell
hilfreich	–	aufdringlich
freundlich	–	unfreundlich
erkennbar	–	nicht erkennbar

war.

4 Serviceleistungen an der Kasse

- -

Kassieren – ein guter Schluss ziert alles!

- -

■ SITUATION

Kassiererin Tanja:

„Waren Sie mit Ihrem Einkauf zufrieden und haben Sie auch alles gefunden?"

Kundin:

„Fast alles, leider waren einige Prospektangebote schon wieder ausverkauft!"

> Tanja arbeitet bei einer Supermarktkette. Dort heißt es in den Kassieranweisungen u. a.:
> „… Freundlichkeit gegenüber den Kunden ist selbstverständlich. Dazu zählt auch, dass jeder Kunde gefragt wird, ob er mit dem Einkauf in unserem Haus zufrieden war…"
>
> 1. Was veranlasst die Unternehmensleitung dazu, das Kassenpersonal diese Frage stellen zu lassen?
> 2. Welche Erkenntnisse und Folgerungen können von der Unternehmensleitung aus den Antworten der Kunden gezogen werden?

■ INFORMATION

Im Servicebereich Kasse ergeben sich sehr unterschiedliche und vielfältige **Kontaktmöglichkeiten** mit den Kunden. Dabei ist zu unterscheiden, ob es sich um ständig mit Kassenpersonal besetzte Kassenplätze handelt oder ob das Kassieren eine Aufgabe des Verkaufspersonals ist.

4.1 Kasse als Info-Theke

Oft dient der **Kassenplatz** aufgrund seiner zentralen Platzierung im Verkaufsraum als **Anlaufstelle** für Kunden, die eine Information benötigen.

Das für die Kassierung zuständige Personal darf den Kassierplatz nicht verlassen.

Hier empfiehlt es sich dann, z. B. eine Kollegin zu bitten, sich der Kunden anzunehmen und ihnen weiterzuhelfen.

>> **Beispiel:**

Kunde: „Wo finde ich denn zu diesem Kranz passende Trockenblumen?"

Verk.: „Hier auf der rechten Seite, meine Kollegin wird sie Ihnen gerne zeigen."
(Verkäuferin ruft nach der Kollegin.)

Damit man den **Kunden** umfassend **Auskunft** geben kann, sollten alle notwendigen **Unterlagen** vorhanden sein. Dazu zählen z. B. eine Mitarbeiterliste, wichtige Telefonnummern im Hause, ein Lageplan sowie Informationen zu gegenwärtig laufenden Aktionen *(aktuelle Werbeprospekte)*. Auch ein **Mikrofonanschluss** für die hauseigene **Ausrufanlage** ist an Kassenplätzen von Vorteil.

4.2 Kasse als Ort des Kaufabschlusses und der Verabschiedung

Hat sich der Kunde zum Kauf entschieden, ist es häufig möglich, die Phase zwischen Kaufentscheidung und Zahlakt mit einem Gespräch über die gekaufte Ware zu überbrücken. So kann man z. B. dem Kunden zu möglichen Problemen Rat und Hilfe anbieten.

>> **Beispiel:**

K: „Geben Sie mir eine Kiste von diesem roten Spätburgunder!"

V: „Aber gerne! Sie haben eine gute Wahl getroffen. Ihre Gäste werden begeistert sein. Sind Sie so nett und kommen mit mir zur Kasse?"

K: „Ja!" (begleitet Verkäufer zur Kasse)

V: (auf dem Weg zur Kasse) „Holen Sie den Wein einige Stunden, bevor Ihre Gäste kommen, aus dem Keller. Bei 16–18 Grad können Sie das herrliche Bukett besonders gut genießen. Und wenn Sie wieder Weinkenner als Gäste haben, dann kommen Sie bitte vorbei. Ich helfe Ihnen gerne."

■ Nach dem Kaufabschluss

Wenn der Verkäufer selbst die Kassierung vornimmt, kann er dabei durch sein Verhalten entscheidend dazu beitragen, dass der Kunde den Einkauf in guter Erinnerung behalten wird.

Kaufentscheidung des Kunden bekräftigen

Nicht jedem Kunden fällt es leicht, sich von seinem Geld zu trennen, um den Kaufpreis für die erworbene Ware zu bezahlen. Wenn er jedoch erkennt, dass er für sein Geld einen angemessenen Gegenwert erhält, fällt ihm diese Entscheidung leichter.

© Wolfgang Herzig

Daher sollte der Kunde vor der Bezahlung eine **Bestätigung** für seine Wahl erhalten und durch **Verdeutlichung** des persönlichen Nutzens der Wert der gekauften Ware erhöht werden.

>> **Beispiele:**

Hinweise auf die Leistungsfähigkeit der Ware	„Sie haben gut gewählt. Durch die große Programmauswahl können Sie jede Wäsche problemlos waschen." „Diese Espressomaschine ist durch den eingebauten Wasserentkalker besonders lange haltbar."
Beschreibung der vielseitigen Verwendung	„Mit dem Star-Fix haben Sie eine komplette Küchenmaschine gekauft, die Sie bald nicht mehr missen möchten." „Es war richtig, sich für diesen Anzug zu entscheiden. Er passt zu allen Gelegenheiten."
Betonung von Mode und Exklusivität	„In diesem topmodischen Kleid machen Sie einfach eine gute Figur." „Mit der Corona-Croma haben Sie sich wirklich für eine besondere Uhr entschieden. So eine hat nicht jeder!"
Verdeutlichung der Anwendung und Hinweise auf die Warenpflege	„Mit einem Handgriff machen Sie das Gerät funktionsbereit. Leichter geht es wirklich nicht." „Das ist absolut knitterfreies Material, Bügeln erübrigt sich."

Auf Serviceleistungen des Unternehmens hinweisen

Beim Kassieren im Bedienungs- und Vorwahlsystem sollte man situationsgerecht (sofern nicht bereits im Beratungsgespräch geschehen) auf die vom Geschäft angebotenen **Serviceleistungen** hinweisen (vgl. LF 2, Kap. 9).

>> **Beispiel:**

Kassiererin: „Soll ich das Parfum als Geschenk verpacken?"

Kunde: „Ja, gerne."

Kassiererin: „Schauen Sie bitte, Sie können zwischen diesen Farben beim Papier und Band wählen."

Kunde: „Dann bitte in diesem dunklen Blau mit dem goldenen Band."

Bei **technischen Geräten** sollte im Zusammenhang mit Garantieleistungen darauf hingewiesen werden, dass bei eventuellen Beanstandungen neben dem Garantieschein auch immer der Kassenzettel mitzubringen ist.

Auch eine **Information** zu den im Geschäft möglichen **Zahlungsweisen** gehört zum selbstverständlichen Serviceangebot.

>> **Beispiel:**

Kassiererin: „Wie möchten Sie bezahlen?"

Kunde: „Akzeptieren Sie Kreditkarten?"

Kassiererin: „Leider nein, aber Sie können selbstverständlich auch mit Ihrer Bankkarte oder unserer Kundenkarte bezahlen."

Die **Kasse** ist auch der richtige Ort, um die **Umtausch- und Kulanzregelungen** des Unternehmens zu erwähnen. Besonders beim Kauf von Geschenken sind die Kunden für solche Hinweise dankbar.

In großen Unternehmen ergibt sich oft die Situation, dass die Kunden in verschiedenen Abteilungen Einkäufe tätigen. Damit sie nicht mit immer mehr Ware von einer Abteilung zur anderen gehen müssen, bietet man ihnen die Bezahlung und Abholung aller gekauften Waren an der Hauptkasse an.

Auch in **Selbstbedienungsgeschäften** dient der **Kassenbereich** zur **Information** über die angebotenen **Serviceleistungen**. Da hier für Gespräche zwischen Kassierpersonal und den Kunden wenig Zeit bleibt, erfolgt die **Information** meist durch **schriftliche Hinweise**, die für den Kunden im Kassenbereich gut lesbar angebracht sein müssen.

 Beispiel: Die folgende Abbildung zeigt Beispiele aus dem Serviceangebot eines Lebensmittelsupermarktes. Möchte der Kunde einen oder mehrere dieser Dienste in Anspruch nehmen, wendet er sich an das Kassenpersonal.

© REWE-Zentralorganisation, Köln

Zusatzartikel anbieten

Auch nach Beendigung der Beratung können noch **Zusatzangebote** unterbreitet werden. In dieser **Nach-Abschlussphase** bietet sich in vielen Fällen an der Kasse die Möglichkeit, vor allem kleine und preiswerte Zusatzartikel anzubieten. Meist sind diese Artikel im Kassenbereich platziert.

Dazu zählen z. B. Pflegemittel für Schuhe, Batterien für Elektrogeräte oder Spielzeug sowie Filme zur eben gekauften Kamera.

Hinweise auf Zusatzangebote werden stets vor dem Bezahlen gemacht, denn danach wird sich kaum ein Kunde dazu entschließen, sein Portemonnaie noch einmal zu zücken.

Viele Einzelhändler nutzen auch die Flächen im Kassenbereich für **Impulskäufe**, ohne dass das Kassenpersonal extra auf diese Artikel aufmerksam macht. Im Kassenbereich der Selbstbedienungsgeschäfte werden dabei häufig Süßigkeiten, Spirituosen und Zigaretten angeboten.

>> **Beispiel:** Zusatzangebote als Impulsartikel

© Rudolf König e.K., Bönnigheim

© Rewe, Köln

Ware verpacken

Hat der Kunde bezahlt, erfolgt bei Bedienung und Vorwahl die Aushändigung der Ware an ihn. In vielen Geschäften bilden Kasse und Packtisch eine Einheit, sodass die Verpackung der Ware vom Kassenpersonal vorgenommen wird.

Dabei ist u. a. zu beachten:

> Bei gesicherter Ware müssen die Sicherheitsetiketten entfernt werden *(Textilien)*, Smart-Tags müssen deaktiviert werden,

> die Waren sind nochmals auf mögliche äußere Mängel zu untersuchen *(Glas, Porzellan)*,

> die Artikel sind auf Vollzähligkeit zu überprüfen *(Blick in einen Schuhkarton)*,

> es ist zu prüfen, ob die Zahl der Kassenbon-Positionen mit der Zahl der zu verpackenden Teile übereinstimmt,

> bei Geschenken sind noch vorhandene Preisauszeichnungen zu entfernen,

> bei empfindlicher Ware ist darauf zu achten, dass sie fachgerecht verpackt wird,

> der Kunde sollte vor Aushändigen einer Einkaufstüte gefragt werden, ob er sie benötigt *(Reduzierung von Verpackungsmaterial)*.

■ Verabschiedung des Kunden an der Kasse

Ist die Ware bezahlt, verpackt und dem Kunden ausgehändigt worden, beendet die Verabschiedung die Kaufhandlung. Durch ein Dankeschön für den Einkauf und eine freundliche Verabschiedung endet der Kaufvorgang in einer **positiven Atmosphäre** und bereitet das Wiederkommen vor. Das Sprichwort „ein guter Schluss ziert alles" weist darauf hin, wie wichtig gerade diese Schlussphase im Verkaufsprozess ist. Ein Verkäufer kann sich während der Beratungsphase noch so angestrengt haben, werden beim Kassieren und der Verabschiedung Fehler gemacht, war alle Mühe umsonst (vgl. Kap. 5).

Beispiele für eine kundenfreundliche Verabschiedung:

> „Vielen Dank, auf Wiedersehen."
> „Vielen Dank für Ihren Einkauf und noch einen schönen Tag."
> „Auf Wiedersehen, Frau Manz, und herzlichen Dank für Ihren Einkauf!"
> „Tschüss, Herr Maier, bis morgen früh dann!"

Die positive **Nachwirkung** beim **Kunden** wird noch erhöht, wenn man darauf aufmerksam macht, auch **nach** dem Kauf für ihn da zu sein.

 Beispiel: „Falls es Probleme mit der Ware geben sollte, rufen Sie uns an oder kommen Sie vorbei. Wir werden Ihnen sicher weiterhelfen können!"

Wenn das Verkaufspersonal Beratung, Bezahlung und Aushändigung der Ware vorgenommen hat, sollte man den Kunden, wenn möglich, zur Türe begleiten und ihn dort verabschieden.

4.3 Kasse als Anlaufpunkt für Umtausch und Kundenbeschwerden

Warenumtausch und **Beschwerden** gehören zum **Geschäftsalltag**. In Läden mit Abteilungs- und Zentralkassen, die ständig besetzt sind, wenden sich viele Kunden an das Kassenpersonal, um dort ihre Umtauschwünsche oder Reklamationen vorzubringen.

Die **Rolle** des **Kassenpersonals** bei Umtausch und Reklamation hängt von den im Geschäft gebräuchlichen Verfahren ab. In größeren Unternehmen mit mehreren Abteilungen ist es meist üblich, die Kunden in die Abteilung zu schicken, in der sie die

© Oberpaur, Ludwigsburg

Ware gekauft haben. Dort entscheidet die Abteilungsleitung, wie zu verfahren ist. Kann der Kunde z. B. die Ware zurückgeben und erhält den bereits bezahlten Kaufpreis erstattet, dann muss an der Kasse ein Retoure-Bon erstellt werden. Die Ware wird eingescannt und dadurch dem Bestand wieder zugebucht. Bei Barkauf wird der Betrag dem Kunden ausbezahlt bzw. bei Bezahlung mit Karte auf dessen Konto wieder gutgeschrieben.

Besonders in **Discountgeschäften** werden Umtausch und Warenrückgabe vom Kassenpersonal selbstständig durchgeführt. Wie dabei zu verfahren ist, wird in hausinternen Arbeitsanweisungen festgelegt. Die Regelungen sind meist sehr kulant, und es wird zum Teil auch ohne Vorlage eines Kassenbons umgetauscht bzw. Ware zurückgenommen. Grund für dieses großzügige Verhalten ist u. a. auch, dass man an der Kasse lange Diskussionen und Auseinandersetzungen mit Kunden vermeiden möchte, weil dies bei den in der „Warteschlange" stehenden Kunden zu erheblicher Missstimmung und Verärgerung führen könnte.

■ AKTION

1 Welche Möglichkeiten haben Sie, die Zeit zwischen Kaufentscheidung und Bezahlung zu überbrücken? Listen Sie vier Möglichkeiten auf.

2 Die Kasse ist ein geeigneter Ort, um die Kaufentscheidung des Kunden zu bestätigen. Formulieren Sie zu folgenden von Kunden gekauften Artikeln solche Bestätigungen:

a) Reisewecker

b) Schnellkochtopf

c) modische Seidenbluse

d) Kinderbuch

3 Beschreiben Sie Serviceleistungen, die Sie als Kassierkraft in Ihrem Ausbildungsunternehmen anbieten, und zusätzlich solche, die man Ihrer Meinung nach anbieten könnte.

4 Sie sind Auszubildende(r) in einem Schreibwarenladen, einem Spielwarenfachgeschäft oder in einem Drogeriefachmarkt. Entwerfen Sie für den von Ihnen gewählten Fall einen Platzierungsvorschlag für den Kassenbereich mit Impulsartikeln. Fertigen Sie dazu eine Skizze an.

5 Warum kommt der Verabschiedung des Kunden auch an der Kasse eine besondere Bedeutung zu?

Nennen Sie drei Gründe.

6 Eine Kundin tauscht eine vor drei Tagen gekaufte Bluse zu 89,00 € gegen eine zu 79,00 € um.

Wie bearbeiten Sie als Kassierkraft diesen Vorgang?

7 Ein Kunde will eine noch originalverpackte CD umtauschen („ist nicht mein Musikgeschmack"), hat aber keinen Kassenzettel.

Wie gehen Sie mit seinem Wunsch um?

8 Machen Sie Vorschläge, damit der in der Karikatur dargestellte „Albtraum" einer Kassiererin nicht zu deren Arbeitsalltag wird.

5 Verabschiedung der Kunden

„Ein guter Schluss ziert alles!"

■ SITUATION ■

 Beurteilen Sie die dargestellten Beispiele für die Verabschiedung eines Verkäufers von seinen Kunden.

■ INFORMATION ■

Die dritte Verabschiedung der obigen Abbildung lädt alle Kunden ein wiederzukommen – selbst wenn sie nichts gekauft haben. Zeigen Sie Ihren Kunden, dass Sie für ihre Probleme Verständnis haben. Viele Kunden werden nach ihrer Kaufentscheidung vom Verkaufspersonal alleingelassen. Das ist falsch! So schnell können Sie das Verkaufsgespräch nicht abbrechen, denn Ihre Kunden befinden sich noch als Gast im Geschäft. Oft entscheidet der letzte Eindruck darüber, ob die Kunden als Kaufinteressenten wiederkommen.

5.1 Zwischen Kaufentscheidung und Zahlung

Bei **Beratungsverkäufen** im **Bedienungs-** und **Vorwahlsystem** kommt es häufig vor, dass das **Verkaufspersonal** seine Kunden auf dem Weg zur Kasse begleitet (vgl. Kap. 4.2). Diese **Zeit** sollten Verkäufer **nutzen**, um mit den Kunden ein Gespräch über die gekaufte Ware zu führen.

So kann dabei nicht nur eine nochmalige **Bestätigung** der **Kaufentscheidung** erfolgen, sondern es können auch auf die gekaufte Ware bezogene **Besonderheiten** angesprochen werden.

>> **Beispiel:** Verkäufer trägt für den Kunden in einem Elektromarkt einen Kaffeevollautomaten zur Kasse.

Verk.: „Mit der Expressa Nova haben Sie wirklich genau das für Ihren Zweck richtige Modell gefunden!"

Kunde: „Ja, ich glaube auch. Aber was mache ich eigentlich, wenn die Maschine mal am Wochenende einen Defekt hat?"

Verk.: „Kein Problem, ich gebe Ihnen gleich noch eine Liste mit Reparaturbetrieben aus unserer Region mit, die einen Wochenendnotdienst anbieten."

Kunde: „Das hört sich gut an, nochmals vielen Dank für Ihre Beratung!"

5.2 Kassieren, Einpacken und Zustellen der Ware

■ Kassieren des Kaufpreises

Hinweise zum Kassieren finden Sie im LF 3, Kapitel 5.3 (Kassenorganisation) sowie in diesem LF im Kapitel 4 (Serviceleistungen an der Kasse). Beachten Sie bitte auch die speziellen Anweisungen in Ihrem Ausbildungsbetrieb.

■ Einpacken der Ware

Bei den meisten Einkäufen wird die Ware von den Kunden mitgenommen. Ware muss deshalb so **verpackt** werden, dass sie **problemlos** transportiert werden kann.

Ein besonderer Fall ist die Verpackung beim Kauf von Geschenken. Eine **Geschenkverpackung** sollte die Gabe aufwerten und als etwas Besonderes erscheinen lassen.

Je nach Warenart bieten sich sehr unterschiedliche Verpackungsmöglichkeiten an.

So wirken z.B. Textilien für sich selbst und daher ist hier eine Klarsichtfolie die geeignete Verpackung. Schleife oder Kräuselband dienen zur Verzierung. Wertvolle und/oder empfindliche Artikel wie Uhren und Schmuck werden häufig in stabilen und repräsentativen **Etuis** verpackt.

Eine besondere Bedeutung kommt **Tragetaschen** zu. Sie sind sowohl für das Geschäft als auch für die dort angebotenen Marken ein wichtiger Werbeträger sofern umweltfreundlich.

■ Zustellen der Ware

Bei bestimmten Artikeln *(Elektrogroßgeräte, Möbel, Bad- und Sanitäreinrichtungen)* wird die Ware nach dem Kauf den Kunden zugestellt. Dies geschieht meist mit firmeneigenen Fahrzeugen des Verkäufers.

 Hinweis: Verpackung und Zustellung der Ware werden im **LF 5** („Werben und den Verkauf fördern"), **Kapitel 7 und 8** ausführlich behandelt.

5.3 Verabschiedung

Zur freundlichen **Verabschiedung** gehört ein **Dank** an die **Kunden**. Es ist nicht selbstverständlich, dass sie gerade dieses Geschäft für ihren Einkauf gewählt haben.

Kunden, die persönlich bekannt sind, können erwarten, dass sie mit ihrem Namen angesprochen werden.

Die **Verabschiedung** der Kunden sollte bei ihnen stets zu einer positiven Nachwirkung führen, denn denken Sie daran:

Nach dem Kauf ist vor dem Kauf!

> **!** **Hinwei**s: Informationen zum richtigen Verhalten bei der Verabschiedung an der Kasse erhalten Sie im **Kapitel 4.2** dieses Lernfeldes.

■ AKTION

1 Beschreiben Sie, wie Sie in Ihrem Ausbildungsbetrieb den Kunden nach der Kaufentscheidung behilflich sein können.

2 Erkundigen Sie sich nach den Kassiervorschriften in Ihrem Ausbildungsbetrieb und formulieren Sie dazu eine Anweisung.

3 Wählen Sie eine Ware aus Ihrem Ausbildungssortiment und schreiben Sie auf, welche Hilfen Sie Ihren Kunden vor der Verabschiedung geben können.

4 Vervollständigen Sie die folgenden Aussagen zur Verabschiedung in einem Fachgeschäft durch Einsetzen der passenden Begriffe. Aber aufgepasst! Nicht alle unten aufgeführten passen.

Oft endet das Kundengespräch nach dem Kassiervorgang ? Auch der Kunde hat es dann manchmal ? Das Verkaufspersonal sollte in der Regel aber solange warten, bis der Kunde seine Sachen ? hat und im Begriff ist, das Geschäft zu verlassen. Verabschieden Sie sich ? von Ihrem Kunden, das bedeutet mit ? und ? Die Verabschiedung hat ? Einfluss darauf, wie der Kunde den Gesamtaufenthalt im Geschäft im Nachhinein beurteilt.

allmählich, eilig, aktiv, keinerlei, abrupt, eingepackt, untätig, Blickkontakt, bezahlt, Ehrerbietung

5 Trainieren Sie die Phase zwischen Kaufentscheidung und Zahlakt an einem Beispiel *(z. B. aus Arbeitsaufgabe 3)*. Führen Sie im Rollenspiel vor, wie Sie eine Kundin oder einen Kunden behandeln.

6 Kundenverhalten

6.1 Trends im Kundenverhalten

100 Kunden, 1000 Wünsche!

■ **SITUATION** ■

 Welche Problematik wird mit dieser Darstellung angesprochen?

■ **INFORMATION** ■

Das **Einkaufs- und Konsumverhalten** der Kunden im Einzelhandel hat sich in den letzten Jahren stark gewandelt. Ein Kennzeichen sind schnell wechselnde Verbrauchergewohnheiten, die zu einem immer unberechenbareren Kundenverhalten führen. Will der Einzelhändler darauf angemessen und erfolgreich reagieren, muss er die Ursachen für den **Wandel** des **Verbraucherverhaltens** kennen und daraus sein Verhalten den Kunden gegenüber ableiten. **Ziel** aller seiner **Bemühungen** muss sein, dass sich die Kunden bei ihm wohlfühlen, zufriedengestellt werden und gerne wiederkommen.

Wandel des Verbraucherverhaltens

Ursachen	Auswirkung auf den Handel
› Die Altersstruktur verändert sich (2020 werden ca. 30 % der Bundesbürger älter als 60 Jahre sein).	Senioren werden zu einer der wichtigsten Zielgruppen, bei Kindern und Jugendlichen verschärft sich der Wettbewerb (Geburtenrückgang).
› Die Zahl kleiner Haushalte steigt weiter. Schon heute beträgt der Anteil der Ein- und Zweipersonenhaushalte über 60 %. › Der Anteil berufstätiger Frauen wird weiter zunehmen.	Die Bedeutung von Convenience-Produkten (Bequemlichkeit) wird weiter steigen (Fertiggerichte, TK-Kost, Haushaltsgeräte), mangels Zeit eine lohnende Zielgruppe für Electronic-shopping.
› Durch ein höheres Bildungsniveau und verstärkte Nutzung der Informationsmöglichkeiten (Multimedia, Preisagenturen) sind die Verbraucher sehr gut informiert.	Die Kunden werden kritischer, wollen neutrale Informationen, vergleichen verstärkt Preise (erhöhte Preistransparenz).
› Individualität, Selbstverwirklichung und der Wunsch nach Anerkennung nehmen zu. (Man ist, was man isst; sage mir, welche Uhr du trägst und ich sage dir, wer du bist). Der eher langweiligen und eintönigen Arbeitswelt vieler Konsumenten wollen diese durch eine erlebnisbetonte Lebensführung entfliehen. Wer es sich leisten kann, wird viel Geld zur Erfüllung exklusiver und ausgefallener Wünsche ausgeben. Andererseits werden diese Kunden einen Teil ihrer Waren des täglichen Bedarfs beim Discounter kaufen („gespaltener" Konsument).	Die Verbraucherwünsche werden sich stark differenzieren. Die Bindung an Preislagen und die Treue zu bestimmten Marken oder Geschäften nimmt ab. Nischenanbieter für die Wünsche von Minderheiten nehmen zu. Der Kunde wird anspruchsvoller und wählerischer. Durch den Konsum drückt der Verbraucher einen bestimmten Lebensstil aus. Aber nicht nur der Konsum, auch das Einkaufen selbst soll ein Erlebnis sein. Dem passt sich der Handel durch entsprechende Sortimente und deren wirkungsvolle Präsentation an. Diesem Erlebnishandel steht auch in Zukunft der Versorgungshandel gegenüber, bei dem der Preis die entscheidende Rolle spielt.
› Immer mehr Verbraucher achten auf die Erhaltung ihrer Gesundheit (Naturkost, ökologisch einwandfreie Textilien). Man will aber nicht nur gesund leben, sondern auch stets „fit" sein und in der Freizeit Spaß haben.	Der Handel wird seine Sortimente noch stärker auf die Bedürfnisse dieser Verbrauchergruppe abstellen. Für solche Waren bezahlt der Kunde auch mehr. Fitness- und Wellnessprodukte liegen im Trend. Guter Markt für alles, was mit „Erlebnis" zu tun hat (Extremsport).
› Zunehmend machen Verbraucher ihre Kaufentscheidung davon abhängig, inwieweit Umweltgesichtspunkte berücksichtigt werden.	Bei der Sortimentsgestaltung werden folgende Fragen zunehmend eine Rolle spielen: Ist die Ware umweltgerecht produziert worden, sind die Materialien schadstofffrei, ist die Ware nach Gebrauch recyclebar, kann auf Verpackung verzichtet werden?
› Für Verbraucher, die mit dem Computer aufgewachsen sind, wird Electronic-shopping alltäglich werden.	Nicht nur die Großen (Versender, Warenhäuser), auch kleinere Betriebe werden einen Teil ihrer Umsätze auf elektronischem Weg erzielen.
› Die Zahl der Konsumenten wird steigen, die aufgrund wirtschaftlicher und persönlicher Gegebenheiten (Arbeitsmarktsituation, Altersversorgung, allein erziehende Mütter und Väter, kinderreiche Familien) Einkommensverluste hinnehmen müssen.	Discounter, die Waren zu günstigen Preisen (Lebensmittel, Textilien, Möbel) anbieten, werden ihre Stellung am Markt nicht nur behaupten, sondern ausbauen können.

■ König Kunde

© MEV Agency UG

Kunden und Beschäftigte im Einzelhandel sind freie Bürger. Im Handel gibt es weder Könige noch Untertanen. Dennoch wird der Leitsatz **„Der Kunde ist König"** immer wieder gebraucht. Was ist damit gemeint?

Auf keinen Fall ist der Begriff „König" wörtlich zu nehmen. Denn dann hätte der Kunde immer Recht. Seine Wünsche gingen über alles und das Verkaufspersonal müsste ihm „untertänig" dienen.

Der Begriff „König Kunde" weist darauf hin, dass kein Einzelhandelsgeschäft ohne Kunden existieren kann.

In den meisten Fällen haben Kunden die Möglichkeit, zwischen vielen Einkaufsstätten zu wählen, und sie werden dorthin gehen, wo sie sich am besten aufgehoben fühlen.

Deshalb muss sich jeder Einzelhandelsbetrieb mit seiner möglichen Kundschaft auseinander setzen:

› Wer gehört zu meinem Kundenkreis?

› Wie kann ich neue Kunden gewinnen?

› Wie kann ich mich auf meine Kunden einstellen?

› Wie kann ich Kunden dauerhaft an mich binden?

■ Zielgruppe

Kaum ein Einzelhandelsbetrieb wendet sich an alle Konsumenten. Das **Sortiment** spricht immer nur einen bestimmten Kreis **möglicher** Kunden an, der als **Zielgruppe** bezeichnet wird.

>> **Beispiele:**

› Fachgeschäft für Brautmoden im Zentrum von Stuttgart: Zielgruppe sind heiratswillige Frauen (und gelegentlich ihre Mütter) aus der Region Stuttgart und darüber hinaus.

› Gemüsestand auf dem Wochenmarkt in Mannheim: Zielgruppe sind Hausfrauen (und nur wenige Männer) aus Mannheim, die gern Frischware auf dem Markt kaufen.

Zur **Beschreibung** einer **Zielgruppe** muss man immer mehrere **Gesichtspunkte** hinzuziehen.

Das ist in manchen Fällen aufwändig, aber nur wer seine Zielgruppe kennt, kann mögliche Kunden ansprechen und für sein Geschäft gewinnen. Die folgende Übersicht zeigt, wie man Kunden-Zielgruppen nach verschiedenen Gesichtspunkten erfassen kann.

© MEV Agency UG

Merkmale		Beispiele
Geschlecht	→	Frauen und Mädchen, Männer und Jungen.
Lebensabschnitt	→	Kinder, Jugendliche, Berufstätige, Senioren.
Einkaufsverhalten	→	Stammkunden, Gelegenheitskunden, Spontan- oder Laufkunden, Seh- oder Testkunden.
Anspruch an Beratung und Bedienung	→	Bedienungskunden, Selbstbedienungskunden.
Einschätzung durch das Verkaufspersonal	→	Pflegeleichte, hilfsbedürftige, problematische Kunden.
Besondere Motive oder Eigenarten	→	Schnäppchenjäger, Modemuffel, Umweltfans, Sammlertypen, Modefetischisten, Verschwender, Trendfreaks, Genussmenschen, Gesundheitsapostel … und viele andere.

Mithilfe der oben beschriebenen Merkmale wird die Hauptkunden-Zielgruppe des Geschäftes abgegrenzt und bestimmt. Die Eigenschaften und das Verhalten dieser Zielgruppe bestimmen maßgeblich den Umgang des Verkaufspersonals mit diesen Kunden.

■ AKTION

1 Worin sehen Sie die Ursachen für den sich immer schneller vollziehenden Wandel im Verbraucherverhalten?

2 Beschreiben Sie anhand der vorgegebenen Gesichtspunkte die Zielgruppe für:

a) einen Computer-Laden im Niedrigpreis-Sektor mit Standort Industriegebiet,

b) ein Fachgeschäft für Sanitäts- und Pflegebedarf in einer kleinen Kreisstadt,

c) einen Herrenausstatter im Stadtzentrum (1-a-Lage),

d) das Tattoo- und Piercing-Studio „Whow!" im Ladenzentrum eines Stadtteils,

e) den Versender von Spezialzubehör für das Tuning von Honda-Modellen.

Nennen Sie weitere Gesichtspunkte für die Zielgruppenbildung, wenn die oben genannten nicht ausreichen.

3 Stellen Sie fest, ob es eine Zielgruppenbeschreibung für die Kunden Ihres Ausbildungsbetriebs (bzw. der entsprechenden Abteilung) gibt.
Überprüfen Sie diese oder fertigen Sie eine kurze Beschreibung an.

4 Berichten Sie über Verkaufssituationen, in denen Sie das Verhalten Ihrer Kunden als ausgesprochen unangenehm und negativ empfunden haben. Wie haben Sie darauf reagiert?

5 Bei welchen Betriebs- und Verkaufsformen spielt die Eigenart einer Zielgruppe keine oder eine nur geringe Rolle?

6.2 Kundenpflege und Kundenbindung

Früher hatten viele Einzelhandelsbetriebe einen festen Kundenstamm und konnten sich auf die regelmäßige Wiederkehr ihrer Stammkunden verlassen. Das ist heute in den meisten Fällen nicht mehr so: Das Warenangebot ist in vielen Fällen ähnlich und bei Markenware gut vergleichbar. Die Kunden sind durch die Medien informiert und kennen das Angebot mehrerer Einkaufsstätten. Sie sind mobil und können auch entfernte Läden aufsuchen. Deshalb muss sich jeder Einzelhändler überlegen, wie er Kunden dauerhaft gewinnen und die Beziehung pflegen kann: **Kundenpflege** und **Kundenbindung** werden zu „strategischen Faktoren" im Einzelhandel.

――

» **Beispiel:** Erzeugung von Kundenbindung beim Verkauf eines Fernsehgerätes

Der Dialog mit dem Kunden darf nicht abbrechen oder ins Stocken geraten. Es dauert mindestens drei bis sechs Jahre, bis der Kunde wieder ein TV-Gerät benötigt…

Durch eingesandte Garantiekarten können die Kundenadressen gesammelt werden. Als Belohnung für die Einsendung wird die Garantie um ein Jahr verlängert. Nach sechs Monaten erfolgt die erste Zufriedenheitsabfrage. Weitere folgen in regelmäßigen Abständen. Der Kunde fühlt sich wichtig und ist positiv überrascht.

Nach zwei Jahren wird der Kunde über den Ablauf der gesetzlichen Gewährleistung informiert – mit dem Hinweis auf die verlängerte Garantie durch den Händler. Kurz vor Ablauf des dritten Jahres erhält der Kunde den Hinweis, dass die Garantie bald abläuft und er eventuelle Schäden noch schnell reklamieren sollte.

In den folgenden Jahren informiert der Händler über neue Geräte oder bietet dem Kunden den Ankauf des Altgerätes bei Neukauf eines aktuellen TV-Gerätes an.

Kundenpflege

© businessvillage.de

――

Kundenpflege mit dem **Ziel** der **Kundenbindung** kann über verschiedene **Maßnahmen** erfolgen:

> intensive persönliche Werbung,
> dauerhafte Kommunikation und Betreuung,
> besondere Service-Angebote,
> Angebot von Spezialitäten und Besonderheiten,
> Abstimmung des Sortiments auf gezielte Bedarfe,
> individuelle Beratung und Betreuung,
> großzügiger Umtausch und Kulanz,
> Finanzierung und Preisgestaltung.

Maßnahmen der Kundenpflege bieten sich in allen Fällen an, bei denen besondere Verkaufssituationen zu bewältigen sind. Wenn Kunden unsicher sind, sich im Stress befinden oder sich geärgert haben, bieten sich besondere Chancen für die Profilierung der Einkaufsstätte.

◼ AKTION ◼

1 Notieren Sie je drei Argumente aus Sicht

   a) des Unternehmers,

   b) der Beschäftigten,

warum Kundenbindung eine große Bedeutung im Einzelhandel hat.

2 Erstellen Sie einen Plan für intensive Kundenpflege an einem Bereich Ihres Ausbildungssortiments. Orientieren Sie sich dabei an dem Beispiel „Verkauf eines TV-Gerätes". Listen Sie die Maßnahmen auf.

3 Jedes Jahr wird in Deutschland die Kundenzufriedenheit durch eine Studie der ServiceBarometer AG in München ermittelt, die 21 Branchen untersucht. Grundlage für das Datenmaterial ist eine Telefonbefragung von ca. 21.000 Personen, denen folgende Frage gestellt wurde: „Wie zufrieden sind Sie mit den Leistungen von diesem (hauptsächlich genutzten) Anbieter insgesamt? Sind Sie vollkommen zufrieden, sehr zufrieden, zufrieden, weniger zufrieden oder unzufrieden?"

Für den Wirtschaftsbereich Handel wurden die in der folgenden Grafik dargestellten Werte ermittelt:

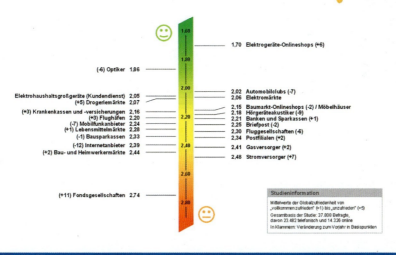

Werten Sie diese Grafik unter folgenden Fragestellungen aus:

a) Beschreiben Sie die Grafik.

b) Welche Aussage lässt sich zur Kundenzufriedenheit insgesamt treffen?

c) Welche Besonderheiten sind Ihnen aufgefallen?

6.3 Kundengruppen

Bei der **Beschreibung** von Kundengruppen untersucht man die **Persönlichkeitsmerkmale** der Kunden. Eine **Kundengruppe** zeichnet sich dadurch aus, dass sie sich beim Einkaufen auf eine bestimmte Art und Weise **verhält**.

Wenn das Verkaufspersonal dieses besondere Verhalten erkennt, deutet und angemessen darauf reagiert, erleichtert dies das Verkaufsgespräch. Gleichzeitig erhöhen sich dadurch die Chancen, um zu einem erfolgreichen Verkaufsabschluss zu kommen.

■ Frauen und Männer als Kunden

© .Shock – Fotolia.com

Untersuchungen belegen: **Frauen** und **Männer** zeigen ein **unterschiedliches** Einkaufsverhalten. **Pauschale** Aussagen „Frauen kaufen eher gefühlsmäßig" oder „Männer haben bei technischen Produkten das größere Sachverständnis", wie man sie noch vereinzelt in Schulbüchern bzw. alten Ratgebern zum erfolgreichen Verkaufen findet, sollte man allerdings schnellstmöglich **vergessen**.

Die in den letzten zwanzig Jahren erfolgte Veränderung in der Rollenverteilung zwischen Mann und Frau hat zu einem veränderten Einkaufsverhalten geführt. So kauft heute fast die Hälfte aller Männer unter 40 Jahren auch Lebensmittel für ihre Familie ein. Diese Männer kennen sehr wohl die Preise für Eier und Butter. Und die zunehmende Zahl der Single-Haushalte führt dazu, dass Frauen sich im Baumarkt genauso gut wie Männer auskennen, und diese im Übrigen oft eifrige Leser der Wochenangebote der großen Discounter sind.

Der **hauptsächliche** Unterschied liegt vor allem in der **Art** des **Einkaufens** und weniger darin, **was** man einkauft. Wenn Sie Ihr Verhalten beim Umgang mit Kunden und bei der Beratung darauf abstimmen, dann erhöhen sich Ihre Verkaufschancen.

Folgende **Besonderheiten** sind (mit aller Vorsicht) zu **beachten**:

1. **Männer** kaufen (meist) gezielt ein. Wenn sie z. B. ein Paar Schuhe brauchen und stellen fest, dass die Anprobierten passen, dann werden diese sofort gekauft. Überlegungen, ob ein Schuh mit farbigen Riemchen oder einer Messingschnalle besser passen würde, sind eher bei **Frauen** anzutreffen.

2. **Frauen** nehmen sich zum Einkaufen mehr Zeit als **Männer**. Man könnte sagen: „Frauen shoppen, Männer machen Besorgungen!"

3. **Frauen** kaufen gerne in Begleitung anderer Frauen ein. **Männer** bevorzugen es dagegen alleine einzukaufen.

4. **Frauen** sind beim Kauf häufig kritischer als **Männer**. Dies bezieht sich sowohl auf die Ware, aber auch auf den Preis und nicht selten auf das Verkaufspersonal. **Männer** haben dagegen oft keine klare Preisvorstellung und sind bereit auch höhere Preise zu bezahlen, nur damit sie schnell den Einkauf beenden können.

Zu all diesen geschlechtsspezifischen Aussagen zum Einkaufsverhalten kann man allerdings auch immer **Gegenteiliges** anführen: Eine allein erziehende und berufstätige Mutter hat wohl selten Zeit zum ausgiebigen Shoppen, und der männliche Technikfreak kennt natürlich bei Computerzubehör und Unterhaltungselektronik die Preise ganz genau.

Die Dauerrednerin

Solche Kunden haben aus sehr unterschiedlichen Gründen *(Einsamkeit, Geschwätzigkeit, mangelnde Anerkennung, Wunsch nach Zuwendung)* ein großes **Mitteilungsbedürfnis**. Als Verkäufer ist man das ideale „Opfer", denn der Kunde weiß sehr genau, dass man ihm nicht entkommen kann und zuhören muss.

Die angemessene **Verkäuferreaktion**: Aufmerksam zuhören und dem Kunden nicht ins Wort fallen; auf einen günstigen Zeitpunkt warten, um die Gesprächsführung selbst zu übernehmen und das Gespräch auf den eigentlichen Kaufwunsch des Kunden zu bringen.

Eine gute Möglichkeit, den Redefluss zu stoppen, ist den Kunden namentlich anzusprechen. In den meisten Fällen führt dies aufgrund der unerwarteten Ansprache mit dem Namen zu einem Innehalten, das Sie als Verkäufer nutzen können. Auch das Stellen von Rückfragen an den Kunden ist eine erprobte Methode von Verkaufsprofis, die im Gespräch die Führung übernehmen möchten.

》》 Beispiel:

Kundin: „ … und wie ich schon sagte, haben wir dann noch …"
Verk.: „Frau Meier, wirklich interessant, was Sie da erzählen!"
Kunde: „Wenn ich doch nicht immer diese furchtbare Atemnot hätte!"
Verk.: „Haben Sie das auch nachts?"

Der Besserwisser

Diese Kunden meinen, dass nur sie wissen, was „Sache" ist. Ein kompetenter Verkäufer merkt schnell, ob solche Kunden über ein echtes Fachwissen verfügen oder nur aus übertriebenem **Geltungsbedürfnis** den Fachmann vorgeben. Auch wenn es vielleicht schwer fällt: Da solche Kunden einen starken Wunsch nach Anerkennung haben, sollen sie diese von den Verkäufern bekommen. Man stimmt ihnen so weit wie möglich zu und kann dabei sogar ihr echtes oder vermeintliches Fachwissen anerkennend würdigen *(„Das ist aber interessant, jetzt habe ich wieder was dazugelernt!")*. Denken Sie immer daran: Sie wollen „Wiederkommen" verkaufen, und Kunden, die sich in ihrer Persönlichkeit besonders gewürdigt fühlen, werden schnell zu Stammkunden in Ihrem Geschäft.

Die Misstrauische

Misstrauische Kunden kann man oft schon an ihrem **Gesichtsausdruck** erkennen. Der Blick ist skeptisch, die Stirn in Falten gelegt und ein verkniffener Mund signalisiert: Dir Verkäufer glaube ich schon mal gar nichts! Misstrauische Kunden reden wenig, prüfen dafür aber die Waren besonders genau. An der Art der **Fragen** lässt sich diese Kundengruppe ebenfalls schnell identifizieren *(„Sind Sie sich auch wirklich sicher, dass…?"; „Ist das auch wirklich frisch?")*.

Als **Verkäufer** kommt man mit diesen Kunden am ehesten klar, wenn man sie durch die **Ware** selbst überzeugt. Man gibt sie ihnen in die Hand und lässt sie selbst ausprobieren und prüfen.

Hinweise auf **Garantie** und **Umtauschmöglichkeiten** helfen, das Misstrauen abzubauen, das sehr oft seine Ursache in negativen Erfahrungen bei früheren Einkäufen hat.

■ Die Sparsame

Für den sparsamen Kunden sind **preiswerte** Angebote das **Wichtigste**. Es gibt allerdings nicht **den** sparsamen Kunden, sondern der Wunsch nach günstigen Produkten kann sehr unterschiedliche Gründe haben, auf die der Verkäufer situationsgerecht reagieren sollte. So gibt es **Kunden**, die aufgrund ihrer wirtschaftlichen Lebenssituation nur sehr **wenig** Geld zur Verfügung haben. Andere sind ausgesprochene **„Schnäppchenjäger"** und freuen sich über jedes Sonderangebot, auch wenn sie die Ware gar nicht benötigen. Eine dritte Gruppe sind die echten **„Geizhälse"**. Dies sind Kunden, die sparsam einkaufen wollen, obwohl sie sich mehr leisten könnten.

Besonders problematisch sind solche Kunden, die im Preis reguläre Ware durch **Preisfeilscherei** günstiger kaufen möchten.

Verkäuferreaktion: Kunden, die wirklich wenig Geld zur Verfügung haben, dürfen auf keinen Fall spüren, dass der Verkäufer ihre finanzielle Situation erkannt hat. Man weist sie auf preisgünstige Angebote hin oder zeigt ihnen Artikel, die z. B. als Rest- oder Einzelposten reduziert wurden.

Den Schnäppchenjäger stellt man damit zufrieden, wenn ihm bestätigt wird, wie günstig er doch wieder eingekauft habe. Inwieweit man auf Kunden eingeht, die Preise herunterhandeln wollen, hängt von der jeweiligen Geschäftspolitik des Unternehmens ab. Grundsätzlich sollte jedoch gelten: Reguläre Ware ist ihren Preis wert!

■ Der Arrogante

Zu den unangenehmsten Kundeneigenschaften zählen Arroganz und anmaßendes Verhalten. Solche Kunden erwarten besonders viel **Aufmerksamkeit** und stellen sich gerne in den **Mittelpunkt**. Sie glauben etwas Besseres zu sein und lassen dies das Verkaufspersonal deutlich spüren. Sehr oft wollen sie besonders hochwertige, modische und exklusive Artikel. Man erkennt diese Kunden an einem häufig „hochnäsigen" Gesichtsausdruck und Äußerungen wie „So was kommt für mich doch nicht infrage! Haben Sie denn nichts Besseres?"

Bei diesen für **Verkäufer** manchmal nur schwer zu ertragenden Kunden gilt: Gehen Sie auf ihre Eigenarten ein und schmeicheln Sie ihnen, indem sie ihrem Geltungsbedürfnis entgegenkommen (*„Das hier zeige ich nur besonderen Kunden wie Ihnen!"*). Betonen Sie bei der Warenpräsentation das Besondere und Exklusive. Wenn solche Kunden das Gefühl haben, in Ihrem Geschäft eine bevorzugte Behandlung zu bekommen, werden sie zu meist problemlosen Stammkunden, die Ihrem Unternehmen hohe Umsätze garantieren.

■ Die Unentschlossene

Unentschlossene Kunden erwarten vom Verkaufspersonal zusätzlich zur Beratung konkrete **Entscheidungshilfen**. Ihr Verhalten kann durch **mangelnde Erfahrung** mit den vorgelegten Waren oder durch **mangelndes Selbstvertrauen** bestimmt sein. Um den Verkaufsvorgang **abzukürzen**, sollte man die Auswahl geschickt einschränken und den Nutzen der Ware anschaulich (mehrere Sinne ansprechen!) darstellen. Deswegen empfiehlt es sich bei diesen Kunden auch die Zahl der vorgelegten Artikel von vornherein zu **begrenzen** („Wer die Wahl hat, hat die Qual!").

Hinweise auf **Umtausch** oder die Möglichkeit, die Ware zur **Auswahl** mit nach Hause nehmen zu können, helfen diesen Kunden bei der Entscheidungsfindung.

Auf keinen Fall sollte man diese Kunden zum Kauf überreden. Auch Äußerungen des Verkäufers wie „dies wird gerne gekauft" oder „ich selbst würde ja das hier kaufen", sind nicht wirklich hilfreich, da sie die kundenspezifische Nutzenerwartung an die Ware nicht berücksichtigen.

■ Voraussetzungen im Umgang mit problematischen Kunden

Unter den vielen Kunden, die vom Verkaufspersonal tagtäglich bedient und beraten werden, sind die meisten sicher freundlich und aufgeschlossen. Um **„Problemkunden"** gekonnt zu beraten, sollten sich Verkäuferinnen und Verkäufer die in der folgenden Tabelle beschriebenen **Verhaltensweisen** zu eigen machen.

So geht's leichter!

Einfühlungsgabe
Besonnenheit
Gelassenheit
Fachwissen

© auremar – Fotolia.com

Eigenschaften des Verkäufers		Bedeutung und Auswirkung auf die Beratung
Einfühlungsgabe	→	Kompetente Verkäufer können sich schnell in die Vorstellungswelt der Kunden einfühlen. Sie erkennen deren Einkaufsproblem und argumentieren darauf nutzenbezogen.
Besonnenheit	→	Kunden, deren Verhalten vom Verkäufer als störend und unangenehm empfunden wird, darf man dies niemals spüren lassen.
Gelassenheit	→	Kaufentscheidungen der Kunden benötigen oft Zeit. Viele Kunden kommen ohne bestimmte Kaufwünsche ins Geschäft. Erst in der Beratung konkretisiert sich ihr Bedarf. Nicht zu vergessen ist die Sorge vieler Kunden, ob der Preis auch den Nutzen rechtfertigt.
Fachwissen	→	Warenbezogene Informationen unterstützen die Beratung. Dazu ist Fachwissen des Verkaufspersonals unerlässlich.

■ Verhaltensstrategien im Umgang mit problematischen Kunden

Da jeder Kunde anders ist und daher individuelle Vorstellungen, Erwartungen und Vorkenntnisse in das Beratungsgespräch mit einbringt, muss sich der Verkäufer in jedem Beratungsgespräch neu auf einen Kunden einstellen.

Dabei ist es sinnvoll, sich eine bestimmte **„Behandlungsstrategie"** – ähnlich wie ein Arzt beim Patienten – anzueignen.

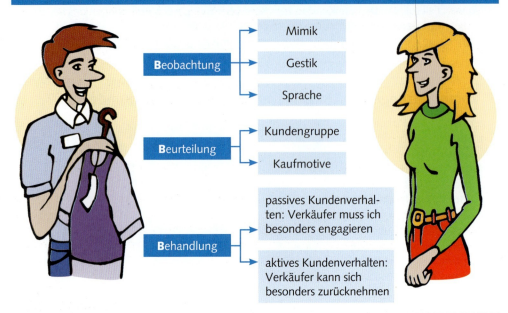

Drei-„B"-Methode zum erfolgreichen Umgang mit unterschiedlichen Kundengruppen

Beobachtung
- Mimik
- Gestik
- Sprache

Beurteilung
- Kundengruppe
- Kaufmotive

Behandlung
- passives Kundenverhalten: Verkäufer muss ich besonders engagieren
- aktives Kundenverhalten: Verkäufer kann sich besonders zurücknehmen

■ AKTION ■

1 Aus einem Verkaufskundebuch aus den 60er-Jahren des vorigen Jahrhunderts für Lehrlinge im Einzelhandel:

› „Ein Verkäufer muss auch akzeptieren, dass Frauen nach langem Suchen nichts Passendes finden. Sie sind in dieser Beziehung unberechenbar, während Männer meistens eine feste Kaufabsicht haben."

› „Männer sind leichter als Frauen zu bedienen. Frauen wollen im Mittelpunkt stehen und verlangen besondere Aufmerksamkeit."

Beurteilen Sie diese Aussagen.

2 Bewerten Sie folgende Aussage eines alten „Verkaufsprofis": „Ob Kunden Geld haben oder nicht, kann ich schon am Äußeren erkennen."

3 Welche der im Informationsteil beschriebenen Kundengruppen begegnen Ihnen häufig im Verkauf? – Berichten Sie, wie Sie sich diesen Kunden gegenüber verhalten.

4 Führen Sie ein kleines Rollenspiel in der Klasse mit schwierigen Kunden durch. Zeichnen Sie mit der Kamera auf und beurteilen Sie die Reaktion des Verkäufers.

Rolle Verkäufer: Sie begegnen Ihren Kunden freundlich und unvoreingenommen. Sie lassen sich nicht provozieren und reagieren sachlich und gelassen.

Rolle Kunden: A) Kunde ist arrogant – B) Kunde ist unentschlossen – C) Kunde ist ein Besserwisser.

5 Welche Kundengruppen können Sie aufgrund der folgenden Äußerungen erkennen? Formulieren Sie außerdem jeweils eine passende Antwort, die das Gespräch weiterbringt.

> „Sind Sie sicher, dass ich mit so einem preiswerten Gerät in Beton bohren kann? Da bricht doch bestimmt der Bohrer ab!"

> „Zeigen Sie mir bitte die neuen Espressoautomaten. Aber speisen Sie mich nicht mit Billiggeräten ab. Ich lege Wert auf Qualität."

> „Wissen Sie, als ich mir meine erste Spiegelreflexkamera gekauft habe, das war schon 1985, da habe ich Sachen erlebt, also, das muss ich Ihnen jetzt mal erzählen …"

6.4 Konsumententypen

Bei **Konsumententypen** steht die Betrachtung der **Einkaufsgewohnheiten** im Mittelpunkt. Diese Typen sind für die Beschreibung von Zielgruppen gut geeignet und haben somit praktischen Nutzen für einen **Einzelhändler**, der das **Sortiment** und die **Marketing-Strategie** auf seine **Zielgruppe** abstimmen möchte. Allerdings gelten diese Einteilungen nicht auf Dauer, sie müssen von Zeit zu Zeit überprüft werden.

Die Weiblich-Charmante

Die Korrekte

Die Anspruchsvoll-Exclusive

Die Unkonventionelle

© MEV Agency UG

Die junge Sportlich-Modische

Abb. Typenbeschreibungen für Bekleidungsstile

Die **Festlegung** solcher Konsumententypen wird von **Konsumforschern** vorgenommen, die mithilfe von wissenschaftlich fundierten Untersuchungen das **Konsumverhalten** und die **Lebensgewohnheiten** einer bestimmten **Zielgruppe** erforschen. Dies geschieht meist für eine bestimmte Branche.

So ordnet z. B. die GFK (Gesellschaft für Konsumforschung) Frauen neun Konsumentinnentypen in der Textilbranche zu (vgl. folgende Tabelle).

Konsumententyp	Beschreibung
Typ 1: **Die Fraulich-Zurückhaltende** **(16 %)**	Sie bevorzugen es einfach und preisgünstig. Modische Trends lehnen sie ebenso ab wie sportlich-lässige Kleidung.
Typ 2: **Die Korrekte (7,8 %)**	Diese überwiegend ältere Damen bevorzugen einen klassischen und eher schlichten Bekleidungsstil. Sie sind damenhaft und zurückhaltend in ihrem Auftreten.
Typ 3 : **Die Sportlich-Zweckmäßige** **(18,5 %)**	Der hohe Anteil sagt bereits, dass es sich hierbei um den beliebtesten Kleidungsstil handelt. Über 6 Mio. Frauen rechnet die GfK diesem Stil zu. Es ist die lässige, sportliche und zweckmäßige Garderobe, die hier bevorzugt wird. Flott und schick, aber ohne modische Extravaganzen.
Typ 4: **Die Anspruchsvoll-Exklusive (6,8 %)**	Klassisch, elegant und von bester Qualität. Das ist der Anspruch dieser Frauen. Ab 30 aufwärts wird hier Stil gefragt und dafür wird viel Geld ausgegeben.
Typ 5: **Die Weiblich-Charmante (10,5 %)**	Diese Kundin möchte vor allem feminine, verführerische und figurbetonte Mode tragen. In der Altersgruppe von 30 bis 49 Jahren sind diese Kundinnen zu finden.
Typ 6: **Die Modeorientierte-Außengeleitete** **(9,1 %)**	In ihren Schränken herrscht ein ständiger Wandel. Sie wollen wirken und suchen gezielt modische Kleidung.
Typ 7: **Die Unkonventionelle** **(13,1 %)**	Sie unterwirft sich keinem Modediktat. Nicht zeitlos, schlicht oder unauffällig sucht sie, sondern modisch, aber nach ihren eigenen Vorstellungen. Es ist ein schwer zu greifendes Klientel.
Typ 8: **Die junge Sportlich-Modische (9,3 %)**	Sie sind unternehmungslustig und sportlich. Um die junge modische Wirkung zu unterstreichen, muss ihre Kleidung sportiv und lässig sein. Sie sind bevorzugt Jeansträgerinnen. Gekauft wird im niedrigen Preissegment. Ihre Ausgaben sind eher unterdurchschnittlich.
Typ 9: **Die junge Modisch-Amüsante (8,8 %)**	In dieser Gruppe finden sich über 3 Mio. Teens und Twens wieder. Ihre Kleidung soll das Weibliche unterstreichen. Auch hier wird nur unterdurchschnittlich Geld für Mode ausgegeben, aber trendy muss die Kleidung sein.

Quelle: verdi, Bundesfachgruppe Einzelhandel

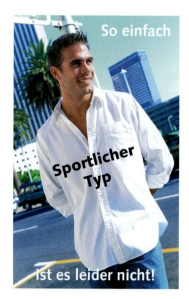

So einfach

Sportlicher Typ

Ist es leider nicht!

Für den **Einzelhändler** liegt die **Bedeutung** der **Konsumententypen** in erster Linie nicht im alltäglichen Verkaufsgeschäft. Denn:

Kein Kunde lässt auf den ersten Blick erkennen, um welchen Konsumententyp es sich bei ihm handelt!

Vielmehr liegt die Bedeutung für den Händler darin, dass er seine **Ist-Zielgruppe** genauer analysiert und u. U. sein **Sortiment** anpassen muss.

Es ist auch möglich, dass er durch eine Änderung seines Sortiments neue Zielgruppen für sein Geschäft gewinnen möchte, von denen er annimmt, dass sie auf längere Sicht für sein Unternehmen Erfolg versprechen.

Untersuchungen zum Konsumentenverhalten sind auch deshalb von großer Bedeutung, weil sie gesellschaftliche Trends deutlich machen. So kann der Einzelhändler aufgrund dieser Informationen sein Warenangebot rechtzeitig an zu erwartende Veränderungen im Kaufverhalten anpassen.

■ AKTION

1 Welche Kleidungstypen können Sie bei Ihren Mitschülerinnen und Mitschülern feststellen?

2 Suchen Sie im Internet nach Kunden- und Konsumententypen. Geben Sie bei einer Suchmaschine die Begriffe „Kundentypen", „Konsumententypen" und „Lifestyle-Typen" ein. Nennen Sie drei gefundene Einteilungen und geben Sie an, nach welchen Gesichtspunkten diese vorgenommen wurden.

3 Schätzen Sie ein, welche der gefundenen Einteilungen einen praktischen Nutzen für den Handel haben können. Begründen Sie Ihre Einschätzung.

4 Ordnen Sie den jeweiligen Konsumententypen die Ihrer Meinung nach dazu passenden Waren bzw. Dienstleistungen zu. Bilden Sie Gruppen und vergleichen Sie Ihre Ergebnisse durch eine Präsentation vor der Klasse.

Konsumententyp	Waren/Dienstleistungen						
	Auto	Beklei-dung	Möbel	Reisen	Lebens-mittel	Presseer-zeugnisse	Kos-metik
Umweltbewusster	?	?	?	?	?	?	?
sozialer Aufstei-ger mit Familie	?	?	?	?	?	?	?
spontaner, sport-lich aktiver Single	?	?	?	?	?	?	?
traditionsbewuss-ter Pensionär	?	?	?	?	?	?	?

6.5 Kinder und Jugendliche als Kunden

■ Kinder sind Kunden von heute und morgen

Kinder und Jugendliche werden häufig als Kunden nicht ernst genommen, weil sie nur beschränkt geschäftsfähig sind. Außerdem wird häufig unterstellt, dass sich Erwachsene am Verhalten junger Kunden stören. Solche Einstellungen verkennen die Bedeutung der jungen Kunden.

Kinder verfügen nicht nur über **eigene** Mittel, die sie zum Einkauf von Waren einsetzen, sie **beeinflussen** auch die **Kaufentscheidung** ihrer **Eltern** in vielen Fällen. Außerdem werden negative Erfahrungen von Kindern nachhaltig gespeichert. Noch Jahre später kann eine Ablehnung gegen bestimmte Einkaufsstätten bestehen, weil diese mit unangenehmen Erinnerungen verbunden sind.

Die Kinder sind entscheidend!

Bei folgenden Waren

Spielzeug

Kinderbekleidung

Schulbedarf

Urlaub

Haustier

Mittagessen

© A. Kuzmin – Fotolia.com

bestimmen überwiegend die Kinder bei der Auswahl und über die Anschaffung.

Kinder können ihre Eltern auch durch Nörgeln und Quengeln vom Einkauf abhalten, wenn sie sich langweilen. Die genervten Eltern brechen dann ihren Einkaufsbummel ab und mögliche Einkäufe unterbleiben. So gibt es z. B. schon viele Einrichtungshäuser, die einen Hort mit interessanten Spielmöglichkeiten für Kinder eingerichtet haben. Der Aufwand zahlt sich aus, weil die Eltern ungestört einkaufen können. Auch in kleineren Betrieben können Sie auf Kinder eingehen und ihnen **Spielmöglichkeiten** bieten:

> Spielecke mit Rutsche, Kriechtunnel oder Kinderhäuschen,

> Spieltisch mit Malstiften oder Bilderbüchern,

> Spielkiste mit Stofftieren, Modellautos oder Bausteinen,

> Warenproben und Werbegeschenke.

Beachten Sie beim Verkauf an Kinder die gesetzlichen Regelungen zur Geschäftsfähigkeit und zum Jugendschutz!

Genauso wichtig wie die Beachtung der rechtlichen Vorschriften ist Ihre Einstellung und Ihr Verhalten gegenüber kleinen und jungen Kunden. Sie sollten die folgenden Grundsätze gegenüber Kindern berücksichtigen:

> Behandeln Sie Kinder genauso gerecht und zuvorkommend wie erwachsene Kunden!
> Berücksichtigen Sie die mangelnde Erfahrung der kleinen Kunden, gehen Sie auf ihre Probleme ein und argumentieren Sie altersbezogen!
> Leisten Sie Ihren jüngsten Kunden freundliche Hilfestellung und achten Sie auf die Sicherung der gekauften Ware und des Wechselgeldes!

■ Jugendliche – eine immer wichtigere Zielgruppe

© MEV Agency UG

Jugendliche verfügen über eine monatlich mehrere hundert Millionen Euro umfassende **Kaufkraft**. Aufgrund des in ihrer Altersgruppe besonders hohen TV-Konsums werden sie durch Werbung stark in ihrem Einkaufsverhalten beeinflusst. **Typisch** ist für diese Kundengruppe ein ausgeprägtes **Markenbewusstsein**, das von Bekleidung über Schuhe und Kosmetik bis zum Handy reicht.

Die Jugend als einheitliche Zielgruppe gibt es allerdings nicht. Während „junge" Jugendliche (12- bis 15-Jährige) häufig bei ihren Kaufentscheidungen Unterstützung wünschen, kennen sich Ältere besser aus. Sie halten sich selbst für reifer und empfinden z. B. im Vorwahlsystem eine Kontaktaufnahme durch das Verkaufspersonal oft als störend, aufdringlich und unangenehm.

Konsumieren will gelernt sein

Jugendliche genießen es, selbstständig Einkaufsentscheidungen treffen zu können. Gleichzeitig sind sie aber auch unsicher, ob sie die richtige Entscheidung getroffen haben.

So fragen sich viele Jugendliche z. B.:

> Welche Klamotten sind die richtigen?
> Welches Styling passt zu meinem Typ?
> Welche Foodprodukte „darf" man essen?
> In welchem Geschäft bekomme ich das meiste für mein Geld?

Deswegen wünschen sich viele Anleitung und Hilfestellung und orientieren sich an dem, was andere Jugendliche haben und was in den Medien zu sehen ist.

Wer Jugendliche zu seinen Kunden zählt, sollte deshalb auch über deren Mediennutzung Bescheid wissen.

Der weitaus größte Teil der Jugendlichen kauft bei großen und bekannten Geschäften *(H&M, New Yorker, C&A)*. Kleine Geschäfte, die Jugendliche kaum kennen, tun sich hier sehr schwer.

Über drei Viertel der Jugendlichen bevorzugten **Markenartikel** beim Kauf von Sportswear, Schuhen und Bekleidung.

Die „angesagtesten" Marken bei Jugendlichen (Mehrfachnennungen)

Rang	Marke	Prozent
1	McDonald's	83 %
2	Sony Ericsson	72 %
3	Nintendo	71 %
4	Coca-Cola	71 %
5	Sony Playstation	68 %
6	iPod	67 %
7	Nokia	66 %
8	Burger King	56 %
9	Nivea	52 %
10	Vodafone	49 %

Quelle: „Bravo" Faktor Jugend 10

Für den Verkauf bedeutet dies, dass der Einzelhändler bei der Sortimentszusammenstellung und Beratung darauf achten sollte.

Verhalten des Verkaufspersonals gegenüber Jugendlichen

Wer in Jugendlichen beim Bummeln durch ein Geschäft sofort potenzielle Ladendiebe sieht und dies ihnen gegenüber auch zum Ausdruck bringt, muss sich nicht wundern, wenn sich der Altersdurchschnitt seiner Kundschaft nach oben bewegt.

Jugendliche Kunden wollen genau so ernst genommen werden wie Erwachsene. Sie erkennen sehr schnell, ob man ihnen etwas aufdrängen will – in der Meinung, ihnen fehlt die Erfahrung – oder ob man auch bei ihnen ihr Kaufproblem ernsthaft lösen möchte.

Da **Jugendliche** sich sehr stark am **Verhalten** ihrer **Altersgruppe** orientieren („Peergroup"), ist es notwendig, sich in ihre Lebens- und Erfahrungswelt hineinversetzen zu können. Viele Einzelhändler haben dies erkannt und bemühen sich, junges Verkaufspersonal in den entsprechenden Abteilungen (Young-Fashion) einzusetzen und die Abteilungen auf diese Kundengruppe bezogen zu gestalten *(Farben, Musik, offene Präsentation)*.

© MEV Agency UG

Im Vordergrund des **Verkaufsgesprächs** sollte die **Wirkung** der **Ware** stehen und nicht unbedingt Qualität, Preis-Leistungs-Verhältnis oder Garantieleistungen.

Beauty, Styling und Fashion sind ein Grundbedürfnis für Jugendliche.

Pflege dient der Stärkung des Selbstbewusstseins, Bekleidung prägt die eigene Persönlichkeit und das Styling schafft Individualität und Abgrenzung. An- und Ausprobieren sind daher besonders wichtig, weil man noch nicht seine eigene Persönlichkeit gefunden hat. Auch darauf sollte im Verkauf geachtet werden.

AKTION

1 Sie haben die Möglichkeit, ein Geschäft speziell für junge Kunden zu eröffnen. Stellen Sie Ihr Sortimentskonzept sowie die Ladengestaltung der Klasse vor.

2 Wie gehen Sie in Ihrem Ausbildungsbetrieb auf Kinder und jugendliche Kunden ein? Was müssen Sie beim Verkauf bestimmter Waren beachten? Bereiten Sie ein Kurzreferat vor.

3 Formulieren Sie mithilfe der „Kopfstandmethode" fünf Verhaltensweisen eines Verkäufers, die dazu führen, dass Jugendliche dieses Geschäft künftig auf jeden Fall meiden werden.

4 Zeigen Sie an drei Beispielen, wie sich das Einkaufsverhalten von Kindern und Jugendlichen gegenüber Erwachsenen unterscheidet.

5 Warum spielen Markenartikel für viele Jugendliche eine so große Rolle?

6.6 Ältere Menschen als Kunden

■ Senioren – eine verschiedenartige Zielgruppe im Einzelhandel

Der **Anteil** der älteren Bevölkerung nimmt immer mehr zu. Im Jahr 2040 werden fast 40 % sechzig Jahre und älter sein. Außerdem steigt die **Lebenserwartung** pro Jahrzehnt um drei Jahre. Im Gegensatz zum Jugendlichen, der dies gerade mal vier bis sechs Jahre ist, umfasst die Gruppe der älteren Menschen vier Lebensjahrzehnte. Da gibt es die „Generation 50+", die „Bestagers" und die „Hochbetagten" mit einem immer größer werdenden Anteil an Hundertjährigen.

© Guido Adolphs

Auch die **Kaufkraft** ist sehr unterschiedlich. So gibt es wohlhabende Rentnerehepaare, bei denen die Kinder aus dem längst bezahlten Haus sind und die mit der Alters- und Betriebsrente mehr als gut leben können. Zu den Kunden zählen aber auch Frauen und Männer, die mit sehr geringen Renten gerade mal ihr Existenzminimum sichern können. Eine solch verschiedenartige Gruppe ist unter den Kunden sonst nicht zu finden. Einerseits z. B. den Siebzigjährigen, der „fit wie ein Turnschuh" jeden Morgen joggen geht, und andererseits den sechzigjährigen Schwerhörigen oder Gehbehinderten. Vom **Verkaufspersonal** wird bei der Bedienung und Beratung von älteren Menschen daher besonders viel verlangt.

■ Geschäfts- und Sortimentsgestaltung bei vorwiegend älteren Kunden

> Helle Verkaufsräume mit viel Licht,

> altersgerecht eingerichtet (Sitzgelegenheiten mit hoher Sitzhöhe),

> statt Stufen Rampen, Fahrstühle für obere Etagen,

> Hinweisschilder in großer Schrift,

> Verzicht auf dauerndes Umplatzieren einzelner Warengruppen,

> gut erreichbare Regalplätze mit leicht lesbarer Beschriftung,

> Verzicht auf dauernde Musikberieselung,

> Markenqualität und kleine Packungsgrößen,

> auf die Altersgruppe bezogene Artikelauswahl *(fettarme oder diätetische Lebensmittel, spezielle Hygieneartikel).*

■ Spezielle Serviceleistungen für ältere Kunden

Aufgrund von krankheitsbedingten Beschwerden sind ältere Menschen oft in besonderem Maße auf **Serviceangebote** angewiesen. Besonders wichtig sind Zustell- und Abholserviceleistungen *(Lebensmittel, Reparaturen an elektrischen Geräten, Aufbau von Möbeln, Anschluss von Elektrogroßgeräten)* sowie Hilfen beim Einpacken an der Kasse.

Senioren – im Visier des Handels

Generation 60plus: Sie ist kaufkräftig. Ihr Anteil an der Bevölkerung wächst rasant. Händler umgarnen sie – mit Lupen, Sitzecken und Spezialprodukten.

Chemnitz/Hamburg – Die Zukunft des deutschen Handels beginnt in Chemnitz. Im Flemminggebiet, einem Stadtteil mit einförmigen Mietshäusern und eher geringer Kaufkraft, steht ein blaugelber Zweckbau von Edeka, der sich äußerlich kaum von den sonstigen Märkten des größten deutschen Lebensmittelhändlers unterscheidet.

Doch dieser Markt ist ein Pilotprojekt: Im Inneren sind die Gänge breiter, die Preisschilder größer als sonst bei Edeka üblich. Zwischen Rotwein und Backstation steht eine Ruhebank und wenn die Kunden den dicken, roten Serviceknopf drücken, kommt einer von 15 Mitarbeitern herbeigeeilt, um sie zu beraten.

Am auffälligsten im „Supermarkt der Generationen" sind aber die Lupen, die an manchen Regalen baumeln und mit denen sich auch noch die winzigste Zutatenliste auf Jogurtbechern oder Marmeladen entziffern lässt. „Die Lupen sind bei den Verbrauchern viel besser angekommen, als wir zunächst vermutet haben", sagt Marktleiterin Ellen Rübsam.

Quelle: Hamburger Abendblatt

■ Verhalten des Verkaufspersonals

Ältere Menschen möchten so bedient und beraten werden wie andere Kunden auch. Ein Hinweis auf ihr Alter und damit verbundene Beschwerden oder Einschränkungen verbietet sich. Ein **Verkaufsgespräch** mit älteren Menschen dauert meist etwas länger als sonst üblich. Verständnis und Geduld sind selbstverständlich. Dies sollte auch besonders vom **Kassenpersonal** beachtet werden, wenn ältere Menschen Schwierigkeiten bei der Geldübergabe haben *(Sehschwäche)*. Ein gut gemeintes „Geben Sie mir doch Ihren Geldbeutel, ich hol mir das Kleingeld passend" ist entwürdigend und sollte nur auf Wunsch des Kunden vorgenommen werden!

Für Senioren zählt beim Einkauf in erster Linie die **Qualität** der Ware. Dafür sind sie bereit, auch etwas mehr Geld auszugeben. Dies ist besonders dann der Fall, wenn sie vom Gebrauchswert des Produkts überzeugt sind. Dabei lassen sie sich am ehesten mit sachlichen, ehrlichen und genauen Informationen überzeugen. Wer sich mit den Anforderungen der älteren Kunden auseinandersetzt, wird auch bald die passenden Produkte und Argumente finden!

Beispiel: Die altersgerechte Küche: Alle unteren Staubereiche als Schubladen mit Vollauszügen, Spülbeckenarmatur mit herausziehbarem Brauseschlauch, niedrig gehängte Oberschränke, größere Arbeitsplattentiefe, Backofen mit ausziehbaren Rosten hoch eingebaut, Kochflächen nebeneinander, großer Vorratsschrank mit Vollauszug.

So wie Jugendliche gerne von Gleichaltrigen beraten werden wollen, gilt dies auch für ältere Menschen. Nehmen Sie es einem älteren Kunden nicht übel, wenn er nach einem älteren Verkäufer fragt.

▌ AKTION ▌

1 Nennen Sie drei Gründe, warum ältere Kunden für den Einzelhandel immer wichtiger werden.

2 Zeigen Sie an einem Beispiel unterschiedliches Kaufverhalten von Senioren und Jugendlichen.

3 Entwerfen Sie in der Lerngruppe eine Checkliste mit zehn Gesichtspunkten zur Gestaltung von altersgerechten Verkaufsräumen. Stellen Sie diese Liste in der Klasse vor und vergleichen Sie mit den anderen Lerngruppen.

4 Untersuchen Sie Ihren Ausbildungsbetrieb anhand der Liste aus Aufgabe 3 auf „Alterstauglichkeit".

5 Sie haben vor, ein Geschäft speziell mit Produkten für Senioren zu eröffnen. Entwickeln Sie ein dazu passendes Sortimentskonzept.

6 In Werbespots mit der Zielgruppe „Senioren" kommen häufig folgende Begriffe vor: Vitalität, Lebensfreude, Gesundheit, Sicherheit, Vorsorge. Nennen Sie Produkte, die sich mit diesen Begriffen verbinden lassen.

7 Fragen Sie in der Familie und im Bekanntenkreis ältere Menschen nach ihren Einkaufsgewohnheiten und ihren Erfahrungen im Einzelhandel. Erstellen Sie dazu ein Plakat.

6.7 Ausländer als Kunden

Fast sieben Millionen Migranten leben dauerhaft in Deutschland. Diese ca. 9 % der Gesamtbevölkerung bieten große Umsatzmöglichkeiten für die Einzelhandelsbetriebe, die sich darauf einstellen.

Gerade unter Ausländern spricht es sich schnell herum, wo auf ihre Wünsche und Bedürfnisse angemessen reagiert wird.

Die Konsumwünsche der Ausländer werden häufig auch von der Allgemeinheit aufgegriffen und sind damit Vorläufer einer breiten Nachfrage.

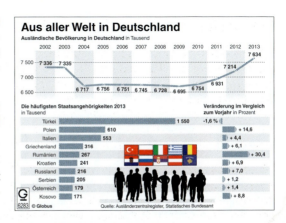

Denken Sie daran: Viele Waren sind ursprünglich ausländischer Herkunft!

Ein ABC ursprünglich ausländischer Waren:

Angorawolle, Bidet, Calamares, Douglasfichte, Espresso, Futon, Gyros, Halwa, Ikone, Jogurt, Kajak, Lasso, Mokka, Niblick, Oregano, Pizza, Queue, Retsina, Spagetti, Tabasco, Ulster, Vinaigrette, Whisky, Xerographie, Yuccapalme, Zaziki.

© MEV Agency UG

Beachten Sie bei Bedienung und Beratung ausländischer Kunden die folgenden Punkte:

❯ Sortiment anpassen!

Bei einem großen Ausländeranteil an Kunden *(Türken, Italiener)* lohnt es sich für den Einzelhändler, sein Sortiment um solche Waren zu erweitern, die von den ausländischen Kunden häufig nachgefragt werden.

❯ Fremdes akzeptieren!

Akzeptieren Sie ungewohnte Verhaltensweisen, fremde Sitten und einen anderen Geschmack. Gehen Sie auf ungewöhnliche Kundenwünsche ein. Bleiben Sie dabei freundlich und machen Sie sich nicht über Personen lustig, die sich in Ihren Augen ungewöhnlich verhalten!

❯ Hilfsbereitschaft signalisieren!

Andere Umgebung schafft Unsicherheit und erschwert die Orientierung. Deshalb sind Ausländer besonders auf Hilfe angewiesen. Sprechen Sie diese Kunden von sich aus an, und zeigen Sie Ihre Bereitschaft zur Hilfestellung!

❯ Angemessen kommunizieren!

Verfallen Sie nicht in ein gebrochenes Deutsch, wenn Sprachprobleme auftreten *(„Was du wollen?")*. Sprechen Sie langsam, deutlich und reden Sie erwachsene Ausländer – wie alle Kunden – mit „Sie" an. Achten Sie bei der Warenvorlage darauf, besonders intensiv die Sinne der Kunden anzusprechen!

Die englische Sprache entwickelt sich bei der internationalen Verständigung immer mehr zum bevorzugten Kommunikationsmittel. Besucher aus fremden Ländern verfügen meistens über einen Grundwortschatz Englisch und können sich in dieser Sprache verständigen. Einzelhandelsbetriebe mit solchen Kunden sollten mindestens über eine Fachkraft verfügen, die in Englisch Kontakt zu diesen Kunden aufnehmen kann. Wenn Sie diese Aufgabe übernehmen, können Sie sich unentbehrlich machen!

Some basics for shop assistants

Angebot	→	offer	Münze	→	coin
anprobieren	→	to try on	Packung	→	packet
Artikel	→	article	Pflege	→	care
Bargeld	→	cash	Preisnachlass	→	price reduction
Beschwerde	→	complaint	Qualität	→	quality
billig	→	cheap	Quittung	→	receipt
Bitteschön	→	here you are	Rabatt	→	discount
Dankeschön	→	thank you	Rechnung	→	bill, invoice
Das kostet	→	it costs	Regal	→	shelf
Eingang	→	entry	Reklamation	→	customer, complaint
Einkaufswagen	→	caddy/trolley	Reparatur	→	repair
Es tut mir Leid	→	I'm sorry	Schaufenster	→	shop window
Geld	→	money	Skonto	→	cash discount
Geldschein	→	note/bill	Sonderangebot	→	special offer
Geschäftsführer	→	manager	teuer	→	expensive
Hersteller	→	manufacturer	Tragetüte	→	carrier bag
Kasse	→	checkout	unterschreiben	→	to sign
Kassenbon	→	sales slip	Unterschrift	→	signature
Kreditkarte	→	credit card	Verfallsdatum	→	expiry date
Kunde	→	customer	Verkäufer	→	shop assistant
lieferbar	→	available	Wechselgeld	→	change
Marke	→	brand	Zahlung	→	payment

■ AKTION

1 Geben Sie an, welche Ausländer zu Ihren Kunden gehören. Notieren Sie, wie Sie sich auf die Beratung und Bedienung dieser Kunden besonders einstellen können.

2 Klären Sie alle Begriffe aus dem „ABC ursprünglich ausländischer Waren". Benutzen Sie ein Wörterbuch. Fügen Sie möglichst zu jedem Buchstaben eine weitere ehemals ausländische Ware hinzu.

3 Welche Probleme können sich bei der Bedienung ausländischer Kunden ergeben?

4 Welche Erfahrungen haben Sie selbst als Kunden im Ausland gemacht?

5 Entwerfen Sie in Partnerarbeit ein kleines Verkaufsgespräch in Englisch, üben Sie es ein und führen Sie das Ergebnis in der Klasse vor.

6 Notieren Sie sich Begrüßungs- und Abschiedsgrußformeln in den Sprachen, die Schülerinnen und Schüler in Ihrer Klasse sprechen.

7 Spezielle Verkaufssituationen

7.1 Verkauf bei Hochbetrieb

Auch wenn's heiß hergeht — immer schön cool bleiben!

■ SITUATION

Frau Nägele ist genervt! Seit vier Stunden steht sie ohne Pause an einem Sondertisch mit Aktionsware. Schon längst hätte eigentlich die Ablösung kommen sollen, doch ihre Kollegin musste kurzfristig für eine erkrankte Mitarbeiterin einspringen. So wird Frau Nägele wohl noch etwas warten müssen, bis sie zur verdienten Kaffeepause in die Kantine kann.

■ INFORMATION

■ Wann ist mit Hochbetrieb zu rechnen?

Kunden kaufen nicht gleichmäßig verteilt über den Tag, über die Woche oder über das Jahr ein. Kunden kaufen dann besonders viel und häufig ein, wenn sie viele Waren benötigen *(vor den Wochenenden und Feiertagen)*, wenn sie Zeit zum Einkaufen haben *(nach Büro- oder Werkstattschluss)*, wenn sie über Geld für den Einkauf verfügen *(am Monatsanfang)* und wenn besondere Anlässe vorliegen *(Weihnachten)*. Deshalb herrscht in den meisten Einzelhandelsbetrieben zu ganz bestimmten Zeiten Hochbetrieb.

Hochbetriebszeiten:	
› täglich	17:00 bis 19:00 Uhr
› wöchentlich	Freitagnachmittag und an Samstagen
› saisonal	je nach Branche, z. B. Frühjahrs- und Herbstmode, Winterreifen beim ersten Schnee, Gartenbedarf im Frühjahr
› jährlich	zu den Schlussverkäufen und vor Festen (besonders vor Weihnachten)?

Einzelhandel: Freude auf das Weihnachtsgeschäft

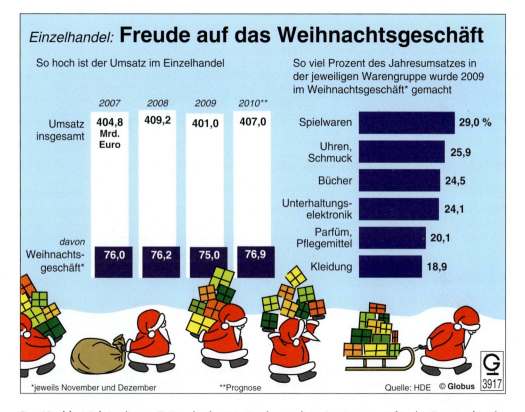

So hoch ist der Umsatz im Einzelhandel

	2007	2008	2009	2010**
Umsatz insgesamt	404,8 Mrd. Euro	409,2	401,0	407,0
davon Weihnachts-geschäft*	76,0	76,2	75,0	76,9

So viel Prozent des Jahresumsatzes in der jeweiligen Warengruppe wurde 2009 im Weihnachtsgeschäft* gemacht

Spielwaren	29,0 %
Uhren, Schmuck	25,9
Bücher	24,5
Unterhaltungs-elektronik	24,1
Parfüm, Pflegemittel	20,1
Kleidung	18,9

*jeweils November und Dezember   **Prognose   Quelle: HDE   © Globus 3917

Der **Hochbetrieb** in diesen Zeiten bedeutet eine besondere **Anstrengung** für das **Personal** in der Kundenberatung und im Verkauf. Immer wieder kommt es vor, dass mehrere Kunden gleichzeitig von Ihnen bedient werden möchten. Das bedeutet Stress für Sie. Dennoch sollten Sie nicht ärgerlich sein, denn die Kunden kommen zu Ihnen, weil sie eine Lösung ihres Einkaufsproblems von Ihnen erwarten. Außerdem sichert ein hoher Umsatz die Arbeitsplätze in diesem Betrieb.

■ Wie wirkt sich Hochbetrieb auf wartende Kunden aus?

Bei Hochbetrieb werden Personal und Kunden gefordert. Auch für viele Kunden bedeutet Einkauf bei Hochbetrieb Stress. Sie müssen warten. Je länger Kunden warten müssen, umso weniger Zeit haben sie für andere Einkäufe zur Verfügung.

Häufig herrscht Gedränge und es ist heiß. Viele werden nervös, unruhig oder ungehalten. In dieser Situation können sich die meisten Menschen nur schwer beherrschen. Sie beobachten das Verhalten der Verkäuferinnen und Verkäufer besonders kritisch und reagieren leicht gereizt. Gereizte Kunden fällen oft kein gerechtes Urteil, sie schimpfen laut oder verlassen ohne Einkauf das Geschäft. Wenn Sie wissen, was Kunden reizt, können Sie sich darauf einstellen und ärgerliche Reaktionen vermeiden.

Der Kunde wird ärgerlich	
› wenn er sich unbeachtet fühlt,	z. B. wenn ihn das Personal nicht wahrnimmt und nicht begrüßt.
› wenn er sich ungerecht behandelt fühlt,	z. B. wenn Kunden bedient werden, die sich vorgedrängelt haben.
› wenn er meint, unnötig warten zu müssen,	z. B. wenn das Personal Privatgespräche führt, auf den Verkauf nicht vorbereitet ist und Verkaufsgespräche verzögert.

■ Wie stellen Sie sich auf den Hochbetrieb ein?

Die regelmäßigen Hochbetriebszeiten sind bekannt und werden bereits bei der Personalplanung berücksichtigt. Wenn viele Kunden in das Geschäft drängen, müssen mehr Verkaufskräfte zur Verfügung stehen und mehr Kassen geöffnet sein. So kann sich die Betriebsleitung durch organisatorische Maßnahmen auf den Kundenandrang einstellen.

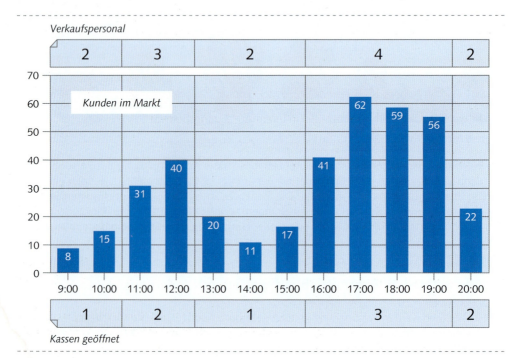

Als Hilfsmittel können Kunden/Zeit-Diagramme dienen, auf deren Grundlage Personaleinsatzpläne erstellt werden.

Bei Kundenandrang können aber auch Sie selbst Ihre Fähigkeiten im Verkauf unter Beweis stellen. Sie sind gezwungen, zügig zu arbeiten. Bei Vorwahl müssen Sie sogar manchmal mehrere Kunden gleichzeitig bedienen. Ihre Kunden verstehen es, wenn Sie weniger Zeit für jeden Einzelnen haben. Sie werden sehen, mit ein paar Kniffen ist das kein großes Problem.

Ruhig und zuvorkommend bleiben – so verhindern Sie am besten, dass Kunden ungehalten werden!

Neu ankommenden Kunden freundlich zunicken – so erkennen diese, dass sie wahrgenommen wurden!

In der richtigen Reihenfolge bedienen – so kommen Sie dem Gerechtigkeitsempfinden nach!

Wartende Kunden nach Möglichkeit beschäftigen – so sorgen Sie für Unterhaltung während der Wartezeit!

Schnell und zügig arbeiten – so zeigen Sie den Kunden, dass Sie sich in ihre Lage versetzen können!

Abb. Regeln bei Hochbetrieb

Bei großem Kundenandrang sollten Sie ein Problem nie aus den Augen verlieren: Bei Hochbetrieb haben auch Ladendiebe Hochbetrieb. Sie nutzen das Gedränge besonders gern, weil dann das Personal unter Stress steht und weniger Zeit hat, um auf der Hut zu sein. Beachten Sie deshalb die Hinweise im **Kapitel 10** Ladendiebstahl.

■ AKTION

1 Untersuchen Sie Hochbetriebszeiten in Ihrem Ausbildungsbetrieb.

a) Wann treten Hochbetriebszeiten auf? Nennen Sie die Ursachen.

b) Erstellen Sie ein Diagramm für einen Tag oder eine Woche.

2 Wie können Sie Kunden, die noch nicht an der Reihe sind, das Warten erleichtern? Notieren Sie drei sinnvolle Beispiele für Ihre Branche.

3 Ermitteln Sie, welche Fehler in den folgenden Fällen gemacht werden. Finden Sie in Partnerarbeit positive Alternativen:

a) In einem Sanitätsfachgeschäft berät der Verkäufer eine Kundin. Ein Kunde fragt dazwischen, ob das neue Blutdruckmessgerät schon da sei. Der Verkäufer erwidert: „Sie sehen doch, dass ich gerade bediene!"

b) In der überfüllten Fotoabteilung eines Warenhauses bezahlt ein Kunde seine Fotoarbeiten und möchte anschließend über eine neue Kamera informiert werden. Der Verkäufer holt den Schlüssel für die Vitrine.

4 Bereiten Sie sich mit einem Partner anhand einer selbst gewählten Ware auf ein Verkaufsgespräch vor. Versuchen Sie dabei, Zusatzangebote zu unterbreiten. Üben Sie dann das Verkäuferverhalten

a) unter normalen Bedingungen und b) unter Hochbetrieb.

Nehmen Sie beide Szenen mit der Kamera auf und werten Sie vor der Klasse aus!

5 Rollenspiel: Sie sind gerade alleine in der Abteilung für Röcke und Hosen in einem Kaufhaus. Seit einiger Zeit beraten Sie eine Kundin, die einen Wollrock kaufen möchte. Eine zweite Kundin betritt die Abteilung.

a) Nehmen Sie mit der neuen Kundin situationsgerecht Kontakt auf.

b) Die erste Kundin hat sich drei Modelle ausgesucht und möchte sie in der Kabine anprobieren. – Nutzen Sie diese Situation, um die zweite Kundin zu bedienen.

c) Die erste Kundin verlässt wieder die Kabine. Sie nehmen mit ihr das Gespräch wieder auf.

d) Ihr Gespräch wird durch einen Herrn unterbrochen, der den Weg zur Kasse sucht. Reagieren Sie angemessen.

7.2 Verkauf kurz vor Ladenschluss

Der Countdown läuft!

■ **SITUATION**

Auch das noch – kurz vor acht Uhr
noch eine Kundin und mein Freund
wartet doch!

In fünf Minuten ist Feierabend!
Ich werde diese Kundin genauso
nett und freundlich wie alle
anderen bedienen!

© Wolfgang Herzig

 Gäste kommen niemals unpassend!

 Listen Sie auf, aus welchen Gründen Kunden kurz vor Ladenschluss zu Ihnen zum Einkaufen kommen. Wie können Sie darauf reagieren?

■ INFORMATION ■

In Deutschland können Einzelhändler ihr Geschäft nicht beliebig lang öffnen. Sie sind an die gesetzlichen **Öffnungszeiten** des **Ladenschlussgesetzes** gebunden.

Durch die **Liberalisierung** der Ladenschlusszeiten (Ladenöffnungsgesetze der Bundesländer) hat sich der Hochbetrieb bei Ladenschluss entspannt. Dennoch kommt es vor, dass kurz vor Ladenschluss häufig noch mehrere Kunden das Geschäft betreten. Auch in diesen Fällen sollten Sie ruhig und freundlich bleiben.

Immer länger einkaufen

1958	Okt. 1989	Nov. 1996	seit 1. Juni 2003	*aktuell*

Zulässige Gesamtöffnungszeit* pro Woche in Stunden im Einzelhandel (ohne Berücksichtigung des langen Samstags)

| 64,5 | 64,5 | 80 | 84 | keine bundeseinheitliche Regelung, Länder entscheiden |

Die Öffnungszeiten

Mo–Fr: 7 bis 18.30 Uhr	**Mo, Di, Mi und Fr:** 7 bis 18.30 Uhr **Langer Donnerstag:** bis 20.30 Uhr	**Mo–Fr:** 6 bis 20 Uhr	**Mo–Sa:** 6 bis 20 Uhr	z.B. geplant in Baden-Württemberg, Brandenburg, Berlin, Hamburg, Hessen, Mecklenburg-Vorp., Niedersachsen, Sachsen, Sachsen-Anhalt, Thüringen
Sa: 7 bis 14 Uhr	**Sa:** 7 bis 14 Uhr	**Sa:** 6 bis 16 Uhr		
Langer Samstag: 1. **Sa** im Monat bis 18 Uhr	**Langer Samstag:** April bis Sept. bis 16 Uhr Okt. bis März bis 18 Uhr			**Mo–Sa:** 0 bis 24 Uhr ausgenommen Sonn- und Feiertage

Quelle: Stat. Bundesamt   *ohne Sonderregelungen für Kurorte, Weihnachtsgeschäft u.a.   **dpa**·Grafik 0005

Weisen Sie die Kunden auf das Ende der Geschäftszeit hin, aber bleiben Sie dabei höflich und denken Sie an die **Kundenpflege**.

» **Beispiel:** „Bitte stellen Sie sich darauf ein, dass wir in wenigen Minuten schließen. Vielen Dank für Ihr Verständnis!"

Wenn Sie Zeit und die Möglichkeit haben, um die Kunden auch noch nach dem Ablauf der **Ladenschlusszeit** zu bedienen, so sollten Sie diese Möglichkeit nicht ungenutzt lassen.

Kunden, die hochwertige Stücke *(Möbel, Fahrzeuge, Schmuck, Teppiche)* auswählen, benötigen Zeit und danken es Ihnen, wenn Sie nicht drängeln. Zeigen Sie auch hier Ihre Bereitschaft zur Kundenpflege.

» **Beispiel:** „Wir haben jetzt geschlossen, aber ich möchte Ihnen noch gern Zeit lassen, sich Ihre Entscheidung in Ruhe zu überlegen!"

Sie können sicher sein, dass ein solches Entgegenkommen positiv wahrgenommen wird, zur Kundenbindung beiträgt und die Kaufentscheidungen beflügelt.

Tipp: Sprechen Sie sich mit Kolleginnen und Kollegen ab, wer u. U. Kunden nach Schließung des Geschäfts zu Ende bedient. Organisieren Sie diesen „Spätdienst" im Wechsel. Die meisten Kunden werden dafür Verständnis haben.

» **Beispiel:** „Meine Kollegin, Frau Caspari, wird Sie weiter bedienen. Bitte haben Sie Verständnis, denn ich muss meinen Bus erreichen!"

■ AKTION ■

1 Ein Verkäufer in einem Elektronik-Fachmarkt sagt zu seinem Kunden: „In zehn Minuten wird der Markt geschlossen, da kann ich Ihnen natürlich nicht mehr unser großes Angebot an Digital-Kameras zeigen!"

Bewerten Sie diese Aussage. Formulieren Sie einen eigenen Vorschlag in wörtlicher Rede.

2 Wie verhalten Sie sich bei einem Kunden, bei dem sie den Eindruck haben, dass er beim Einkauf kein Zeitgefühl hat.

3 Warum sind Spätkunden meist einfach zu bedienen und zu beraten?

4 Rollenspiel: Es ist fünf Minuten vor Ladenschluss im Lebensmittelsupermarkt Prima.

a) Kundin: Sie sind bei Prima Stammkundin. Soeben erhalten Sie einen Anruf, dass Ihr Partner mit drei Geschäftsfreunden in einer Stunde zum Abendessen kommen wird. Leider ist der Kühlschrank ziemlich leer.

b) Kunde: Sie kaufen nur sehr selten bei Prima ein. Im Büro haben sie erfahren, dass ihr Vorgesetzter übermorgen 50 Jahre alt wird. Sie möchten ihm einen Geschenkkorb schenken und wollen sich nun bei Prima über entsprechende Angebote informieren.

Verkäufer: Reagieren Sie in beiden Fällen situationsgerecht und kundenorientiert.

7.3 Kunden in Begleitung

Zwei kommen — nur einer kauft!

■ SITUATION ■

© MEV Agency UG

Selina und ihre Freundin Tina beim CD-Kauf:

Verk.: „Dies ist die neue CD von Polli Potado, nach der Sie letzte Woche schon gefragt hatten!"

Selina: „Super, darauf freue ich mich schon lange!"

Tina: „Spinnst du? Wer hört denn so was noch?"

Selina: „Wenn du meinst. Tja, ich weiß jetzt wirklich nicht, was ich machen soll!"

1. Wie sollte sich ein Verkäufer in einer solchen Situation verhalten?

2. Warum darf der Verkäufer Begleitpersonen nicht als störend für ein Verkaufsgespräch empfinden?

■ INFORMATION

■ Interesse der Begleitperson

Begleitperson zeigt Interesse am Verkaufsvorgang

Wenn die Begleitperson sich **aktiv** am Verkaufsgespräch beteiligen möchte, signalisiert sie dies dadurch, dass sie sich in das Gespräch mit einschaltet oder sich mit der vorgelegten Ware beschäftigt. Nicht selten gibt sie Ratschläge. Es ist nun Aufgabe des Verkäufers, sich diese **Begleitperson** zum „Verbündeten" zu machen. Sie wird aktiv mit in das Verkaufsgespräch einbezogen. Das Verkaufsgespräch wird nun zu dritt geführt, allerdings sollte sich der Verkäufer nicht die Gesprächsführung aus der Hand nehmen lassen.

Begleitperson zeigt kein Interesse am Verkaufsvorgang

Desinteressierte Begleitpersonen sind daran zu erkennen, dass sie sich z. B. vom Verkaufsgeschehen **abwenden**. So äußern sie sich auch nicht zu den vorgelegten Artikeln. Häufig handelt es sich um den Lebenspartner, der sich für den Kaufwunsch des anderen nicht besonders interessiert. Wenn ersichtlich ist, dass es der **Begleitperson langweilig** ist oder sie **unruhig** wird, bietet man eine Sitzgelegenheit, Zeitschriften, Kaffee oder Ähnliches an, um den Aufenthalt auch für diesen „Gast" angenehm zu gestalten.

■ Sachverstand der Begleitperson

Begleitperson mit Sachverstand

Hierbei handelt es sich um **interessierte** Begleitpersonen, die sich **aktiv** ins Verkaufsgeschehen einschalten. Ihren Sachverstand erkennt man an der Wortwahl *(Fachausdrücke)* sowie fundierten **Fragen** zum Einkaufsproblem des Kunden.

Für den Verkäufer sind solche Begleiter meist eine echte Hilfe. Er kann sie als **„Experte"** aktiv beteiligen und ihnen die Rolle eines **„Mitverkäufers"** zuweisen. Dies erhöht beträchtlich die Chancen für einen erfolgreichen Verkaufsabschluss.

Begleitperson mit vermeintlichem oder ohne Sachverstand

Den besserwisserischen **„Möchtegern-Experten"** erkennt ein geschulter Verkäufer sehr schnell an seinen **unzutreffenden** Behauptungen und Kommentaren. Es wäre aber falsch, ihn als Dummschwätzer vor dem eigentlichen Kunden bloßzustellen, denn dieser hat ihn wahrscheinlich mitgenommen, damit er ihm bei der Kaufentscheidung fachlich zur Seite steht.

Wer überhaupt keine Kenntnisse hat, zeigt dies durch leicht erkennbare falsche Fragen, Behauptungen oder unbegründete Einwände. Ein kluger Verkäufer lässt sich nicht anmerken, dass er das fehlende Fachwissen der Begleitperson erkannt hat. Eine gute Möglichkeit zu reagieren ist die Anwendung der „Ja-Aber-Methode".

- -

»   **Beispiel:** Kundenbegleiter: „Das ist doch gar keine bekannte Marke, dieses Gerät taugt bestimmt nichts!"

Verkäufer: „Früher war es in der Tat so, dass nur Markenprodukte in dieser Preisklasse angeboten wurden. Dieses Gerät ist unsere Hausmarke, die von einem namhaften Hersteller exklusiv für unseren Einkaufsverband produziert wird."

- -

▪ Einfluss der Begleitperson auf die Kaufentscheidung

Kunde orientiert sich an der Begleitperson

Häufig bringen Kunden einen Begleiter mit, wenn sie sich beim Kauf einer Ware nicht sicher sind. Sie erwarten **Rat** und **Hilfe** bei ihrer Kaufentscheidung. Hier sollte sich der Verkäufer zurückhalten, wenn es sich um einen fachkundigen Begleiter handelt, der im Sinne des Verkäufers argumentiert. Anders der Fall, wenn die Gefahr besteht, dass ein fachunkundiger Begleiter zu starken Einfluss nimmt. Hier muss versucht werden, ihn aus dem Verkaufsgespräch auszugrenzen. Der Verkäufer muss dabei eindeutig sich auf das Gespräch mit dem Kunden beziehen.

Kunde orientiert sich nicht an der Begleitperson

Stellt man während des Verkaufsgesprächs fest, dass der **Kunde** die Äußerungen seines Begleiters **ignoriert** oder ihnen gar **widerspricht**, kann man davon ausgehen, dass der **Einfluss** des Begleiters auf die Kaufentscheidung sehr **gering** sein wird. Daher sollte sich der Verkäufer voll auf den Kunden und dessen Vorstellungen und Kaufabsichten konzentrieren.

> ! **Hinweis:** Kommt es zwischen Kunden und Begleitperson(en) zu **Unstimmigkeiten** oder gar **Streit** *(Ehepaar kann sich nicht für den Kauf einer bestimmten Sitzgruppe entscheiden)*, sollte sich das Verkaufspersonal **zurückhalten** und die Kunden für kurze Zeit allein lassen.

▪ AKTION

1 Listen Sie drei Verhaltensweisen von Begleitpersonen auf, bei denen Sie erkennen können, dass die Begleitperson Interesse am Verkaufsgeschehen zeigt.

2 Sie haben erkannt, dass eine Begleitperson an der Verkaufshandlung kein Interesse zeigt. Wie verhalten Sie sich?

3 Beschreiben Sie Ihre Vorgehensweise im Verkaufsgespräch, wenn Ihrem Kunden die vorgelegte Ware zusagt, die Begleitung aber davon abrät.

4 Warum sollte man einen fachunkundigen Begleiter, der aber von seinem Fachwissen überzeugt ist, vor dem Kunden nicht bloßstellen?

5 Wann empfiehlt es sich Begleitpersonen über deren Fachwissen anzusprechen und die eigenen Argumente durch sie bestätigen zu lassen?

6 Rollenspiel: Ein junges Paar kauft bei Ihnen Waren für den gemeinsamen Haushalt *(Möbel, Tapeten, Gläser, Porzellan)* ein.

Entwickeln Sie drei Rollenspiele:

a) Kundin dominiert das Gespräch, der Begleiter hält sich zurück,

b) beide nehmen aktiv an der Verkaufshandlung teil, der Mann mahnt zu finanzieller Zurückhaltung,

c) es kommt zu Meinungsverschiedenheiten zwischen dem Mann und der Frau.

7.4 Geschenk- und Besorgungskauf

Vor dem Schenken heißt es denken!

■ SITUATION

© Wolfgang Herzig

 Auf welches grundsätzliche Problem für das Verkaufspersonal wird in dieser Abbildung hingewiesen, wenn Kunden Geschenke einkaufen möchten?

■ INFORMATION

Der **Geschenk-** oder **Besorgungskauf** ist eine besondere **Herausforderung** an das Verkaufspersonal: Ein Kunde kauft Ware, die er selbst gar nicht benötigt oder konsumieren will. Dabei besteht das **Problem**, dass die Ansprüche oder Wünsche desjenigen, der die Ware erhalten soll, nicht angemessen berücksichtigt werden. Deshalb ist beim Geschenk- und Besorgungskauf besonderer Einsatz gefordert.

■ Bedarfsermittlung

Von der Eröffnung des Verkaufsgesprächs (LF 2) her sind Ihnen „W-Fragen" bekannt. Diese W-Fragen müssen sich auf die Person beziehen, die beschenkt werden soll oder für die etwas besorgt wird. Auf diese Weise kann man sich eine bessere Übersicht darüber verschaffen, welche Ware für den jeweiligen Fall geeignet ist.

>> **Beispiele:**

› Einkauf von Spielzeug als Geschenk für das Patenkind: „Wie alt ist Ihr Patenkind? Welche Hobbys hat es? Womit spielt es gern?"

› Besorgung einer Taschenlampe für die gehbehinderte Nachbarin: „Welche Wünsche hat Ihre Nachbarin geäußert? Wozu möchte die Dame die Taschenlampe einsetzen? Wie sieht es mit ihrem technischen Verständnis aus?"

■ Verkaufsargumentation „doppelt" führen

Bei der Verkaufsargumentation muss das Verkaufspersonal **doppelten** Ansprüchen gerecht werden:

> Zum einen soll der Beschenkte oder derjenige, für den etwas besorgt wird, zufrieden gestellt werden.

> Zum anderen muss aber auch der Käufer überzeugt sein, das Richtige gewählt zu haben.

Der **„Sie-Stil"** erweist sich als gutes Mittel, um dem Kunden die Ware näherzubringen. Im Falle des Geschenk- oder Besorgungskaufs muss man in diese Formulierungen die dritte Person einbeziehen:

 Beispiel: „Bitte nehmen Sie die Taschenlampe einmal in die Hand. Sie merken, wie leicht und handlich sie ist. Ihre Nachbarin kann damit sicher gut umgehen. Und schauen Sie einmal, wie hell der Lichtkegel strahlt. Das wird der Dame Sicherheit im Dunkeln vermitteln."

■ Den Kunden Sicherheit vermitteln

Kunden, die etwas für andere einkaufen, sind auch bei guter Beratung oftmals unsicher, ob sie das Richtige gewählt haben. Bauen Sie diese Unsicherheit gezielt ab, um Ihren Kunden ein gutes Gefühl zu vermitteln. Folgende **Hinweise** können Ihnen dabei helfen:

1. Bestätigen Sie den Einkauf durch eine Bekräftigung!

 Beispiel: „Die Taschenlampe ist genau richtig. Sie ist leicht, strahlt hell, und die Batterien sind leicht zu wechseln. Ihre Nachbarin wird bestimmt zufrieden sein!"

2. Geben Sie Unterstützung und Hilfestellung!

 Beispiel: „Ich lege Ihnen noch einen Zettel bei, auf dem ich den passenden Batterietyp notiert habe. Dann kann sich Ihre Nachbarin immer die richtigen Ersatzbatterien besorgen lassen!"

3. Bieten Sie den Kunden Umtauschmöglichkeiten an!

 Beispiel: „Wenn die Nachbarin mit Ihrer Entscheidung wirklich nicht zufrieden sein sollte, dann tausche ich Ihnen die Lampe problemlos um."

■ Für Geschenkverpackung sorgen

 Waren werden zu Geschenken, indem man sie dazu herrichtet. Dies geschieht durch das Einpacken oder das Anbringen von Zierschleifen. Wenn bei Ihnen öfter Geschenke gekauft werden, ist Ihr Ausbildungsbetrieb sicher auf das Einpacken eingerichtet. Geschenkpapier, Kräuselband und Schmuckaufkleber mit der Firmenbezeichnung liegen bereit. Sorgen Sie für eine attraktive Gestaltung des Geschenks!

Werden Waren zur **Selbstbedienung** oder per **Vorwahl** angeboten, bleibt dem Personal keine Zeit und Möglichkeit, Geschenke einzupacken. Einige Märkte behelfen sich damit, Material zum Einpacken *(Geschenkpapier, Band)* umsonst oder gegen ein paar Cent an die Kunden abzugeben.

Der **Besorgungskauf** ähnelt dem Geschenkkauf. Auch hier wird für eine dritte Person eingekauft. Der Hauptunterschied besteht darin, dass der „Auftraggeber" mehr oder weniger genaue Anweisungen zum Kauf gibt. Dies kann sehr konkret sein (*„Bring bitte das neue Deo von Xantara in der Duftrichtung „Adventure" mit!"*) oder eher allgemein (*„Bring mir doch ein neues Deo mit!"*).

Bei ungenauen Kaufaufträgen verhält sich der Verkäufer wie beim Geschenkkauf und vergisst keinesfalls, auf eine Umtauschmöglichkeit hinzuweisen.

■ AKTION

1 Nennen Sie Fälle, bei denen Geschenk- oder Besorgungskäufer bei Ihnen eingekauft haben. Welche Waren wurden verlangt? Beschreiben Sie, wie Sie die Kunden zufrieden gestellt haben.

2 Frau Ulmer soll besorgen

a) einen Füllfederhalter für ihren Mann,

b) drei Flaschen Wein für ihren Schwiegervater,

c) ein Kopfkissen für ihre Tante,

d) einen Verbandkasten für das Auto des Neffen.

Wählen Sie einen Fall aus und klären Sie in Partnerarbeit, wie Frau Ulmer am besten geholfen werden kann. Notieren Sie das Ergebnis und stellen Sie es vor.

3 In welchen Fällen können Sie selbst entscheiden, ob eine Ware umgetauscht werden kann? Nennen Sie Beispiele.

4 Packen Sie eine Leerschachtel als Geschenk ein und bringen Sie dieses mit. Vergleichen Sie die verschiedenen Geschenkpackungen:

a) Welche sehen am ansprechendsten aus?

b) Welche sind besonders originell?

c) Welche sind für bestimmte Waren oder bestimmte Empfänger besonders geeignet?

5 Formulieren Sie je drei W-Fragen zur Bedarfsermittlung bei Geschenkkäufen für:

a) Enkelkind, b) Tochter/Sohn, c) Ehemann/Ehefrau, d) Mutter/Vater,

e) Freundin/Freund, f) Vorgesetzten.

6 **!** **Hinweis:** Besorgen Sie sich für das folgende Rollenspiel Duftproben in einschlägigen Geschäften bzw. bitten Sie Klassenkameraden, die benötigten Produkte mitzubringen.

Rollenspiel: In der Parfümerieabteilung eines Warenhauses verlangt eine junge Frau ein Eau de Cologne für einen Bekannten, den sie erst seit kurzer Zeit kennt. Sie hat keine klare Vorstellung darüber, was sie schenken soll. – Sie führen den Verkauf mithilfe der indirekten Bedarfsermittlung (LF 2) durch.

7.5 Verkauf mit Finanzierung

Heute kaufen – morgen zahlen

■ SITUATION

© Syda Productions – Fotolia.com

© mast3r – shutterstock.com

Kaum ein Kunde wird so auf Sie zukommen wie die fröhliche Dame auf dem linken Bild. Sie hat offensichtlich genug Geld, um sich ihre Einkäufe leisten zu können. In den meisten Fällen ist das nicht so. Häufig haben Kunden Wünsche, für die sie keine flüssigen Mittel zur Verfügung haben. Was also tun, wenn die Taschen leer sind?

■ INFORMATION

■ Einräumung eines Zahlungsziels

Im alten Tante-Emma-Laden war das kein Problem. Dort konnte man anschreiben lassen, und nach der nächsten Lohnzahlung wurde die Rechnung beglichen. Auch heute gibt es Einzelhändler, die ihren Kunden ein Zahlungsziel einräumen, sodass die Ware z. B. erst nach vier Wochen bezahlt werden muss.

In der Regel wird sich ein Händler darauf nur einlassen, wenn ihm die Kunden als zuverlässig bekannt sind. In den meisten Fällen wird auch ein schriftlicher **Eigentumsvorbehalt** vereinbart:

> „Wir behalten uns das Eigentum an der gelieferten Sache bis zur vollständigen Zahlung sämtlicher Forderungen aus dem Liefervertrag vor. Wir sind berechtigt, die Kaufsache zurückzunehmen, wenn der Käufer sich vertragswidrig verhält."

Bei geringen Beträgen lässt sich heute kaum ein Händler auf dieses aufwändige Verfahren ein. Es gibt zu viele säumige Zahler und die Mahnverfahren sind kostspielig und nicht immer erfolgreich.

Kleinere Kaufsummen werden bar, per Lastschriftverfahren, durch Electronic Cash oder mit Kreditkarte bezahlt. Häufig sind auch solche Einkäufe „versteckte" Kreditaufnahmen, denn der Kunde kann dabei sein Giro- oder Kreditkartenkonto überziehen (Dispo-Kredit).

Bei dem Verkauf von Fahrzeugen, Wohnungseinrichtungen, DV-Anlagen, Schmuck, Kunstgegenständen und anderen größeren Anschaffungen geht es um die Finanzierung hoher Summen. Dabei werden häufig Beträge erreicht, die den normalen Kreditrahmen übersteigen, sodass es **erforderlich** ist, eine **Finanzierung** vorzunehmen.

Große Einzelhandelsunternehmen, Autohäuser und ähnliche Betriebe haben oft eine **„Hausbank"**. Sie können den Kunden die Finanzierung im Hause anbieten und haben damit ein gutes Service-Argument. Manchmal werden dabei besonders günstige Finanzierungsmöglichkeiten angeboten.

>> **Beispiel:** Zahlungsmöglichkeiten bei einem Versandunternehmen:

Das Unternehmen bietet bei größeren Anschaffungen, Bonität vorausgesetzt, drei Zahlungsmöglichkeiten:

1. Zahlpause   → jetzt bestellen, erst später bezahlen.
2. Ratenkauf   → in kleinen Monatsraten bezahlen.
3. Ratenkauf und Zahlpause → nach der Zahlpause in kleinen Monatsraten bezahlen.

Der Kunde kann anhand einer Tabelle genau ausrechnen, was ihn die verschiedenen Zahlungsmöglichkeiten gegenüber dem Barpreis der Ware mehr kosten.

	ZAHLPAUSE	RATENKAUF Ratenkaufpreise in € bei Zahlung in Monatsraten						
Monatsraten		4	8	12	18	24	36	48
Kaufpreis	Aufschlag für Zahlpause							
€ 1,00	0,02	1,03	1,05	1,07	1,10	1,13	1,20	1,27
€ 5,00	0,10	5,13	5,23	5,34	5,50	5,67	6,01	6,37
€ 10,00	0,20	10,26	10,46	10,68	11,01	11,34	12,02	12,74
€ 50,00	1,00	51,28	52,32	53,42	55,04	56,72	60,08	63,68
€ 100,00	2,00	102,56	104,64	106,84	110,08	113,44	120,16	127,36
€ 200,00	4,00	205,12	209,28	213,68	220,16	226,88	240,32	254,72
€ 300,00	6,00	307,68	313,92	320,52	330,24	340,32	360,48	382,08
€ 400,00	8,00	410,24	418,56	427,36	440,32	453,76	480,64	509,44
€ 500,00	10,00	512,80	523,20	534,20	550,40	567,20	600,80	636,80
€ 600,00	12,00	615,36	627,84	641,04	660,48	680,64	720,96	764,16
€ 800,00	16,00	820,48	837,12	854,72	880,64	907,52	961,28	1.018,88
€ 1.000,00	20,00	1.025,60	1.046,40	1.068,40	1.100,80	1.134,40	1.201,60	1.273,60
€ 2.000,00	40,00	2.051,20	2.092,80	2.136,80	2.201,60	2.268,80	2.403,20	2.547,20
€ 3.000,00	60,00	3.076,80	3.139,20	3.205,20	3.302,40	3.403,20	3.604,80	3.820,80
€ 5.000,00	100,00	5.128,00	5.232,00	5.342,00	5.504,00	5.672,00	6.008,00	6.368,00
Aufschlag auf Kaufpreis	einmalig 2,00%	0,64%	0,58%	0,57% pro Monat x Laufzeit	0,56%	0,56%	0,56%	0,57%
Effektiver Jahreszins Ratenkauf		12,91%	12,82%	13,07%	13,10%	13,12%	13,05%	13,12%
Effektiver Jahreszins	Zahlpause 7,91%	12,28%	12,33%	12,57% Ratenkauf + Zahlpause	12,65%	12,70%	12,69%	12,78%

■ Ablauf einer Finanzierung

Für die Gewährung eines **Kredites** muss der Kunde seine **Bonität** (= Kreditwürdigkeit) nachweisen. Der **Kreditgeber** vergewissert sich dabei, dass die Chancen der Kredittilgung groß sind. Der Kreditnehmer kann seine Bonität z. B. durch den Nachweis eines regelmäßigen Einkommens, durch Vermögenswerte oder durch die Bereitstellung eines Bürgen belegen.

Außerdem wird der Kreditgeber eine **„Schufa-Anfrage"** durchführen. Dabei erfährt er, ob es in der Vergangenheit größere Unregelmäßigkeiten bei den Zahlungsverpflichtungen des Kreditnehmers gegeben hat.

Wenn die Bonität als ausreichend angesehen wird und die **Schufa-Anfrage** positiv ausfällt, kann der Kreditvertrag ausgestellt und unterzeichnet werden.

Was ist eigentlich die „Schufa"?

Die Dienste der **Schutzgemeinschaft für allgemeine Kreditsicherung** (Schufa) sollen Kreditgeber und andere Unternehmen vor Verlusten sowie den Kreditnehmer bzw. Verbraucher vor übermäßiger Verschuldung bewahren. Dazu können sich Banken, Händler, Vermieter usw. bei der Schufa über die Zahlungsfähig- und -willigkeit der Verbraucher informieren.

© motorad-cbr – Fotolia.com

Die Schufa erteilt jedes Jahr rund 70 Millionen Auskünfte, übrigens mehr als 90 % davon positiv.

Ist die Auskunft allerdings negativ, empfiehlt es sich, selbst einmal zu erkunden, was eigentlich gespeichert wurde. Unter der Internetadresse „www.schufa.de/forms/formular-eigenauskunft.html" ist es möglich, gegen Gebühr eine Selbstauskunft der gespeicherten Daten einzuholen.

Der **Kreditgeber** verpflichtet sich, eine Summe zu einem angegebenen **Zinssatz** für den vereinbarten **Zeitraum** zur Verfügung zu stellen. Der **Kreditnehmer** verpflichtet sich, den **Kredit** und die **Zinsen** in der vereinbarten Weise **zurückzuzahlen**.

■ Faire Beratung bei Finanzierung

LEBEN AUF PUMP – Borgen bringt Sorgen

Immer mehr Deutsche können ihre Kredite nicht mehr zurückzahlen. Drei Millionen Haushalte gelten als überschuldet. Zudem stehen zwölf Prozent aller Jugendlichen mit durchschnittlich 1.800 Euro in der Kreide. (Quelle: Focus online)

Aus der Pressemeldung ist zu sehen, dass viele Menschen mehr einkaufen, als sie bezahlen können. Das ist eine bedauerliche Tatsache, die vom Einzelhandel berücksichtigt werden sollte. Zu einer fairen Verkaufsberatung gehört es deshalb auch, Kunden zu bremsen, wenn diese sich offensichtlich finanziell übernehmen wollen.

» **Beispiel:** Ein Auszubildender, der mit seiner Ausbildungsvergütung allein einen neuen Pkw finanzieren will, kann dies kaum schaffen. Faire Beratung heißt in solch einem Fall, einen Gebrauchtwagen zu deutlich niedrigerem Preis vorzuschlagen.

■ Rechtliche Seite eines Finanzierungskaufs (Teilzahlungskauf)

Nach dem BGB (§ 499 Abs. 2) ist ein **Teilzahlungsgeschäft** ein Kaufvertrag, bei dem der Verkäufer (Unternehmer) eine Sache liefert und der Käufer (Verbraucher) den **Kaufpreis in Teilleistungen** (Raten) entrichtet.

Für **Teilzahlungsgeschäfte** enthält das BGB **besondere** Regelungen, die den Verbraucher **schützen**. So wird ihm ein gesetzliches **Widerrufsrecht** von zwei Wochen eingeräumt, über das er vom Verkäufer ausdrücklich darauf hinzuweisen ist.

Außerdem regelt das Gesetz **Mindestangaben** für die vom Verbraucher zu unterzeichnende Vertragserklärung.

Die vom Verbraucher zu unterzeichnende **Vertragserklärung** muss nach § 502 Abs. 1 BGB mindestens **enthalten**:

> den Barzahlungspreis,
> den Teilzahlungspreis,
> Betrag, Zahl und Fälligkeit der einzelnen Teilzahlungen,
> den effektiven Jahreszins,
> die Kosten einer Versicherung, die im Zusammenhang mit dem Teilzahlungsgeschäft abgeschlossen wird,
> die Vereinbarung eines Eigentumsvorbehalts oder einer anderen zu bestellenden Sicherheit.

Bei einem **Zahlungsverzug** (Verzug mit zwei Teilzahlungen und Rückstand in Höhe von 10 % des Barzahlungspreises) kann der Verkäufer nach erfolgloser Fristsetzung mit Kündigungsandrohung den Vertrag kündigen und die gesamte Restschuld vom Käufer verlangen.

Eine vorzeitige **Rückzahlung** der Raten ist möglich. In diesem Fall vermindert sich der Teilzahlungspreis um die Zinsen und sonstigen laufenden Kosten.

■ AKTION

1 Fragen Sie in Ihrem Ausbildungsbetrieb nach, ob

  a) ein Zahlungsziel eingeräumt werden kann,
  b) Ratenzahlung vereinbart werden kann,
  c) eine Hausbank die Finanzierung übernehmen kann,
  d) keine Finanzierungsmöglichkeiten vorgesehen sind.

  Tragen Sie die Ergebnisse in der Klasse zusammen, werten Sie diese aus und stellen Sie die Auswertung als Grafik (z. B. mit PC) dar.

2 Informieren Sie sich in einer Internetrecherche über die Möglichkeiten und Kosten einer Teilzahlung bei mindestens drei Anbietern einer Branche.

3 Klären Sie, welche Auskunft bei einer Schufa-Anfrage erteilt werden kann. Bereiten Sie ein kurzes Referat darüber vor.

4 Sammeln Sie Gründe für die zunehmende Überschuldung von Haushalten. Vergleichen und diskutieren Sie die Ergebnisse.

5 Ein Kunde kauft am 12. Mai dieses Jahres für 2.900,00 € eine Heimsauna, die er gleich nach Hause transportiert, und vereinbart eine Teilzahlung in 12 Monatsraten.

  Beurteilen Sie, auch mithilfe eines Gesetzestextes, die folgenden Situationen:

  a) Der Preis erscheint dem Kunden in der Zwischenzeit zu hoch. Kann er heute (22. Mai) das Geschäft rückgängig machen? (Information: Im Vertrag steht: „Widerruf ist innerhalb einer Woche vom Tag der Vertragsausstellung möglich.")
  b) Es wurde unterlassen, den Kunden auf seine Möglichkeit eines Widerrufs hinzuweisen. Bis zu welchem Termin kann er jetzt den Vertrag widerrufen?
  c) Wie wäre der Fall zu beurteilen, wenn die Heimsauna am 12. Mai gekauft wurde, jedoch erst drei Wochen später geliefert werden konnte?

6 Welche Möglichkeiten hat ein Verkäufer, wenn sein Kunde mit den Ratenzahlungen in Verzug kommt?

8 Beratung und Verkauf am Telefon

„Rufen Sie doch mal an! Wir sind immer für Sie da!"

■ SITUATION

In den Filialen der Textil-Markt GmbH werden alle direkten Anrufe vom Personal an der Zentralkasse entgegengenommen. Mindestens zehnmal hat das Telefon in der Neuburger Filiale bereits geklingelt, aber Frau Mertens kann nicht ans Telefon, weil sie noch bei mehreren Kunden kassieren muss. Nun hat der Anrufer wohl aufgelegt.

Wenig später klingelt es erneut. Frau Mertens nimmt das Gespräch an, obwohl schon wieder drei Kunden an der Kasse zum Bezahlen anstehen.

Frau Mertens (hektisch): „Ja!?"

Herr Braun (etwas irritiert): „Guten Tag, mein Name ist Braun, ist dort der Textil-Markt?"

Frau Mertens: „Klar, wer denn sonst! Was wollen Sie denn?"

Herr Braun (ziemlich verärgert): „Dreimal versuchte ich schon bei Ihnen anzurufen und jedes Mal höre ich nur ‚Bitte haben Sie einen Moment Geduld, Ihr Anruf wird in wenigen Augenblicken angenommen!'. Von wegen ‚wenige Augenblicke'! Ich möchte mich beschweren. Gestern habe ich ein Sakko gekauft und nach einmal Tragen sind schon zwei Knöpfe abgegangen und eine Naht ist geplatzt!"

Frau Mertens: „Da kann ich Ihnen auch nicht weiterhelfen, rufen Sie doch später noch mal an, dann ist der Abteilungsleiter von der Herrenabteilung aus der Mittagspause zurück!"

Herr Braun (nun sehr verärgert): „Also junge Frau, so geht es nicht, geben Sie mir mal sofort Ihren Chef!"

1. Beurteilen Sie das Verhalten von Frau Mertens.
2. Führen Sie die Gesprächssituation so weiter, dass Herr Braun nicht mehr verärgert ist.
3. Listen Sie Ursachen auf, warum es zu diesem unerfreulichen Telefongespräch kommen konnte.

■ INFORMATION

Gespräche mit Kunden am Telefon gehören in nahezu jedem Einzelhandelsbetrieb zum Tagesgeschäft. Kundinnen und Kunden

> fragen nach aktuellen Angeboten,
> wollen wissen, ob Prospektware noch lieferbar ist,
> wünschen Informationen, z. B. zu den Öffnungszeiten,
> beschweren sich z. B. über Warenmängel oder zu lange Lieferzeiten.

Zehn Tipps zum richtigen Telefonieren

1. Beachten Sie den Grundsatz: Ein Anrufer muss sofort wissen, mit wem er es zu tun hat!

Melden Sie sich so, dass keine Nachfragen notwendig sind. Wenn Sie einen direkten Anruf erhalten, dann melden Sie sich auf die für Ihren Ausbildungsbetrieb gültige Art und Weise.

 Beispiel: „Textil-Markt Neuburg, guten Tag, mein Name ist Julia Horn, was kann ich für Sie tun?"

2. Sprechen Sie deutlich, in angemessenem Tempo und in mittlerer Lautstärke!

Ihr Gesprächspartner am Telefon soll alles, was Sie sagen, verstehen und die übermittelten Information verarbeiten können. Deshalb sollten Sie sauber artikulieren („Zähne auseinander") und Ihr Sprechtempo dem Sprechtempo des Gesprächspartners angleichen. Sprechen Sie lieber etwas zu langsam als zu schnell! Vermeiden Sie zu lautes Sprechen, denn dies wirkt nervös und aufgeregt. Sprechen Sie aber auch nicht zu leise, dies kann von Ihrem Partner als Unsicherheit aufgefasst werden.

3. Machen Sie beim Telefonieren ein freundliches Gesicht! Ihr Partner „hört" es!

Ihre Einstellung gegen über dem Gesprächspartner (Interesse, Desinteresse) sowie Ihre Gefühlslage (Ungeduld, Ärger, gute Laune) übertragen sich unbewusst auf Ihre Stimme. Man kann sagen: Die Stimme erzeugt Stimmung.

4. Sprechen Sie niemals mit vollem Mund!

Ihr Gesprächspartner merkt, wenn Sie beim Telefonieren essen (Gleiches gilt auch für Trinken und Rauchen). Dies beeinträchtigt nicht nur die Deutlichkeit Ihrer Aussprache, sondern wirkt auch besonders unhöflich.

5. Sprechen Sie anschaulich!

Da die Informationen ausschließlich über den Hörsinn aufgenommen werden, ist es wichtig, anschaulich zu sprechen. Dazu gehören z. B. bildhafte Formulierungen oder Vergleiche.

Beispiele: „Das Display dieser Kamera hat die Größe einer EC-Karte."
„Dieses Modell ist der ‚Porsche' unter den Bohrmaschinen."

6. Fragen Sie nach, wenn Sie etwas nicht verstanden haben!

Scheuen Sie sich nicht, beim Anrufer nachzufragen, wenn dieser etwas unklar oder undeutlich formuliert hat.

Beispiel: „Entschuldigen Sie bitte, ich habe Ihre Telefonnummer nicht richtig verstanden. Würden Sie sie bitte nochmals nennen?"

7. Rufen Sie bei Bedarf zurück!

Beachten Sie den Grundsatz: Wenn nötig, dann rufen Sie zurück und nicht der Kunde! Notieren Sie Rückruftermine und halten Sie den vereinbarten Termin unbedingt ein. Die Frage „Wann wäre Ihnen mein Rückruf recht?" überfordert viele Kunden. Schlagen Sie deshalb einen Termin vor.

8. Vermeiden Sie passives Zuhören!

Ihr Gesprächspartner kann Sie nicht sehen und weiß somit auch nicht, wie Sie auf das Gesagte reagieren. Zeigen Sie durch aktives Zuhören, dass Sie mit Interesse den Ausführungen des Anrufers folgen.

>> **Beispiel:** „Ich verstehe Ihre Besorgnis gut", „interessant", „gut", „ah ja", „so sehe ich das auch".

9. Bleiben Sie stets ruhig und gelassen!

Im Umgang mit verärgerten Kunden sollten Sie immer ausgeglichen und neutral reagieren. Überhören Sie unfreundliche Bemerkungen. Sie müssen auch nicht auf jede Äußerung der Anrufer eingehen. Hier kann Schweigen besser sein.

10. Beenden Sie das Gespräch so, dass für den Anrufer eine positive Nachwirkung entsteht.

Danken Sie z. B. bei einem Auftrag für das Gespräch. Wiederholen Sie mit eigenen Worten den Gesprächsinhalt. Dies ist besonders bei Bestellungen hinsichtlich der Artikelbezeichung oder des Preises wichtig. Verabschieden Sie sich mit der Namensnennung Ihres Telefonpartners.

■ AKTION

1 Üben Sie die folgenden Gesprächssituationen im Rollenspiel. Setzen Sie sich dazu in der Klasse Rücken an Rücken.

a) Sie sind zurzeit in der Telefonzentrale des Warenhauses Merkur tätig:

› Ein Kunde möchte mit der Sportabteilung verbunden werden.

› Eine Kundin fragt nach den Öffnungszeiten.

› Ein Kunde ruft erbost an und möchte sofort den Geschäftsführer sprechen. Es ist Ihnen untersagt, in solchen Fällen mit dem Geschäftsführer zu verbinden.

› Der Bereichsleiter aus der Zentrale ruft an und möchte mit Ihrem Personalleiter verbunden werden.

b) Sie arbeiten seit wenigen Tagen in der Einkaufsabteilung der Wohnwelt GmbH. Ein Lieferant ruft an und möchte wissen, ob er mit einem Auftrag aufgrund seines Angebotes rechnen kann. Für diese Angelegenheit ist Ihre Vorgesetzte Frau Melchior zuständig. Sie ist gerade in der Mittagspause.

c) Sie erhalten den Auftrag, einen Stammkunden anzurufen und ihn für ein neues Produkt zu interessieren. Der Kunde wiegelt ab und sagt, dass er gerade keine Zeit habe.

d) Sie arbeiten in der Telefonzentrale der Wohnwelt GmbH.
Ein Kunde ruft an: „Schaffen bei Euch eigentlich nur Deppen? Jetzt habe ich schon zum zweiten Mal den falschen Lattenrost geliefert bekommen!"

e) Ein Kunde möchte bei Ihnen einen Artikel telefonisch bestellen. Nehmen Sie diese Bestellung auf.

2 Machen Sie den Praxistest: Bitten Sie Mitschüler, bei deren Ausbildungsbetrieb anzurufen, und fragen Sie, ob im Geschäft mit einer Kreditkarte bezahlt werden kann.

a) Wie oft klingelte das Telefon, bis der Anruf entgegengenommen wurde?

b) Konnte Ihnen sofort die gewünschte Auskunft erteilt werden?

9 Reklamation und Umtausch

9.1 Reklamationen kundenorientiert bearbeiten

Wenn die Ware wiederkommt!

■ SITUATION

Kundin: „Schon ärgerlich! Die neue Kanne tropft, weil der Verschluss undicht ist. Meine schöne alte Stickdecke, die sieht vielleicht aus! Bitte tauschen Sie die Kanne um!"

Verk.: „Umtausch geht auf keinen Fall! Ich kann mir so einen Fehler bei dieser Marke auch gar nicht vorstellen. Sie haben sicher den Deckel nicht richtig zugedreht!"

 Beurteilen Sie das Verhalten der Verkäuferin.

■ INFORMATION

Die Reaktion der Verkäuferin verärgert die Kundin. Sie fühlt sich unverstanden und zu Unrecht behandelt. Zuerst war sie über die Thermoskanne enttäuscht, weil der undichte Verschluss Kaffee auslaufen ließ. Jetzt wird die Kundin durch das falsche Verkäuferverhalten erneut verärgert. Werden Beschwerden von Kunden nicht zu deren Zufriedenheit erledigt, kann Folgendes passieren:

> Der Kunde überträgt seine Unzufriedenheit auf das ganze Unternehmen.
> Er meidet das Geschäft und geht zur Konkurrenz.
> Er betreibt negative Mundpropaganda bei seinen Freunden und Bekannten.

Verstehen Sie es, Reklamationen zur **Zufriedenheit** Ihrer **Kunden** zu meistern, so kann das ausgesprochen **geschäftsfördernd** sein. Zufriedene Kunden bringen Ihnen Vertrauen entgegen und bleiben Ihnen als Stammkunden erhalten. Außerdem helfen sie Ihnen, vorhandene Missstände abzubauen und späteren Reklamationen vorzubeugen. Deshalb fordern einige Geschäftsleute Ihre Kunden zur direkten Kritik mit dem Hinweis auf:

> **Wenn Sie mit uns zufrieden sind, so sagen Sie es bitte weiter!**
> **Wenn wir Sie nicht zufrieden stellen, so sagen Sie es bitte uns!**

■ Warum reklamieren Kunden?

Reklamationen sind Beschwerden. Wollen Sie Reklamationen zur Zufriedenheit Ihrer Kunden lösen, dann müssen Sie die möglichen Beschwerdeursachen kennen.

Ursachen für Reklamationen können in der **Ware** selbst und in der **Beratung** durch das Verkaufspersonal liegen.

 Beispiele:

„mangelhafte Ware"

> An einem neuen Schuh löst sich nach wenigen Tagen Gebrauch der Absatz.
> Bei einer Spielesammlung fehlt ein Satz Spielfiguren.
> Einem Bausatz sind Verbindungsschrauben falscher Größe beigefügt.

„unzureichende oder fehlerhafte Beratung"

> Bei einer empfindlichen Pflanze vergisst die Verkäuferin, dem Kunden Hinweise zur Pflege und Platzierung zu geben.
> Beim Kauf einer Lederjacke empfiehlt der Verkäufer ein ungeeignetes Pflegemittel.
> Die neue Kücheneinrichtung wird erst im März geliefert, obwohl der Berater den Einbau für Januar zugesagt hatte.

■ Wie verhalten sich Kunden bei Reklamationen?

Wenn ein Kunde **reklamieren** will, geht er von der **Berechtigung** seiner Beschwerde aus. Das **Vertrauensverhältnis** zwischen Kunde und Verkäufer ist in den meisten Fällen **gestört**. Der Kunde ist enttäuscht, da das, was er gekauft hat, nicht seinen Erwartungen entspricht. Er ist verärgert, weil er zusätzlich Zeit investieren muss, um die unangenehme Reklamation zu erledigen. Kunden mit Reklamationen sind häufig ungehalten und versuchen, ihren Ärger loszuwerden. Manchmal reklamieren sie laut, drohen, werden unsachlich, übertreiben und fordern „ihr Recht". Die meisten Kunden bringen ihre Reklamationen jedoch ruhig und sachlich vor.

■ Wie reagieren Sie auf Reklamationen?

An Ihrem Verhalten liegt es, ob der Kunde auch weiterhin zu Ihnen und Ihrer Ware Vertrauen hat. Kundenbeschwerden stellen hohe Anforderungen an Ihr Verhalten. Verärgerte Kunden sind oft unsachlich und handeln gefühlsorientiert. Wenn Sie versuchen, Ihren Kunden zu Beginn eines Reklamationsgespräches deutlich zu machen, dass ihre Beschwerde unberechtigt ist, so werden Sie deren Ärger noch vergrößern.

Bitten Sie Kunden bei Reklamationsgesprächen in einen abgelegenen Teil des Verkaufsraumes oder in das Büro. Laut reklamierende Kunden können andere vom Kauf abschrecken. Bieten Sie reklamierenden Kunden nach Möglichkeit einen Platz an. Im Sitzen lässt es sich schlechter schimpfen! Berücksichtigen Sie die Tipps zur Reklamationsbehandlung.

Ruhig, freundlich, sachlich bleiben!	Verständnis für Ärger zeigen!	Reklamationen sofort bearbeiten!
Reklamationen ernst nehmen!		Großzügig sein, Kulanz zeigen!
Unannehmlichkeiten entschuldigen!		Für die Rückmeldung Dank sagen!

© seanlockephotography – Fotolia.com

Abb. Tipps zur Reklamationsbehandlung

■ Die Rechte des Kunden nach dem Bürgerlichen Gesetzbuch (BGB)

Wenn Kunden Waren **berechtigt** reklamieren und **Ansprüche** geltend machen, müssen die Verkäufer über die **rechtlichen** Bestimmungen informiert sein, um eine für Kunden und Unternehmen angemessene Entscheidung treffen zu können.

Gründe für Reklamationen

Reklamationsgrund			
Ware weist Fehler auf	Ware ist unvollständig	Ware fehlt eine zugesicherte Eigenschaft	Ware nicht nutzbar
Tischplatte hat einen Kratzer.	Bei einer Glasserie fehlen zwei Gläser.	Eine Jacke ist nicht wie zugesichert Wasser abweisend.	Wegen fehlerhafter Montageanleitung ist ein Regal nicht mehr zu nutzen.

> **!** **Hinweis:** Die mangelhafte Lieferung und die damit verbundenen Rechte und Pflichten für Käufer und Verkäufer werden ausführlich im **LF 7** behandelt.

Rechte des Käufers

Der **Käufer** hat ein **Recht** auf **mangelfreie** Ware. Hat sie bereits bei der **Übergabe** einen **Mangel**, kann der Kunde diesen innerhalb **24 Monaten** (gesetzliche Gewährleistungsfrist) beim Verkäufer anzeigen und Rechte geltend machen. Diese Rechte beschränken sich zunächst auf **Nacherfüllung**, d. h., entweder wird der Warenmangel z. B. durch Reparatur behoben **(Nachbesserung)** oder der Händler tauscht die fehlerhafte Ware gegen eine einwandfreie um **(Neulieferung)**.

Erst nach einem Scheitern der Nacherfüllung stehen dem Käufer weitere Rechte zur Verfügung *(Minderung des Kaufpreises, Rücktritt vom Vertrag)*.

■ Besonderheiten beim Verbrauchsgüterkauf

Kauft ein **Verbraucher** von einem **Unternehmer** eine bewegliche Sache, so handelt es sich um einen **Verbrauchsgüterkauf** (§ 474 BGB).

> **Verbraucher** ist nach § 13 BGB jede natürliche Person, die ein Rechtsgeschäft zu einem Zweck abschließt, das nicht der gewerblichen oder selbstständigen Tätigkeit des Käufers zugerechnet werden kann. Für einen Verkäufer ist es oft problematisch zu erkennen, ob der Käufer ein Verbraucher ist. Wer ein Profibaugerät kauft, kann es sehr wohl privat nutzen. Ausdrücklich einbezogen sind Personen, die eine Kaufsache auch zu beruflichen Zwecken nutzen *(Lehrer, der seinen PC auch für die Unterrichtsvorbereitung nutzt)*.

Dieser **Sonderfall** im **Kaufrecht** dient in erster Linie dem **Schutz** der Verbraucher. Dabei sind folgende **Besonderheiten** zu beachten:

Eingeschränkte Vertragsfreiheit

Die **AGB** und alle zwischen Verkäufer und Käufer vertraglich festgelegten Vereinbarungen **(Individualvereinbarungen)** dürfen **nicht** zum Nachteil des Verbrauchers von den Bestimmungen zum allgemeinen Kaufvertragsrecht abweichen.

》 **Beispiel:** Unzulässig sind z. B. Formulierungen wie „Verkauf erfolgt unter Ausschluss jeglicher Gewährleistung" oder „Gewährleistung sechs Monate".

Eine **Ausnahme** bildet die Gewährleistungsfrist bei **gebrauchten** Sachen, die auf ein Jahr verkürzt werden kann.

Beweislastumkehr

Für **Mängel**, die vom Verbraucher innerhalb von **sechs Monaten** gerügt werden, wird unterstellt, dass sie bereits **bei** der Übergabe an ihn bestanden. Erst nach sechs Monaten liegt die Beweislast beim Käufer.

Vereinfachte Rückabwicklung

Muss der **Letztverkäufer** (Einzelhändler) einer **mangelhaften Sache** diese vom Verbraucher wieder **zurücknehmen**, im Preis **mindern** oder **Schadenersatz** leisten, dann kann er die **gleichen** Rechte auch gegenüber seinen **Lieferanten** geltend machen.

Dabei ist es allerdings **Voraussetzung**, dass die Ware bereits bei der Übergabe vom Hersteller an den Letztverkäufer mangelhaft war. Zur Durchsetzung dieser Rechte ist keine Nachfristsetzung notwendig.

Falls ein Verbraucher seine Ansprüche erst kurz vor Ablauf der zweijährigen Rügefrist geltend macht, könnte der Fall eintreten, dass z. B. ein Einzelhändler gegenüber seinem Lieferanten keine Rechte mehr geltend machen könnte, weil seine Rückgriffsansprüche verjährt sind. Deshalb hat der Händler zur Geltendmachung seiner Ansprüche mindestens zwei Monate Zeit, nachdem er die Ansprüche seines Kunden (Verbraucher) erfüllt hat. Die Möglichkeit der Rückabwicklung endet spätestens fünf Jahre nach Ablieferung der Sache.

◼ Kulanz und ihre Grenzen

Häufig reklamieren Kunden, ohne dass sie die Berechtigung ihrer Ansprüche nachweisen können. Manchmal ist nicht eindeutig, wo oder wann die Ware gekauft wurde, ein anderes Mal ist nicht klar, durch wen der Mangel an der Ware entstanden ist. In diesen Fällen kann der Verkäufer auf die rechtliche Lage verweisen und die Ansprüche des Kunden abwehren. Eine zurückgewiesene Reklamation führt jedoch häufig zum Verlust des Kunden. In vielen Fällen ist es deshalb besser, großzügig zu sein und Entgegenkommen zu zeigen. Dieses Eingehen auf den Kunden durch freiwillige Leistung des Einzelhändlers bezeichnet man als **Kulanz**.

Kulanz ist eine **kundenfreundliche** Maßnahme, die sich mehrfach positiv auswirken kann: Erstens bindet Kulanz die Kunden gefühlsmäßig, denn Großzügigkeit bleibt in guter Erinnerung und verpflichtet. Zweitens wird durch Kulanz eine **positive** Mundpropaganda ausgelöst, das Erscheinungsbild des Unternehmens in der Öffentlichkeit (Image) wird aufgewertet. Drittens ist Kulanz meistens **kostengünstig**, denn die Hersteller oder Lieferanten von Markenware erstatten beanstandete Ware dem Einzelhändler fast immer problemlos.

Unsere Unterstützung für Sie!

Wir garantieren Ihnen rasche und zufriedenstellende Hilfe bei Reklamationen. Wenn Reparaturen länger dauern, stellen wir Ihnen kostenlos ein Leihgerät zur Verfügung oder tauschen das beanstandete Teil gegen ein neues aus.

Wir sind immer auf der Seite der Kunden!

Die **Grenzen** der **Kulanz** werden erreicht, wenn Kunden offensichtlich unberechtigte Ansprüche von hohem Wert stellen oder als „Schnorrer" durch häufige Reklamationen aufgefallen sind. In diesen Fällen sollten Sie nach dem Beispiel der Einwandbehandlung die Ansprüche höflich, aber bestimmt zurückweisen.

In einigen Branchen bereitet die Feststellung von Mängeln Schwierigkeiten, weil dazu besondere Fachkenntnisse und Untersuchungen notwendig sind. Zur Klärung der Frage, ob der Kunde Anspruch auf Ersatz hat, gibt es spezielle Schieds- oder Schlichtungsstellen, an die sich die Betroffenen wenden können.

>> **Beispiel:** Frau Misslich ersteht ein Paar Wanderschuhe mit Porotex-Membran für ihren Urlaub in den Bergen. Schon bei ihrer ersten Wanderung bekommt sie nasse Füße, obwohl die Schuhe als „wasserdicht" bezeichnet wurden. Als sie die Schuhe nach Beendigung des Urlaubs reklamiert, meint der Schuhhändler, die Schuhe seien vermutlich falsch behandelt worden. Er schlägt Frau Misslich aber vor, die Schuhe an die Schlichtungsstelle für Schuhreklamationen zur Begutachtung einzusenden.

■ AKTION

1 Reklamationen können für den Verkäufer eine erhebliche Mehrbelastung bedeuten. Wie sollte er sich deshalb verhalten?

2 Berichten Sie vor der Klasse über eigene Erfahrungen bei der Behandlung von Reklamationen. Dazu folgende Leitfragen:

> Welche Waren haben Sie reklamiert?

> Worin bestand der Mangel bzw. die Mängel?

> Wie wurde auf ihre Reklamation vom Verkaufspersonal reagiert?

3 Die Ursachen für Reklamationen liegen nicht immer nur in der Ware begründet. – Äußern Sie sich zu dieser Aussage!

4 Stellen Sie den Ablauf einer Reklamationsbehandlung in Ihrem Ausbildungsbetrieb von der Entgegennahme bis zur Lösung als einen Geschäftsprozess grafisch dar.

5 Beurteilen Sie die folgende Aussage eines Managers aus einem großen Handelsunternehmen: „Kundenreklamationen sind für uns kein Ärgernis, sondern helfen uns zu einer noch besseren Kundenorientierung und Kundenbindung."

6 Maren Lorenz kauft bei Media-Discount einen DVD-Player, bei dem bereits nach 14 Tagen Störungen in der Bildwiedergabe auftreten. Zwischenzeitlich hat Maren einen qualitativ besseren und sogar preiswerteren DVD-Player bei der Konkurrenz entdeckt. – Kann Maren sofort vom Vertrag zurücktreten und das Konkurrenzprodukt kaufen?

7 Bei der Trans-Mobil kauft ein Kunde ein Handy mit eingebauter Videokamera. Bewerten Sie folgende Sachverhalte:

a) Die Allgemeinen Geschäftsbedingungen der Trans-Mobil enthalten u. a. eine Bestimmung, die eine Sachmängelhaftung auf 12 Monate begrenzt.

b) Ein anderer Kunde kauft bei Trans-Mobil ein stationäres Telefongerät mit Anrufbeantworter. Nach vier Monaten reklamiert der Kunde in einem Schreiben an die Firma eine Funktionsstörung des Anrufbeantworters. Der Händler vertritt die Auffassung, dass er das Telefon mit Anrufbeantworter mangelfrei übergeben habe und der Kunde erst beweisen müsse, dass der Mangel zum Zeitpunkt des Kaufes bereits bestanden habe.

8 Kulantes Verhalten kann einen Einzelhändler Geld kosten. Warum lohnt es sich in vielen Fällen jedoch trotzdem?

9 Berichten Sie über kulantes Verhalten in Ihrem Ausbildungsbetrieb.

9.2 Produkthaftung und Produktsicherheit

Fernseher defekt, Wohnung ausgebrannt! Wer haftet?

■ SITUATION ■

Der Fachmarkt für Unterhaltungselektronik Multi-Vision verkauft einen besonders günstigen Fernseher von einem Hersteller aus Taiwan. Bezogen wird der Gerätetyp allerdings von einem deutschen Importeur. Wegen eines technischen Fehlers beginnt das Gerät zu brennen und verwüstet die Wohnzimmereinrichtung eines Kunden, der zudem eine Rauchvergiftung erleidet und im Krankenhaus behandelt werden muss.

Beantworten Sie die folgenden Fragen anhand des Produkthaftungsgesetzes.

1. Wer haftet für die Folgeschäden durch den Defekt des Fernsehgerätes, der auf ein mangelhaft montiertes Bauteil zurückzuführen ist?
2. Schadenersatzansprüche können seit jeher auf der Grundlage des § 823 Abs. 1 BGB eingeklagt werden. Welchen wesentlichen Vorteil bietet das Produkthaftungsgesetz dem Verbraucher im Vergleich zur Regelung im BGB?
3. Den Fachmarkt Multi-Vision trifft offensichtlich kein Verschulden. Unter welchen Umständen muss der Einzelhändler dennoch für den Schaden aufkommen?

■ INFORMATION ■

■ Produkthaftungsgesetz (ProdHaftG)

Das **Gesetz über die Haftung für fehlerhafte Produkte** (Produkthaftungsgesetz) stellt eine Ergänzung der Gewährleistungsrechte für Sachmängel, wie sie sich aus dem Kaufvertragsrecht ergeben, dar. Es regelt den **Ersatz** für **Folgeschäden**, die durch den Ge- und/oder Verbrauch einer fehlerhaften Ware an Personen oder Sachen entstehen.

Wesentliche Inhalte des Produkthaftungsgesetzes		
Ziel	→	verschuldenunabhängige Haftung des Herstellers
Haftpflichtige (§ 1 u. 4 ProdHaftG)	→	Hersteller und Importeur sowie jeder Lieferant und Händler, sofern der Hersteller bzw. Importeur nicht festgestellt werden kann.
Haftungsumfang (§ 10 ProdHaftG)	→	Höchstbetrag: 85 Mio. € je Fehler. Eigenbeteiligung des Geschädigten: 500 € bei Sachschäden.

Ausschluss der Haftung (§ 1 Abs. 2 ProdHaftG)	→	Ausschluss oder Beschränkung der Haftung ist im Voraus nicht möglich. Ersatzpflicht tritt u.a. nicht ein: wenn der Fehler nach dem Stand der Wissenschaft und Technik zum Zeitpunkt, in dem der Hersteller das Produkt in Verkehr brachte, nicht erkannt werden konnte, sowie für unverarbeitete landwirtschaftliche Naturprodukte.
Beweislast (§ 1 Abs. 4 ProdHaftG)	→	Der Geschädigte muss nachweisen, dass der Produktfehler die Ursache für den Schaden war.

■ Produktsicherheit

© Gina Sanders – Fotolia.com

Kein **Unternehmer** darf im europäischen Wirtschaftsraum ein Produkt in den Verkehr bringen, das für Verbraucher gefährlich werden kann.

Das **Produktsicherheitsgesetz (ProdSG)** schreibt vor, dass **Hersteller** oder **Händler** dafür sorgen müssen, dass gefährliche Produkte gar nicht erst in den Verkehr kommen, zurückgerufen und zurückgenommen und evtl. vernichtet werden.

Die Verbraucher müssen vor Bedienungsfehlern gewarnt und die zuständigen Behörden informiert werden. Darüber hinaus muss man bei einem Produkt dann eine **deutschsprachige Bedienungsanleitung** mitliefern, wenn bei seiner Verwendung bestimmte Regeln beachtet werden müssen, damit der Schutz von Sicherheit und Gesundheit von Personen gewährleistet ist. Jedes Verbraucherprodukt muss grundsätzlich eine Identifikations- und eine Herstellerkennzeichnung aufweisen. Verstöße können mit Geldbußen oder Gefängnis geahndet werden. Interessierte Verbraucher können sich unter der Internetadresse http://www.produktrueckrufe.de über aktuelle **Rückrufaktionen** informieren.

■ AKTION

1 Malermeister Sebastian Schnell kauft bei der All-Bau GmbH & Co eine auf 8 Meter ausziehbare Aluminiumleiter des Herstellers Holler AG zum Preis von 490,00 €. Bereits nach wenigen Wochen bricht bei der im Gerüstbau eingesetzten Leiter eine Sprosse und Herr Schnell stürzt aus 4 Metern Höhe in die Tiefe. Bei dem Sturz zieht sich der Malermeister schwere Verletzungen zu und muss 4 Wochen im Krankenhaus behandelt werden. Für den eingetretenen Einkommensausfall, die Behandlungskosten und Schmerzensgeld verlangt Herr Schnell 20.000 €. Zusätzlich fordert er eine Rückzahlung des Kaufpreises für die defekte Leiter. Der Baumarkt verweist den Geschädigten auf die Herstellerfirma, die für die fehlerhafte Produktion der Leiter verantwortlich sei.

a) Kann die All-Bau GmbH die Schadenersatzansprüche von Herrn Schnell abweisen?

b) Wer haftet, wenn die Holler AG zwischenzeitlich zahlungsunfähig geworden ist?

c) Welcher Betrag wird Herrn Schnell nach dem Produkthaftungsgesetz erstattet, wenn die geforderten Ansprüche von den beklagten Unternehmen nicht bestritten werden?

2 Das Produkthaftungsgesetz stellt eine wesentliche Verbesserung der Rechtsposition des Verbrauchers dar. Welche Mängel können Sie dennoch nach eingehendem Studium dieses Gesetzes aus der Sicht des Konsumenten formulieren?

3 In Ihrem Sortiment werden u.a. die folgenden Produkte geführt.

  a) Lichterkette für Weihnachtsbaum,

  b) Laserpointer,

  c) Mini-Steckfiguren auf Kunststoff.

  Überlegen Sie, welche möglichen Risiken bei deren Nutzung auftreten könnten.

4 Stellen Sie eine Liste in letzter Zeit bekannt gewordener Rückrufaktionen von Produkten, die im Einzelhandel angeboten wurden, zusammen. Welche Besonderheiten fallen Ihnen dabei auf?

9.3 Garantie – mehr als Gewährleistung

Dafür garantiere ich mit meinem Namen!

■ **SITUATION**

Die Bäder-Welt Garantie

Als Ihr zuverlässiger Partner bei
der Gestaltung von Bad und Dusche
möchten wir das Vertrauen,
das Sie in unsere Produkte setzen,
durch unsere Garantiezeiten bestätigen.

Auf die von uns hergestellten Produkte wird seitens unserer
Vertriebshändler eine Händlergarantie von 5 Jahren gewährt.
Garantiebeginn ist das Kaufdatum. Sollten an unseren Produkten
während der Garantiezeit Material- oder Herstellungsmängel
auftreten, so erhalten Sie vom Händler, bei dem Sie das Produkt
erworben haben, kostenlosen Ersatz.
Voraussetzung hierfür ist allerdings, dass unsere Produkte
fachgerecht installiert und dem üblichen
Gebrauch und Pflegehinweisen entsprechend behandelt wurden.

Bäder-Welt GmbH, Am Hornbach 15, 77889 Ulmenbronn

Auf alle Produkte **5 JAHRE** GARANTIE

Wie unterscheidet sich diese Garantieerklärung der Bäder-Welt GmbH von der gesetzlichen Regelung zur Gewährleistung?

■ **INFORMATION**

■ Beschaffenheits- und Haltbarkeitsgarantie

Gewährleistung und Garantie werden in der Praxis häufig gleichgesetzt. Dies ist falsch, denn die **Garantie** ist eine **freiwillige** vertragliche Zusicherung eines **Herstellers** oder **Händlers** einem Kunden gegenüber. Es wird garantiert, dass die Sache eine bestimmte Beschaffenheit hat **(Beschaffenheitsgarantie)** oder dass diese Beschaffenheit über einen bestimmten Zeitraum besteht, also nicht durch Verschleiß oder Abnutzung beeinträchtigt wird **(Haltbarkeitsgarantie)**.

》》 Beispiele:

> Ein Hersteller von Fliesen für den Außenbereich bezeichnet seine Produkte als garantiert frostbeständig bis minus 30 °C (Beschaffenheitsgarantie).

> Ein Hersteller von Akkus für Handys und Laptops garantiert für seine Produkte keinen Verlust an Speicherkapazität in einem Zeitraum von 3 Jahren (Haltbarkeitsgarantie).

Diese im § 443 des BGB getroffene Regelung **erweitert** stets die **gesetzlichen** Rechte des Käufers, aber **ersetzt** sie **nicht**! Dies ist für Kunden dann wichtig, wenn ein Mangel an der erworbenen Ware innerhalb der gesetzlichen Gewährleistungsfrist auftritt.

》》 Beispiel: Ein Kunde erwirbt in einem Fotofachmarkt eine Videokamera mit einer dreijährigen Herstellergarantie. Diese räumt dem Kunden bei einem auftretenden Sachmangel Nachbesserung oder Minderung ein. Nach acht Monaten tritt ein Mangel auf, der trotz zweimaliger Nachbesserung nicht beseitigt werden kann. Der Kunde möchte daher vom Kauf zurücktreten. Der Händler lehnt ab mit Hinweis auf die Herstellergarantie und besteht auf weiterer Nachbesserung beim Hersteller. Seine Aussage ist falsch, denn in diesem Fall gilt noch die zweijährige gesetzliche Gewährleistung, die der Verkäufer mit allen Rechten für den Kunden akzeptieren muss. Der Kunde hat in diesem Fall ein Wahlrecht und kann sich für die für ihn günstigere Lösung entscheiden.

Der **Umfang** für vertragliche **Garantieerklärungen** ist vom Gesetz nicht geregelt. Eine **Ausnahme** bildet jedoch die **Haltbarkeitsgarantie**. In diesem Fall besteht eine gesetzliche Vermutung für den Garantiefall, wenn ein Fehler oder Mangel innerhalb der Geltungsdauer auftritt, dass dieser bereits bei der Übergabe vorhanden war (Beweislastumkehr).

■ Besonderheiten für Garantieerklärungen beim Verbrauchsgüterkauf

Zum **Schutze** der **Verbraucher** sind bei der Abfassung von Garantieerklärungen (§ 477 BGB) zusätzliche **Vorschriften** zu beachten:

> Der Verbraucher hat das Recht auf eine schriftliche oder eine auf Datenträger gespeicherte Ausfertigung der Garantiebestimmungen (Textform),

> ausdrücklicher Hinweis auf die gesetzlichen Rechte des Verbrauchers und deren uneingeschränkte Geltung,

> einfache und verständliche Abfassung der Garantieerklärung,

> als Mindestinhalte der Garantieerklärung sind die Dauer und der räumliche Geltungsbereich des Garantieschutzes sowie Name und Anschrift des Garantiegebers anzugeben,

> Beibehaltung der Garantieverpflichtung des Garantiegebers, auch wenn er die im § 477 BGB genannten Vorschriften missachtet hat.

■ AKTION ■

1 Erläutern Sie an einem Beispiel aus Ihrem Ausbildungssortiment den Unterschied zwischen Gewährleistung und Garantie.

2 Beurteilen Sie folgenden Auszug aus einer Herstellergarantie: „… Wir gewähren auf unsere Produkte eine Garantie von 12 Monaten. Sollte in dieser Zeit ein Mangel an der Ware auftreten, erhält der Kunde die Möglichkeit auf Preisminderung oder Nachbesserung."

3 Besorgen Sie sich Garantieerklärungen von zu Hause, aus Ihren Ausbildungsbetrieben und aus Angeboten im Internet. – Vergleichen Sie.

9.4 Umtausch oder Rücktritt – Service zur Kundenbindung

Des Händlers Leid – des Kunden Freud!

■ SITUATION ■

Kundin: „Also so geht es ja auch nicht, mein lieber Herr Müller!

Sie verkaufen das Waschpulver als Sonderangebot zum Aktionspreis von 3,99 € und bei der ADAKA kostet es regulär nur 3,29 €.

Das nehmen Sie alles mal wieder schön zurück! Ich hole mir dann an der Kasse das Geld!"

 Wie sollte Ihrer Meinung nach der Marktleiter in dieser Situation reagieren?

■ INFORMATION ■

Im Alltag kommt es oft zu einer Gleichsetzung von Umtausch und Ersatzlieferung als einem möglichen Rechtsanspruch eines Kunden aufgrund einer Schlechtleistung.

Umtausch, wie er in diesem Kapitel behandelt wird, ist eine **freiwillig** gewährte **Leistung** des Einzelhändlers ohne Rechtsanspruch der Kunden.

■ Umtausch oder Rücktritt vom Kaufvertrag ohne Rechtsanspruch

Häufig wollen Kunden Ware umtauschen, ohne dass ein Grund zur Reklamation vorliegt. Ursachen für einen Umtausch liegen darin, dass die gekaufte Ware nicht passt, dass sie den Erwartungen der Kunden nicht entspricht oder eine zu große finanzielle Belastung darstellt:

> Eine junge Frau hat nach dem Kauf eines Dampfkochtopfes festgestellt, dass dieser für ihre Familie zu groß ist. Sie möchte das nächst kleinere Modell nutzen.

> Ein Kunde stellt zu Hause fest, dass er mit der gekauften Videoanlage nicht umgehen kann. Er möchte auf ein einfacheres Modell umsteigen.

> Ein Auszubildender hat sich mit der unüberlegten Bestellung eines Motorrades finanziell übernommen. Er würde gern den Kaufvertrag rückgängig machen.

In diesen Fällen treten die Kunden meistens anders auf als bei Reklamationen. Sie sind enttäuscht, weil die Waren nicht ihren Erwartungen entsprechen oder weil sie sich selbst Fehleinschätzungen eingestehen müssen. Außerdem sind sie häufig unsicher, weil sie nicht wissen, ob sich die Ware noch umtauschen lässt. Sie hoffen auf ein Entgegenkommen durch das Verkaufspersonal.

Sehen Sie im Umtausch Ihre Chance! Die Kunden wurden möglichweise falsch beraten. Sie haben die Möglichkeit, den begangenen Fehler wieder gut zu machen. Helfen Sie sich mit den Reklamationsregeln.

Manche Unternehmen betrachten den Warenumtausch als besonderen Kundendienst. Großzügig tauschen sie jede Ware innerhalb einer gewissen Frist (z. B. innerhalb von 14 Tagen nach Kauf) ohne Begründung um, wenn die Ware unbeschädigt ist und der Kassenzettel bzw. die Rechnung vorliegt. Sie rechnen damit, dass ihre Kunden schneller und unbeschwerter einkaufen, wenn sie die Möglichkeiten des Umtausches garantiert bekommen.

Abb. Umtausch aus Kulanz als Werbeargument

Betrachten Sie daher den Umtausch als Weiterführung des Verkaufsgesprächs. Möchte ein Kunde **keine** Ersatzware, dann **zahlen** Sie, wenn es die betrieblichen Umtauschregeln erlauben, den **Kaufpreis** zurück. Wünscht der Kunde einen Umtausch, dann starten Sie ein neues Verkaufsgespräch. Helfen Sie Ihren Kunden auch bei Reklamationen und Umtausch, Einkaufsprobleme zu lösen!

■ Vom Umtausch ausgeschlossene Waren

Grundsätzlich kann jeder Einzelhändler festlegen, ob und was er umtauscht. In keinem Gesetz gibt es dazu Regelungen, es sei denn, es käme zu einer Gefährdung von Personen. Auch dann kann der Händler natürlich die Ware umtauschen bzw. den Kaufpreis erstatten; nur die Ware darf dann nicht mehr zum Kauf angeboten werden.

In der **Praxis** ist es üblich in den folgenden Fällen **keinen** Umtausch vorzunehmen:

> offene Lebensmittel (Wurst, Käse, Obst, Gemüse),

> Hygieneartikel (Unterwäsche, Badebekleidung, Kosmetika),

> Schnittware (Blumen, Stoffe),

> nicht mehr original verpackte Artikel, bei denen nun nicht ersichtlich ist, ob sie benutzt wurden (Batterien, Bücher, DVDs, CDs),

> im Preis reduzierte einwandfreie Waren (Aktionsware),

> im Preis reduzierte mangelhafte Ware, auf deren Mangel der Kunde extra hingewiesen wird (*Zweite Wahl, Farb-Webfehler*).

■ AKTION ■

1 Große Handelsunternehmen zeigen sich beim Umtausch sehr großzügig. Da wird schon mal auf die Vorlage eines Kassenzettels verzichtet oder es wird umgetauscht, obwohl ersichtlich ist, dass die Ware in einem anderen Geschäft gekauft wurde.

Dazu zwei Meinungen von Einzelhändlern:

Herr Wollenweber, Geschäftsführer eines großen Verbrauchermarktes: „Großzügiger Umtausch rechnet sich für uns immer! Die positive Mundpropaganda ist unbezahlbar. Der Missbrauch hält sich in Grenzen. Untersuchungen haben gezeigt, dass etwa nur ein Prozent der Kunden ein missbräuchliches Umtauschverhalten zeigt!"

Herr Lakowitz, Inhaber eines kleinen Sportfachgeschäfts: „Die Kunden werden immer unverschämter! Aber da die Großen alles problemlos umtauschen, muss ich mitmachen, sonst verliere ich noch mehr Kunden an die Fachmärkte und die großen Sporthausfilialisten!"

Diskutieren Sie in der Klasse diese Meinungen. Begründen Sie, welcher Meinung Sie sich anschließen.

2 Kunden möchten bei Ihnen Ware umtauschen. Wie verhalten Sie sich?

a) Ein Kunde möchte zwei Tage nach dem Kauf einen Sessel umtauschen, weil seiner Frau das Stoffmuster nicht gefällt.

b) Ein Kunde möchte zwei Tonerkassetten umtauschen. Der Verkäufer hatte ihm fälschlicherweise versichert, dass diese zu seinem Drucker passen.

c) Eine Kundin hat im Rahmen der Aktion „Sommer ade, scheiden tut weh" einen im Preis um 20 % herabgesetzten Bademantel gekauft. Drei Tage nach dem Kauf möchte sie den Mantel zurückgeben, weil mehrere Nähte aufgegangen sind.

d) Ein Vogelliebhaber möchte nach acht Wochen einen Wellensittich umtauschen, weil das Tier Federn verliert und nicht singt.

3 Beschreiben Sie eigene Erfahrungen, die Sie als Kunde in Einzelhandelsgeschäften bei Umtauschwünschen gemacht haben.

4 Stellen Sie die Umtauschregeln in Ihrem Ausbildungsbetrieb dar und nennen Sie Begründungen für diese Regeln.

5 Ermitteln Sie vier Artikel, bei denen der Umtausch von Seiten des Handels öfter ausgeschlossen wird. Nennen Sie mögliche Gründe.

6 Rollenspiel: Erarbeiten Sie in der Lerngruppe eine Verkaufsszene mit einer Ware Ihrer Wahl zu folgenden Ausgangssituationen:

a) Eine unberechtigte Reklamation einer Kundin wird aus Kulanzgründen akzeptiert,

b) ein Umtauschwunsch eines Stammkunden, der aber keinen Kassenbon vorweisen kann, wird anerkannt,

c) ein Umtauschwunsch eines Kunden wird abgelehnt.

10 Ladendiebstahl

1000-mal geklaut, aber nur 100-mal entdeckt!

■ SITUATION

vom Beratungsverkauf ——————— **zur** ——————➤ **„Selbstbedienung"**

■ INFORMATION

Für die Bekämpfung von Ladendiebstählen gibt es viel zu tun[1]. Trotzdem sprechen manche Verkäuferinnen und Verkäufer ungern über dieses Thema. Sie wissen nicht, wie sie reagieren sollen, wenn sie einen Ladendiebstahl beobachten. Besonders unangenehm wird es für das Verkaufspersonal, wenn Kolleginnen oder Kollegen beim Diebstahl ertappt werden. Doch gerade weil das Thema Unsicherheit oder Peinlichkeit auslösen kann, sollte man darüber sprechen. Sie werden deshalb in diesem Kapitel Informationen darüber erhalten, wem Ladendiebstahl schadet, wie Ladendiebe vorgehen und was Sie dagegen tun können.

10.1 Warendiebstähle – teuer für Geschäft und Kunden

Im deutschen Einzelhandel werden pro Jahr Waren im Wert von mehreren Milliarden Euro gestohlen. Der durchschnittliche Warenwert pro Diebstahl beträgt ca. 80 €. Obwohl immer mehr Ladendiebe gefasst werden, bleibt die Dunkelziffer (90 %) sehr hoch. Ein großer Teil der Diebstähle wird nicht erkannt und macht sich erst im Nachhinein durch Inventurdifferenzen bemerkbar. Ladendiebe kommen aus allen sozialen Schichten der Bevölkerung.

---

1 Inventurdifferenzen und Warensicherung werden im LF 7, Kapitel 7.4, behandelt.

■ Wem schadet Ladendiebstahl?

Warendiebstähle steigern die Kosten und schmälern den Gewinn des Einzelhandelsunternehmens. Auf die Dauer wird das kein Unternehmer hinnehmen. Zunächst wird er versuchen, Maßnahmen gegen Warendiebstähle zu treffen: Anbringen von Spiegeln, Einbau von Überwachungssystemen oder das Anketten wertvoller Waren. Aber auch diese Maßnahmen verursachen zusätzliche Kosten. Die Verluste durch die Fehlbestände und die Kosten für vorbeugende Maßnahmen gegen Diebstähle werden bei der Festlegung der Verkaufspreise einkalkuliert. Damit werden ehrliche Kunden mit den hohen Kosten der Diebstähle belastet. Ladendiebe schaden nicht nur dem Handel, sie leben auch auf Kosten der ehrlichen Kunden und bereichern sich zu Lasten der Allgemeinheit.

© J. Beck

■ Wer wird aus welchen Gründen zum Ladendieb?

Für die starke Zunahme der Ladendiebstähle gibt es mehrere Gründe. Durch zwei Entwicklungen werden Ladendiebstähle besonders begünstigt:

Das Rechtsbewusstsein hat sich im Laufe der letzten Jahre verändert. Viele Menschen halten Ladendiebstahl für ein „Kavaliersdelikt", das nicht kriminell ist. Tatsache ist, dass das Strafgesetzbuch den einfachen Diebstahl mit bis zu 5 Jahren Freiheitsentzug unter Strafe stellt (§ 242 StGB). Das gilt selbstverständlich auch für den Ladendiebstahl.	Selbstbedienung, eine verlockende Warenpräsentation und manche Verpackung fordern Kunden zum schnellen Zugreifen heraus. Der beabsichtigte Kaufanreiz wirkt dann als Anreiz zum Diebstahl, wenn der Kunde nicht bezahlen kann oder will. Häufig wird dieser Anreiz durch unübersichtliche Verkaufsräume gefördert. Der Kunde fühlt sich unbeobachtet und greift zu.

Nur wenige Diebstähle werden aus Armut, Not oder Hunger begangen. Neben der Absicht der Bereicherung spielen Leichtsinn oder Nervenkitzel eine wichtige Rolle. Deshalb kommen Ladendiebe aus allen Schichten der Bevölkerung. Ein beträchtlicher Anteil der Ladendiebstähle geht auf das Konto des Personals. Schätzungen gehen von einem Anteil bis zu 50 Prozent aus.

Besondere Probleme bereiten professionelle Diebe und Menschen mit triebhafter Veranlagung zum Diebstahl (Kleptomanen). In diesen Fällen sind vorbeugende Maßnahmen besonders schwierig.

10.2 Methoden des Ladendiebstahls

Damit Sie wissen, wie Sie Ladendiebstähle verhindern können, müssen Sie wissen, wie Ladendiebe vorgehen. Zwischen geplanten und impulsiven Diebstählen gibt es entscheidende Unterschiede.

Geplanter Diebstahl	Impulsiver Diebstahl
Der Ladendieb hat einen gezielten Plan: Er weiß, welche Ware er mit welcher Methode beschaffen will. Geplanter Diebstahl wird häufig von mehreren Kriminellen gemeinsam durchgeführt: Während einer das Personal beschäftigt und ablenkt, greift der andere zu.	Der Kunde wird erst im Laden zum Dieb. Durch einen Impuls (Auslöser) wird er angeregt, die Ware zu stehlen, statt zu kaufen. Impulsiver Diebstahl wird meistens von einzelnen Personen begangen.
» **Beispiel:** Ein Dieb betritt mit einem Kumpanen ein Fachgeschäft. Der Verkäufer wird durch ein vorgeschobenes Verkaufsgespräch mit dem einen so abgelenkt, dass der andere die Gelegenheit zum ungestörten Diebstahl wahrnehmen kann.	» **Beispiel:** Eine Hausfrau begutachtet in einer Verkaufsnische Lippenstifte. Die zuständige Verkäuferin ist mit dem Einräumen von Ware beschäftigt. Die Frau nutzt die günstige Gelegenheit und steckt einen Lippenstift in ihre Manteltasche.
Bevorzugtes Diebesgut: Waren von hohem Wert, die sich gut weiter verkaufen lassen oder nach Auftrag gestohlen werden.	**Bevorzugtes Diebesgut:** Waren von geringen Ausmaßen und mit hohem „Impulswert". Der tatsächliche Wert der Ware spielt nur eine untergeordnete Rolle.
Täterkreis: > Professionelle Diebe > Kriminelle Banden > Kriminelles Personal > Ladendiebe, die bei impulsiven Diebstählen erfolgreich waren	**Täterkreis:** > Angehörige aller sozialen Schichten > Kleptomanen
Methoden: Die Ladendiebe wenden ausgefeilte Methoden und Tricks an. (Einige Beispiele sind angefügt.)	**Methoden:** Die Methoden sind einfach und fast immer gleich: Der Dieb steckt die Ware in die Tasche seiner Bekleidung oder in eine mitgeführte Tasche.

>> **Beispiele für Methoden des Ladendiebstahls:**

1. Die Versteckmethoden

Diebe sind sehr erfinderisch, um die gestohlene Ware zu verbergen. Kleine Artikel lassen sie in Taschen fallen, in offene Schirme gleiten oder in Zeitungen verschwinden. Es wurden aber auch schon Diebe gefasst, die sich Spezial-Taschen in die Kleidung eingenäht hatten, mit einem leeren Gipsarm ausgerüstet waren oder einen Koffer ohne Boden zur „Warenfalle" umgebaut hatten. Viele Verpackungen von Waren bieten auch Versteckmöglichkeiten für andere Artikel.

© Gina Sanders – Fotolia.com

Das „Unterziehen" von Bekleidungsstücken und das Austauschen von Schuhen (alt gegen „neu") sind alte und bekannte Tricks, werden trotzdem aber immer wieder versucht.

2. Die Ablenkmethoden

Diese Methoden sind besonders wirkungsvoll, wenn mehrere Kriminelle zusammenarbeiten. Wenn ein Warenstapel lärmend zusammenbricht, wird die Aufmerksamkeit des Verkaufspersonals abgelenkt. Am anderen Ende des Verkaufsraumes kann der Komplize zugreifen und den Laden ungestört verlassen.

Es gibt eine Menge von Anlässen, die bewusst zur Ablenkung herbeigeführt werden können: Lautstarke Reklamationen, Steinwurf ins Schaufenster, erregter Streit zwischen zwei „Kunden" oder ausgefallene Extrawünsche, die die Aufmerksamkeit des Personals auf sich ziehen. Im Textileinzelhandel sind besonders „Mutter-Tochter-Teams" bekannt, die nach dieser Masche arbeiten.

3. Die Überrumpelungsmethoden

Hierbei gehen die Täter besonders dreist vor. Sie rechnen damit, dass sich das Verkaufspersonal überrumpeln lässt. Häufig wird die Ware dabei offen, aber unbezahlt aus dem Verkaufsraum geschafft. Misstrauische Verkäufer werden manchmal sogar um Hilfe gebeten.

Dreiste Gauner nehmen unbezahlte Ware und reklamieren erfundene Mängel. Selbst wenn die Reklamation zurückgewiesen wird, haben sie Erfolg. Sie verlassen den Laden mit erschwindelter Ware.

Auch alle Wechselgeld-Manöver gehören zu den Überrumpelungsmethoden. Hierbei wird das Personal an der Kasse beim Kassiervorgang unterbrochen und um das Wechseln großer Scheine gebeten. Die fingerfertigen Betrüger ergattern dabei meistens größere Beträge.

10.3 Verhinderung von Ladendiebstahl

Diebstähle lassen sich wirkungsvoll vereiteln, wenn die Gelegenheit zum Diebstahl beseitigt oder eingegrenzt wird. Auf diese Weise werden besonders impulsive Diebstähle im Ansatz bekämpft. Das geschieht durch die drei Schritte:

Abschreckung – Überwachung – Verschluss

 Ladendiebe

werden nicht geschont: Gebühr von 50,– €, Hausverbot und Anzeige!

 Achtung!

Wir schützen uns vor Ladendieben durch Hausdetektive und modernste Elektronik!

 Gerne

legen wir Ihnen die vor Dieben gesicherte Ware vor! Wenden Sie sich bitte an unser Personal!

1. Die **Abschreckung** erfolgt durch Hinweisschilder oder Informationsplakate. Dem Kunden wird mitgeteilt, dass eine Überwachung erfolgt. Außerdem werden die Konsequenzen eines entdeckten Diebstahls aufgezeigt.

2. Die **Überwachung** erfolgt durch das Verkaufspersonal und durch spezielle Überwachungssysteme (Videokameras, Spiegel, Hausdetektiv, elektronische Warensicherungssysteme).

3. Der **Verschluss** wird bei Waren durchgeführt, die durch ihren hohen Wert zum Diebstahl verführen können:

   Anketten hochwertiger Kleidungsstücke, Einschließen von Schmuck und anderen wertvollen Artikeln in Vitrinen.

Bei Ihrer Tätigkeit im Verkauf können Sie die Überwachung wirkungsvoll unterstützen:

› Behalten Sie bei Verkaufsgesprächen Ihre Umgebung im Auge!

› Werfen Sie auch bei anderen Arbeiten einen Blick auf die Kunden, insbesondere, wenn diese sich verdächtig verhalten!

› Sprechen Sie Kunden, die sich verdächtig machen, freundlich an und lassen Sie diese Personen merken, dass sie beobachtet werden!

› Legen Sie Ihren Kunden nur eine begrenzte und überschaubare Anzahl von Waren vor!

› Händigen Sie Ihren Kunden nur wenige Artikel zum Probieren oder Anschauen aus.

› Kontrollieren Sie die Rückgabe!

› Achten Sie darauf, dass Ihre Kunden die vorgesehenen Einkaufskörbe oder Wagen benutzen!

› Informieren Sie sich über Tricks und Methoden betrügerischer Kunden in Fachbüchern oder bei den Fachverbänden.

■ Wie verhalten Sie sich, wenn Sie einen Ladendiebstahl beobachten?

Allgemeine Grundsätze für den Umgang mit Ladendiebstählen gibt es nicht. Nur etwas ist auf jeden Fall falsch: nichts zu tun!

Informieren Sie sich deshalb über das Überwachungssystem Ihres Betriebes. Fragen Sie Ihre Vorgesetzten, wie Sie sich im Falle eines beobachteten Diebstahls verhalten sollen. In vielen Unternehmen ist es üblich, den Dieb nach dem Passieren der Kasse zu stellen, den Diebstahl zu protokollieren, die Polizei zu verständigen und ein Hausverbot zu erteilen. Bei Kindern wird häufig von der Benachrichtigung der Polizei abgesehen. In diesem Fall werden die Eltern verständigt, um ihre Kinder abzuholen. Die Entscheidung darüber, wie ein Ladendieb behandelt wird, trifft auf jeden Fall die Geschäftsleitung.

Für Ihr Verhalten gilt:

> Benachrichtigen Sie möglichst schnell einen Vorgesetzten oder Mitarbeiter, sobald Sie einen Ladendiebstahl beobachten!

> Beobachten Sie den Vorgang genau! Konkrete Hinweise (gestohlene Artikel, Aussehen der Verdächtigen, Kfz-Kennzeichen) können auch zur nachträglichen Aufklärung einer Straftat dienen.

> Handeln Sie schnell und zielstrebig nach den Anweisungen der Geschäftsleitung, aber spielen Sie nicht Polizei oder Richter!

■ Diebstahl und Unterschlagung durch das Personal

Die Inventurdifferenzen im Einzelhandel betragen jährlich ca. 4 Mrd. €, fast 2 Mrd. € gehen davon nach Schätzungen von Experten auf das Konto diebischer Angestellter.

Angestellte von Einzelhandelsbetrieben haben mehr Möglichkeiten als die Kunden, Ware zu stehlen und Geld zu unterschlagen: Sie können Ware schon bei der Anlieferung an der Rampe an sich bringen. Sie können Ware an sich nehmen, bevor sich diese im Laden befindet. Sie können Verbrauchsgegenstände im Laden verwenden oder verzehren, sie können Waren durch Lieferantenzugänge und Personalausgänge herausschleusen, sie können Warensicherungssysteme manipulieren oder umgehen, sie können Kassendifferenzen zu ihren Gunsten produzieren und sie können Kunden Ware umsonst oder zu einem geringeren Preis zuschieben.

Diese Möglichkeiten sind bekannt. Deshalb lassen sich nicht alle Inventurdifferenzen auf klauwütige Kunden abschieben. Immer mehr Geschäftsleitungen gehen dazu über, auch das eigene Personal in die Überwachung einzubeziehen. Häufig werden in Läden oder Filialen mit hohen Inventurdifferenzen „Tatort-Methoden" angewendet. Es gibt bereits Detekteien, die sich auf den Einsatz im Einzelhandel spezialisiert haben. Sie schleusen Spitzel ein, die als neue Mitarbeiter die Belegschaft überwachen, und sie installieren versteckte Videokameras, die nicht größer als eine Kreditkarte sind.

■ AKTION

1 Zeichnen Sie den Grundriss Ihres Ausbildungsbetriebes oder eines Ladens Ihrer Wahl. Machen Sie Ecken, Nischen und Winkel ausfindig, in denen leicht gestohlen werden kann. Unterbreiten Sie Vorschläge zur übersichtlichen Warenpräsentation.

2 Listen Sie Waren Ihrer Ausbildungsbranche auf, die Kunden zu impulsiven Diebstählen verlocken.

© shaunwilkinson – Fotolia.com

3 Schauen Sie sich alle Sicherungsmaßnahmen Ihres Ausbildungsbetriebes an. Stellen Sie gute Lösungen Ihrer Klasse/Gruppe vor.

4 Notieren Sie die Verhaltensvorschriften für den Fall, dass Sie einen Kunden beim Diebstahl beobachten.

5 Wann und wie lange dürfen Sie einen diebstahlverdächtigen Kunden festnehmen und festhalten? Klären Sie dieses Problem anhand der rechtlichen Grundlagen:

BGB: § 229 (Selbsthilfe), § 859 (Eigenmacht)

StPO: § 127 (vorläufige Festnahme)

StGB: § 239 (Freiheitsberaubung)

6 Rollenspiel: Üben Sie den Umgang mit Verdächtigen oder Ladendieben in Partnerarbeit. Überlegen Sie sich für folgende Situationen Verhaltensmuster:

© WS Design – Fotolia.com

a) Sie bemerken einen Kunden, der einen Reisewecker in seine Manteltasche steckt.

b) Sie ertappen achtjährige Kinder, die Süßigkeiten stehlen.

c) Sie sehen eine ältere Dame, die einen Schirm für 25 € unter den Arm geklemmt hat und – ohne zu bezahlen – das Geschäft verlassen will.

d) Sie beobachten einen Kunden mit weitem Mantel, der sich schon längere Zeit am Regal mit Spirituosen aufhält.

e) Ein Kunde steckt vor Ihren Augen Ware in seine Jackentasche. Als Sie ihn ansprechen wollen, stürmt er in Richtung Ausgang los.

> Notieren Sie, auf welche Weise Sie die Situationen meistern können.

> Üben Sie eine der Situationen im Rollenspiel ein.

> Zeichnen Sie gelungene Lösungen auf. Spielen Sie Ihrer Klasse/Gruppe das Ergebnis vor.

Schwerpunkt Betriebswirtschaft (SBW)

Lernfeld 7
Waren beschaffen, annehmen und lagern

Inhalte

1 Beschaffungsprozesse

Waren beschaffen? – Waren beschaffen!

■ SITUATION

In einem Vorbereitungskurs der IHK für die Abschlussprüfung im Einzelhandel ist das Thema heute: Wie werden Waren beschafft?

Auf die Frage des Dozenten, wie denn in den einzelnen Betrieben die Waren eingekauft werden, kommen sehr unterschiedliche Antworten:

Laura: „Zu uns kommt einmal in der Woche ein Vertreter vom Großhändler. Bei dem wird fast alles bestellt."

Markus: „Für uns sind die Kataloge der Lieferanten ganz wichtig. Ohne die könnten wir nichts bestellen."

David: „Mein Abteilungsleiter ist gerade mal wieder in Asien auf Einkaufsreise unterwegs. Dieses Mal geht es in den Iran, nach Indien und China."

Marie: „Ich bestelle immer mit unserem MDE-Gerät. Der Chef lässt sich vom Warenwirtschaftssystem Bestellvorschläge machen und an die halten wir uns meistens."

Lucca: „Wir haben gar keinen Einkauf – das machen die alles in der Zentrale."

1. Erläutern Sie anhand der Aussagen der Auszubildenden die grundlegenden Unterschiede der Warenbeschaffung in den betreffenden Betrieben.
2. Schließen Sie aus den Antworten der Auszubildenden auf die Betriebsform und die Branche der jeweiligen Ausbildungsbetriebe.

■ INFORMATION

Die **Warenbeschaffung** ist einer der wichtigsten **Geschäftsprozesse** im Einzelhandel.

Ein Geschäftsprozess beschreibt eine Folge von Einzeltätigkeiten, die schrittweise ausgeführt werden, um ein betriebliches Ziel zu erreichen. Geschäftsprozesse gehören zur Ablauforganisation eines Betriebs (vgl. LF 1, Kap. 3.10.3). Beim Beschaffungsprozess sind meist mehrere Mitarbeiter aus unterschiedlichen betrieblichen Abteilungen beteiligt. Dies ist dann besonders der Fall, wenn bisher nicht im Sortiment geführte Waren bestellt werden sollen *(Geschäftsleitung, Einkauf, Verkauf, Logistik, Marketing)*. Geschäftsprozesse tragen zur Wertschöpfung im Unternehmen bei, wenn hohe Umsätze durch den Einkauf von Waren erzielt werden, die in hohem Maß den Kundenwünschen entsprechen (vgl. LF 1, Kap. 6.4).

Der **Beschaffungsprozess** erfolgt in **vier** Schritten.

Vier Schritte der Warenbeschaffung			
1. Schritt	2. Schritt	3. Schritt	4. Schritt
Beschaffungs-marktforschung	Beschaffungs-vorbereitung	Beschaffungs-durchführung	Beschaffungs-abwicklung
Bedarfsermittlung und erkunden, wer die Waren liefern kann	Angebote anfordern, vergleichen, bewerten und entscheiden	Bestellung durch Abschluss des Kaufvertrags	Annahme, Kontrolle und Bezahlung der Lieferung

◼ Art und Weise der Warenbeschaffung

Welche Waren beschafft werden und **wie** dabei vorzugehen ist, ergibt sich durch die Branche, das Sortiment und die Betriebsgröße. Es müssen zudem die Verhältnisse auf dem Beschaffungs- und Absatzmarkt für das jeweilige Unternehmen beachtet werden. Außerdem spielen branchen- übliche und betriebseigene Bestellverfahren eine Rolle beim Beschaffungsprozess.

Möglichkeiten Waren zu beschaffen

Zentraleinkauf in einem Großunternehmen

Bestellung mit MDE in der Filiale

Einkauf im SB-Großhandel

Einkauf beim Vertreter

■ Entscheidungen über Waren

Bei der **Entscheidung** darüber, **welche** Waren beschafft werden sollen, sind vom Einzelhändler zahlreiche Überlegungen anzustellen:

Waren werden **beschafft**,

> die hohen **Grund-** mit interessantem **Zusatznutzen** verbinden,

> den vermuteten **Qualitätsansprüchen** der Kunden genügen,

> unter dem Gesichtspunkt der **Nachhaltigkeit** die Anforderungen an Umwelt-, Gesundheits- und Sozialverträglichkeit erfüllen.

Die **Sortimentsbildung** kann erfolgen

> mit Herstellermarken *(Knorr, Maggi, Puma)*,

> mit Handelsmarken *(Balea, Clockhouse)*,

> mit No-Name-Artikeln *(ja, Tip, die Sparsamen)*.

Markenartikel	Handelsmarken	No-Name-Produkte

Bei der Beschaffung müssen **verkaufsorientierte, warenwirtschaftliche und logistische** Gesichtspunkte berücksichtigt werden. Dazu zählen u. a.:

Bedeutung der Ware für das Sortiment	→	Welchen Grund- und welchen Zusatznutzen bietet die Ware?
Eignung für den Verkauf	→	Ist die Ware SB-fähig oder ist eine Beratung erforderlich?
Beschaffungshäufigkeit	→	Wird die Ware täglich oder zu bestimmten Zeitpunkten benötigt?
Preislage	→	Gehört die Ware zum Niedrigpreisbereich oder zu den preislich hoch angesiedelten Artikeln?
Bestellverfahren	→	Soll regelmäßig oder bei Erreichen eines bestimmten Lagerbestandes bestellt werden?
Lagerung	→	Stellt die Ware bestimmte Anforderungen an die Lagerhaltung?
Warenpflege	→	Ist bei der Lagerung und im Verkauf eine besondere Pflege notwendig?

>> **Beispiel:** Die im Betrieb vorherrschende Verkaufsform beeinflusst die Beschaffung. Wenn man verpacktes Brot in Selbstbedienung anbietet, dann ist besonders auf das Mindesthaltbarkeitsdatum zu achten. Wegen der begrenzten Lagerfähigkeit sind zu große Bestellmengen nicht empfehlenswert. Eine besonders sorgfältige Beobachtung über den Abverkauf ist hier unerlässlich und man sollte nur das nachbestellen, was z. B. täglich verkauft wird.

Anders bei Artikeln, die lange lagerfähig sind, wie z. B. bei Baustoffen. Hier können große Mengen beschafft werden. Dies sichert nicht nur die Verkaufsbereitschaft, sondern es können auch Preisnachlässe *(Mengenrabatt)* in Anspruch genommen werden.

Der Einzelhandel als „Gate-Keeper"

Die **Stellung** des **Einzelhandels** gegenüber den **Herstellern** und **Lieferanten** kann sehr stark sein. Dies ist besonders bei **großen** Einzelhandelsunternehmen der Fall. Sie üben als Einkäufer eine beträchtliche **wirtschaftliche Macht** aus. So kann der Handel als **Gate-Keeper** (Torwächter) einen großen **Einfluss** ausüben, welche Qualität die im Sortiment geführten Waren haben sollen oder welche umweltbelastenden Artikel und Verpackungen durch weniger umweltbelastende ersetzt werden können. Es ist der Handel, der die Entscheidung darüber trifft, welche Artikel gelistet werden und welchen der Zugang zu den Kunden verwehrt wird.

Je **stärker** die **Marktmacht** des beschaffenden Einzelhandelsunternehmens ist, desto **stärker** ist auch seine **Position** gegenüber den **Lieferanten** *(Discounter, Filialunternehmen)*. Dies wirkt sich z. B. stark auf die Festsetzung der Einkaufspreise und die Gestaltung der Liefer- und Zahlungsbedingungen in den Einkaufsverhandlungen aus.

■ AKTION

1 Beschreiben Sie kurz die verschiedenen Phasen der Warenbeschaffung.

2 Zeigen Sie an drei Beispielen, wie in Ihrem Ausbildungsbetrieb verkaufsorientierte Gesichtspunkte bei der Warenbeschaffung berücksichtigt werden.

3 Unter dem Motto „Respekt für Mensch und Umwelt" will Ihr Ausbildungsunternehmen künftig ökologisch unbedenkliche, sozialverträglich hergestellte und fair gehandelte Waren anbieten. Recherchieren Sie im Internet (Suchbegriffe z. B.: Fairer Handel, Corporate Social Responsibility CSR) und nennen Sie Möglichkeiten!

4 Zeigen Sie am Beispiel Ihres Ausbildungsbetriebes, wie sich die Beschaffung der Waren durch Einflussnahme auf die Bereiche

> Warenauswahl,

> Transport,

> Lagerung und

> Abfallentsorgung

möglichst umweltschonend gestalten lässt!

5 Lebensmittel-Händler Franz Kleinert behauptet: „Am Speisesalz verdiene ich nichts, eigentlich lege ich sogar Geld drauf. Aber das Salz aus dem Sortiment herausnehmen – das geht auch nicht!"

a) Tragen Sie Argumente zusammen, die für oder gegen Herrn Kleinerts Auffassung sprechen.

b) Wie stellt Kleinert eigentlich fest, dass er an Speisesalz „nichts" verdient oder sogar „Geld drauflegt"?

c) Nennen Sie für Ihren Ausbildungsbetrieb Waren, die dem Salz im Lebensmittel-Einzelhandel entsprechen!

6 Diskutieren Sie in Pro- und Contra-Diskussionen folgende Themen:

> „Als Verkaufskraft muss ich mehr über die Waren wissen als meine Kunden!"

> „Als Verkäufer muss ich dem Kunden alles sagen, was ich über eine Ware weiß!"

> „Im Geschäft bin ich Verkäufer und nicht Vertreter des Verbraucherschutzes!"

7 Diskutieren Sie die Rolle des Einzelhandels als Gate-Keeper aus der Sicht der Hersteller, des Einzelhandels und der Verbraucher.

8 Bei einer Befragung von Herstellern und Lieferanten zum Thema Preisverhandlungen machten diese folgende Aussagen (Prozentangaben in Klammern = Zustimmung zur Aussage): Der Handel setzt massiven Druck ein, um seine Vorschläge durchzusetzen (71 %). Der Handel gibt vor und lässt kaum argumentieren (65 %). Preise und Konditionen werden vom Handel angeordnet (54 %). Beide machen einen Vorschlag und es wird verhandelt (10 %). Wir schlagen vor, und der Handel stimmt unserer Argumentation zu (2 %).

Nehmen Sie zu diesem Ergebnis Stellung!

2 Kooperationsformen im Einkauf

Gemeinsam sind wir stark! Welche Vorteile und Leistungen bieten
Einkaufskooperationen im Einzelhandel?

■ SITUATION ■

Jeden Mittwochabend treffen sich Neuburger Einzelhändler im „Goldenen Hirsch". Heinz Bessler, Inhaber eines Optikergeschäfts, beklagt sich bitter über die gerade begonnene Aktion des Optikerfilialisten Bielmann „Sonnenbrillen geschliffen für nur 29,00 €".

Herr Bessler: „Da kann ich einfach nicht mithalten. Unter 50 € geht da nichts."

Frau van Laak: „Mir geht es ähnlich, Heinz, wenn unser Warenhaus mit Preisreduktionen beginnt, muss ich nachziehen. Wir Kleinen haben einfach keine Chancen mehr."

Frau Hesser: „Das glaub ich nicht, warum schließt ihr euch nicht einem Einkaufsverband an? Seit ich bei der Intertex bin, profitiere ich von günstigen Einkaufspreisen. Außerdem bietet der Verband noch viele zusätzliche Dienstleistungen, die mir meine tägliche Arbeit erleichtern."

Herr Bessler: „Hab ich mir auch schon überlegt, aber dann verliere ich einen großen Teil meiner Unabhängigkeit und muss nach der Pfeife des Verbandes tanzen!"

1. Welche der im Informationsteil genannten Ziele und Aufgaben können für Herrn Bessler den Ausschlag geben, sich einer Kooperation anzuschließen?
2. Herr Bessler fürchtet einen Teil seiner Unabhängigkeit zu verlieren. Wie müsste die Zusammenarbeit zwischen Verband und Herrn Bessler gestaltet werden, damit er möglichst viel von seiner Unabhängigkeit behält?

■ INFORMATION ■

Kooperation ist die freiwillige Zusammenarbeit von rechtlich und wirtschaftlich selbstständigen Unternehmungen mit dem Ziel, betriebliche Aufgaben – z. B. die Beschaffung – gemeinsam zu erfüllen.

Beabsichtigt wird, die Unternehmungen abzusichern und ihre Lage zu verbessern, etwa **Kostensenkung** durch günstige Einkaufspreise und vorteilhafte Konditionen, gemeinsame Nutzung eines zentralen Warenwirtschaftssystems und gemeinsame Beschaffungsmarktforschung.

Der Anteil nicht gebundener Einzelhändler, die alleine über die Zusammensetzung ihres Sortiments entscheiden oder in welchem Ausmaß sie Werbung betreiben, wird immer geringer. Ihr Marktanteil beträgt etwa 12 %, während in **Verbundgruppen** organisierte Unternehmen sich einen Marktanteil von 45 % sichern konnten.

Beispiele für Verbundgruppen im Einzelhandel

Das Ausmaß der Zusammenarbeit reicht von „Nachbarschaftshilfe" *(Händler A kann einen vereinbarten Liefertermin nicht einhalten und bittet Händler B um Unterstützung)* über die Ausgliederung einer oder mehrerer Unternehmensfunktionen *(Einkauf, Logistik, Werbung, Teile des Rechnungswesens)* bis zur vollständigen Integration in ein anderes Unternehmen *(Zusammenschluss mit Verlust der eigenen Selbstständigkeit)*.

Im **Beschaffungsbereich** kooperieren die Einzelhandelsunternehmen sowohl mit Großhandel als auch Herstellern oder sie schaffen sich eigene Organe, die in ihrem Auftrag die gemeinsam vereinbarten Aufgaben übernehmen und die damit Großhandelsfunktionen ausüben.

Im **Absatzbereich** reichen die Kooperationen von lockeren Zusammenschlüssen *(Interessen-, Werbegemeinschaft)* bis zur Bildung spezieller Absatzorgane, die für die Mitglieder Marktforschung, Werbung und Verkaufsförderung betreiben.

E-Commerce: Kooperationen als Vorreiter

Die Einkaufsverbände versuchen, ihre Mitglieder fit zu machen für das elektronische Zeitalter. Sie bieten eine meist sehr kostengünstige Internet-Plattform. So informiert einmal die Industrie den Einzelhändler über Artikel, Lieferverfügbarkeit, aktuelle Angebote und laufende Aktionen, während der Endkunde sich über „seinen" Händler und dessen Angebot informieren kann. Über eine gemeinsame Startseite des Verbandes (Portal) kann der interessierte Kunde auf unterschiedliche sortimentsbezogene Homepages gelangen, unter denen sich wiederum einzelne Mitgliedsunternehmen mit ihren eigenen Internet-Auftritten präsentieren. Dort ist dann eine Online-Bestellung möglich.

■ Leistungen der Verbundgruppen für ihre Mitglieder

Ursprünglicher Zweck der Kooperationen war durch gemeinsamen Warenbezug Vorteile zu erzielen *(günstige Einkaufspreise, Liefer- und Zahlungsbedingungen)*. Die heutige Entwicklung ist dadurch gekennzeichnet, dass sich eine Vielzahl der Verbundgruppen zu sogenannten **„Full-Service-Kooperationen"** weiterentwickelt haben. Die ursprüngliche Einkaufsfunktion wurde um zahlreiche zusätzliche Dienstleistungen ergänzt.

Verbundgruppen mit „Full-Service-Konzept" bieten:		
Markt- und Trendforschung	→	Die Mitglieder haben Zugriff auf Marktforschungsdaten, um eine optimale Sortiments- und Beschaffungspolitik zu ermöglichen.
Bündelung der Marktmacht	→	Die Waren werden in großen Mengen weltweit für die Mitglieder durch einen Zentraleinkauf zu günstigen Preisen beschafft.
Bildung von Eigenmarken	→	Eigenmarken (Handelsmarken) verbessern die Ertragssituation des Händlers und stärken sein Unternehmen gegenüber Mitbewerbern.
Sortimentsplanung und Sortimentsanalysen	→	Speziell geschulte Berater helfen bei der Sortimentsgestaltung unter Berücksichtigung der örtlichen Gegebenheiten.
Marketing	→	Die Verbundgruppe entwickelt einheitliche Werbekonzepte und Verkaufsstrategien, die von den Mitgliedsunternehmen übernommen werden können. Sie sparen so die hohen Kosten für eine eigene Werbeabteilung bzw. für eine Werbeagentur.
Erleichterung des Zahlungsverkehrs durch Zentralregulierung	→	Die Kooperationszentrale übernimmt die Zahlungsregulierung der Mitglieder mit den Lieferanten.
Ladengestaltung	→	Die Verbundgruppe unterstützt die Mitglieder bei der Gestaltung der Verkaufsräume. Oft wird ein für alle Mitglieder einheitliches Shop-Layout (= Erscheinungsbild des Ladens) angestrebt.
Logistik-Konzepte	→	Bundesweit gewährleisten die meisten Verbundgruppen durch dezentrale Lagerstandorte eine schnelle und reibungslose Warenversorgung, die durch eigene Fahrzeuge erfolgt.
Betriebsberatung	→	Hilfestellung für die Mitgliedsunternehmen durch: › Betriebswirtschaftliche Beratung *(Umsatz-, Kosten-, Limitplanung)*, › Personalwesen *(Beschaffung, Einsatz, Schulung)*, › Organisation *(Ablauforganisation, EDV-Anwendungen)*, › Betriebsvergleiche *(KER, Deckungsbeitragsrechnung, Umsatz)*.
Erfahrungsaustausch	→	Durchführung von Versammlungen der Mitglieder, Bildung von Sortiments- und Fachausschüssen.

■ Voraussetzungen für die Mitgliedschaft

Je nach Verbundgruppe unterscheiden sich die Voraussetzungen für eine Mitgliedschaft. Ein bestimmter Mindestumsatz, z. B. 250.000 € pro Jahr, wird häufig vorausgesetzt. Die Mitgliedschaft in einem anderen Einkaufsverband ist normalerweise nicht gestattet. Häufig wird eine Gesellschaftereinlage geleistet, die verzinst wird. Nur Betriebe in wirtschaftlich geordneten Verhältnissen werden aufgenommen; Zahlungsunfähigkeit kann zum sofortigen Ausschluss führen. Viele Kooperationen bieten ihren Mitgliedern einen Gebietsschutz (bei Städten bis 30.000 Einwohnern nur ein Mitglied).

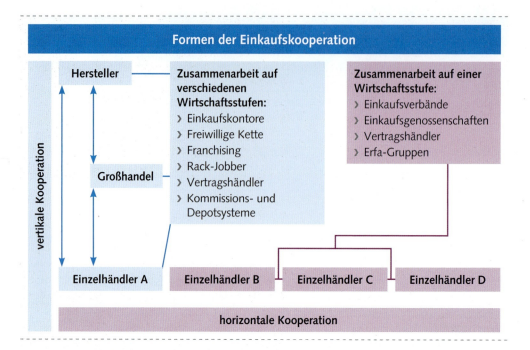

Vertikale Kooperation

Bei der vertikalen Kooperation findet eine Zusammenarbeit zwischen Einzelhandel und Großhandel bzw. Einzelhandel und Hersteller statt.

Einkaufskontore

Kontore wickeln den Wareneinkauf zwischen ihren Mitgliedern und den Lieferanten ab. Das **Kontor** dient dabei als **Bindeglied** zwischen Handel und Industrie. Rechnungsstellung und Bezahlung erfolgen für Mitglieder und Lieferanten über das Kontor (Zentralregulierung). Die Mitgliedsunternehmen erhalten die bestellten Waren meist direkt von der herstellenden Industrie **(Streckengeschäft)**. Die Mitglieder der Kontore sind nicht nur Einzel- oder Mehrbetriebsunternehmen, sondern auch größere Filialunternehmen. Selbst Einkaufsgenossenschaften und Ketten sind Mitglieder in Einkaufskontoren. In Deutschland gibt es zwei bedeutende Einkaufskontore. Die Markant AG mit ca. 100 Mitgliedern – darunter Handelsriesen wie Lidl & Schwarz, Globus und dm-Drogerien – repräsentiert einen Marktanteil am Gesamtumsatz des deutschen Lebensmittelhandels von 17,0 %. Große Bedeutung hat auch die Gedelfi (Gemeinschaft Deutscher Lebensmittelfilialbetriebe), die zur EDEKA-Gruppe gehört.

Freiwillige Ketten (Handelsketten)

Freiwillige Ketten sind ein Zusammenschluss zwischen Großhändlern und Einzelhändlern. Die Einzelhändler verpflichten sich bei ihrem regionalen Großhändler Waren zu beziehen. Nur was dort nicht gelistet ist, kann über andere Lieferanten bezogen werden. Juristisch sind die Einzelhändler zwar selbstständig, jedoch ist durch die starke wirtschaftliche Bindung an den Großhändler die Entscheidungsfreiheit des Einzelhändlers stark eingeschränkt. Für die gesamte Kette ergeben sich Vorteile durch die große Nachfragemacht gegenüber den Herstellern, wodurch günstige Preise ausgehandelt werden können.

Der weltweit größte Zusammenschluss von Händlern zu einer Handelskette, die unter gleichem Namen und mit einheitlichem Logo auftreten, rechtlich jedoch eigenständige Gesellschaften sind, ist die SPAR-Gruppe. Weltweit beträgt der Umsatz fast 30 Milliarden €. Die SPAR-Gruppe ist mit über 13.000 Verkaufsstellen in 33 Ländern präsent (In Deutschland existiert sie allerdings nicht mehr. Die ehemaligen SPAR-Einzelhändler gehören heute zur EDEKA).

Franchising

Franchising ist eine vertikal-kooperative Vertriebsform, die dadurch gekennzeichnet ist, dass ein **Franchise-Geber** selbstständige Unternehmer als **Franchise-Nehmer** sucht, die mit eigenem Kapitaleinsatz Waren oder Dienstleistungen anbieten, die vom Franchisegeber bereitgestellt werden; z. B. der Vertrieb von Weinen, Spirituosen, Likören, Essig und Ölen direkt vom Fass. Dabei wird ein einheitliches Marketingkonzept zugrunde gelegt und die jeweiligen Rechte und Pflichten der Partner werden im Franchisevertrag geregelt.

Abb. Franchiseunternehmen „Alles vom Fass"

Rack-Jobber

Das Rack-Jobber-Vertriebssystem ist meist im **Selbstbedienungs-Einzelhandel** anzutreffen. Hersteller oder Großhändler bestücken dabei im Verkaufsraum des Einzelhändlers Regalflächen mit einem eigenständigen Sortiment und betreuen es. Sie bestimmen die Sortimentszusammensetzung und Platzierung der Artikel. Rack-Jobbing kommt aus der Sicht des Einzelhandels in zwei Formen vor:

© Wenco, Mettmann

1. **Verkauf der Waren auf fremde Rechnung:** Der Einzelhändler erhält für die „Vermietung" der Fläche und für das Inkasso entweder einen festen Betrag oder eine Umsatzprovision. Meist handelt es sich um sinnvolle Ergänzungen zum Kernsortiment des Händlers (*Haushaltswaren, Kleintextilien, Kurzwaren, Spielwaren*).

2. **Verkauf der Waren auf eigene Rechnung:** Der Einzelhändler erwirbt durch Kauf an den Waren das Eigentum. Es erfolgt keine besondere Abrechnung mit den Lieferanten. Neben Randsortimenten werden die entsprechenden Regalflächen auch mit Artikeln des Kernsortiments bestückt *(Trockenprodukte, Gewürze, Kaffee)*.

Vorteile für den Händler: Bei den Randsortimenten bringen die Lieferanten ihr spezielles Knowhow ein. Viele Händler würden aufgrund mangelnder Sortiments- und Warenkenntnis bei diesen Artikeln eine Aufnahme ins Sortiment scheuen. Der Einzelhändler trägt nur ein geringes Absatzrisiko, da schwer verkäufliche oder verdorbene Ware zurückgenommen wird. Die Regalpflege durch den Rack-Jobber bindet kein Personal. Es gibt allerdings Bestrebungen auf Lieferantenseite die kostenintensive Regalpflege den Einzelhändlern zu überlassen. Dafür werden dann günstigere Einkaufspreise und -konditionen angeboten.

Vertragshändler

Vertragshändler sind selbstständige Gewerbetreibende, die sich vertraglich verpflichtet haben im eigenen Namen und auf eigene Rechnung Waren nach der Konzeption eines Herstellers zu verkaufen. Der Einzelhändler erhält häufig einen Gebietsschutz (Exklusivvertrieb) und profitiert vom bekannten Namen des Herstellers. Das Vertragshändlersystem ähnelt dem Franchising, jedoch ist die Bindung an den Warengeber nicht so eng. Außerdem müssen keine Ge-

© Tchibo, Hamburg

bühren an ihn geleistet werden. Im Einzelhandel findet sich diese Kooperation vor allem als sogenanntes **„Depotgeschäft"** im Kosmetikbereich und im Kaffeevertrieb *(Tchibo-Depot)*.

Kommissionsvertrieb

Bei diesem Vertriebsweg, der besonders in Großbetriebsformen des Einzelhandels an Bedeutung gewinnt *(kein Absatzrisiko, keine Kapitalbindung)*, verkauft der Einzelhändler **(Kommissionär)** in eigenem Namen, aber auf fremde Rechnung. Der Lieferant **(Kommittent)** stellt Ware zur Verfügung, die sein Eigentum bleibt. Abgerechnet wird nur, was tatsächlich verkauft wurde. Der Einzelhändler erhält für den Verkauf eine Provision.

Käufe auf Kommission sind sinnvoll bei Waren, die neu auf dem Markt eingeführt werden, oder wenn es sich um Waren mit einem geringen Lagerumschlag handelt.

Kooperation durch vertikale Flächenkonzepte

Durch eine enge **Zusammenarbeit** zwischen **Hersteller** und **Händler** ist es speziell in der **Modebranche** auch kleineren Unternehmen möglich, schnell auf modische Trends und Entwicklungen zu reagieren. Dadurch, dass die Handelsunternehmen regelmäßig Abverkaufs- und Bestandsdaten an den Lieferanten melden, erhält dieser umfassende Informationen über die Kundenakzeptanz seiner Kollektionen am POS.

Dadurch wird sichergestellt, dass es zu einer kontinuierlichen und bedarfsorientierten **Warenverfügbarkeit** im Handel kommt. Gerade, wenn ein Unternehmen eine Sortimentserweiterung oder -ergänzung vornehmen möchte, hilft die Entscheidung für ein vertikales Flächenkonzept, unnötige Risiken zu vermeiden. Als enger Partner eines Herstellers profitiert man von dessen Markenstärke und Erfahrung. In der Praxis kommen folgende **Geschäftsmodelle** vor:

Flächenkonzept Shop in Shop

> Der Einzelhändler vermietet seine eigene Verkaufsfläche an den Lieferanten. Dieser gestaltet die Verkaufsfläche und verkauft auf eigene Rechnung, u.U. auch mit eigenem Personal. Die Bestandssteuerung erfolgt durch den Lieferanten, der auch über die Aktivitäten auf der Verkaufsfläche entscheidet. Dazu nutzt der Lieferant in vielen Fällen das Kassensystem des Einzelhandelsunternehmens.

> Der Lieferant stellt die Ware dem Händler zur Verfügung, behält aber das Eigentum bis zum Verkauf an den Kunden. Handel und Lieferant bestimmen beide die Sortimentierung. Je nach vertraglicher Gestaltung trägt entweder der Händler oder der Lieferant das Bestandsrisiko.

> Die Sortimentsgestaltung übernimmt allein der Händler. Er bestellt die Ware beim Lieferanten und wird nach Lieferung Eigentümer. Die Gestaltung der Verkaufsfläche liegt im alleinigen Verantwortungsbereich des Händlers, der auch das Bestandsrisiko trägt.

Die **Präsentation** der **Waren** kann sowohl auf fest definierten Verkaufsflächen ohne Ladenmöbel des Lieferanten erfolgen **(Soft Shop)** oder mit vom Lieferanten gelieferten Ladenmöbeln **(Shop in Shop)**.

In vielen Fällen erfolgt die **Betreuung** der **Flächen** durch ein **Flächenmanagement** des Lieferanten. So werden z.B. spezielle Schulungen für das Verkaufspersonal angeboten um die Beratungsqualität zu steigern. Ebenfalls erfolgt eine Betreuung im Bereich **Visual Merchandising**, um eine markengerechte Wareninszenierung am POS zu gewährleisten. Diese Maßnahmen ersparen dem Einzelhändler Kosten und Zeit und haben für den Lieferanten den Vorteil, auf den Abverkauf seiner Waren gezielt Einfluss nehmen zu können.

Horizontale Kooperation

Horizontale Kooperation zeigt sich im Einzelhandel auf verschiedene Weise:

> Zusammenschluss von selbstständigen Einzelhandelsbetrieben, um durch gemeinsamen Wareneinkauf Preis- und Konditionenvorteile zu erzielen.

> Schaffung eines am Markt sichtbaren einheitlichen Sortimentsbildes, das in Breite und Tiefe gegenüber den meist filialisierten Großbetriebsformen bestehen kann *(Eigenmarken, einheitliches Ladenlayout, zentral organisierte Werbung)*.

> Zusammenarbeit auf lokaler Ebene *(Werbe- und Parkgemeinschaften)*.

Einkaufsgemeinschaften

Zu den Einkaufsgemeinschaften zählen **Einkaufsgenossenschaften** und **Einkaufsverbände**. Auch Einkaufsgemeinschaften bieten im Allgemeinen ihren Mitgliedern alle Leistungen, wie sie von Verbundgruppen im Rahmen einer **Full-Service-Kooperation** erwartet werden. Einkaufsgemeinschaften übernehmen durch Schaffung einer Zentrale für ihre Mitglieder typische Großhandelsfunktionen.

Beim **Eigengeschäft** kaufen die Zentralen auf eigene Rechnung bei den Lieferanten und verkaufen an die Mitglieder.

Beim Fremdgeschäft tritt die Zentrale nur als Vermittler auf. Dazu zählen **Empfehlungsgeschäfte** *(Zentrale empfiehlt den Mitgliedern bestimmte Lieferanten)*, **Abschlussgeschäfte** *(Abschluss von Rahmenverträgen mit Lieferanten)*, **Delkrederegeschäfte** *(Zentrale übernimmt Haftung für die Bezahlung der Waren durch die Mitglieder)*. Zwar firmieren juristisch die Mitglieder unter dem Namen des selbstständigen Inhabers, nach außen präsentieren sie sich aber unter dem Logo der Gemeinschaft.

Beispiele für Einkaufsgemeinschaften		
Name	Branche	Filialen/Märkte
EDEKA	Lebensmittel	12.000
REWE	Lebensmittel	11.000
KATAG	Textilien	375
Intersport	Sportartikel/Textilien	1.050
Euronics	Unterhaltungselektronik	2.000
Büro Actuell	Papier – Schreibwaren – Bürobedarf	600
ANWR	Schuhe	1.500
VEDES	Spielwaren	1.200
EK-Großeinkauf	Haushaltswaren	2.140

Erfa-Gruppen

In einer Erfa-Gruppe **(Erfahrungsaustausch-Gruppe)** treffen sich von der Branche und Sortiment vergleichbare Einzelhändler, die in der Regel keine unmittelbare konkurrierenden Unternehmen sind, um geschäftliche Erfahrungen auszutauschen. Dabei spielt der Austausch von betriebswirtschaftlichen Kennzahlen eine wichtige Rolle.

▪ AKTION ▪

1 Welche Kooperationsform wird durch die folgenden Aussagen beschrieben?

a) Die Brot-Paradies GmbH bestückt jeden Montag im Manz Supermarkt das Brotregal und nimmt verfallene Artikel zurück.

b) Die Reinbach GmbH bezieht wie 200 andere Papier- und Schreibwarenhändler ihren gesamten Bürobedarf über „Euro-Office".

c) Herrenstrümpfe der Marke „Milan" werden im Mode-Treff nur bei Verkauf abgerechnet. Sabrina Hesser erhält von jedem Verkauf 15 % Provision.

d) Einmal im Monat treffen sich 15 Einzelhändler der Uhren- und Schmuckbranche aus einem Umkreis von 50 km.

e) Im Warenhaus Merkur präsentiert sich in der Kosmetikabteilung das weltberühmte Kosmetikunternehmen „Avalon" mit einem eigenen Verkaufsstand. Auf die Sortimentsgestaltung hat das Warenhaus keinen Einfluss.

2 Erläutern Sie die wesentlichen Unterschiede zwischen vertikaler und horizontaler Kooperation.

3 Zeigen Sie in einer Übersicht, ob bzw. seit wann die in Ihrer Klasse/Lerngruppe vertretenen Ausbildungsbetriebe an einer Kooperation teilnehmen. Fragen Sie nach den wichtigsten Gründen für die Beteiligung an einer Kooperation.

Die größte europäische Verbundgruppe des selbstständigen Schuh- und Lederwarenfachhandels ist die GARANT SCHUH + MODE AG. Sie stellt ihren Fachhändlern ein umfangreiches, auf deren Erfordernisse und Besonderheiten zugeschnittenes Serviceangebot zur Verfügung. Klicken Sie die Internetseite der Verbundgruppe unter der Adresse www. garantschuh.de an und informieren Sie sich unter dem Menüpunkt „Dienstleistungsangebote" über das Serviceangebot. Fassen Sie das Wesentliche unter der Überschrift „Leistungen einer Verbundgruppe" als Hefteintrag zusammen.

5 Nutzen Sie Expertenwissen zum Thema „Horizontale Kooperation"! Dazu laden Sie Vertreter von Werbegemeinschaften aus dem Ort Ihrer Berufsschule in den Unterricht zu einem Informationsgespräch und einer Fragerunde ein.

6 Rufen Sie die Website des Deutschen Franchiseverbands auf (http://www.dfv-franchise.de).

a) Informieren Sie sich über die wesentlichen Kennzeichen des Franchisings. Fassen Sie die gewonnen Erkenntnisse in wenigen Sätzen als Ergänzung zum Inhalt des Buches als Hefteintrag zusammen.

b) Sie beabsichtigen sich nach Ihrer Ausbildung selbstständig zu machen und finden, dass Franchising für Sie geeignet ist. Wählen Sie unter den Mitgliedsfirmen des Verbandes einen Franchisegeber aus, dessen Angebot Sie überzeugt. Begründen Sie Ihre Wahl in einem kurzen Statement vor der Klasse.

3 Kaufverträge mit Lieferanten

Kaufverträge sind die im Einzelhandel am häufigsten abgeschlossenen Verträge. So wie der Einzelhändler auf der Absatzseite mit seinen Kunden Kaufverträge schließt (vgl. LF 3, Kapitel 3), so kommt es auf der Beschaffungsseite zu Kaufverträgen zwischen ihm und seinen Lieferanten.

3.1 Anfrage

Neue Stühle braucht die Schule! Wer macht das beste Angebot?

■ SITUATION

Die Neuburger Berufsschule möchte für den Konferenzraum eine neue Bestuhlung anschaffen. Schulleiter Burk bittet die Reinbach GmbH um ein entsprechendes Angebot für 90 Stühle, die leicht und stapelbar sein sollen. Sitzfläche und Rückenlehne sollten gepolstert und mit einem strapazierfähigen Stoff überzogen sein. Bei der Reinbach GmbH beschließt man insgesamt drei Angebote einzuholen. Markus Braun, zurzeit in der Abteilung

© Robert Kneschke – Fotolia.com

Büroeinrichtung tätig, erhält den Auftrag bei der Büro-Komplett GmbH, Landstr. 8, 03046 Cottbus, Tel. 0355 22255, Fax 0355 22266 nach solchen Stühlen nachzufragen.

 Entwerfen Sie eine Anfrage als Fax an die Büro-Komplett-GmbH und bitten Sie diese um ein detailliertes Angebot.

© Daniel Ernst – Fotolia.com

■ INFORMATION

Da für die Beschaffung der Ware häufig mehrere Bezugsquellen zur Auswahl stehen, ist es zweckmäßig, durch gezielte Anfragen alle die Informationen zu erfragen, die für eine begründete Kaufentscheidung erforderlich sind.

Anfrage		
Zweck	→	Einholung von **Informationen** über das **Warenangebot** der Lieferanten *(Artikel, Preise, Mengen, Lieferbedingungen)*
Inhalt	→	› **Allgemeine Anfrage** – Anforderung von Prospekten, Katalogen, Preislisten u. a. – Bitte um persönliches Beratungsgespräch durch Außendienstmitarbeiter › **Bestimmte Anfrage** – Informationsbedarf richtet sich auf eine konkrete Ware bzw. Warengruppe
Rechtliche Wirkung	→	**Anfragen** sind rechtlich immer **unverbindlich!**

Aufbau und inhaltliche Gestaltung	Beispiel

Absender ➤

Action & Fun GmbH
Am Markt 1 · 77777 Neuburg

Empfänger ➤

Alpina Sportbekleidung
Industriestraße 4
47807 Krefeld

Neuburg, ..- ..- ..

Betreff ➤

Anfrage

Sehr geehrte Damen und Herren,

Grund der Anfrage ➤

wir möchten verstärkt sportliche Textilien für den Wintersport anbieten. Bitte unterbreiten Sie uns daher ein Angebot über

Beschreibung der gewünschten Ware ➤

*Daunenjacken für Damen und Herren
Größen S, M, L und XL
Farben: Schwarz, Blau und Weiß*

Frage nach Liefer- und Zahlungsbedingungen und Hinweise auf einen Liefertermin ➤

Fügen Sie bitte auch Ihre Lieferungs- und Zahlungsbedingungen bei.

Wir sind an einem sehr frühen Liefertermin (ab Mitte August) interessiert.

Hinweis auf voraussichtliche Bestellmenge ➤

Sollte uns Ihr Angebot zusagen, können Sie mit einer Bestellung von ca. 30 Jacken rechnen.

Mit freundlichen Grüßen

Action & Fun GmbH

Bernd Heller

Grußformel ➤

Bernd Heller

■ AKTION

1 Entwerfen und schreiben Sie unter Berücksichtigung der folgenden Angaben einen unterschriftsreifen Brief.

Absender: Haushaltwaren Offermann e. K., Römerstraße 19,
76543 Bergdorf

Empfänger: Ritter & Stark Campingbedarf GmbH, Elbwiesen 122,
22145 Hamburg

Vorgang: Herr Offermann möchte seine Haushaltwarenabteilung um Campinggeschirr erweitern. Fordern Sie von Ritter & Stark einen Katalog mit Preisliste und den aktuellen Lieferungs- und Zahlungsbedingungen an.

2 Üben Sie in einem Rollenspiel die Durchführung telefonischer Anfragen bei einem Großhändler bzw. Hersteller. Entwickeln und gestalten Sie nach folgenden Vorgaben ein Rollenspiel mit zwei Szenarien:

a) Der mögliche Lieferant ist lieferfähig und kann ein Angebot abgeben.

b) Der mögliche Lieferant kann nicht liefern (Grund angeben!), hilft dem Anrufer jedoch weiter.

Rolle 1 (Händler)	Rolle 2 (Lieferant)	Vorgaben
David Walz, Auszubildender beim Herrenkonfektionsgeschäft Mann-o-Mann.	Bea Block, deutsche Verkaufsniederlassung der Fa. Bruno Bannini, Turin, in Augsburg.	Mann-o-Mann benötigt wegen großer Nachfrage dringend Boxershorts und Tangas in Schwarz und in den Größen 4 und 5 aus elastischer Microfaser. Anfragen, ob sofortige Lieferung von jeweils zehn Fünfer-Packs möglich ist.
Tim Frank, Auszubildender im Sportgeschäft Action & Fun.	Lukas Scheck, Verkäufer bei Fa. Zeitgeist in Pforzheim.	Bei Action & Fun möchte man Sport-Uhren für Tauchen und Surfen ins Sortiment aufnehmen. Bitte um ein ausführliches Angebot.
Andrea Zundel, Auszubildende bei der Wohnwelt-GmbH.	Kurt Kübler, Verkäufer für Großkunden in der Textilgroßhandlung Ackermann in Hannover.	Die Abteilung Heimtextilien möchte künftig Bettwäsche in Übergrößen (155 x 220 cm) anbieten. Außerdem Kinderbettwäsche mit Figuren und Motiven aus Comic-Serien des Fernsehens. Es besteht bisher keine Geschäftsbeziehung zur Fa. Ackermann.

3.2 Angebot

■ SITUATION

Auf die Anfrage der Reinbach GmbH hat Büro-Komplett in Cottbus schnell reagiert und sofort ein entsprechendes Angebot übersandt. Markus Braun ist für die Bearbeitung zuständig und überprüft zuerst, ob alle für eine mögliche Bestellung notwendigen Informationen im Angebot enthalten sind. Dazu informiert er sich im Warenwirtschaftssystem. Der Bildschirm zeigt folgende Maske:

Können Sie alle für die Lieferantenstammverwaltung notwendigen Informationen aus dem folgenden Angebot entnehmen?

Angebot der Büro-Komplett GmbH aus Cottbus:

Büro-Komplett GmbH
Landstraße 8
03046 Cottbus
Tel.: 0355 22255 Fax: 0355 22266

Reinbach GmbH
Berliner Straße 15
77777 Neuburg

Cottbus .., .., ..

Angebot

Sehr geehrte Damen und Herren,

vielen Dank für Ihre Anfrage. Aus unserem Programm, „Collection Basic-Linie" bieten wir Ihnen an:

> Stapelstuhl, „Ergotop", 30 mm starke Polsterung von Lehne und Sitz, hochglanzverchromtes Untergestell, Integralarmlehnen, Bezug 100 % Polyacryl, 360 g/m². Die Bezüge sind nach dem Öko-Tex-Standard 100 Gütezeichen schadstoffgeprüft.

Der Preis pro Stuhl beträgt mit Armlehne 105 €, ohne Armlehne 84 €.
Die Preise verstehen sich ohne Umsatzsteuer.

Ab einem Warenwert von 5.000 € gewähren wir 10 % Rabatt, ab 10.000 € 20 % Rabatt.

Die Lieferzeit beträgt 14 Tage nach Bestellungseingang.

Die Lieferung erfolgt mit eigenem Lkw frei Haus. Bis zu einem Warenwert von 2.500 € berechnen wir eine Transportkostenpauschale von 2 % des Warenwertes. Die Ware wird von uns versichert.

Die Ware wird palettiert und in Folie eingeschweißt geliefert. Paletten und Verpackungsmaterial werden von uns auf Wunsch kostenlos zurückgenommen.

Wir erbitten Ihre Zahlung innerhalb 30 Tage ab Rechnungsdatum. Bei Zahlung innerhalb 10 Tagen gewähren wir 3 % Skonto.

Alle Waren bleiben bis zur vollständigen Bezahlung unser Eigentum.

Erfüllungsort und Gerichtsstand ist Cottbus. Die Vertragsbeziehungen unterliegen ausschließlich dem Recht der Bundesrepublik Deutschland.

Es gelten ferner unsere Allgemeinen Geschäftsbedingungen.

Wir freuen uns auf Ihren Auftrag.

Mit freundlichem Gruß

BÜRO-Komplett GmbH

Schäfer

i. A.
Schäfer

Klären Sie die folgenden Fragen anhand des Informationsteils:

1. Warum handelt es sich um ein Angebot und keine Anpreisung?

2. Ist das Angebot für die Büro-Komplett GmbH rechtlich bindend?

3. Bringen Sie den rechnerischen Nachweis dafür, dass es für die Neuburger Berufsschule sinnvoll ist, mehr als die geplanten 90 Stühle zu bestellen.

4. Entspricht die Regelung der Transport- und Verpackungskosten den gesetzlichen Bestimmungen?

5. Warum schließt die Büro-Komplett GmbH eine Transportversicherung ab?

■ INFORMATION

Lieferanten (Verkäufer) erklären in einem **Angebot**, unter welchen **Bedingungen** sie bereit sind, mit Einzelhändlern (Käufer) einen **Kaufvertrag** abzuschließen und ihnen Waren zu liefern.

Angebot		
Merkmale	→	› Einseitige empfangsbedürftige Willenserklärung › An eine bestimmte Person/Personengruppe gerichtet › Inhaltlich genau bestimmt (Annahme durch einfaches „Ja")
Rechtliche Wirkung	→	**Grundsatz:** Ein **Angebot** ist **verbindlich** (§ 145 BGB).
Ausnahmen von der Bindung	→	› **Vereinbarung von Freizeichnungsklauseln** (§ 145 BGB) Der Verkäufer schränkt durch Zusätze die Bindung an sein Angebot ein: „solange Vorrat reicht" → Menge unverbindlich „Preise freibleibend" → Preise unverbindlich Durch Zusätze wie „freibleibend" oder „unverbindlich" kann auch die Rechtsverbindlichkeit des gesamten Angebots ausgeschlossen werden.
		› **Rechtzeitiger Widerruf des Angebots** (§ 130 BGB) Der Widerruf muss vorher oder spätestens gleichzeitig mit dem Angebot dem Empfänger zugehen. **»** **Beispiel:** Ein durch Standardbrief versandtes Angebot kann telefonisch, durch Fax oder mit einer E-Mail widerrufen werden.
		› **Friststellung** (§ 148 BGB) Ein zeitlich befristetes Angebot muss vom Käufer innerhalb der vorgegebenen Frist angenommen werden, sonst erlischt die Bindung des Verkäufers an sein Angebot. **»** **Beispiel:** „Unser Angebot gilt bis zum 31. März."
Weitere Ausnahmen von der Bindung	→	› **Verspätete Annahme des Angebots** (§§ 146, 147, 150 BGB) Unter Anwesenden (auch Telefongespräch!) muss das Angebot sofort, d. h. bis zum Ende des Gesprächs, angenommen werden. Unter Abwesenden gilt ein zeitlich unbefristetes Angebot nur so lange, wie unter regelmäßigen Umständen eine Antwort erwartet werden kann. **»** **Beispiel:** Bei einem Brief: Postlaufzeit + Überlegungsfrist + Postlaufzeit = ca. 1 Woche

> **Abänderung des Angebots** (§ 150 BGB)

» **Beispiel:** Ein Kunde ist mit dem Angebotspreis nicht einverstanden und bestellt zu einem niedrigeren Preis. Folge: Das ursprüngliche Angebot erlischt. Die Bestellung entspricht einem neuen Antrag, den der Verkäufer erst annehmen muss, damit ein Kaufvertrag zustande kommt.

Problem der unbestellt zugesandten Ware

Zusendung von Waren ohne vorangegangene Bestellung = Antrag Rechtliche Wirkung bei:

Privatmann oder Kaufmann ohne ständige Geschäftsbeziehung zum Absender (§ 241a BGB, § 362 Abs. 1 HGB)	Kaufmann mit ständiger Geschäftsbeziehung zum Absender (§ 362 HGB)

Verhaltensweise | *Verhaltensweise*

nichts unternehmen (schweigen = Ablehnung des Antrags) **Folge:** → kein Kaufvertrag **Pflichten:** Privatmann: keine Aufbewahrungspflicht. Kaufmann: Aufbewahrung mit der beim Empfänger üblichen Sorgfalt.	Zahlung des Kaufpreises oder Benutzung der Sache. **Folge:** Annahme des Antrags, → Kaufvertrag	nichts unternehmen (schweigen) **Folge:** Annahme des Antrags, → Kaufvertrag	Ablehnung **Folge:** → kein Kaufvertrag **Pflichten:** Aufbewahrung auf Kosten des Absenders

---

Keine Angebote im rechtlichen Sinne sind:

Zeitungsanzeigen, Kataloge und Preislisten, Schaufensterauslagen, Plakate, Warenpräsentation im Internet. Hierbei handelt es sich um eine Aufforderung an die Allgemeinheit zur Abgabe eines Antrags **(Anpreisung)**.

Anmerkung: Die Warenpräsentation in Selbstbedienungsgeschäften stellt rechtlich ebenfalls nur die Aufforderung zur Abgabe eines Antrags dar. Folglich macht erst der Kunde, indem er die Ware an der Kasse auf das Band legt, einen Antrag.

© Gina Sanders – Fotolia.com

■ Inhalt eines aussagefähigen Angebots

Damit es zwischen Verkäufer und Käufer möglichst zu keinen Unklarheiten oder gar späteren Streitigkeiten kommt, ist es von Vorteil zu allen wesentlichen Punkten im Angebot Vereinbarungen zu formulieren. Wird darauf verzichtet, gilt die jeweilige gesetzliche Regelung (§).

Viele Lieferanten verweisen bei der Angebotserstellung auf ihre Allgemeinen Geschäftsbedingungen, die aber nur dann wirksam werden, wenn sie dem Käufer bekannt sind. In bestimmten Branchen, z. B. in der Textilbranche, wird nach Einheitsbedingungen ge- und verkauft (Einheitsbedingungen der Textilwirtschaft).

Angebot		
Art	› handelsüblicher Name	→ Kräuteressig, Notebook, Herrenslip
Qualität und Beschaffenheit	Nähere Bestimmung durch:	
	› Abbildungen und Beschreibungen	→ Prospekte, Kataloge
	› Muster und Proben	→ Textilien, Tapeten, Wein, Tee
	› Handelsklassen	→ Obst, Gemüse
	› Typen	→ Mehl *(405)*, Elektrogeräte
	› Herkunft	→ Anbaugebiet *(Champagne)*
	› Gütezeichen	→ Wollsiegel, Umweltengel
	› Marken	→ zur Unterscheidung von Waren anderer Hersteller *(Namen, Bildzeichen)*
	› Zusammensetzung	→ Fettanteil in Käsetrockenmassen
	§ Wird nichts festgelegt, ist Ware mittlerer Güte zu liefern.	
Menge	Sie wird angegeben in:	
	› gesetzlichen Maßeinheiten	→ Meter, Kilogramm, Liter
	› handelsüblichen Bezeichnungen	→ Stück, Steige, Sack, Kiste
	§ Fehlt eine Mengenangabe, dann gilt das Angebot für jede handelsübliche Menge.	
Preis	Er bezieht sich auf die handelsübliche Mengeneinheit oder eine im Angebot angegebene Gesamtmenge. Die Angabe erfolgt in Geldeinheiten (€).	
Preisnachlässe	**Lieferanten gewähren häufig Preisnachlässe:**	
	Rabatt: Ein meist prozentualer Abzug vom Rechnungsbetrag aus unterschiedlichen Gründen:	
	› Mengenrabatt	→ bei Abnahme größerer Mengen
	› Treuerabatt	→ für langjährige Kunden
	› Sonderrabatt	→ bei Aktionen, Jubiläen, Produkteinführungen
	› Personalrabatt	→ für Mitarbeiter und deren Angehörige
	› Wiederverkäuferrabatt	→ bei Markenartikeln, die vom Hersteller zum von ihm empfohlenen Verkaufspreis berechnet werden. Der Einzelhändler darf davon den Rabatt abziehen und erhält so seinen Einstandspreis.
	› Naturalrabatt	→ in Form von Ware gewährter Nachlass *(Draufgabe: 10 St. bestellt und bezahlt, 11 Stück erhalten; Dreingabe: 10 St. bestellt und erhalten, aber nur 9 St. bezahlt).*

Preisnachlässe	Einige Rabatte, z. B. der **Wiederverkäuferrabatt**, sind sogenannte **Funktions-rabatte**. Durch sie wird dem Einzelhändler eine Leistung vergütet, die darin besteht, dass er bestimmte Handelsfunktionen übernimmt und so dem Hersteller Aufwand erspart (Lagerung). Andere Rabatte werden aufgrund der **Marktmacht** des Handels als Nachfrager auf einem Käufermarkt gewährt. Zu diesen Rabatten zählt der **Listungsrabatt**. Er wird eingeräumt, wenn ein Handelsunternehmen bereit ist Artikel dieses Herstellers in das Sortiment aufzunehmen („listen"). Dieser Rabatt muss immer wieder neu eingeräumt werden, will der Lieferant verhindern entlistet zu werden. Weit verbreitet sind auch die sogenannten **Zeitrabatte**. Zu ihnen zählen u.a. **Einführungsrabatte**, die den Handel motivieren sollen, ein neues Produkt frühzeitig in das Sortiment aufzunehmen. **Saisonrabatte** bezwecken, dass der Handel bei Produkten mit saisonalem Absatzverlauf *(Ski, Snowboard)* früher bestellt bzw. der Kunde außerhalb der Saison kauft *(Nachsaison- oder Vorsaison-Rabatte)*. **Ausverkaufsrabatte** sollen den Abverkauf veralteter Produkte fördern.
	Bonus: Meist zum Jahresende gewährter prozentualer Nachlass, wenn eine mit dem Lieferanten vereinbarte Umsatzhöhe überschritten wurde.
	Skonto: Prozentualer Rechnungsabzug für Bezahlung innerhalb einer vereinbarten Frist vor Ablauf eines Zahlungsziels (s. auch Zahlungsbedingungen).

Informationen zu den Zahlungsbedingungen			
vertraglich geregelte Zahlungs-bedingungen	**Zahlung vor Lieferung**	→	„gegen Vorkasse", „Anzahlung von 20 %" (meist bei Erstkunden oder schlechter Zahlungsmoral)
	Zahlung bei Lieferung	→	„netto Kasse", „gegen bar", „sofort", „Nachnahme"
	Zahlung nach Lieferung	→	„30 Tage Ziel", „innerhalb 10 Tage 4 % Skonto" (meist Lieferung unter Eigentumsvorbehalt)

§ Die Ware ist sofort bei Lieferung zu bezahlen; die dabei anfallenden Kosten (Gebühr für Überweisung bzw. Scheck) hat der Käufer zu tragen, denn Geldschulden sind Bringschulden. Für die **rechtzeitige Bezahlung** einer Geldforderung kommt es nicht auf die Rechtzeitigkeit der Zahlung, sondern auf die **Rechtzeitigkeit des Geldeingangs** beim Gläubiger an. Dies ergibt sich, wie der Europäische Gerichtshof zu entscheiden hatte, aus der **EU-Zahlungsverzugsrichtlinie**. Allerdings haftet ein Schuldner, der die Überweisung rechtzeitig veranlasst hat, nicht für mögliche Verzögerungen im Bankenverkehr.

Informationen zu den Lieferbedingungen			
Verpackungs-kosten	**Verkaufsverpackung**	→	Die Kosten sind im Angebotspreis enthalten *(Parfümflakon, Bierdose, Suppentüte)*.
	Versandverpackung	→	Die Kosten können vertraglich vom Verkäufer, dem Käufer oder beiden übernommen werden. Bei Ware, die nach Gewicht bestellt wird *(Obst, Gemüse)*, ist üblicherweise der Preis der Verpackung im Warenpreis enthalten.
§ Die Kosten der Versandverpackung trägt der Käufer.			

Versandkosten	Nach dem Grundsatz „**Warenschulden sind Holschulden**" müsste der Händler bestellte Artikel beim Lieferanten selbst abholen. In den meisten Fällen wird sie ihm jedoch zugestellt *(firmeneigenes Fahrzeug des Lieferanten, Spediteur, Post, private Zustelldienste, Bahn)*. Die Kosten können entweder ganz vom Lieferanten übernommen werden *(„Lieferung frei Haus")* oder vollständig vom Käufer *(„Lieferung erfolgt ab Fabrik")*. Eine Aufteilung zwischen den Vertragspartnern ist ebenfalls möglich. Häufig ist die Berechnung von Versandkosten vom Auftragswert abhängig *(„Wir liefern ab einem Auftragswert von 1.500,00 € porto- und frachtfrei.")*

Übersicht zu den Beförderungsbedingungen:

Bedingung:	Käufer trägt:	Verkäufer trägt:
ab Fabrik, ab Werk, ab Lager	sämtliche Kosten	keine Kosten
frei Haus, frei Lager	keine Kosten	sämtliche Kosten

§ Die Kosten des Warenversands trägt der Käufer.

Lieferzeit	Neben der gesetzlichen Regelung werden häufig Liefertermine vereinbart *(„Lieferung erfolgt in KW 38")*. Durch den Zusatz „fix" muss die Lieferung zum genau festgelegten Zeitpunkt erfolgen. Beim Kauf auf Abruf ruft der Händler die Waren in Teilmengen oder im Ganzen zu einem von ihm zu bestimmenden Termin ab.

§ Der Käufer kann eine sofortige Lieferung verlangen.

Erfüllungsort und Gerichtsstand	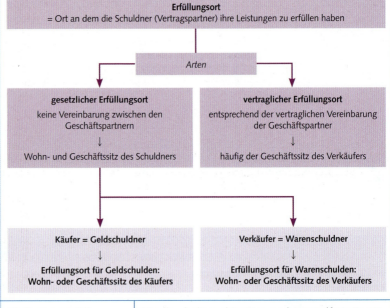

Bedeutung des Erfüllungsortes	**Ordnungsgemäße Vertragserfüllung**	Nur durch die rechtzeitige und mangelfreie Bereitstellung der Ware bzw. pünktliche Bezahlung des Kaufpreises am Erfüllungsort wird der Schuldner von seinen vertraglichen Verpflichtungen frei.

Bedeutung des Erfüllungsortes	Gerichtsstand	> **Örtliche Zuständigkeit:** Bei Rechtsstreitigkeiten aus dem Vertrag ist grundsätzlich das Gericht am Erfüllungsort zuständig. > **Sachliche Zuständigkeit:** Amtsgericht bis zu einem Streitwert von 5.000 €; liegt der Streitwert höher, dann das Landgericht.
	Gefahrübergang	Wer das Risiko für den zufälligen Untergang bzw. die zufällige Verschlechterung der Ware sowie für den korrekten Geldeingang trägt, hängt vom Erfüllungsort ab.
		Das Risiko (Gefahr) und damit die Verantwortung für einen zufälligen Verlust, Verderb oder Beschädigung der Ware geht am Erfüllungsort auf den Käufer über. Dabei ist zu beachten: > Käufer holt Ware ab: Gefahr geht auf Käufer über, wenn die Ware an ihn übergeben wird. > Ware wird auf Wunsch des Käufers zugestellt: Gefahr geht auf Käufer mit Übergabe der Ware an den Spediteur über. > Verkäufer liefert mit eigenem Fahrzeug: Gefahr geht auf Käufer bei der Übergabe der Ware an ihn über. In den meisten Fällen wird ein Transportrisiko aber durch eine Versicherung abgedeckt.
	Kosten	Der Käufer trägt grundsätzlich die Versandkosten ab dem Erfüllungsort (**Warenschulden = Holschulden**) sowie die Überweisungskosten (**Geldschulden = Bringschulden**).

>> **Beispiel:** Kaufvertrag mit gesetzlichem Erfüllungsort – was ist zu beachten?

Verkäufer: Geschäftssitz in Hamburg

TRANS TRANS

Käufer: Geschäftssitz in München

1. Ordnungsgemäße Vertragserfüllung (Welche Pflichten haben Käufer und Verkäufer?)

Der Käufer muss entweder die Ware in Hamburg (Erfüllungsort für Warenschulden) abholen oder den Verkäufer beauftragen, die Waren durch einen Spediteur oder Frachtführer nach München zu transportieren. Zur Bezahlung des Kaufpreises muss der Käufer am Fälligkeitstag seine Hausbank in München (Erfüllungsort für Geldschulden) mit der Überweisung des vereinbarten Geldbetrages beauftragen oder einen Scheck zu diesem Zeitpunkt absenden.

2. Gerichtsstand (Welches Gericht ist im Streitfall zuständig?)

Je nach Streitwert ist für die Geldschulden des Käufers das Amts- oder Landgericht in München und für mögliche Rechtsstreitigkeiten hinsichtlich der Warenlieferung das Amts- oder Landgericht in Hamburg zuständig.

3. Gefahrübergang (Wer trägt ab wann Risiken bei der Bezahlung und Lieferung?)

Der Käufer trägt das Risiko bis zum Eingang der Zahlung auf dem Konto des Empfängers in Hamburg (§ 270 Abs. 1 BGB). Das Risiko (Gefahr) für den zufälligen Untergang bzw. die zufällige Verschlechterung der Ware geht mit Übergabe der Ware an den Käufer (§ 446 BGB) oder einen Spediteur (§ 447 BGB) auf den Käufer über, wenn die Ware auf sein Verlangen nach einem anderen Ort als den Erfüllungsort (München) gebracht werden soll.

4. Kosten (Wer muss welche Kosten übernehmen?)

Der Käufer trägt die Versandkosten von Hamburg nach München sowie unabhängig vom Erfüllungsort die Kosten des Zahlungsvorgangs (§ 270 Abs. 1 BGB).

■ AKTION

1 Entscheiden und begründen Sie, ob in den folgenden zwei Fällen ein Kaufvertrag zustande kommt:

a) Die Großhandlung Schindler & Söhne macht dem Uhren-Fachgeschäft Bessler telefonisch ein Angebot über besonders günstige Chronografen. Herr Bessler kann sich nicht sofort entscheiden und beendet das Gespräch. Am folgenden Tag stellt er Vergleiche mit anderen Angeboten an und bestellt schließlich per Fax zwei Tage später bei Schindler & Söhne zehn Uhren.

b) Auszug aus dem Angebot der Inter-Tex München an die Boutique La Moda:

> „… Der Preis der indischen Seidenblusen beträgt pro Stück 79,90 €. Bei einer Abnahme von mehr als 50 Stück gewähren wir einen Nachlass von 15 %. Transport- und Verpackungskosten übernehmen wir ab einem Auftragswert von über 1.000,00 €, sonst berechnen wir 2 % vom Warenwert. Wir gewähren 4 % Skonto bei Vorauskasse durch Beilage eines Verrechnungsschecks bei der Bestellung…"

Drei Tage später erhält der Textilimporteur eine Bestellung von Frau van Laak, der Inhaberin von „La Moda", über 10 Seidenblusen. Frau van Laak legt einen Verrechnungsscheck über 679,15 € der Bestellung bei.

2 Wählen Sie drei Waren aus Ihrem Ausbildungssortiment und bestimmen Sie deren Qualität und Beschaffenheit anhand von drei Kriterien.

3 Erläutern Sie die folgenden Preisnachlässe: Treuerabatt, Wiederverkäuferrabatt, Bonus.

4 Wie erfolgt die Kostenverteilung bei der Beförderungsbedingung „frei Haus" bzw. „ab Werk"? Stellen Sie die Kostenverteilung grafisch dar.

5 Wann muss gelieferte Ware bezahlt werden, wenn im Angebot keine Zahlungsvereinbarung aufgeführt wurde?

6 Welche Regelungen können Lieferanten hinsichtlich der Kosten für die Versandverpackung treffen?

7 In einem Angebot steht u. a. „... Preise vorbehalten" sowie „Lieferzeit freibleibend".

   a) Welche rechtliche Bedeutung haben diese Klauseln?

   b) Welche Gründe haben Ihrer Meinung nach den Lieferanten veranlasst diese Klauseln in das Angebot aufzunehmen?

8 Ein Einzelhändler erhält von einem ihm unbekannten Unternehmen nicht bestellte Ware zugeschickt. – Erläutern Sie die rechtliche Situation für den Einzelhändler.

9 Geben Sie an, wie lange die Verbindlichkeit bei einem Angebot „unter Anwesenden" und bei einem Angebot „unter Abwesenden" besteht. Verdeutlichen Sie durch ein Beispiel.

10 Wie ist in den folgenden Fällen die Gültigkeit der Angebote zu beurteilen?

Anbieter:		Auszug aus dem Angebot:
Spaß & Spiel an Kinderwelt (bisher keine Geschäftsverbindung)	→	„es gelten unsere Allgemeinen Geschäftsbedingungen"
Westfälische Möbelwerke an Wohnwelt GmbH	→	„solange Vorrat reicht"
Anzeige des Versandhauses Pro-Arte im Magazin Frau und Haus	→	„bestellen Sie noch heute! Nur solange Vorrat reicht!"

11 Die Manz KG in Neuburg erhält vom TCN – Tennisclub Neuburg folgenden Brief:

> „Sehr geehrte Damen und Herren,
> nächsten Monat feiern wir unser 25-jähriges Vereinsjubiläum. Dazu wollen wir u. a. den Gründungsmitgliedern als Anerkennung etwas zum Essen und Trinken überreichen. Es sollen 5 Mitglieder geehrt werden. Der Preis pro Geschenk sollte 50 € nicht übersteigen. Bitte machen Sie uns einige Vorschläge und schicken Sie diese bis spätestens nächsten Mittwoch an unseren Wirtschaftsleiter, Herrn Michael Hoffmann, Bergstraße 14 in Neuburg."

Erarbeiten Sie in Gruppenarbeit Vorschläge, was man dem Tennisclub anbieten kann, und formulieren Sie ein Angebot.

12 Erläutern Sie an einem Beispiel den Unterschied zwischen gesetzlichem und vertraglichem Erfüllungsort.

13 Begründen Sie, warum sich die meisten Lieferanten in ihren Angeboten bei der Bestimmung des Erfüllungsortes und Gerichtsstandes für ihren Geschäftssitz entscheiden.

3.3 Bestellung und Auftragsbestätigung

■ SITUATION

Die Reinbach GmbH unterbreitet Schulleiter Burk die drei eingeholten Angebote mit einem Kalkulationsaufschlag von 40 %. Herr Burk entscheidet sich für das Angebot mit den Stühlen von Büro-Komplett aus Cottbus. Er findet, dass hier das beste Preis-Leistungs-Verhältnis vorliegt. Markus Braun erhält deshalb von seinem Chef den Auftrag die Bestellung unterschriftsreif vorzubereiten.

© mopsgrafik – Fotolia.com

 Entwerfen Sie für Herrn Reinbach diese Bestellung. Beachten Sie die Regeln der DIN 5008-Norm zur Gestaltung von Geschäftsbriefen.

■ INFORMATION

■ Bestellung

Mit der Bestellung verpflichtet sich ein Käufer, Ware zu festgelegten Bedingungen zu erwerben. Der Besteller ist daher an seine Bestellung rechtlich gebunden und ein Widerruf ist nur gültig, wenn er spätestens mit der Bestellung beim Lieferanten eintrifft. Bei Nachlieferungen, die zur Ergänzung dienen, wird oft ohne nochmalige Angebotseinholung bestellt.

Bestellungen sind an **keine** bestimmte **Form** gebunden.

Wenn sich eine Bestellung auf ein vorhandenes Angebot bezieht, müssen nicht alle Angaben wiederholt werden. Es genügen dann der Bezug auf das Angebot, die genaue Bezeichnung der Ware sowie Angaben zur Menge und zum Preis je Einheit.

 Beispiel: Formulierungsvorschläge:

> „Vielen Dank für Ihr Angebot vom … Wir bitten um Lieferung von …"
> „Bitte liefern Sie uns … zu den Lieferungs- und Zahlungsbedingungen Ihres Angebots vom …"
> „Gemäß Ihrem Angebot vom … bestellen wir …"

■ Auftragsbestätigung

Mit einer **Auftragsbestätigung** bestätigt der Lieferant dem Käufer, dass er die Bestellung angenommen hat.

Eine Auftragsbestätigung sollte erteilt werden, wenn:	Inhalt einer Auftragsbestätigung:
> längere Lieferzeiten zu erwarten sind, > eine telefonische Bestellung vorlag, > ohne vorheriges Angebot bestellt wurde, > das Angebot freibleibend war, > Erstbestellung eines Kunden vorlag, > Unklarheiten vorliegen.	> Dank für die Auftragserteilung, > Wiederholung der wichtigsten Bestandteile der Bestellung, > Mitteilung des voraussichtlichen Liefertermins, > Mitteilung über eventuelle Rückstände und Nichtlieferung.

Muster für Form und Inhalt einer Bestellung

Aufbau und inhaltliche Gestaltung　　　　　　　　　　　　*Beispiel*

Absender

Empfänger

Betreff

Bezug auf Angebot

genaue Warenbezeichnung und Angabe der bestellten Menge

Preis je Einheit

Grußformel

Action & Fun GmbH
Am Markt 1 · 77777 Neuburg

Alpina Sportbekleidung
Industriestraße 4
47807 Krefeld

Neuburg, ..- ..- ..

Bestellung

Sehr geehrte Damen und Herren,

ich danke für Ihr Angebot vom . . . . und bestelle nach Ihren Angebotsbedingungen Daunenjacken „Arctica", Best.Nr. 7517 in folgenden Mengen und Größen:

> *Herrenjacken:*
> *Zehn Stück in Schwarz, Größen M, L und XL*
> *Fünf Stück in Blau, Größen M, L und XL*
>
> *Damenjacken:*
> *Zehn Stück in Blau, Größen S, M und L*
> *Fünf Stück in Weiß, Größen S, M und L*

Preis je Jacke: 175,00 €

Bitte liefern Sie innerhalb 14 Tagen.

Mit freundlichen Grüßen

Action & Fun GmbH

Bernd Heller

Bernd Heller

! **Hinweis:** Das Anfertigen eines Geschäftsbriefes genau nach den Vorschriften des Deutschen Instituts für Normung e. V. (DIN) kommt im Einzelhandel beim Schriftverkehr, der mit der Warenbeschaffung zu tun hat, selten vor. Vieles wird telefonisch, mit Fax oder überwiegend per E-Mail erledigt. Für den Unterricht im Schwerpunkt Betriebswirtschaft und in Ihrer beruflichen Praxis ist es hilfreich, wenn Sie wissen, wie eine E-Mail aufgebaut ist und worauf man beim Schreiben eines Geschäftsbriefs achten sollte.

© doris_bredow – Fotolia.com

Der E-Mail-Kopf umfasst bis zu fünf Zeilen:	
Von..	Adresse des Absenders: Sie besteht aus der Absenderbezeichnung, dem Klammeraffen „@" und dem Anbieter, der die Mails weiterleitet (Mail-Server).
An.. (Send to:)	Adresse des Empfängers: Sie besteht aus der Empfängerbezeichnung, dem Klammeraffen „@" und dem Anbieter, der die Mails empfängt (Mail-Server).
CC..	Carbon Copy: Verteilerliste, die jeder Empfänger sieht.
BCC..	Blind Carbon Copy: verdeckte Verteilerliste. Der Empfänger sieht die weiteren Empfänger nicht.
Betreff:	Überschrift bzw. Hinweis auf Inhalt der E-Mail.

© bannosuke – Fotolia.com

Nach dem E-Mail-Kopf erfolgt die Anrede und der Text. Hierbei gelten die gleichen Regeln wie bei einem Geschäftsbrief. Der Abschluss (Signatur) besteht aus dem Gruß, der Firma und den Kommunikationsangaben. Komfortable E-Mail-Programme verwenden eine Autosignatur, die automatisch am Ende alle erforderlichen Angaben einfügt.

Die **Netiquette (Netikette)** sind **Verhaltensempfehlungen** für alle Bereiche in Datennetzen, wenn Menschen miteinander kommunizieren. Obwohl sie von vielen Netzteilnehmern als sinnvoll anerkannt werden, haben sie keinerlei rechtliche Relevanz. Der Einsatz von sogenannten Smilys wie z. B. :-) für „Ich freue mich" sind in geschäftlichen E-Mails nicht erwünscht. Auch der Gebrauch von Groß- und Kleinschreibung „WER IN GROSSBUCHSTABEN SCHREIBT, DER SCHREIT!" wird in geschäftlichen E-Mails als sehr unhöflich empfunden.

Sicherheit von E-Mails

Damit für die Sicherheit beim Verschicken von E-Mails ist die Nachweisbarkeit der Identität des Kommunikationspartners und die Integrität (Fehlerfreiheit) der Daten. Da E-Mails eher einer Postkarte als einem Brief entsprechen, sollten wichtige oder vertrauliche Mitteilungen durch eine digitale Signatur oder durch eine verschlüsselte Übertragung gegen unberechtigtes Lesen und mögliche Manipulationen geschützt werden.

■ AKTION

1 Üben Sie im Rollenspiel (Verkäufer, Kunde) die Aufnahme telefonischer Bestellungen von Kunden mithilfe einer Checkliste.

2 Sie sind im Sporthaus Action & Fun GmbH für den Wareneinkauf zuständig. Auf einer Modenschau der Sportartikelmesse ISPO in München gefielen Ihnen besonders die Damen-Jogginganzüge der Sport-Basic GmbH aus Köln (E-Mail: info@sportbasic.eu). Schreiben Sie eine Anfrage in Form einer E-Mail an das Unternehmen mit der Bitte um ein Angebot. In Absprache mit der Geschäftsleitung sind Sie an folgenden Artikeln interessiert:

Jogginganzüge für Damen in den Größen 36 bis 44; Farben: Schwarz, Pink und Grün; Material: 100 % Baumwolle. Fragen Sie nach den Lieferungs- und Zahlungsbedingungen und ob eine Lieferung zwei Wochen nach Bestellung möglich ist. Wenn Sie das Angebot überzeugt, kann die Sport-Basic GmbH mit einer Bestellung von ca. 20 Anzügen je Größe rechnen.

Absenderangaben: Erster Buchstabe Ihres Vornamens.Nachname@actionfun.de.

4 Kaufvertragsarten

Kaufvertrag ist nicht gleich Kaufvertrag

■ SITUATION

Im Messecafé der internationalen Frankfurter Messe „Ambiente" unterhalten sich drei Einzelhändlerinnen über erste Eindrücke auf ihrem Messerundgang:

Frau Mewes: „Die neuen Wohnaccessoires im Asia-Stil finde ich ganz toll. Ich möchte schon bestellen, aber was mache ich, wenn es bei meinen Kunden nicht ankommt?

Frau Jürgens: „Mir geht es ähnlich. Ich habe Sitzmöbel aus Pappe in einem irren Design entdeckt. Aber bei uns in der Kleinstadt?"

© Messe Frankfurt

Frau Lampert: „Also ich finde, da gibt es doch eine gute Möglichkeit für euch, damit später keine Probleme entstehen!"

 Was wird Frau Lampert ihren Kolleginnen vorschlagen?

■ INFORMATION

Zwischen dem **Einzelhändler** und seinen **Lieferanten** können sehr unterschiedliche **Vereinbarungen** im Rahmen des Wareneinkaufs getroffen werden. Daraus ergeben sich **unterschiedliche** Arten von **Kaufverträgen**.

4.1 Arten des Kaufs nach Vertragspartnern und Zweck des Vertrages

Verkäufer ist / Käufer ist	Verbraucher	Unternehmer
Verbraucher	Privatkauf **»** **Beispiel:** Eine Frau verkauft wenig getragene Kinderkleidung an eine Nachbarin.	Verbrauchsgüterkauf (einseitiger Handelskauf) **»** **Beispiel:** Ein Baumarkt verkauft 200 Fliesen an einen privaten Kunden.
Unternehmer	sonstiger einseitiger Handelskauf **»** **Beispiel:** Ein Second-Hand-Laden kauft „von privat" einen Kinderwagen.	**zweiseitiger Handelskauf** **»** **Beispiel:** Der Inhaber eines Feinkostgeschäfts kauft kalifornischen Wein bei einem Weinimporteur.

■ Zweiseitiger Handelskauf

Für den **zweiseitigen Handelskauf** gelten die Regelungen des **BGB** sowie ergänzende Regelungen des **HGB**. Die rechtlichen Bestimmungen für Kaufleute sind durchweg strenger und anspruchsvoller als die bei Geschäften mit Verbrauchern geltenden Bestimmungen. Dies ist deshalb der Fall, weil davon auszugehen ist, dass Kaufleute von Berufs wegen mit rechtlichen Fragen besser vertraut sind. Deshalb werden sie rechtlich auch als weniger schutzbedürftig angesehen. So gilt z. B. für Rechtsgeschäfte, die Kaufleute miteinander tätigen:

© MEV Agency UG

> Schweigen kann als Zustimmung gelten,

> wenn Kaufleute bei einer mangelhaften Warenlieferung ihre Rechte geltend machen wollen, müssen sie die Waren unverzüglich prüfen und beim Lieferanten reklamieren.

4.2 Weitere Arten von Kaufverträgen und ihre Besonderheiten

■ Kaufverträge nach Art und Güte der Ware

Art des Kaufs	Inhalt	Beispiel
Kauf auf Probe	Kauf mit Recht der Rückgabe innerhalb eines bestimmten Zeitraums.	Kauf eines Kopiergerätes; bei Nichtgefallen Rückgabe innerhalb von 4 Wochen.
Kauf zur Probe	Endgültiger Kauf einer kleinen Menge zum Ausprobieren; der Käufer gibt zu erkennen, dass er weitere Bestellungen aufgeben wird, wenn die Ware seinen Erwartungen entspricht.	Ein Weinhändler beschafft eine Auswahl von Weinen für eine Verkostung mit Kunden; es soll die Verkäuflichkeit getestet werden.
Kauf nach Probe	Endgültiger Kauf entsprechend einem Muster oder einer Probe.	Ein Baumarkt bestellt Tapeten nach Musterbüchern.
Bestimmungskauf (Spezifikationskauf)	Abschluss über eine Gesamtmenge; die genaue Bestimmung von Maßen, Form, Farbe erfolgt später.	Ein Filialbetrieb vergibt einen Blockauftrag für Herrenhemden. Die aktuellen Modefarben werden später festgelegt.

Kauf nach Besicht	Ein Kaufgegenstand wird nach Prüfung „gekauft wie besehen"; Mängel werden noch behoben oder mindern den Kaufpreis.	Eine Einrichtungshaus kauft auf einer Messe einen antiken Tisch; die unansehnliche Platte wird vor Auslieferung noch poliert.
Stückkauf	Kaufgegenstand ist eine Sache, die einmalig ist (Unikat) und nicht auf dem Markt nachbeschafft werden kann.	Der Inhaber einer Gemäldegalerie kauft ein wertvolles Ölgemälde auf einer Auktion.
Gattungskauf	Kaufgegenstand ist eine Sache, die in mehreren gleichen Ausführungen vorhanden ist oder erneut produziert oder auf dem Markt beschafft werden kann.	Kauf von 600 Baumwollsocken im 3er-Pack, farbig und nach Größen sortiert.
Typenkauf	Bestellung erfolgt aufgrund einer Type, die die Güteklasse oder Durchschnittsqualität bezeichnet.	Beschaffung von Roggenmehl Type R 1150.

■ Kaufverträge nach der Lieferzeit

Art des Kaufs	Inhalt	Beispiel
Sofortkauf	Ware wird unmittelbar nach Bestellung geliefert.	Normalfall
Terminkauf	Ware wird innerhalb einer vereinbarten Frist oder zu einem vereinbarten späteren Termin geliefert.	Lieferung innerhalb zwei Wochen nach Auftragsbestätigung.
Fixkauf	Ware wird zu einem kalendermäßig genau bestimmten Zeitpunkt geliefert und später nicht mehr benötigt.	Lieferung von 50 Mastgänsen bis 22. Dezember fix.
Kauf auf Abruf	Käufer kann die gesamte Ware (oder Teilmengen) bei Bedarf beim Lieferer abrufen.	Eindeckung mit Saisonware, z. B. Bademoden.
Teillieferungskauf	Die Lieferung erfolgt in Teilmengen zu vorher vom Käufer bestimmten Terminen.	Gedrittelte Auslieferung der Bademoden (März/April/Mai).

■ Kaufverträge nach dem Zeitpunkt der Bezahlung

Die **gesetzliche Regelung** besagt, dass die Ware **sofort** bei Lieferung zu bezahlen ist. Dabei anfallende Kosten *(Gebühr für Überweisung)* hat der Käufer zu tragen. Liegt keine Vereinbarung über den Zahlungsort vor, muss der Schuldner (= Käufer) nach § 270 Abs. 1 BGB das Geld auf seine Gefahr und seine Kosten dem Gläubiger (= Verkäufer) an dessen Wohnsitz übermitteln.

Der Schuldner ist dafür verantwortlich, dass das Geld rechtzeitig beim Gläubiger eintrifft. Das bedeutet, dass der Schuldner noch einmal zahlen muss, wenn das Geld beim Gläubiger nicht ankommt (Geldschulden = Schickschulden).

In vielen Fällen werden in der Praxis neben der gesetzlichen Regelung noch andere **Zahlungsbedingungen** vereinbart.

Art des Kaufs	Inhalt	Beispiel
Kauf gegen Vorauszahlung	„gegen Vorkasse", „Anzahlung von 20 %"	Meist bei Erstkunden oder schlechter Zahlungsmoral. Auch beim Kauf teurer Waren, die z. B. extra angefertigt werden müssen *(Möbelkauf)*.
Barkauf (auch gesetzl. Regelung)	„sofort", „bar", „Nachnahme"	Der Käufer hat „Zug um Zug" mit der Lieferung zu leisten (Ware gegen Geld).
Ziel- oder Kreditkauf	„30 Tage Ziel", „innerhalb 10 Tage 3 % Skonto"	Die Zahlung erfolgt erst einige Zeit nach der Lieferung (Rechnungskauf). Meist nur bei bekannten Kunden und die Lieferung erfolgt i. d. R. unter Eigentumsvorbehalt.
Ratenkauf	„zahlbar in 12 Monatsraten"	Die Zahlung erfolgt in mehreren Teilbeträgen zu verschiedenen Zeitpunkten.

■ Kaufverträge nach dem Erfüllungsort

Der **Erfüllungsort** ist der Ort, an dem der **Schuldner** die **Leistung** zu bewirken hat; der Verkäufer (Warenschuldner) und der Käufer (Geldschuldner) werden am Erfüllungsort durch rechtzeitige und einwandfreie Leistung von ihren vertraglichen Pflichten frei.

Art des Kaufs	Inhalt	Beispiel
Handkauf	Die Ware wird im Geschäft des Verkäufers gekauft und übergeben.	Ein Einzelhändler beschafft Silvesterfeuerwerk im Cash & Carry-Großhandel.
Platzkauf	Käufer und Verkäufer haben ihren Geschäfts- bzw. Wohnsitz an demselben Ort; die Ware muss zum Geschäfts- bzw. Wohnsitz des Käufers transportiert werden.	Ein Eisenwarengroßhändler in Ulm liefert Teile eines Regalsystems an einen Baumarkt in Ulm.
Fernkauf	Käufer und Verkäufer haben ihren Sitz an unterschiedlichen Orten, Erfüllungsort ist nicht der Ort des Verkäufers.	Ein Eisenwarengroßhändler in Ulm liefert Teile eines Regalsystems an einen Baumarkt in Mannheim; als Erfüllungsort ist Mannheim vereinbart.
Versendungskauf	Käufer und Verkäufer haben ihren Sitz an unterschiedlichen Orten, Erfüllungsort ist der Ort des Verkäufers.	Ein Eisenwarengroßhändler in Ulm liefert Teile eines Regalsystems an einen Baumarkt in Mannheim; als Erfüllungsort ist Ulm vereinbart.

■ AKTION ■

1 Erläutern Sie an einem Beispiel den Unterschied zwischen Verbrauchsgüterkauf und zweiseitigem Handelskauf.

2 Um welche Art eines Kaufvertrages handelt es sich bei den folgenden Bestellungen eines Einzelhändlers?

a) Er kauft 50 Dosen französische Zwiebelsuppe. Falls er sie gut verkaufen kann, will er mehr bestellen.

b) Er kauft 800 Doppelzentner Salatkartoffeln. Die Lieferung soll in Teilmengen bis Ende Februar erfolgen. Der Einzelhändler bestimmt die jeweilige Lieferzeit und Teilmenge.

c) Er bestellt Schokoladen-Nikoläuse zum 1.12. des Jahres mit dem Zusatz „fix".

d) Er nimmt Kosmetikartikel in sein Angebot als Randsortiment auf; falls sie sich nicht verkaufen lassen, kann er sie gegen Gutschrift nach drei Monaten wieder zurückgeben.

e) Nach Eingang seiner Bestellung beim Lieferant wird die Ware umgehend kommissioniert und versandt.

f) Bei der Bestellung wird vereinbart, dass nähere Einzelheiten zur Ware innerhalb von vier Wochen dem Lieferanten mitgeteilt werden.

g) Es wird vereinbart: „Die Lieferung erfolgt Anfang KW 36".

h) Er kauft auf einer Zwangsversteigerung einen größeren Posten Wein, ohne Angaben bestimmter Qualitäten und dem Hinweis des Auktionators „gekauft wie gesehen".

i) Er kauft bei einer Mühle 2 Paletten Mehl der Type 405.

j) Im Angebot werden großzügige Rabatte in Aussicht gestellt, wenn entsprechend große Mengen bestellt werden. Diesen Preisvorteil nutzt der Einzelhändler. Gleichzeitig trifft er mit dem Lieferanten eine Vereinbarung, die es ihm ermöglicht Lagerkapazitäten und Lagerkosten gering zu halten.

3 Welche Problematik sehen Sie bei einem Stückkauf?

4 Der Kauf auf Abruf ist in der Praxis weit verbreitet. Erläutern Sie die mit dieser Vertragsart verbundenen Vor- und Nachteile.

5 Warum sind manche Lieferanten nicht bereit Fixkäufe abzuschließen?

6 Beschreiben Sie die Besonderheiten eines Bestimmungskaufes.

7 Formulieren Sie in Partnerarbeit drei zweiseitige Kaufverträge. Orientieren Sie sich an folgendem Raster:

Beschreibung des Vertragsinhaltes	Unterscheidung nach:		
	Art und Güte	Lieferzeit	Bezahlung

Lassen Sie anschließend durch andere Schüler die Verträge nach den Unterscheidungskriterien näher bestimmen.

8 Erstellen Sie eine Übersicht zu den Kaufvertragsarten mithilfe einer Mindmap.

Zentralbegriff: Kaufvertragsarten

Hauptzweige: ❯ Art und Beschaffenheit der Ware

                  ❯ Lieferzeit

                  ❯ Zahlungszeitpunkt

                  ❯ rechtliche Stellung der Vertragspartner

                  ❯ Erfüllungsort

9 Formulieren Sie zu den folgenden Beschreibungen von Kaufverträgen ein dazu passendes Beispiel.

❯ Zweiseitiger Kaufvertrag, Kauf auf Probe, Gattungskauf, Platzkauf.

❯ Verbrauchsgüterkauf, Barkauf, Handkauf.

❯ Zweiseitiger Kaufvertrag, Kauf nach Probe, Kauf auf Ziel, Versendungskauf.

❯ Privatkauf, Fixkauf, Teilzahlungskauf.

10 Ein Großhändler gewährt in seinen Allgemeinen Geschäftsbedingungen seinen Kunden nur dann einen Preisnachlass, wenn bei der Bestellung von Ware, die nicht sofort lieferbar ist, eine Anzahlung von einem Viertel des Warenwertes geleistet wird. Was bezweckt der Großhändler mit dieser Regelung?

11 Ein Einzelhändler möchte zusätzlich zu seinem Ladenverkauf einen Internet-Shop einrichten. Begründen Sie, für welche Zahlungsweise der Kunden er sich entscheiden sollte.

© ivan mogilevchik – Fotolia.com

12 Unterscheiden Sie den Fernkauf vom Versendungskauf.

13 Kleine Betriebsrecherche:

Untersuchen Sie, welche der in diesem Kapitel beschriebenen Kaufvertragsarten in Ihrem Ausbildungsunternehmen abgeschlossen werden.

5 Warenannahme

5.1 Warenlogistik – mehr als Transport von A nach B

Heute bestellt, morgen geliefert!
Welche Möglichkeiten der Warenzustellung gibt es?

■ SITUATION

Dicke Luft bei der Reinbach GmbH! Es ist Schulanfang und schon am ersten Tag sind die Schulhefte ausgegangen, weil bei der Bestellung falsche Mengen angegeben wurden. Markus Braun muss dafür sorgen, dass die Schulhefte so schnell wie möglich zum Verkauf bereitstehen. Per Fax bestellt er beim Großhändler in Mittelstadt (70 km von Neuburg entfernt) die benötigten 1.000 Hefte nach.

1. Welche Zustellmöglichkeiten sind im Einzelhandel üblich?
2. Welche Gesichtspunkte sind bei der Wahl der Transportmittel zu beachten?
3. Für welches Transportmittel sollte sich Markus entscheiden?

■ INFORMATION

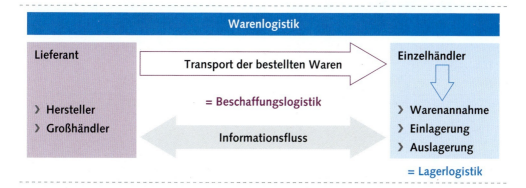

■ Begriff der Warenlogistik

Unter **Warenlogistik** versteht man die Planung, Gestaltung, Abwicklung und Kontrolle des Waren- und Informationsflusses zwischen einem Einzelhändler und seinen Lieferanten.

Zur **Beschaffungslogistik** zählen alle Aktivitäten, die mit dem Transport der Ware vom Lieferanten zum Einzelhändler zusammenhängen.

Die **Lagerlogistik** umfasst all jene Aufgaben, die bei Annahme und Lagerung der Ware im Einzelhandelsunternehmen zu lösen sind.

■ Aufgaben der Logistik

Ein wirksames **Logistikkonzept** ermöglicht es, Liefertermine zuverlässiger und pünktlicher einzuhalten. Durch geeignete Lager- und Verteilsysteme sollen Bestell- und Lieferzeiten verkürzt werden mit dem Ziel die Kundenzufriedenheit zu erhöhen. Dabei helfen die **„6 R"** der Logistik.

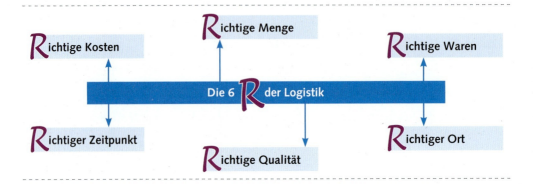

■ Waren- und Datenfluss innerhalb logistischer Prozesse

Jeder **Warenfluss** (Lieferung einer bestellten Ware) wird von einem **Informationsfluss** (Angaben zum Liefertermin, zum Preis oder zur Menge) begleitet.

>> **Beispiel:** Der Naturkostmarkt Vita-Aktiv bezieht sein Obst und Gemüse von einem Großhändler, der ausschließlich Produkte aus ökologischem Anbau anbietet. Über eine integrierte Unternehmenssoftware können die Geschäftspartner jederzeit für sie wichtige Informationen abrufen. So lassen sich die logistischen Aufgaben schneller und besser lösen.

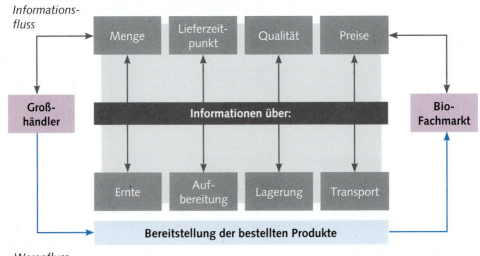

Abb. Waren- und Informationsfluss

■ Zustellmöglichkeiten bei der Warenbeschaffung

© Deutsche Post

Nach dem Grundsatz „**Warenschulden sind Holschulden**" müsste der Händler die bestellte Ware beim Lieferanten selbst abholen. In den meisten Fällen wird sie ihm jedoch entweder durch den Lieferanten selbst oder durch einen beauftragten Frachtführer zugestellt. Zu den bedeutenden **Frachtführern** zählen DHL, ein Unternehmensbereich der Deutsche Post World Net, der Deutsche Paket Dienst (DPD) und der United Parcel Service (UPS).

Diese Transportunternehmen zählt man zu den **KEP-Diensten** (Kurier-, Express- und Paketdienste). Ihr Dienstleistungsangebot als Alternative zu reinen Speditionen zeichnet sich vor allem durch große Flexibilität und ein Eingehen auf individuelle Kundenwünsche aus. Allerdings ist der Transport häufig ab einer bestimmten Größe und einem bestimmten Gewicht nicht mehr zugelassen. Die unterschiedlichen Bezeichnungen ergeben sich durch die jeweilige Transportabwicklung.

KEP-Dienste	
Kurierdienste 	Die Ware wird persönlich vom Absender bis zum Empfänger begleitet. Kurierdienste eignen sich wegen der sehr hohen Preise hauptsächlich für hochwertige (Schmuck) und besonders dringend benötigte Waren (Ersatzteile, Medikamente); dadurch ist eine ständige Beaufsichtigung des Transportgutes gewährleistet. **»** **Beispiele:** IC-Kurierdienst der Deutsche Bahn AG, spezielle Kurierdienste, Taxen.
Express-dienste 	Sie befördern die Ware in einem engen Zeitrahmen und mit einem garantierten Zustellungstermin. Dazu nutzen sie Umschlag- und Verteilzentren, unter Umständen auch andere Logistikunternehmen. Der Preis liegt deutlich über dem eines Normalversandes. Ein Expressdienst empfiehlt sich immer dann, wenn Ware sehr schnell oder zu einem bestimmten Termin den Empfänger erreichen soll, z.B. Zustellung auch an Sonn- und Feiertagen. **»** **Beispiele:** UPS-Express, DHL-Express.
Paketdienste 	Sie transportieren die Waren über eigene Sammel- und Verteilzentren. Den Kunden wird kein fester Termin für die Zustellung garantiert, jedoch ist mit einer Zustellung innerhalb ein bis zwei Tagen zu rechnen. Daher ist diese Versandart für normale Sendungen geeignet, die nicht unbedingt taggenau eintreffen müssen. **»** **Beispiele:** UPS-Standard, DPD, DHL-Paket.

© Stefan Rajewski – Fotolia.com

Eine genaue Trennung zwischen diesen Diensten ist sehr schwierig, da die am Markt tätigen Unternehmen oft alle Dienste anbieten.

Die Unternehmen mit KEP-Diensten können aufgrund ihrer überregionalen Verflechtungen z. T. erhebliche zeitliche Vorteile bei der Abwicklung der übernommenen KEP-Aufträge erzielen und deshalb günstige Bedingungen für die Beförderung anbieten.

■ Wahl des geeigneten Transportmittels

Um das am besten geeignete Transportmittel auszuwählen, sind eine Reihe von Fragen zu klären:

> Wird die Wahl des Transportmittels durch die Art der Ware bestimmt *(Gewicht, Verderblichkeit)*?

> Wie lange darf die Beförderungszeit sein?

> Wie zuverlässig ist der Transporteur *(Pünktlichkeit, Sicherheit)*?

> Wie hoch kommen die Transportkosten?

> Sollen Umweltgesichtspunkte bei der Auswahl des Transportmittels berücksichtigt werden?

Warenverteilzentren sparen Treibstoff und damit Abgase!

Wie durch eine andere Warenverteilung ein Beitrag zum Umweltschutz geleistet werden kann, zeigt die Karstadt AG: Früher lieferte jeder Lieferant an jede Filiale. Heute wird ein Großteil der Waren an das Warenverteilzentrum in Unna geliefert. Von dort erfolgt die Verteilung auf die einzelnen Filialen, wobei rund 70 % der Anlieferungen mit der Bahn erfolgen. Durch die Zentralisierung können pro Jahr 2,8 Millionen Fahrten eingespart werden.

Quelle: Karstadt Aktiv im Umweltschutz

■ AKTION

1 Ordnen Sie den folgenden Situationen die jeweilige Aufgabe der Logistik zu:

   a) Der Naturkostmarkt Vita-Aktiv bestellte bei seinem Getränkelieferanten Heil- und Mineralwasser. Es wurde ausschließlich Heilwasser geliefert.

   b) Die 50.000 Flaschen Champagner für die bevorstehende Französische Woche der Merkur Warenhaus AG werden bis zur Auslieferung an die einzelnen Warenhäuser im Zentrallager des Unternehmens gelagert.

   c) Der Einkaufsverband Inter-Food informiert seine Mitglieder, dass aufgrund von Ernteausfällen in Südamerika der Rohkaffeepreis in den nächsten Monaten erheblich steigen wird. Daraufhin erhöht der Zentraleinkäufer einer Discountkette seine aktuelle Bestellmenge erheblich, um bei steigenden Einkaufspreisen den Verkaufspreis möglichst stabil zu halten.

2 Erkundigen Sie sich in Ihrem Ausbildungsunternehmen darüber, welche Informationen über bestellte Waren durch die bei Ihnen genutzten informationstechnischen Systeme abrufbar sind, und berichten Sie in der Klasse.

3 Wählen Sie eine Ware Ihres Ausbildungssortiments und dokumentieren Sie mit anschließender Präsentation den Weg dieses Artikels von der Herstellung bis zur Platzierung in Ihren Verkaufsräumen.

4 Sie benötigen für einen Kunden dringend Ersatzteile für eine Motorsäge, die er bei Ihnen gekauft hat. Führen Sie eine Internetrecherche durch und ermitteln Sie den schnellstmöglichen und kostengünstigsten Transport, wenn die Ersatzteile innerhalb von drei Tagen bei Ihnen im Geschäft sein müssen (Gewicht der Ersatzteile 2,5 kg, Lager des Lieferanten ist Hamburg).

5.2 Wareneingang

Endlich, die neue Ware ist da!
Welche Arbeiten sind bei der Warenannahme notwendig?

■ SITUATION

Aus dem Bericht der Revisionsabteilung an die Unternehmensleitung der Omnia-Discount-Märkte:

> „… Bei Überprüfung der Warenannahme in den 50 überprüften Filialen wurde festgestellt:
>
> › Immer wieder wurde Ware außerhalb der Geschäftszeiten an die Filialen ausgeliefert und stand dort bis zum nächsten Morgen vor der Warenannahme.
> › Viele Lkw-Fahrer beklagten sich über zu lange Wartezeiten, bis sie abladen konnten.
> › Es wurde mehrfach beobachtet, dass Fahrer unmittelbar nach dem Abladen der Ware ihre Frachtpapiere unterschrieben bekamen.
> › Stichprobenkontrollen unserer Mitarbeiter ergaben, dass über 20 % der Warenlieferungen Schäden an der Verpackung aufwiesen.
> › Bei nahezu jeder vierten Sendung stimmten gelieferte Verpackungseinheiten und Angaben auf dem Lieferschein nicht überein.
> › In Folie verpackte palettierte Ware wurde häufig erst nach einigen Tagen in die entsprechenden Lagerzonen einsortiert …"

1. Worin sehen Sie die Ursache für die vielen Mängel, die von der Revisionsabteilung im Bereich Wareneingang festgestellt wurden?
2. Sie erhalten von der Omnia Geschäftsführung den Auftrag, für alle Filialen eine schriftliche Anweisung (Checkliste) zu entwerfen, die einen reibungslosen und korrekten Ablauf der Warenannahme ermöglicht.

■ INFORMATION

© Metro

Der **Wareneingang** ist eine wichtige **Schnittstelle** zwischen **Warenbeschaffung** und **Warenlagerung**. Vom Wareneinkauf erhält der Wareneingang alle benötigten Daten, um sicherzustellen, dass die gelieferte der bestellten Ware entspricht. Der Wareneingang ist erste Station auf dem Weg der Ware durch den Betrieb, aber auch der Ort, an dem die Warendaten in das Warenwirtschaftssystem (WWS) eingegeben werden.

Ein **fehlerfreies** Arbeiten beim Wareneingang ist Voraussetzung für eine **korrekte** Bestandsführung und Lagerhaltung.

■ Vorgehensweise bei der Warenannahme

Erste Kontrolle (sofort in Anwesenheit des Lieferanten)

1. Stimmt die Anschrift?
2. Stimmt die Zahl der Versandstücke?
3. Ist die Verpackung in Ordnung?

Bei **Beanstandungen:**
→ Mängel vom Lieferanten bestätigen lassen, Annahme unter Vorbehalt oder u. U. Annahmeverweigerung.

Zweite Kontrolle (unverzüglich nach Lieferung)

Abgleich der Begleitpapiere mit dem Inhalt der Sendung.
1. Wurde die bestellte Ware geliefert?
2. Stimmen Menge, Qualität und Beschaffenheit der Ware?

Bei **Mängeln:**
→ Mitteilung an die Einkaufsabteilung, damit diese rechtzeitig rügen kann.

Dritte Kontrolle (Abgleich der Begleitpapiere)

Vergleich der Rechnung mit dem Lieferschein, der Bestellung und der Auftragsbestätigung. Die Rechnung wird zusätzlich auf sachliche und rechnerische Richtigkeit überprüft.

Bei **Unstimmigkeiten:**
→ Rücksprache mit Lieferanten u. U. Mängelrüge durch Einkaufsabteilung.

> Erfassen der Ware im Wareneingangsbuch oder im Warenwirtschaftssystem,
> Preisauszeichnung,
> Einlagerung im Reservelager oder sofort Präsentation im Verkaufsraum

■ Erfassung des Wareneingangs

Nach der Abgabenordnung § 143 müssen Wareneingänge gesondert aufgezeichnet werden. In kleinen Einzelhandelsgeschäften ohne elektronische Datenverarbeitung kann dies mithilfe eines Wareneingangsbuches erfolgen.

Die Aufzeichnungen müssen im Einzelnen folgende Mindestangaben enthalten:

> Tag des Wareneingangs oder das Rechnungsdatum des Lieferanten,

> Name und Anschrift des Lieferanten,

> handelsübliche Bezeichnung der Ware,

> Preis der Ware,

> Hinweis auf den Beleg *(Belegnummer, Aufbewahrungsort)*.

 Beispiel:

Wareneingangsbogen		Warengruppe: Damenblusen				Monat: 03	
Rechn.-Nr.	Lieferant	EK brutto	VSt.	EK netto	Nachlässe	Überweisungsbetrag	
1234	Intertex	877,11	140,04	737,07	71,00	666,07	
1235	Mondial	461,64	73,71	387,93	–	387,93	

Der **Wareneingangsschein** dient zur Erfassung des jeweiligen Wareneingangs nach Abgleich mit dem Lieferschein bei Anlieferung im Lager und zur Weiterverarbeitung der Daten im Warenwirtschaftssystem.

>> **Beispiel:**

Wareneingangsschein

Laufende Nr.:	0068	Aufnahmesatum:	22.11.20..

Eingangsdatum:	Verpackung	Versandart
22.11.20..	10 EuroPal	Spedition

Lieferant:

angeliefert durch Frachtführer/Spedition/KEP:

Intertex GmbH Neue Str. 21 21129 Hamburg	Becker & Rupp Transporte KG Mühlenweg 3 72762 Reutlingen

Bestell-Nr.: 782456

	Menge	ME	Artikelnummer	Artikelbezeichnung	Menge pro VE	Sonstiges
1	30	Kart.	221100	Herrenhemden		
2	45	Kart.	221234	Polo-Shirt Herren		
3	...	...	...	...		

Pos.	Mängelbericht
1	–
2	–
...	...

Verpackung:

nicht rücksendefähig

rücksendefähig   X

Zurückgesandt am:

Sonstige Bemerkungen

10 Euro-Pal. im Tausch

Warenannahme:
Datum/Mitarbeiter (Handzeichen)

22.11.20../*Lg*

Lagerbestandsverwaltung:
gebucht am/Sachbearbeiter (Handzeichen)

Lagerort:

Bei computergestützten Warenwirtschaftssystemen erfolgt die Warenerfassung artikelgenau, d.h., jeder Artikel wird z.B. nach Material, Größe, Farbe oder Form unterschieden. Mithilfe von

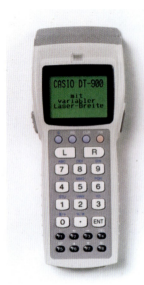

mobilen Datenerfassungsgeräten (MDE) werden die Daten in das System eingespeist. Nach der Anlieferung wird die Lieferscheinnummer erfasst. Daraufhin ermittelt das WWS den entsprechenden Auftrag und zeigt die Auftragsdaten im Display des MDE-Gerätes an. Eventuelle Abweichungen von Bestell- und Liefermenge können sofort festgestellt werden. Nach Beendigung der Überprüfung wird der Warenzugang vom System erfasst.

Falls die Artikel noch nicht gelistet wurden oder es sich um Warensendungen ohne vorherige Bestellung handelt, erfolgt die Warenerfassung manuell. Anderenfalls werden die notwendigen Daten aus dem WWS-Modul „Bestellwesen" übernommen.

Das System erkennt zusammengehörende Daten, sobald die Artikelnummer eingegeben wird. Im **Wareneingangsmodul** des Warenwirtschaftssystems werden nur noch die **Bewegungsdaten** erfasst, das sind Daten, die sich mit jeder Bestellung bzw. Lieferung ändern, z.B. Auftragsnummer und -datum, Liefermengen, Rabattsätze.

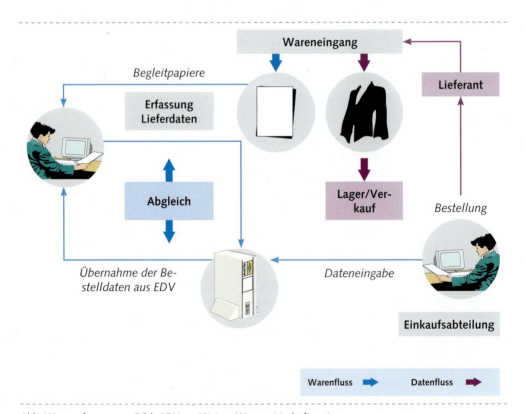

Abb. Warenerfassung am PC bei DV-gestütztem Warenwirtschaftssystem

> **»** **Beispiel:** Erfassung und Buchung des Wareneingangs mithilfe einer integrierten Unternehmenssoftware:

Nach erfolgtem Wareneingang *(150 Stück)* und Abgleich mit den dazugehörenden Begleitpapieren *(Lieferschein/Rechnung)* wird die Bestellung ausgewählt, auf die sich die Rechnung bezieht *(106011)*. Nach Eingabe der Rechnungsnummer erfolgt die Verbuchung in der Finanzbuchhaltung. Gleichzeitig wird der Warenzugang dem bisherigen Lagerbestand zugebucht.

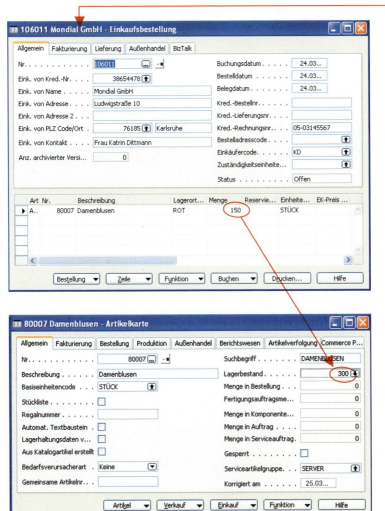

■ Elektronischer Geschäftsverkehr (EDI)

Um schnell auf Kundenwünsche reagieren zu können, ist der Handel bestrebt, die Zeit zwischen Kundennachfrage, Bestellung und Lieferung einer Ware so kurz wie möglich zu halten. Dabei kann moderne Informationstechnologie helfen. Im Handel bietet sich das **EDI-Verfahren** an (EDI steht für „Electronic Data Interchange", zu deutsch „Elektronischer Geschäftsverkehr"). Darunter versteht man einen **zwischenbetrieblichen** elektronischen **Datenaustausch** zwischen Geschäftspartnern. EDI eignet sich u. a. für Empfang und Versand von Bestellungen, Auftragsbestätigungen, Lieferscheinen und Rechnungen.

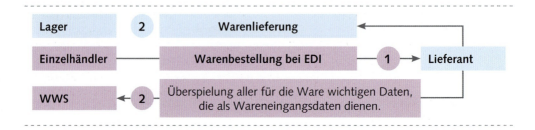

RFID-Technologie: Optimierung der Logistikprozesse

RFID (Radiofrequenz-Identifikation) ist eine Technologie für die berührungslose Erkennung von Objekten. Das „Herzstück" ist der **Smart Chip**, ein kleiner Computerchip mit Mini-Antenne. Damit können Transport- und Warenverpackungen, Verkaufseinheiten und einzelne Artikel ausgestattet werden. Auf dem Smart Chip ist eine Nummer gespeichert, der sogenannte Elektronische Produktcode (EPC). Mit ihr lässt sich jeder **Artikel** eindeutig **identifizieren**. Sobald der Chip das Funksignal eines Lesegerätes empfängt, übermittelt er automatisch und drahtlos die gespeicherten Daten.

Wird der gespeicherte Nummerncode über ein **RFID-Lesegerät** erfasst, ist es mithilfe einer speziellen Software möglich, dem Code **Informationen** wie etwa den Hersteller, das Versanddatum, den Preis, das Gewicht und das Mindesthaltbarkeitsdatum zuzuordnen. Diese sind in den Logistik- und Warenwirtschaftssystemen von Industrie- und Handelsunternehmen hinterlegt.

Wann immer der Smart Chip entlang der Lieferkette von einem RFID-Lesegerät erfasst wird, findet ein Abgleich mit den Systemen statt. So kann stets genau nachvollzogen werden, wo sich die mit dem Smart Chip versehene Lieferung gerade befindet.

>> **Beispiel:** Am Beispiel Eier wird das Potenzial der RFID-Technologie für die gesamte Logistikkette deutlich: Denkbar ist, dass bereits der Erzeuger die Kartons mit Smart Chips versieht. Angaben wie Legedatum, Legebetrieb, Futtermittel und Haltungsform – beispielsweise Freiland- oder Bodenhaltung – werden in einer Datenbank hinterlegt. Die Lieferscheine werden automatisch erstellt und elektronisch an das Zentrallager übermittelt. Dort registrieren Lesegeräte den Wareneingang und gleichen die Zahl der gelieferten Eier mit der bestellten Menge ab. Die ankommenden Chargen können dank RFID problemlos den jeweiligen Zielorten zugeordnet und auf die entsprechenden Lkws verteilt werden. Verlässt eine Lieferung frischer Eier das Zentrallager in Richtung Markt, erhält dieser wiederum einen elektronischen Lieferavis. Auch hier gleichen RFID-Schleusen Wareneingang und Bestellung miteinander ab. In den Lägern sind die Gabelstapler und Hochregale ebenfalls mit RFID-Technologie ausgestattet – so können die Mitarbeiter Paletten und Kartons gezielt lokalisieren.

Quelle: Metro Group, Düsseldorf

■ AKTION

1 Beschreiben Sie, welche negativen Folgen es hat, wenn die Wareneingangskontrolle gar nicht oder nur ungenau durchgeführt wird.

2 Welche Kontrollen sind beim Wareneingang in Anwesenheit eines Frachtführers und welche beim Auspacken im Lagerraum vorzunehmen?

3 Welche Probleme könnten sich ergeben, wenn bei der Warenannahme aus Zeitgründen nur Stichprobenkontrollen durchgeführt werden?

4 Warum ist bei Nutzung eines Warenwirtschaftssystems bei der Warenannahme eine artikelgenaue EDV-Erfassung durchzuführen? (Eine Antwort ist richtig.)

a) Um die exakte Warenmenge zu ermitteln,

b) um die Höhe der Lagerkosten berechnen zu können,

c) als Voraussetzung für eine sorgfältige Inventuraufnahme,

d) um eine genaue Erfassung und Fortschreibung des Artikelbestandes zu gewährleisten,

e) um den Rechnungsbetrag beim Zahlungstermin zu ermitteln.

5 Berichten Sie vor Ihrer Klasse, über den Wareneingang in Ihrem Ausbildungsbetrieb. Fertigen Sie dazu ein Schaubild an, das den zeitlichen und örtlichen Ablauf dokumentiert.

6 Sie sind im OFFICE-Bürofachmarkt im Wareneingang tätig. Mithilfe eines Warenerfassungsbogens (Dokument 1) führten Sie die Wareneingangskontrolle durch. Anhand der Begleitpapiere (Dokument 2) nehmen Sie den Abgleich vor und leiten bei eventuellen Unstimmigkeiten geeignete Maßnahmen ein.

Dokument 1: Warenerfassungsbogen

Warenerfassungsbogen	WG: Büromöbel	Eingangsdatum: 22.05.20..	
Lieferant	Artikel	Menge	Bemerkungen
Büro-Komplett GmbH, Cottbus	Stapelstuhl Ergotop	5	Verpackung teilweise schadhaft
Büro-Komplett GmbH, Cottbus	Schreibtisch Scriba	3	
Büro-Komplett GmbH, Cottbus	Schreibtischsessel Komfort	1	
Geprüft:			

Dokument 2: Lieferschein/Rechnung

Büro – Komplett GmbH
Landstraße 8
03046 Cottbus
Tel. 0355 22255 Fax: 0355 22266

Büro-Komplett GmbH, Landstr. 03046 Cottbus

Office-Bürofachmarkt GmbH
Hamburger Allee 29
77777 NEUBURG

RECHNUNG

Rechnungs-Nr. 66 55 4321	Rechnungs-Datum 20.05.20..
Kunden-Nr. 77 9880 FM 35	Zahlung bis 20.06.20..

Menge	Artikel-Nr.	Artikelbezeichnung	Einzelpreis	Gesamtpreis
10	35 2828 17	Stapelstuhl Ergotop	175,00 €	1.750,00 €
3	444459299	Schreibtisch Scriba	280,00 €	840,00 €
1	3535 82815	Chefsessel Boss Linea	380,00 €	380,00 €
		Summe Artikel		2.970,00 €
		+ Porto u. Verpackung		0,00 €
		+ 19 % USt		564,30 €
		zu zahlender Betrag in EUR		3.534,30 €

Zahlungsbedingung: Innerhalb 10 Tagen 2 % Skonto

Es gelten unsere Allgemeinen Geschäftsbedingungen. Eigentumsvorbehalt bis zur vollständigen Bezahlung. Erfüllungsort und Gerichtsstand ist Cottbus.

6 Pflichtverletzungen des Lieferers bei der Erfüllung von Kaufverträgen

Der Einzelhändler und sein Lieferer sind beim Abschluss eines Kaufvertrages Verpflichtungen eingegangen, die sie ordnungsgemäß erfüllen müssen. Bei **Pflichtverletzungen** durch den **Lieferer** kann der **Einzelhändler** die im Gesetz oder in den Allgemeinen Geschäftsbedingungen des Lieferanten festgelegten **Rechte** geltend machen.

6.1 Mangelhafte Warenlieferung (Schlechtleistung)

Super! Komplett-PC für 399,– €, leider streikt die Festplatte!
Welche Rechte stehen einem Kunden beim Kauf mangelhafter Waren zu?

■ SITUATION ■

Während ihrer Ausbildung bei der Merkur AG wird die Auszubildende Tanja Möller auch in einer eigens für Kundenreklamationen eingerichteten Abteilung eingesetzt.

Obwohl die Merkur AG strenge Kriterien an die Auswahl ihrer Lieferanten stellt und die gelieferten Waren auch eingehend prüft, kommt es immer wieder zu Beschwerden von Kunden.

© Rob – Fotolia.com

Fall 1: Eine Herrenhose weist einen Webfehler auf.

Fall 2: Eine Packung eines Fertiggerichts war verdorben, obwohl das Mindesthaltbarkeitsdatum des Produkts noch nicht abgelaufen war. Der Kunde zog sich eine schwere Magen-Darm-Vergiftung zu und konnte mehrere Tage nicht zur Arbeit gehen.

Fall 3: Zwei Tassen eines Kaffee-Services sind nach Abschluss des Kaufvertrages und mängelfreier Übergabe der Artikel durch den unsachgemäßen Transport des Kunden zerbrochen.

Fall 4: Bei einer im Winterschlussverkauf im Preis stark herabgesetzten Jacke lässt sich der Reißverschluss nicht schließen. Es fehlen zudem einige Knöpfe und die verwendeten Stoffe sind schlecht vernäht. Der Kunde wurde darauf hingewiesen, dass im Schlussverkauf erworbene Ware vom Umtausch ausgeschlossen sei.

Fall 5: Als 2. Wahl ausgezeichnete und mit leichten sowie genau kenntlich gemachten Fehlern verkaufte Damenblusen werden reklamiert.

Fall 6: Ein Computer kann nicht gestartet werden, da die Festplatte defekt ist.

Fall 7: Ein Massivholzschrank kann wegen einer fehlerhaften Montageanleitung auch von einem geübten Heimwerker nicht aufgebaut werden.

In den folgenden Fällen wurden die Mängel bereits vor dem Verkauf an Kunden entdeckt.

Fall 8: Beim Aufstellen von neuen 3-D-Fernsehgeräten stellen die Verkäufer fest, dass bei zwei Geräten trotz korrekter Erstinbetriebnahme das Bild verzerrt dargestellt wird.

Fall 9: Beim Einräumen von Fruchtquark in der Lebensmittelabteilung wird festgestellt, dass bei 10 Kartons das Mindesthaltbarkeitsdatum bereits um zwei Tage überschritten ist.

Fall 10: Mehrere Schuhschachteln einer neuen Lieferung weisen an den Ecken kleine Dellen auf.

1. Erschließen Sie Informationsquellen (Fachbücher, Gesetzestexte und -kommentare, Informationsteil dieses Lehrbuchs) zum Thema „Schlechtleistung" (§§ 434 ff. BGB).

2. Welche Rechte stehen den Kunden in den Fällen 1–7 und dem Warenhaus in den Fällen 8–10 wahlweise zu und von welchen Rechten sollten sie sinnvollerweise Gebrauch machen?

3. Simulieren Sie das Reklamationsgespräch von Fall 1 und Fall 2 in Form eines Rollenspiels.

■ INFORMATION

Beim Abschluss eines **Kaufvertrags** verpflichtet sich der **Verkäufer** (Lieferant) dem **Käufer** (Einzelhändler) gegenüber **einwandfreie** Ware zu liefern. Er übernimmt ebenso die **Gewährleistung** dafür, dass die Ware die dem Käufer **zugesicherten Eigenschaften** aufweist.

Weist die Ware bei der Übergabe **Mängel** auf, trägt der **Verkäufer** dafür die Verantwortung.

In der Praxis ist es so, dass der Einzelhändler bei der Wareneingangskontrolle nicht jeden Mangel an einer Ware entdeckt. In vielen Fällen entdeckt der Endverbraucher diese Mängel erst bei der Nutzung der Ware.

> **!** **Hinweis:** Kaufverträge, die ein Einzelhändler beim Wareneinkauf abschließt, sind bis auf ganz wenige Ausnahmen (Kauf bei einem Verbraucher) zweiseitige Handelskäufe, d.h., die Vertragspartner sind Kaufleute.
>
> Die Regelungen beim Verbrauchsgüterkauf (Kauf durch Endverbraucher) sind im BGB geregelt und werden im **LF 6** „Besondere Verkaufssituationen bewältigen" behandelt.

■ Arten der Sachmängel

Im **§ 434** des **Bürgerlichen Gesetzbuches** (BGB) ist festgelegt, dass eine **Ware** dann **frei** von **Mängeln** ist, wenn sie bei der **Übergabe** an den Käufer die **vereinbarte, vorausgesetzte** oder die **übliche Beschaffenheit** aufweist.

Ist dies **nicht** der Fall, liegt ein **Sachmangel** vor.

Die Beschaffenheit der Ware ist:		
vereinbart	**vorausgesetzt**	**üblich**
Käufer und Verkäufer haben ausdrücklich eine bestimmte Beschaffenheit der Ware vereinbart.	Die gekaufte Sache ist für eine gewöhnliche Nutzung geeignet.	Eine Beschaffenheit die von einer bestimmten Ware erwartet werden kann.
Einem Käufer wird garantiert, dass ein Akku mindestens 2.000-mal aufgeladen werden kann.	Eine Druckerpatrone sollte für einen Normalnutzer mehrere Monate reichen.	Bei einem Wecker kann man davon ausgehen, dass die Weckfunktion in Ordnung ist.

Mangel in der Beschaffenheit (Qualität)

> **Fehlen** der **vereinbarten Beschaffenheit**, d.h., die tatsächliche Beschaffenheit weicht von der in der Produktbeschreibung oder vom Verkäufer im Verkaufsgespräch vereinbarten Beschaffenheit ab.

> > Ein Hersteller von Kopiergeräten versichert, dass sein Spitzengerät eine Kopierleistung von 4.000 Kopien je Stunde erbringt. Tatsächlich liegt die Leistung bei 3.500 Kopien.

> Eine bestimmte Beschaffenheit wurde nicht vereinbart, aber **keine** Eignung der Sache für die **vertraglich vorausgesetzte Verwendung**; d.h., die vom Käufer erwartete Beschaffenheit und Qualität entspricht nicht der tatsächlichen Beschaffenheit.

> > Ein Baumarkt bestellt bei einem Hersteller in Fernost Außenwandfarbe, die witterungsbeständig sein soll. Schon nach wenigen Wochen beschweren sich viele Kunden, dass die Farbe nach dem ersten Regen abblättert.

> Eine **bestimmte** Beschaffenheit wurde **nicht** vereinbart, aber **keine** Eignung der Sache für die bei Sachen der gleichen Art üblich zu erwartende Beschaffenheit; d.h., der Käufer kann die Sache nicht so verwenden, wie es bei solchen Sachen üblich ist.

> Für seine Feinkostbar kauft das Feinkostgeschäft La Deliziosa u. a. Mangos und Papayas auf dem Großmarkt. Beim Zubereiten der exotischen Salate im Geschäft muss man über die Hälfte wegen fauler Stellen wegwerfen.

Abweichung von Werbeaussage

Die Ware entspricht nicht den in der Werbung gemachten Versprechungen, d. h., wer öffentlich geäußerten Aussagen (Hersteller, Verkäufer) seine Kaufentscheidung zugrunde legt, muss auf deren Richtigkeit vertrauen können.

> Ein Textilgroßhändler bietet im Internet seinen Kunden aktuelle Designerjeans an. Es stellt sich heraus, dass es sich um Restposten der abgelaufenen Saison handelt.

Falsche Kennzeichnung

Die Warenkennzeichnung (auf der Ware selbst oder auf der Verpackung) weicht von der Kaufsache ab.

> Ein als Alaska-Wildlachs gekennzeichneter Räucherlachs stammt in Wirklichkeit aus einem norwegischen Zuchtbetrieb.

Montagefehler des Verkäufers

Eine vertraglich vereinbarte Montage einer (zunächst mangelfreien) Ware wird unsachgemäß durchgeführt.

> Die Monteure eines Küchenstudios haben Schränke einer Einbauküche schief an der Wand angebracht.

Fehlerhafte Montageanleitung

Eine gänzlich fehlende oder fehlerhafte Montageanleitung des Verkäufers führt dazu, dass die Sache nicht oder nicht richtig montiert werden kann.

> Ein Bürofachmarkt vereinbart mit seinem Kunden, den gekauften Aktenschrank zu liefern und aufzubauen. Aufgrund einer fehlerhaften Montageanleitung misslingt der Zusammenbau.

Falschlieferung

Es wird von der Bestellung abweichende (falsche) Ware geliefert.

> Ein Importeur hat versehentlich nicht die vereinbarten Pocket-Camcorder, sondern Pocket-Kameras geliefert.

Zuweniglieferung

Es wird weniger Ware geliefert, als bestellt wurde.

> Statt bestellter 20 Kisten Rotwein wurden Feinkost Manz nur 10 Kisten geliefert.

! **Hinweis:**

1. In einigen Fällen besteht bei **Zuweniglieferung** auch ein Anspruch auf eine komplett neue Lieferung, z. B. bei Strickwolle, die aus einem Produktionsgang kommen muss, da sonst Farbabweichungen möglich sind.

2. Nicht im Gesetz geregelt ist die **Zuviellieferung**. Damit dem Käufer nicht der Vorwurf einer ungerechtfertigten Bereicherung gemacht werden kann, muss der Käufer die überzähligen Artikel zurückgeben. Der Verkäufer hat keinen Anspruch auf Kaufpreiszahlung. Dies gilt allerdings nur für den zweiseitigen Handelskauf.

■ Mängel nach der Erkennbarkeit

Offene Mängel	Sie lassen sich durch eine erste Untersuchung feststellen, bzw. sind sofort ersichtlich.	› Mehrere Gläser weisen Sprünge auf. › Zerkratztes Gehäuse eines Fernsehers.
Versteckte Mängel	Sie lassen sich bei der Warenübergabe trotz Prüfung nicht feststellen und werden daher erst später entdeckt (Nutzung, Verbrauch).	› Der gelieferte Roséwein ist ungenießbar. › In Erbsendosen befinden sich Möhren.
Arglistig verschwiegene Mängel	Es sind versteckte Mängel, die vom Verkäufer bewusst verschwiegen werden, damit der Käufer nicht ablehnt.	› Einem Lieferanten ist bekannt, dass seine Produkte nicht den in Deutschland verlangten Sicherheitsvorschriften entsprechen.

■ Fristen zur Wahrung der Rechte des Käufers bei Schlechtleistung

Wenn der Einzelhändler aufgrund einer mangelhaften Lieferung seine ihm zustehenden Rechte geltend machen will, muss er dabei bestimmte Fristen einhalten.

Prüfung- und Rügefristen beim zweiseitigen Handelskauf (§ 377 HGB)

Eingegangene Ware ist unverzüglich, d.h. ohne schuldhaftes Zögern, auf Güte, Menge und Art zu prüfen.

↓

Rügefristen

↓ ↓ ↓

offene Mängel	versteckte Mängel	arglistig verschwiegene Mängel
Unverzüglich nach der Warenprüfung.	**Unverzüglich** nach **Entdeckung**, jedoch innerhalb der **gesetzlichen Gewährleistungsfrist** (§ 438 BGB) von **zwei Jahren** ab Lieferung bzw. einer vertraglich festgelegten Garantie.	Innerhalb von **drei** Jahren, beginnend mit dem Schluss des Jahres, in dem der Mangel entdeckt wurde (§ 438 Abs. 3 BGB).

■ Form und Inhalt einer Mängelrüge

Mängelrügen sollten aus Gründen der Beweissicherung **schriftlich** abgegeben werden; dabei ist darauf zu achten, dass die Mängel genau beschrieben werden. Nehmen Kaufleute ihre Prüfungs- und Rügepflicht nicht rechtzeitig wahr, verlieren sie ihren Anspruch auf Mängelbeseitigung.

Bei der **Formulierung** einer Mängelrüge sind die folgenden Punkte zu berücksichtigen:

> Bestätigung des Wareneingangs,

> Hinweis auf erfolgte Warenprüfung,

> genaue Beschreibung der festgestellten Mängel,

> Bezeichnung der Ansprüche.

© WoGi – Fotolia.com

>> **Beispiel:** Auszug aus einer Mängelrüge:

… Gestern erhielten wir Ihre Lieferung über 200 Herrenhemden. Wir stellten fest, dass bei 50 Hemden statt der bestellten Größe L die Größe M geliefert wurde. Außerdem sind bei etwa 80 Packungen die Folien teils angescheuert, teils aufgerissen. Etwa 30 Hemden sind leicht angeschmutzt.

Wie mit Ihnen heute telefonisch vereinbart, senden wir die falsch gelieferte Ware sowie die beschädigten Packungen zurück und bitten um Lieferung der richtigen Artikel in einwandfreiem Zustand. Teilen Sie uns bitte mit, ob Sie bereit sind, den Kaufpreis für die 30 angeschmutzten Hemden um 25 % zu senken.

Mit freundlichen Grüßen …

■ Rechte des Käufers im Überblick

! **Hinweis:** Diese Rechte können sowohl beim zweiseitigen Handelskauf, als auch beim Verbrauchsgüterkauf geltend gemacht werden.

Wer eine mangelhafte Ware gekauft hat, dem stehen nach § 437 BGB folgende abgestufte Rechte zu:

1. Vorrangiges Recht des Käufers → Nacherfüllung (§ 439 BGB)

Neulieferung → neue mangelfreie Ware | **Nachbesserung → Mangelbeseitigung**

Es steht dem Käufer **grundsätzlich frei**, welches dieser beiden Rechte er in Anspruch nehmen will. Jedoch kann der Verkäufer Neulieferung bzw. Nachbesserung verweigern, wenn unverhältnismäßig hohe Kosten für ihn anfallen würden (§ 439 Abs. 3 BGB).

>> **Beispiel:** Die Reparatur eines Gerätes in Höhe von 40,00 € kommt den Händler erheblich teurer als eine Ersatzlieferung zu 25,00 €.

Gegenüber **Verbrauchern** ist eine Einschränkung des Wahlrechts im Rahmen der Nacherfüllung unzulässig.

Der Käufer sollte die Nacherfüllung innerhalb einer angemessenen Nachfrist verlangen (§ 323 BGB).

Nach **zwei erfolglosen** Nachbesserungsversuchen gilt die Nacherfüllung als fehlgeschlagen (§ 440 BGB). Nun können wahlweise folgende Rechte geltend gemacht werden.

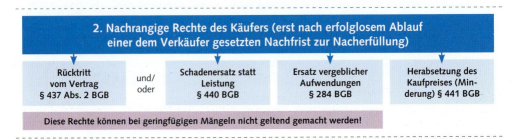

2. Nachrangige Rechte des Käufers (erst nach erfolglosem Ablauf einer dem Verkäufer gesetzten Nachfrist zur Nacherfüllung)

| Rücktritt vom Vertrag § 437 Abs. 2 BGB | und/ oder | Schadenersatz statt Leistung § 440 BGB | Ersatz vergeblicher Aufwendungen § 284 BGB | Herabsetzung des Kaufpreises (Minderung) § 441 BGB |

Diese Rechte können bei geringfügigen Mängeln nicht geltend gemacht werden!

Eine angemessene Nachfrist **entfällt**, wenn

> der Verkäufer die Nacherfüllung verweigert,
> zwei Nacherfüllungsversuche fehlgeschlagen sind oder
> die Nacherfüllung für den Verkäufer bzw. den Käufer unzumutbar ist.

Auch das **Ausmaß** der **Sachmängel** ist zu berücksichtigen, wenn man wegen einer fehlerhaften Lieferung Rechte geltend machen möchte.

Wenn die Nutzung der Sache erheblich eingeschränkt ist oder sie ist überhaupt nicht möglich, dann handelt es sich um einen **erheblichen Mangel** *(bei einem Navigationsgerät bleibt der Bildschirm dunkel)*.

Wirkt sich der Mangel jedoch auf die vorgesehene Nutzung der Ware nicht aus, dann handelt es sich um einen **geringfügigen Mangel** *(die Rückseite eines Wandregals besteht aus farblich unterschiedlichen Spanplatten)*.

■ Erläuterungen zu den gesetzlichen Gewährleistungsansprüchen

Nacherfüllung

Ein **Nacherfüllungsanspruch** besteht bei **Gattungskäufen** *(serienmäßig hergestellte Produkte wie Zucker, Bekleidung, Handy)* aber auch bei **Stückkäufen** *(Einzelstücke wie Modellkleid, Originalgemälde)*. Allerdings ist es denkbar, dass eine der beiden Möglichkeiten ausscheidet. So ist bei einer gebrauchten Sache oder einem Gemälde eines berühmten Meisters eine Ersatzlieferung ausgeschlossen.

Andererseits scheidet eine Nachbesserung aus, wenn z. B. ein Fernseher durch Implodieren unbrauchbar geworden ist.

Neulieferung (Ersatzlieferung)

Eine **Neulieferung** wird der Käufer immer dann wählen, wenn er günstig eingekauft hat, in der Zwischenzeit die Preise gestiegen sind und vor allem, wenn er sich eine mögliche längere Wartezeit wegen der Reparatur seiner mangelhaften Ware ersparen will.

 Beispiel: Eine defekte Überwachungskamera wird vom Lieferanten gegen eine einwandfreie getauscht.

Von der Ersatzlieferung ist der Kulanzumtausch (meist als Umtausch bezeichnet) zu unterscheiden. Der Kulanzumtausch bezieht sich immer auf fehlerfreie Ware. Er kommt sowohl zwischen Lieferant und Einzelhändler als auch zwischen Einzelhändler und Kunde vor. Die Umtauschfrist kann beschränkt werden und ist häufig in den AGB des Verkäufers geregelt („Umtausch nur innerhalb einer Woche nach Lieferung").

Nachbesserung

Hierbei handelt es sich um die **Mangelbeseitigung** durch den Verkäufer bzw. Hersteller.

 Beispiel: Bei der neuen Scannerkasse lässt sich der Kassenschuber nicht immer öffnen. Der Servicetechniker des Herstellers tauscht das schadhafte Bauteil aus.

Hinweis: Diese Rechte können sowohl beim zweiseitigen Handelskauf, als auch beim Verbrauchsgüterkauf geltend gemacht werden.

Rücktritt vom Kaufvertrag

Dies bedeutet, der Käufer gibt den **Kaufgegenstand** und der Verkäufer den bereits erhaltenen **Kaufpreis** zurück.

 Beispiel: Nach zwei fehlgeschlagenen Reparaturversuchen gibt ein Einzelhändler seine Thekenwaage an den Lieferanten zurück und erhält den bereits geleisteten Kaufpreis erstattet.

Minderung (Herabsetzung des ursprünglichen Kaufpreises)

Der geschlossene **Kaufvertrag** bleibt **bestehen**, jedoch verlangt der Käufer eine dem Mangel entsprechende **Herabsetzung** des **Kaufpreises**.

 Beispiel: Die Textilmarkt-GmbH beschafft 500 Pullis, von denen 100 Stück kleine Webfehler aufweisen. Die Ware ist noch zu verkaufen; die Textilmarkt-GmbH verlangt aber eine Preisreduzierung von 20%.

Die **Höhe** der Preisminderung ist im Gesetz **nicht geregelt** und muss zwischen den Vertragspartnern berechnet und vereinbart werden.

Schadenersatz

Wenn der Schuldner (Hersteller/Händler) seine Pflichten verletzt oder er bei der mangelhaften Ware eine Garantie[1] übernommen hat, kann der Käufer folgende Ansprüche geltend machen, vorausgesetzt, es ist ihm ein nachweisbarer Schaden entstanden.

1. Schadenersatz neben der Leistung (= kleiner Schadenersatz), § 280 BGB.
> Der Käufer will die Sache behalten und besteht auf Mängelbeseitigung, dazu erhält er Ersatz für ihm entstandene Kosten.

 Beispiel: Das Fischgeschäft Neptun erhält eine neue Eismaschine, deren Kühlung nicht funktioniert. Die Folge: Mehrere Tage konnte kein Frischfisch verkauft werden, da Eis zur Kühlung fehlte. Der Lieferant hat die Maschine dann mit zeitlicher Verzögerung noch funktionsfähig machen können. Inhaber Seybold macht Schadenersatz wegen entgangenen Gewinns geltend.

2. Schadenersatz statt der Leistung (= großer Schadenersatz), §§ 280, 282, 440 BGB.
> Der Käufer tritt vom Vertrag zurück und verlangt Schadenersatz. Es ist somit eine Kombination von Rücktritt + Schadenersatz möglich.

---

1 Eine Garantie darf nicht mit der gesetzlichen Sachmängelhaftung verwechselt werden. Durch eine freiwillige Erklärung räumt der Garantiegeber (Hersteller) dem Käufer Ansprüche und Rechte ein, die meist über die gesetzlichen Rechte hinausgehen (Beschaffenheits- und Haltbarkeitsgarantie).

Mangelhafte Warenlieferung (Schlechtleistung)

» **Beispiel:** Trotz zweifacher Nachbesserungsversuche arbeitet die Eismaschine im Fischgeschäft Neptun immer noch nicht einwandfrei und es muss daher vorübergehend auf den
Verkauf von Frischfisch verzichtet werden, da eine sachgerechte Lagerung unmöglich ist.
Herr Seybold tritt deshalb von seinem Kaufvertrag zurück und verlangt Schadenersatz für
den entgangenen Gewinn.

Ersatz vergeblicher Aufwendungen

Anstelle seines Rechts auf **Schadenersatz statt der Leistung** kann der Käufer auch den **Ersatz der
Aufwendungen** verlangen, die er im Vertrauen auf die Erfüllung des Vertrages gemacht hat.

» **Beispiel:** Zur Montage einer Recyclinganlage von Kartonagen im Zentrallager der Wohnwelt GmbH musste ein Fundament gegossen werden. Die Anlage war von Anfang an
funktionsunfähig und nach mehreren erfolglosen Reparaturversuchen trat die Wohnwelt
GmbH vom Kauf zurück. Der Hersteller muss die Kosten für das Fundament übernehmen.

■ AKTION

1 Das Uhren- und Schmuckgeschäft Bessler erhält vom Uhrenhersteller Titanium eine Lieferung
mit Damen- und Herrenarmbanduhren. Bereits vor dem Öffnen der Sendung stellt ein Mitarbeiter von Bessler fest, dass die Verpackung beschädigt ist. Eine nähere Prüfung führt zu
folgendem Ergebnis:

Bessler **Uhren- und Schmuck** **Neuburg**	**WARENEINGANGSPRÜFUNG**
Absender Lieferung: Eingetroffen am:	Uhrenfabrik Titanium 02.20..
Festgestellte Mängel:	*Von 5 bestellten Uhren des Modells Magic-Watch wurden* *nur 4 geliefert.* *Das Gehäuse des Chronometers MAGNUM ist beschädigt.* *3 Damenarmbanduhren sind funktionsuntüchtig.* *Bei den Herrenarmbanduhren wurde anstelle des Typs* *„Special Edition" nur die „Classic"-Version geliefert.*
Geprüft:	12.02.20.. *H. Maier* Datum Name

a) Welche Mängel werden in diesem Prüfungsprotokoll festgehalten?

b) Wie lange hat man bei Bessler Zeit um diese Mängel zu rügen?

c) Ein Jahr später kommt ein verärgerter Kunde in das Uhren- und Schmuckfachgeschäft und
reklamiert eine hochwertige Herrenarmbanduhr, die laut Herstellerangaben für Tauchgänge
bis 10 Meter Wassertiefe bedenkenlos verwendet werden kann. Leider stellte sich bereits beim
ersten Schwimmbadbesuch heraus, dass die Uhr nicht wasserdicht ist. Nachforschungen ergaben, dass die Uhr ebenfalls aus der Lieferung vom 12. Februar 20.. stammte.
Stehen dem Kunden noch Ansprüche aus mangelhafter Lieferung zu?

d) Wie wäre der Sachverhalt unter c) zu beurteilen, wenn ein gut erkennbarer Sprung im Deckel der Uhr die Ursache für ihre mangelnde Dichtigkeit war?

e) Formulieren Sie eine Mängelrüge an den Uhrenhersteller Titanium. Stellen Sie in Ihrem Brief klar, welche Rechte Sie für die einzelnen im Wareneingangsprotokoll festgestellten Mängel geltend machen wollen.

2 Der Wasserbettenhersteller Traumland lieferte an die Wohnwelt GmbH 25 Wasserbetten. Beim Aufbau zur Präsentation in der Möbelausstellung stellte sich heraus, dass das Heizsystem des Bettes nicht funktionierte. Eine Überprüfung der anderen Betten ergab, dass dies bei weiteren fünf Betten der Fall war.

a) Um welche Mangelart handelt es sich?

b) Welche Rechte kann die Wohnwelt GmbH geltend machen?

3 Begründen Sie rechtlich und wirtschaftlich, welche Gewährleistungsansprüche Sie in den folgenden Fällen geltend machen würden:

a) Ein Fachmarkt für Autozubehör erhält von einem Reifenimporteur fabrikneue Reifen, die in Wirklichkeit runderneuert sind. Nach einiger Zeit löst sich bei einem Käufer dieser Reifen eine Reifendecke, und es kommt zu einem Unfall mit erheblichem Sachschaden.

b) Ein Stoffgeschäft bezieht auf Wunsch einer Kundin fünf Meter Anzugstoff bei ihrem Stamm-Großhändler. Bei der Lieferung wird festgestellt, dass der Stoff so grobe Webfehler hat, dass er nicht weiterverarbeitet werden kann. Ein anderer Großhändler könnte schnell und etwas preisgünstiger liefern.

c) Das Furnier eines gelieferten Esstisches ist an zwei Stellen der Tischplatte stark beschädigt. Der Möbellieferant kann keinen gleichartigen Tisch liefern.

d) Von fünf gelieferten Schlafzimmerschränken haben zwei leichte Kratzer im Furnier der Seitenwände.

4 Ein Gemüsehändler kauft für Fahrten zum Großmarkt einen gebrauchten Kleinlaster. Beim Kauf wird ihm versichert, dass noch keine größeren Reparaturen vorgenommen werden mussten. Nach zwei Jahren bricht die Vorderachse. Es stellt sich heraus, dass die Achse wahrscheinlich nach einem Unfall unfachmännisch geschweißt wurde.

5 Sie erhalten die folgende Telefonnotiz Ihrer Kollegin der Wohnwelt GmbH:

Gesprächsnotiz

Wohnwelt GmbH

Telefonat vom: 12.11.20..
Gesprächspartner: Elgro GmbH; Herr Lutz
Gesprächsinhalt: Die gelieferten 15 Kühlschränke für die nachträgliche Montage in die Aktions-Einbauküchen aus dem Auftrag/Lieferschein Nr. 24005 vom 26.09.20.. haben an den Türen starke Kratzer und die Lackierung blättert ab.

Bereiten Sie sich auf einen Anruf mit Herrn Lutz von der Elgro GmbH vor. Erstellen Sie hierzu stichwortartige Notizen, die Ihnen bei dem Telefonat als Orientierung dienen können. Ziel des Gespräches soll sein, dass Sie eine angemessene Lösung des Problems erreichen.

6.2 Lieferungsverzug (Nicht-Rechtzeitig-Lieferung)

Ski und Rodel gut, aber leider fehlt das neue Snowboard! Welche Rechte
stehen einem Kunden zu, wenn die Ware nicht fristgerecht geliefert wird?

■ SITUATION

Das Sportfachgeschäft Action & Fun GmbH wirbt in der Wochenendausgabe der Lokalzeitung für ein preisgünstiges Snowboard, das wegen der regen Nachfrage bereits nach wenigen Tagen ausverkauft ist. Das Sporthaus bestellt daraufhin am 6. November zwanzig weitere Snowboards beim Hersteller, der zusagt, die gewünschten Artikel bis Ende November zu liefern. Ein entsprechendes Bestätigungsschreiben geht der Action & Fun GmbH am 10. November zu.

1. Können Kunden unter Hinweis auf das Zeitungsinserat die Lieferung des Snowboards zum angegebenen Preis verlangen – auch wenn bereits alle vorrätigen Artikel verkauft sind?

2. Beurteilen Sie die Rechtslage, wenn am 4. Dezember die Snowboards immer noch nicht vom Hersteller an das Sportfachgeschäft ausgeliefert wurden (§§ 276, 286 BGB).

3. Nachdem die Snowboards am 8. Dezember immer noch nicht eingetroffen sind, schlägt ein junger Sachbearbeiter des Sporthauses vor, vom Vertrag zurückzutreten. Prüfen Sie, ob die Action & Fun GmbH von diesem Recht zum jetzigen Zeitpunkt Gebrauch machen kann. Schlagen Sie alternative Lösungen vor (§§ 286, 323 BGB).

   Nutzen Sie die Gesetzeshinweise als Lösungshilfe.

■ INFORMATION

Im Kaufvertrag hat sich der Lieferant verpflichtet, die bestellte Ware rechtzeitig, d. h. termingerecht, zu liefern. Liefert er schuldhaft nicht rechtzeitig, befindet sich der Verkäufer im Lieferungsverzug. Dies gilt aber nur unter der Voraussetzung, dass die Leistung (Warenlieferung) noch möglich ist.

■ Häufige Ursachen für den Lieferungsverzug

Problem:

Der Verkäufer erbringt seine Leistungen zu spät.

Ursachen:

> Fehler in der Auftragsbearbeitung

> Produktionsschwierigkeiten infolge von Streiks und Lieferengpässen bei Rohstoffen und Bauteilen

> Verzögerungen beim Transport

> falsche Einschätzung der Produktions- bzw. Liefermöglichkeiten (zu hoher Auftragsbestand)

■ Voraussetzungen des Lieferungsverzugs

Der **Lieferer** kommt unter **zwei Voraussetzungen** in Verzug.

Nichtlieferung trotz Fälligkeit

Lieferzeit ist nicht bestimmt

Wenn im Kaufvertrag keine bestimmte Lieferzeit vereinbart ist, kann der Käufer auf einer sofortigen Lieferung bestehen (§ 271 BGB). Dabei sind die in der jeweiligen Branche geltenden Bedingungen zu beachten (Lagerware, Beschaffung im Ausland).

Damit der **Verkäufer** in **Verzug** gesetzt wird, muss er vom **Käufer** nach Eintreten der Fälligkeit **gemahnt** werden (Aufforderung zur Lieferung). Diese **Mahnung** ist an keine bestimmte Form gebunden, muss aber inhaltlich eindeutig den Verkäufer zur Lieferung auffordern.

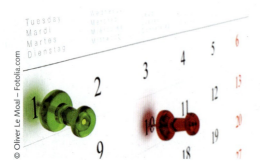

© Oliver Le Moal – Fotolia.com

Lieferzeit ist kalendermäßig bestimmt oder bestimmbar

Ist die **Lieferzeit** unmittelbar **bestimmt** (Lieferung bis spätestens 28.11.20.. , Lieferung in KW 24) oder mittelbar kalendermäßig **bestimmbar** (Lieferung drei Wochen nach Bestellung), so kommt der Verkäufer auch **ohne Mahnung** in Verzug.

Verantwortlichkeit des Schuldners (Verschulden)

Der Lieferant kommt nur in Verzug, wenn er vorsätzlich oder fahrlässig (§ 276 BGB) die Verzögerung der Leistung zu vertreten hat (§ 285 BGB). Kein Verschulden liegt nach herrschender Rechtsprechung z. B. bei Erkrankung des Schuldners oder höherer Gewalt (Naturkatastrophe) vor. Der Warenschuldner kommt ohne Verschulden in Verzug, wenn es sich bei dem Kaufgegenstand um eine Gattungsware handelt.

■ Rechte des Käufers bei Lieferungsverzug

Ohne Einräumung einer Nachfrist durch den Kunden

Rechte des Käufers	Anwendungsfälle	Beispiele
› **Lieferung der Ware verlangen (§ 433 BGB)**	Der Kaufgegenstand wird dringend benötigt und kann von keinem anderen Lieferanten bezogen werden.	Die Markenkleidung eines bestimmten Herstellers lässt sich besonders gut verkaufen. Es ist in diesem Fall nicht sinnvoll, auf vergleichbare Produkte eines anderen Herstellers auszuweichen.
› **Lieferung der Ware verlangen und Verzugsschaden in Rechnung stellen (§§ 280, 286 BGB)**	Durch die verspätete Lieferung ist ein Verzögerungsschaden entstanden, den der Kunde dem Verkäufer in Rechnung stellt. Typische Verzugsschäden sind Anwalts- und Prozesskosten und der Ersatz eines entgangenen Gewinns (§ 252 BGB).	Um den unpünktlichen Hersteller mit Nachdruck auf dessen Lieferverpflichtung hinzuweisen, beauftragt das Spielwarengeschäft Kinderwelt einen Rechtsanwalt. Die hierfür anfallenden Kosten sowie den entgangenen Gewinn infolge des Umsatzausfalls der nicht rechtzeitig gelieferten Spielwaren stellt sie dem Hersteller in Rechnung.

Nach Ablauf einer angemessenen Nachfrist

Befindet sich der Verkäufer in Verzug, so kann ihm vom Kunden eine letzte Frist zur Erfüllung seiner Lieferverpflichtung gesetzt werden. Als **angemessen** gilt eine **Nachfrist**, wenn der Lieferant der Ware in diesem Zeitraum noch die Möglichkeit hat die Ware zu liefern, ohne diese erst bei seinem Lieferanten zu beschaffen oder anfertigen zu lassen. Die Länge der Nachfrist ist branchenabhängig. Nach Ablauf der Nachfrist stehen dem Käufer folgende Rechte zu:

Rechte des Käufers	Anwendungsfälle	Beispiele
› **Rücktritt vom Vertrag (§ 323 BGB)** und/oder	Die bestellte Ware kann bei einem anderen Lieferanten preisgünstiger beschafft werden oder es ist zwischenzeitlich ein qualitativ besseres Produkt auf den Markt gekommen.	Die Reinbach GmbH teilt dem in Verzug befindlichen PC-Großhändler mit, dass sie vom Vertrag zurücktritt und die Lieferung ablehnt, weil sie technisch gleichwertige Geräte bei einem anderen Lieferanten günstiger einkaufen kann.

Rechte des Käufers	Anwendungsfälle	Beispiele
› **Schadenersatz statt der Leistung** (§ 281 BGB)	Um seinen eigenen Lieferverpflichtungen nachzukommen und eventuellen Regressansprüchen seiner Kunden bzw. einer möglichen Rufschädigung zuvorzukommen, nimmt der Käufer einen Deckungskauf vor, d. h., er erwirbt die nicht gelieferten Waren bei einem anderen Hersteller und stellt dem bisherigen Verkäufer eine anfallende Preisdifferenz in Rechnung.	Falls das Ziegelwerk die bestellten 1.000 Ziegelsteine auch nach Ablauf der Nachfrist nicht zum vereinbarten Preis von 3,00 €/St. liefert, erwirbt die All-Bau GmbH diese Baustoffe bei einem anderen Hersteller für beispielsweise 4,00 €/St. und verlangt vom ursprünglichen Lieferanten den Preisunterschied von 1.000,00 € zuzüglich sonstiger Kosten.

Sonderfälle

Fixkauf

Beim Fixkauf hat die Einhaltung des Liefertermins einen besonders großen Stellenwert. Dies wird durch den Zusatz „fix" oder „fest" neben dem Liefertermin dokumentiert *(Lieferung bis spätestens 20. Oktober 20.. fix)*.

Erfolgt die Lieferung bei einem Fixkauf zwischen zwei Kaufleuten (handelsrechtlicher Fixkauf §376 HGB) nicht rechtzeitig, kann der Käufer wahlweise folgende Rechte geltend machen:

› Erfüllung des Kaufvertrags;

› Rücktritt vom Vertrag ohne Nachfrist und ohne Rücksicht auf Verschulden;

› Schadenersatz wegen Nichterfüllung, sofern die Nichteinhaltung des Termins verschuldet ist.

Zweckkauf (§§ 286 Abs. 2, 326 Abs. 2 BGB)

Eine Nachfrist ist ebenfalls entbehrlich, wenn die verspätete Lieferung für den Käufer uninteressant geworden ist.

 Beispiel: Eine nicht fristgerechte Lieferung von Blumen nach dem Mutter- bzw. Valentinstag macht für das Blumenfachgeschäft keinen Sinn mehr.

■ Bestimmung des Verzugsschadens

Während der durch einen **Deckungskauf** entstehende Schaden relativ leicht anhand der Kaufbelege berechnet werden kann, treten bei der Ermittlung des **entgangenen Gewinns** erhebliche Probleme auf, weil der Schadensumfang auf angenommenen Größen (geschätzter Umsatz- und Gewinnrückgang) beruht, die der geschädigte Gläubiger beweisen muss. Um den Liefertermin sicherzustellen und eventuelle Probleme bei der Schadensermittlung zu vermeiden, wird in der Praxis häufig bei Vertragsabschluss eine **Konventionalstrafe** für den Fall vereinbart, dass die Leistung nicht rechtzeitig erbracht wird.

Diese Strafe ist auch dann zu zahlen, wenn kein Schaden entstanden ist.

 Beispiel: Falls das neue Einkaufszentrum nicht zum geplanten Termin fertig gestellt wird, muss der Generalunternehmer für jeden Tag, der über dem vereinbarten Termin liegt, 10.000 € bezahlen.

■ Muster für Kerntext wegen Lieferungsverzugs

Lieferungsverzug   17.04.20..

… Meine Bestellung vom 13.01.20.. über 200 Bikinis mit Liefertermin 15.04. haben Sie zwar
bestätigt, aber bis heute die Ware nicht ausgeliefert. Sie befinden sich damit im Lieferungsverzug.
Da ich die Ware wegen des Frühsommergeschäfts dringend benötige, setze ich Ihnen eine Nachfrist von 14 Tagen. Sollte bis dahin keine Lieferung erfolgt sein, werde ich einen Deckungskauf
vornehmen müssen. Für diesen Fall behalte ich mir das Recht vor, Schadenersatz wegen Nichterfüllung geltend zu machen …

■ AKTION

1 Prüfen und begründen Sie, ob sich der Verkäufer in folgenden Fällen im Lieferungsverzug
befindet:

a) Die Profunda GmbH, ein bekannter Küchenhersteller, liefert eine nach Maß angefertigte
Einbauküche am 10. Juni bei der Wohnwelt GmbH ab, obwohl im Kaufvertrag als Liefertermin „noch im Laufe des Mai" vereinbart wurde. Nachforschungen ergaben, dass Unstimmigkeiten in der Fertigungsplanung die Ursache für die verspätete Lieferung waren.

b) Der Discounter Omnia erhält eine am 12. Januar bestellte Sendung mit Wurstkonserven am
8. Februar. Ein konkreter Liefertermin wurde nicht vereinbart. In der Vergangenheit war allerdings eine Lieferzeit von einer Woche üblich, die bei diesem Auftrag wegen Problemen in
der Urlaubsplanung der Mitarbeiter der Fleisch- und Wurstfabrik überschritten wurde.

c) Wegen anhaltender Regenfälle dringt das ansteigende Hochwasser in die Lagerhallen der
Papierwerke Tiefenbronn ein, die deshalb einen Auftrag über 80 Pakete Druckerpapier erst
mit einer Verspätung von einem Monat ausführen können.

2 Der italienische Hersteller von Herrenbekleidung Toskanino gilt in der Branche als unzuver-
lässiger Geschäftspartner. Viele Abnehmer akzeptieren die ständigen Überschreitungen der
vereinbarten Liefertermine nur wegen der hervorragenden Qualität der Produkte des Her-
renausstatters. Wieder einmal werden für das Herrenfachgeschäft Mann-o-Mann 20 Anzüge
„von der Stange" zum Preis von jeweils 300 € und 3 Maßanzüge für jeweils 1.200 € nicht
pünktlich geliefert. Auf Nachfrage erklärt die Fa. Toskanino, dass ein überraschender Mitar-
beiterwechsel sowie die gute Auftragslage die Verzögerung verursacht haben.

Der vereinbarte Liefertermin wurde bereits um 2 Wochen überzogen. Nach der bisherigen Um-
satzstatistik hätte man bei Mann-o-Mann in diesem Zeitraum bereits die Konfektionsanzüge mit
einem Gewinn von 20 % des Einkaufspreises veräußern können. Die Stammkunden, die sich die
Maßanzüge anfertigen ließen, sind ebenfalls schon verärgert. Sie bestehen allerdings auf ihrem
Toskanino-Anzug und wollen unter keinen Umständen auf ein anderes Fabrikat ausweichen.

a) Von welchen Rechten soll Mann-o-Mann im vorliegenden Fall Gebrauch machen?

b) Wie hoch ist der Verzugsschaden?

c) Formulieren Sie einen Brief, in dem Sie dem Hersteller Toskanino eine Nachfrist von 2
Wochen setzen und weitere rechtliche Schritte in Aussicht stellen. Angaben: Bestellung
vom 15. Juni 20..; Auftragsbestätigung vom 20. Juni 20...

d) Wie verhalten Sie sich, wenn nach Ablauf der Nachfrist die Konfektionsanzüge immer noch
nicht eingetroffen sind und Artikel mit vergleichbarer Qualität bei einem süddeutschen
Hersteller für 400 € je Anzug angeboten werden?

3 Begründen Sie in den folgenden Fällen, von welchem Recht beim Lieferungsverzug Sie Gebrauch machen würden: – bei der bestellten Ware ist in der Zwischenzeit eine Preissenkung eingetreten, – die Ware wurde extra für Sie angefertigt, – es handelt sich um Saisonartikel, – die Ware musste nach Ablauf der von Ihnen gesetzten Nachfrist anderweitig beschafft werden.

4 Beurteilen Sie das folgende Mahnschreiben. Notieren Sie, was Ihnen negativ auffällt und entwerfen Sie eine verbesserte Version.

Lieferungsverzug – Unsere Bestellung Nr. 8899 vom 10.03.20XX
Sehr geehrte Damen und Herren,
wir nehmen Bezug auf die o. g. Bestellung und müssen Ihnen leider mitteilen, dass die Warenpräsenter mit über einer Woche Verspätung bei uns eingegangen sind. Wir haben bereits in unserer Bestellung ausdrücklich darauf hingewiesen, dass eine rechtzeitige und pünktliche Lieferung von größter Wichtigkeit ist, da auch unser Kunde uns einen sehr knappen Liefertermin gesetzt hat. Da wir nun vom Kunden mit einer Konventionalstrafe belegt wurden, werden wir Ihnen den Betrag von 2.000 € in Rechnung stellen.
Ihrer Antwort sehen wir mit Interesse entgegen.
Mit freundlichen Grüßen

---

5 Die Reinbach GmbH bietet Bürobedarf und Computerzubehör mit mehreren Filialen in Neuburg und Umgebung an. Zur Eröffnung der neuen Filiale in Altbach wurden bereits Werbeflyer mit dem Eröffnungsangebot an alle Haushalte verteilt und auch Zeitungsanzeigen geschaltet. Kopierpapier bezieht das Unternehmen seit Jahren erfolgreich vom Papiergroßhändler Abele AG in Massenheim. Als Sachbearbeiter im Einkauf der Reinbach GmbH haben Sie dort 500 Pakete Kopierpapier bestellt. Andere Anbieter vergleichbaren Kopierpapiers sind um 20 % teurer als die Abele KG.

Reinbach GmbH	**Eröffnungsangebot**	**Filiale Altbach**
	nur am 10.05.20..	

Kopierpapier 500 Blatt, weiß, DIN A4, 80g/qm, chlorfrei **für 1,00 EUR**

Papierwarengroßhandlung Abele KG

Reinbach GmbH	Sachbearbeiter/Zeichen:	Müller/Mü
77777 Neuburg	Telefon/Telefax:	07889 554466
Telefax 07889 554468	Datum:	22.04.20..

Telefax-Mitteilung   Bitte sofort vorlegen!

Auftragsbestätigung

Sehr geehrte Damen und Herren,

vielen Dank für Ihre Bestellung vom 20.04.20.. über 500 Pakete Kopierpapier à 500 Blatt, weiß, DIN A4, 80g/qm, chlorfrei, Best.-Nr. 9738.

Die Lieferung erfolgt wie gewünscht zum 27.04.20.. frei Haus.

Mit freundlichen Grüßen

Abele KG

i. V. Müller

Müller

    Papierwarengroßhandlung Abele KG, 55557 Massenheim, Telefax-Nr. 05231 562713

Nachdem bisher keine Lieferung erfolgte, versuchen Sie heute, am 02.05.20.. telefonisch beim Lieferanten „nachzufassen". Entwerfen Sie ein stichwortartiges Konzept für das Telefonat.

7 Lagerhaltung

7.1 Aufgaben der Lagerhaltung

Ware lagern — warum, wo und wie?

■ SITUATION ■

Mittwoch, 12:30 Uhr in der Kantine des Multi-Visions-Marktes. Nach dem Essen entwickelt sich bei Cola und Kaffee eine erregte Diskussion zwischen Melanie Klein aus dem Einkauf für Computerzubehör, den Verkäufern Andreas und Martin sowie Herrn Flaig dem Logistikleiter.

Andreas: „Warum klappt zurzeit fast nichts beim Warennachschub! Seit wir nur noch ein kleines Handlager haben, gibt's nur Probleme!"

Herr Flaig: „Sie wissen doch Andreas, wir haben jetzt das neue Zentrallager in Köln. Halten Sie sich an den vorgeschriebenen Weg für die Warenbestellungen."

Martin: „Aber das funktioniert doch auch nicht so recht, bei den häufigen Ausfällen der EDV haben wir das reinste Chaos! Erklären Sie mal Kunden, dass der Computer schuld sein soll, wenn es Probleme gibt!"

Frau Klein: „Also ich finde das neue System gut, ich kann jetzt endlich sofort auf dem PC nachsehen, was bestellt werden muss."

Andreas: „Wenn wir schon beim Bestellen sind, Melanie, in letzter Zeit beklagen sich immer mehr Kunden, dass Ware ausgegangen ist. Gerade bei Druckerpatronen haben wir enorme Probleme."

Frau Klein: „Ich weiß, aber wir bestellen nur einmal die Woche und da kann es schon mal passieren, dass es einige Tage Präsenzlücken gibt. Außerdem arbeiten die im Zentrallager in Köln recht langsam."

Martin: „Als Verkäufer wünsche ich mir ohnehin große Lagerbestände, denn dann kann ich Kundenwünsche erfüllen und mache gute Umsätze."

Herr Flaig: „Mein lieber Freund, weißt Du eigentlich, was eine solche Lagerhaltung für Kosten verursachen würde?"

Martin: „Wieso Kosten? Das Lager ist doch da, egal ob es halb oder ganz gefüllt ist?"

Frau Klein: „Na Martin, in der Schule hast Du wohl beim Kapitel Lagerhaltung gefehlt oder? Oh je, meine Pause ist vorbei, Tschüss!"

1. Welche Lagerarten gibt es beim Multi-Visions Elektronik-Fachmarkt?
2. Nennen Sie die Aufgaben der Lagerhaltung und ordnen Sie diese nach dem Grad der Wichtigkeit. Begründen Sie Ihre Entscheidung.
3. Worin besteht Martins Fehler bei seinen Überlegungen hinsichtlich der zu lagernden Warenmenge?
4. Warum werden die Druckerpatronen nicht direkt beim Hersteller bestellt?

■ INFORMATION

© QVC, Düsseldorf

Abb. Hochregallager

Das Lager ist der Ort, an dem Waren vor dem Verkauf aufbewahrt werden. Eine Lagerhaltung ist notwendig, da kein Händler verlässlich voraussagen kann, welche Ware, zu welchem Zeitpunkt und in welcher Menge von seinen Kunden nachgefragt wird. Die Lagergröße reicht vom Nebenraum in einem kleinen Schreibwarenfachgeschäft bis zum riesigen Zentrallager eines Möbelhaus- oder Lebensmittelfilialisten.

■ Lagerhaltung sichert die Verkaufsbereitschaft

Im Idealfall sollten alle Kundenwünsche sofort erfüllt werden können. Eine **hohe Verkaufsbereitschaft** vermeidet Schwierigkeiten, die sich bei langer Lieferzeit, Produktionsproblemen und Transportschwierigkeiten durch die Lieferanten ergeben könnten. Auch Nachfrageschwankungen, die saisonbedingt oder aufgrund modischer Einflüsse entstehen, werden durch eine hohe Verkaufsbereitschaft ausgeglichen. Eine hohe Verkaufsbereitschaft bedeutet aber auch eine **hohe Kapitalbindung**, d. h., im Warenlager ist viel Geld gebunden. Aus Kostengründen sollte daher ein Ausgleich zwischen hoher Kapitalbindung einerseits und hoher Verkaufsbereitschaft andererseits geschaffen werden.

>> **Beispiel:** Ein Warenhauskonzern lagert seine Aktionsware für das Weihnachtsgeschäft bereits ab August. Da die Waren aus Fernost importiert werden, erfolgte die Bestellung so rechtzeitig, dass es auch bei Liefer- und Transportschwierigkeiten nicht zu Engpässen kommen kann.

■ Lagerhaltung führt zu Preisvorteilen bei der Beschaffung

Einkauf großer Mengen → Es können erhebliche Preisnachlässe gewährt werden. Einsparung von Transport- und Verpackungskosten.

>> **Beispiel:** Ein Großhändler gewährt seinen Kunden ab einem Warenwert von 5.000 € fünf Prozent Rabatt und übernimmt voll die Transport- und Verpackungskosten.

Zeitlich früh einkaufen → Vermeidung möglicher Preiserhöhungen.

>> **Beispiel:** Ein Baustoffhändler erwartet in den nächsten sechs Monaten erhebliche Preiserhöhungen bei Zement. Er deckt seinen gesamten Jahresbedarf durch einen Großauftrag.

Günstigen Zeitpunkt wählen	→	Bei geringer Nachfrage und wenn der Lieferant seine Lager räumen möchte.	**»** **Beispiel:** Zum Ende der Saison hat ein Schuhhersteller noch Restposten. Er bietet sie besonders günstig an.
Lagerfunktion für den Lieferanten übernehmen	→	Saisonware zu frühem Zeitpunkt übernehmen, der Lieferant spart Lagerkosten.	**»** **Beispiel:** Ein Hersteller für Oberbekleidung gewährt ein verlängertes Zahlungsziel, wenn die Winterkollektion bereits ab August geliefert werden kann.

■ Lagerhaltung ermöglicht Verkauf unabhängig vom Zeitpunkt der Herstellung

Nur ausnahmsweise fallen der Herstellungszeitpunkt einer Ware und ihre Verwendung bzw. ihr Gebrauch zeitlich zusammen. Fast immer liegt ein Zeitraum dazwischen. In vielen Branchen wird nicht jeder Artikel das ganze Jahr über produziert, sondern es erfolgen eine oder mehrere Großserienfertigungen. Bei anderen Waren ist die Produktion von der Vegetationsperiode bestimmt (Tiefkühlkost). Da die Kunden aber über das ganze Jahr einkaufen möchten, ist eine Lagerhaltung für solche Artikel unbedingt notwendig.

© Robert Kneschke – Fotolia.com

» **Beispiel:** Eine Porzellanfabrik fertigt bestimmte Speiseservice nur zweimal im Jahr.

■ Lagerhaltung kann die Qualität und den Verkaufswert der Waren erhöhen

Durch eine bestimmte Behandlung der Ware können Qualität und Verkaufswert erhöht werden. Den weitaus größten Teil seiner Waren bezieht der Einzelhandel jedoch verkaufsfertig.

» **Beispiel:** Durch Lagerung erhöht sich die Qualität fabrikneuer Autoreifen. Zusammenstellung von Bonbon- oder Pralinenmischungen in einem Süßwarengeschäft. Lagerung von Obst und Gemüse, das erst nach einer gewissen Zeit die volle Qualität und den besten Geschmack erreicht.

■ AKTION

1 Bei welchen Artikeln Ihres Ausbildungssortiments ist eine hohe Verkaufsbereitschaft notwendig, bei welchen empfiehlt es sich nicht?

2 Unter welchen Umständen sollte ein Einzelhändler auf Preisvorteile beim Wareneinkauf durch Lagerhaltung verzichten?

3 Nennen Sie Artikel, die während der Lagerzeit ihre Qualität verbessern.

7.2 Warenlagerung außerhalb des Verkaufsraumes

Kein Platz im Lager! Wohin mit der Aktionsware?

■ SITUATION

© Robert Kneschke – Fotolia.com

Haushaltwaren Offermann hat zum hundertjährigen Bestehen des Unternehmens größere Posten Gläser und Teller eingekauft. Sechs Wochen vor Beginn des großen Jubiläumsverkaufs wird die Ware geliefert. Bei der Einlagerung zeigt sich schnell, dass alle vom Lagerplan dafür vorgesehenen Plätze belegt sind. Die Auszubildende Sabine schlägt ihrem Chef vor, die Waren einfach dort zu lagern, wo es freie Lagerplätze gibt.

1. Ist Sabines Vorschlag sinnvoll?
2. Herrn Müller, Berater beim Einkaufsverband „Haus und Heim" schlägt Sabine bei dessen Besuch im Geschäft vor, dass die Ware doch erst kurz vor dem benötigten Zeitpunkt geliefert werden sollte.

   › Welche Vorteile verspricht sich Sabine davon?
   › Ist eine solche Warenbelieferung im Einzelhandel überhaupt möglich?

■ INFORMATION

■ Reservelager

© Guido Adolphs

Bis auf ganz wenige Ausnahmen *(kleiner Kiosk)* kommt der stationäre Handel nicht ganz ohne zusätzliche Lagerflächen aus.

Meist dient ein **Nebenraum** als sogenanntes **„Reservelager"** (Handlager). Es wird hauptsächlich zur Ergänzung der Bestände im Verkaufsraum benutzt, dient aber auch zu verkaufsvorbereitenden Aufgaben *(Auspacken, Auszeichnen, Umpacken)*.

Abb. Reservelager im Supermarkt

Aufgaben und Funktion des Reservelagers

„Schleusenfunktion" beim Wareneingang.

» Kontrolle bei der Anlieferung, Preisauszeichnung, Aufnahme der Artikeldaten in das Warenwirtschaftssystem, Vorbereitung für den Verkauf *(Umpacken, Mischen).*

Vorratshaltung von Standardartikeln, die über längere Zeiträume angeboten werden können, nicht leicht verderben oder keiner Mode unterworfen sind.

» Konserven, Getränke, Unterwäsche, Hausschuhe

Aufbewahrung von Waren, die vor Verkaufsbeginn geliefert wurden oder saisonbedingt nicht nachgefragt werden.

» Modische Saisonware oder Wintersportartikel, die schon im Sommer geliefert wurden; Weihnachtsschmuck.

Aufbewahrung von Aktionswaren bis zum Verkaufsbeginn.

» Waren für bestimmte Verkaufsaktionen *(Italienische Woche, Weihnachtsmarkt, Jubiläumsverkauf).*

■ Zentrallager und Warenverteilzentren

Neben den Versendern (Internethandel, Versandhandel) verfügen auch die Großbetriebsformen des Ladenhandels *(Warenhauskonzerne, Filialunternehmen)* über große Lagerflächen, von denen sie aus ihre Verkaufsstellen mit Waren versorgen. Bei der **Zentrallagerung** werden alle Verkaufsstellen von einem großen Lager aus beliefert. Das spart Kapitalbindungskosten, da Sicherheitsbestände nur für ein Lager vorgehalten werden müssen. Nachteilig sind mögliche Lieferverzögerungen wegen längerer Transportwege. Die
Warenverteilzentren (dezentrale Lagerung) haben den Vorteil der kürzeren Transportwege und der Kundennähe. Ein Nachteil sind hohe Investitions- und Fixkosten, da mehrere Lager unterhalten werden müssen. Da Lagerhaltung Kapitalbindung bedeutet, versucht der Handel durch **Just-in-time-Konzepte** (Bereitstellung der Ware in der richtigen Menge und zum richtigen Zeitpunkt) Lagerkosten zu minimieren und auf die Hersteller abzuwälzen. Durch **Cross-Docking** und **Efficient Consumer Response** (ECR) versuchen Großunternehmen, besonders aus der Lebensmittel-, Drogerie- und Kosmetikbranche, dies zu erreichen.

Abb. Verteilzentrum einer Drogeriemarkt-Kette

Just-in-time-Belieferung

Um Lagerkosten einzusparen, wird auch im Handel versucht, dieses in der Industrie weit verbreitete Logistik-Konzept anzuwenden.

Ziel ist es, einen Teil der Lagerkosten auf die Hersteller abzuwälzen und damit, aufgrund der geringeren Kapitalbindung, die dadurch freigesetzten Mittel produktiv zu nutzen.

© Marco2811 – Fotolia.com

Erst in Ansätzen verwirklicht: Just-in-time-Belieferung im Einzelhandel

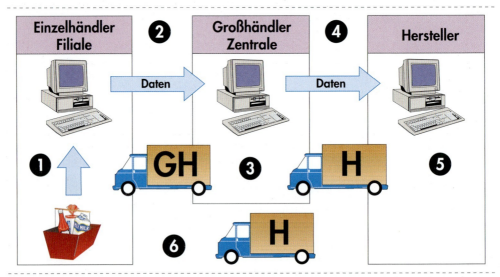

(1) Am POS (Point of sale) werden die Verkaufsdaten mit dem Warenwirtschaftssystem erfasst. Das System erstellt Bestellvorschläge und übermittelt diese Daten **(2)** an den Großhändler bzw. das Zentrallager des Filialunternehmens. Vorhandene Ware wird kommissioniert und **(3)** unverzüglich an den Händler/Filiale ausgeliefert. Artikel, die nicht sofort lieferbar sind, werden **(4)** mit Datenfernübertragung beim Hersteller disponiert. Dieser liefert entweder über den Großhandel/Zentrale **(5)** an den Einzelhändler/Filiale oder **(6)** direkt über Strecke.

Cross-Docking

Unter Cross-Docking versteht man die **Durchschleusung** von Waren durch zentrale oder dezentrale Verteilzentren eines Händlers. Die Hersteller liefern Waren an den Eingangsrampen der **Verteilzentren** an, dort erfolgt eine filialbezogene Kommissionierung (Zusammenstellen der Filialbestellungen), anschließend wird neu verladen und an die **Filialen** weitertransportiert. Puffer- und Sicherheitsbestände können weitgehend entfallen.

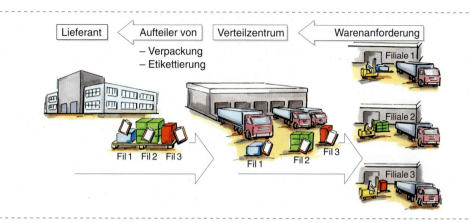

Abb. Cross-Docking (Quelle: SAP AG, Warenwirtschaftssystem R/3)

Teilweise wird die Ware vom Hersteller bereits filialweise zusammengestellt, sodass im Verteilzentrum ein Aus- und Umpacken der Ware aus Versandpackungen entfällt.

Neben der **Einsparung** von **Lagerhaltungskosten** bietet dieses Anlieferungssystem weitere **Vorteile:**

› Filialen werden weniger angefahren	Einsparung von Transportkosten, Umweltschutz.
› Filialen werden nach Bedarf angefahren	Bessere Abstimmung mit den Abverkäufen.
› Personal der Filialen wird entlastet	Verkaufsvorbereitende Maßnahmen werden im Warenverteilzentrum zentral erledigt.
› Lieferanten sparen Kosten	Durch den Wegfall der Filialbelieferung entfallen Transportkosten.

■ Efficient Consumer Response (ECR) – Kundennutzen steigern und Kosten senken

Diese aus dem Lebensmittelbereich der USA stammende Strategie heißt ins Deutsche übersetzt **„Effiziente Reaktion auf die Kundennachfrage"**. Hauptzielsetzung ist eine enge Zusammenarbeit von Lieferanten, Verteilern (Handel) und den Verbrauchern von Waren. Es soll **sichergestellt** werden, dass das, was der **Kunde braucht** und **wünscht**, zum richtigen **Zeitpunkt**, in ausreichenden **Mengen** und zum besten **Preis** im Markt zu bekommen ist. Dadurch will man einen erhöhten Kundennutzen schaffen, der die Kundenbindung an das Unternehmen festigt.

Im Rahmen einer ECR-Strategie gilt es, den Warenfluss einerseits und den dazu gehörenden Informationsfluss andererseits effizient zu organisieren. Dies geschieht durch das sogenannte **Supply-Chain-Management** (supply-chain = Lieferkette). Als ein wesentliches Ziel wird dabei eine Reduzierung der Kosten angestrebt, die durch Transport und vor allem durch die Lagerhaltung verursacht werden. Man will dies durch einen möglichst kontinuierlichen Warenfluss zwischen Lieferern, Einzelhandel und Endverbrauchern erreichen. Voraussetzung für den Erfolg dieser Strategie ist ein schneller, aktueller und genauer Informationsfluss zwischen den Partnern. Dazu eignet sich besonders der elektronische Geschäftsverkehr (EDI), (vgl. Kap. 5.2, S. 144).

Er erleichtert einen **nachfragegesteuerten Warennachschub.** Im Lebensmittelfilialhandel werden dazu z. B. die benötigten Nachschubmengen auf der Grundlage täglicher Abverkaufszahlen bestimmt *(Scanning am POS)* und so zeitnah wie möglich den Auftraggebern (Filialen) zugestellt. Ein weiteres Ziel ist die Vermeidung von leeren Lagern beim Handel.

So wird z. B. im Textileinzelhandel großer Wert darauf gelegt, dass Standardartikel (Basics) stets verfügbar sein müssen *(NOS-Ware → „Never out of stock" = „darf niemals ausgehen").*

Abb. ECR im Textilfachhandel

■ Lagerorganisation in Zentrallagern und im Reservelager

Einlagerungsprinzipien

© onlinebewerbung – Fotolia.com

Je nach Art der Ware gilt für die Lagerung grundsätzlich das Prinzip: **Neue Ware immer hinter alte Ware setzen!** Auf diese Weise wird gewährleistet, dass die ältere Ware zuerst in den Verkauf kommt **(Fifo-Prinzip: First in, first out).** Das ist z. B. bei Lebensmittelkonserven von Bedeutung oder bei Getränken.

Von großer Bedeutung ist ein **Lagerplan.** Er gibt eine Übersicht über alle Waren, die im Lager vorhanden sind. Wichtig sind Angaben zur Lagerstelle, dem Einlagerungsdatum und der gelagerten Menge. Außerdem kann im Lagerplan die günstigste Zugriffsmöglichkeit (kürzester Weg) angegeben werden.

Ein korrekt geführter Lagerplan sichert eine schnelle Einlagerung und die zur Auslagerung in die Verkaufsräume vorgesehenen Artikel können schnell gefunden werden.

Bei automatisierten Lagern dient die Code-Nummer der Lagerstelle als Steuerungsmittel für das Ein- und Auslagern.

Lagereinrichtung

Die **Einrichtung der Lagerräume** hängt vor allem davon ab, zu welcher **Branche** der jeweilige Einzelhandelsbetrieb gehört. Die **Waren** können **liegend** *(Haushaltwaren)*, **gestapelt** *(Konserven)* oder auch **hängend** *(Textilien)* aufbewahrt werden.

Im Einzelhandel ist das **Regallager** am gebräuchlichsten. Der Investitionsbedarf ist relativ gering; Wartungsbedarf und Störanfälligkeit sind kaum gegeben. In **Großbetriebsformen** des Handels gibt es daneben das **Palettenregallager** *(Waren werden von der Palette im Verkauf angeboten)* sowie **Hochregallager** *(Zentrallager eines Lebensmittelfilialisten)*.

Diese können eine Höhe bis zu 45 m erreichen. Sie benötigen wenig Personal, weil vieles automatisiert abläuft. Allerdings muss viel Kapital in den Bau und Betrieb investiert werden. Daher lohnen sich solche Lager nur bei einem hohen Lagerumschlag.

Die **Einteilung des Lagers** kann erfolgen

nach dem Material, z. B. Baumwoll-Seidenstoffe

nach der Warenart z. B. Kleinteile

nach besonderen Eigenschaften, z. B. Licht-, Feuchtigkeitsempfindlichkeit, Zerbrechlichkeit

nach Größen, Farben, Mustern, Preislagen

nach der Häufigkeit der Entnahme: Häufig gebrauchte Artikel werden in der Nähe der Ausgabestelle gelagert

nach dem Gewicht: Schwere Gegenstände werden zu ebener Erde, leichte Waren in höheren Stockwerken oder Fächern untergebracht

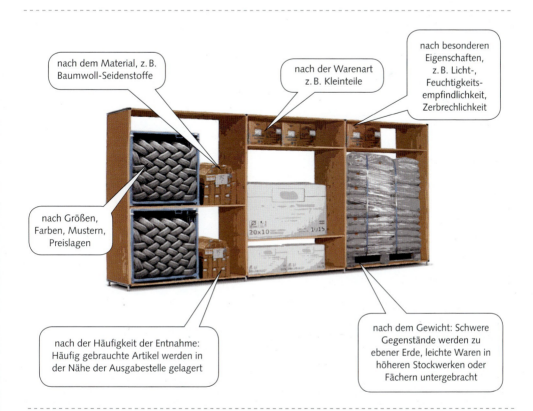

Belegung leerer Lagerflächen

Bei Waren, die nicht im Verkaufsraum direkt, sondern zuerst in separaten Lagerräumen gelagert werden, sind zwei unterschiedliche **Einlagerungssysteme** möglich:

Systematische Lagerplatzordnung (Festplatzsystem)

Alle gelagerten Waren werden nach einem **festen** Lagerplatznummernsystem platziert, d. h., ein bestimmter Artikel liegt immer am selben Lagerort. Bei dieser Art der Einlagerung sollen die Wege möglichst kurz gehalten werden. So werden Waren, die oft benötigt werden, in den vorderen Regalen gelagert. Jeder Mitarbeiter weiß außerdem, wo sich die Waren befinden.

Allerdings ist durch die feste Platzreservierung für jede einzelne Ware ein hoher Lagerraumbedarf erforderlich. Wenn die entsprechende Ware fehlt, bleibt der Lagerplatz ungenutzt und kann für andere Waren nicht verwendet werden.

Chaotische Lagerplatzordnung (Freiplatzsystem)

Eingehenden Waren wird durch die EDV ein jeweils gerade **freier Lagerplatz** zugewiesen. Daher gibt es für bestimmte Artikel **keine** festen Lagerorte. Hier ist die Hauptzielsetzung die höchstmögliche Ausnutzung der Lagerkapazität. Dadurch kann der Platzbedarf für das Lager gesenkt werden.

Ohne EDV lässt sich allerdings ein solches Lagersystem nicht betreiben und bei Ausfall der Systeme ist es fast nicht möglich eine bestimmte Ware zu finden. Das Freiplatzsystem findet man im Einzelhandel fast nur bei Großbetrieben.

■ Hilfsmittel für Lagerarbeiten

Die im Lager anfallenden Arbeiten werden durch technische Hilfsmittel und Einrichtungen erleichtert.

Transport	Bearbeitung	Verpackung	Sicherung
Gabelstapler, Hubwagen, Karren, Wagen, Förderbänder, Aufzüge	Scheren, Messer, Sägen, Maßbänder, Wiegeeinrichtungen	Papier, Pappe, Karton, Folien, Klebebänder, Schnüre, Bänder	Warensicherungssysteme gegen Diebstahl, Alarmanlage, Feuermelder

■ Anforderungen an eine warengerechte Lagerhaltung

1	**Ware artgemäß lagern!**	Bei vielen Waren muss darauf geachtet werden, dass die Ware bei der Lagerung weder beschädigt wird, noch dass sie verdirbt *(Gefriergut vor Wärme, Bücher vor Staub, Stoffe vor Licht schützen).*
2	**Ausreichend Platz im Lager schaffen!**	Im Reservelager sollten ausreichend Lagerflächen zur Verfügung stehen um auch den Spitzenbedarf aufnehmen zu können *(Papier- und Schreibwaren zu Schuljahresbeginn).* Ein bequemes Aus- und Einlagern sollte ebenso möglich sein, wie der problemlose Einsatz maschineller Hilfen *(Palettenhubwagen, Gabelstapler).*
3	**Lager übersichtlich gestalten!**	Beim Festplatzsystem bietet ein Lagerplan, bei dem die Lagerstelle genau bezeichnet ist, eine wertvolle Hilfe Waren bei Bedarf schnell zu finden.
4	**Sicherheit der Mitarbeiter gewährleisten!**	Neben der Beachtung und Einhaltung der für die jeweilige Branche geltenden Unfallverhütungsvorschriften, müssen die Lagerräume so eingerichtet sein, dass es zu keinen Unfällen kommt *(rutschsichere Böden, kippsichere Warenträger).*
5	**Ware sicher lagern!**	In der Ware ist viel Kapital gebunden. Deshalb muss darauf geachtet werden, dass sie vor Risiken geschützt ist. Dazu gehört der Schutz vor Feuer *(Sprinkleranlage)* und vor Diebstahl *(Alarmanlage, Warensicherungssysteme).*

Lagerkontrolle ist wichtig: Mit der Warenlagerung ist ein Risiko mengen- und wertmäßiger Minderung verbunden (Diebstahl, MHD läuft ab). Um diese Risiken möglichst klein zu halten, sind die ein- und ausgehenden sowie die lagernden Waren ständig zu kontrollieren (Qualitäts-, Mengen- und Wertkontrolle). So kann schlechte Ware oder eine Fehlmenge rechtzeitig entdeckt, die notwendige Ersatzbeschaffung veranlasst und ein möglicher Engpass vermieden werden.

■ AKTION

1 Erläutern Sie an drei Beispielen aus Ihrem Ausbildungsbetrieb, wie bei Ihnen Waren artgemäß gelagert werden.

2 Beschreiben Sie die Bedeutung des Reservelagers bei folgenden Einzelhandelsbetrieben: Boutique mit Designermode, Fachmarkt für Heimwerkerbedarf, Filiale einer großen Supermarktkette.

3 Warum ist es in vielen Branchen des Einzelhandels wohl auch zukünftig nicht möglich, die gesamte Lagerhaltung nach dem Just-in-time-Prinzip zu gestalten?

4 Ein Einzelhandelsunternehmen hat sich für eine chaotische Lagerhaltung entschieden. Beschreiben Sie drei Probleme, die bei dieser Form der Lagerhaltung auftreten können.

5 Zeigen Sie an drei Beispielen, dass durch Cross-Docking Lagerkosten eingespart werden können.

6 Formulieren Sie vier Anforderungen an eine warengerechte Lagerhaltung.

7.3 Warenlagerung im Verkaufsraum

Wer nicht mit der Zeit geht, geht mit der Zeit!
Worauf ist bei der Warenpräsentation im Verkaufsraum zu achten?

■ SITUATION

Herr Manz, Inhaber eines Lebensmittelsupermarkts mit 1.800 m², ist mit der Umsatzentwicklung der letzten Jahre nicht zufrieden. Im Bericht eines Betriebsberaters, den er zur Untersuchung seines Unternehmens beauftragt hat, steht unter anderem:

„Ich empfehle dringend eine völlige Neugestaltung der Verkaufsräume, besonders die Warenpräsentation sollte den veränderten Kaufgewohnheiten angepasst werden." Herr Manz ist jedoch der Meinung, er könne nach acht Jahren nicht schon wieder renovieren und umbauen.

1. Warum möchte Herr Manz weder renovieren noch umbauen?
2. Nehmen Sie zur Ansicht des Betriebsberaters Stellung.
3. Beurteilen Sie die Aussage des Bezirksleiters einer Lebensmittelkette: „Wir verzichten zunehmend auf Reservelager zugunsten der Verkaufsfläche."

■ INFORMATION

■ Der Verkaufsraum (Outlet) als Ort der Warenlagerung

Die Verkaufsräume, in denen der Einzelhändler seine Waren den Kunden anbietet, werden als **Verkaufslager** bezeichnet. Die jeweilige **Verkaufsform** *(Vollbedienung, Vorwahl oder Selbstbedienung)* bestimmt die Kontaktmöglichkeiten des Kunden mit der Ware. Neben der Verkaufsform bestimmen **Betriebsform** *(Fachgeschäft oder Discounter)* und **Sortimentsstruktur** *(gehobener Bedarf oder Artikel des täglichen Bedarfs)* die Gestaltung der Verkaufsräume. In kleinen Einzelhandelsgeschäften werden fast alle Waren im Verkaufsraum gelagert.

Der **Verkaufsraum** ist heute allerdings mehr als nur der Ort der Warendarbietung. Gerade Kunden, die einen bestimmten „Lifestyle" pflegen, erwarten beim Einkaufen eine angenehme

© Eisenhans – Fotolia.com

Atmosphäre. Sie legen viel Wert auf eine ansprechende und zum Teil auch aufwendige **Warenpräsentation**. Einkaufen ist für sie ein Stück „Lebensqualität". Besonders bei hochwertiger und modischer Ware sollte dies beachtet werden.

Abb. Ladenlayout „Fashion" in einem Warenhaus

Auch in den Outlets der großen Filialunternehmen wird der Großteil der Ware direkt den Kunden präsentiert, denn der Anteil „aktiver Verkaufsfläche" gegenüber „toter Lagerfläche" soll möglichst hoch sein um eine hohe Produktivität des Betriebsfaktors Raum zu gewährleisten.

■ Verkaufsaktive Ladengestaltung und Warenpräsentation

Durch die Gestaltung und Ausstattung des Verkaufsraums soll eine positive Kaufstimmung bei den Kunden erzeugt werden. Nur wenn ein Raum „Sympathie" ausstrahlt, werden sich die Kunden darin wohl fühlen. Da die meisten Informationen über das Auge aufgenommen werden, muss die Ware sichtgerecht präsentiert werden. Verbaute Waren oder Sichtbehinderungen (Säulen) sind zu vermeiden. Wenn Kunden Waren zum Begutachten in die Hand nehmen

können (Ausnahmen beachten!), fördert dies die Kaufentscheidung. Ein übersichtlicher Aufbau mit klarer Preisauszeichnung erleichtert den Überblick und hilft bei der Entscheidung.

> **!** **Hinweis:** Ausführlich wird dieses Thema im **LF 4** „Waren präsentieren" behandelt.

■ AKTION

1 Warum gibt es in den Filialen großer Lebensmittelketten nur sehr wenig Lagerfläche im Verhältnis zur Größe des Verkaufsraums?

2 Für welche Artikel in Lebensmittelgeschäften ist es notwendig technisch aufwendige Lagereinrichtungen zu installieren?

3 Untersuchen Sie Ihren Ausbildungsbetrieb anhand der Kundenforderungen an die Warenpräsentation (s. Abb. auf S. 175) und berichten Sie vor der Klasse. Beschaffen Sie sich das Einverständnis Ihres Ausbildungsbetriebes und fertigen Sie dazu Bilder an.

4 Beurteilen Sie, wie in den folgenden Abbildungen die Waren im Verkaufsraum präsentiert werden.

© Joachim Beck, Bönnigheim

© Modehaus Kögel, Esslingen

7.4 Inventurdifferenzen und Warensicherung

Da ist mal wieder was vom Laster gefallen!

■ SITUATION ■

Über das Thema „Mitarbeiterdiebstahl" wird im Handel nur ungern gesprochen. Dabei belegen und beweisen viele Untersuchungen in Einzelhandelsunternehmen eindeutig und übereinstimmend folgende Ergebnisse: 40 bis 50 Prozent der Inventurdifferenzen im Handel entstehen durch eigene Mitarbeiter und Aushilfspersonal. Die Hälfte der internen Verluste entsteht dabei im Bereich des Wareneingangs und des Lagers.

 Diskutieren Sie in der Lerngruppe Maßnahmen, wie Inventurdifferenzen durch Personaldiebstahl zu vermeiden sind. Stellen Sie Ihre Lösungsvorschläge der Klasse vor.

■ INFORMATION ■

Inventurdifferenzen

Da jeder Wareneingang im Laufe eines Geschäftsjahres buchhalterisch erfasst wird, können jederzeit Sollbestände der Waren ermittelt werden. Der Unterschied zwischen diesen Sollbeständen und den bei der Inventur ermittelten tatsächlichen Warenbeständen (Istbestände) wird als **Inventurdifferenz** bezeichnet. Wenn die Abweichungen zwischen Soll- und Istbeständen über den üblichen Werten liegen, wird in einem oder mehreren Bereichen nachlässig gearbeitet. Dieser Bereich muss gefunden werden und es müssen entsprechende Inventur-Verbesserungsmaßnahmen eingeleitet und konsequent befolgt werden.

Ursachen für Inventurdifferenzen

Bereich	Ursachen
Wareneingang	Fehlerhafte Eingangkontrolle, Doppelberechnung, Auszeichnungsfehler, keine Erfassung von Warenrücksendungen.
Verkauf	Keine oder fehlerhafte Erfassung von Preisänderungen, Preisnachlässe nicht berücksichtigt, Privatentnahmen vergessen zu erfassen, Diebstahl.
Organisation	Keine Erfassung von Umlagerungen, Lieferantenrechnungen erfasst, obwohl kein Wareneingang erfolgt ist, festgestellte Diebstähle nicht ausgebucht, Warenrückgaben nicht als Zugang eingebucht.
Inventur	Mangelhafte Vorbereitung und Durchführung, Hör-, Schreib- und Zählfehler, Warenträger und Zwischenlager vergessen, keine Erfassung der Schaufensterware.

Eine weitere Ursache für Inventurdifferenzen ist der **Warendiebstahl** durch **Mitarbeiter**.

Schutz vor Diebstahl im Lager

Da normalerweise Kunden keinen Zugang zu den Lagerbereichen eines Einzelhandelsunternehmens haben, sind für die meisten Diebstähle in diesem Bereich Mitarbeiter des Unternehmens bzw. von Lieferanten verantwortlich. Um **Diebstähle** zu **vermeiden**, sind folgende **Sicherungs- und Vorsorgemaßnahmen** geeignet:

> Nur berechtigtes Personal hat Zugang zum Lagerraum,

> hochwertige Ware ist in einem Verschlusslager aufzubewahren,

> übersichtliche Lagerung, um „tote Winkel" zu vermeiden,

> Trennung von An- und Auslieferung,

> regelmäßige Kontrollen (Taschenkontrolle),

> Videoüberwachung,

> Warenrückgaben von Kunden vollständig und sofort im Warenwirtschaftssystem erfassen,

> Durchführung von nicht angesagten Teilinventuren.

■ Warensicherung zur Vermeidung von Diebstählen

Die **offene** Warendarbietung in Selbstbedienung und Vorwahl erhöht das Diebstahlrisiko. Daher setzen immer mehr Unternehmen **Warensicherungssysteme** ein. Dabei unterscheidet man zwischen zwei Arten (Beispiel Textilien):

Art	Aktive Warensicherungssysteme	Passive Warensicherungssysteme
Funktion	Die Ware ist mit einem Sicherungsetikett versehen. Bei der Bezahlung wird es entfernt, da sonst beim Durchschreiten einer elektronischen Sicherheitsschleuse Alarm ausgelöst wird.	Die Ware ist mit einem Anhänger versehen, der sich nur mit einem Spezialgerät an der Kasse entfernen lässt. Versucht der Dieb den Anhänger selbst zu entfernen, wird die Ware beschädigt, z. B. durch Tintenspritzer.
Wirkung	Ist das Sicherungssystem getarnt eingebaut, erfolgt eine wirkungsvolle Kontrolle. Wird auf das Sicherungssystem hingewiesen, steht die Abschreckung im Vordergrund.	Diese Systeme setzen darauf, dass möglichen Ladendieben ihre Tat als nutzlos erscheinen soll. Die Wirkung ist allerdings begrenzt.

■ AKTION ■

Sei schlauer als der Klauer – Quellensicherung der Ware!

Unter dem Begriff Quellensicherung versteht man die Sicherung diebstahlgefährdeter Artikel an der Quelle, d. h. beim Hersteller. Bereits während des Produktionsprozesses wird ein Sicherungselement in das Produkt oder in seine Verpackung integriert.

Stellen Sie die Vorteile dieses Sicherungssystems gegenüber anderen Systemen dar, indem Sie die Auswirkung auf das Verkaufspersonal, potenzielle Diebe sowie besonders diebstahlgefährdete Artikel berücksichtigen.

7.5 Sicherheit im Lager

Vorsicht ist die Mutter der Porzellankiste!
Wie können Arbeitnehmer vor Gefahren und Unfällen geschützt werden?

■ SITUATION ■

9 : 30 : 45 9 : 30 : 48

 Interpretieren Sie die in der Abbildung dargestellte Situation. Zeichnen oder beschreiben Sie, was um 9:30:48 geschehen wird.

■ INFORMATION ■

Arbeitgeber sind verpflichtet, mit allen geeigneten Mitteln arbeitsbedingte Gesundheitsgefahren, Berufskrankheiten und Arbeitsunfälle zu verhüten. Um dies zu gewährleisten, gibt die **Berufsgenossenschaft Unfallverhütungsvorschriften** heraus und überwacht zusammen mit den Gewerbeaufsichtsämtern ihre Einhaltung. Nach einem Arbeitsunfall kümmert sich die Berufsgenossenschaft um den Verletzten. Im Einzelhandel ist dies die Berufsgenossenschaft Handel in Mannheim.

Ziel der u. U. notwendigen Rehabilitationsmaßnahmen ist es, die Gesundheit des Beschäftigten wiederherzustellen und ihn bei der beruflichen und gesellschaftlichen Wiedereingliederung zu unterstützen. In Falle eines Arbeitsunfalls muss der Berufsgenossenschaft innerhalb von drei Tagen eine Unfallanzeige zugeleitet werden. Bei schweren Unfällen muss die Berufsgenossenschaft sofort per Telefon unterrichtet werden.

■ Manuelles Heben und Tragen von Lasten

Neben dem langen Stehen im Einzelhandel ist es vor allem das manuelle Heben und Tragen von Lasten, was zu Muskel- und Skeletterkrankungen führen kann. Wenn solche Arbeiten nicht zu vermeiden sind *(Warenannahme, Lagerarbeiten)*, muss der Arbeitgeber geeignete Hebe- und Transporthilfen zur Verfügung stellen.

Das empfiehlt die Berufsgenossenschaft:

Zumutbare Lasten		gelegentlich	häufiger
	unabhängig vom Alter	15 kg	10 kg
	15–18 Jahre	35 kg	20 kg
	19–45 Jahre	55 kg	30 kg
	über 45 Jahre	45 kg	25 kg

■ Arbeitssicherheit

Die Arbeit im Einzelhandel ist normalerweise nicht besonders gefährlich. Doch auch hier können Unfälle zu Verletzungen und Sachschäden führen. Um dies zu vermeiden, sind die Sicherheitsratschläge der Berufsgenossenschaft besonders zu beachten. Dazu zählt die unbedingte Beachtung von Sicherheitszeichen:

Sicherheitsfarbe				
Bedeutung	Verbot Halt	Warnung Vorsicht	Rettung Erste Hilfe	Gebot Hinweise
Beispiel				

■ Unfallschutz

Sturz auf Verkehrswegen

Die Verkehrswege im Lager müssen so beschaffen sein, dass die dort beschäftigten Personen nicht stolpern, ausrutschen oder mit dem Fuß umknicken können.

Daher ist schadhafter Fußboden sofort auszubessern und herumliegende Gegenstände sind zu entfernen. Stolperstellen müssen beseitigt bzw. gekennzeichnet werden und witterungsbedingte Glätte ist zu vermeiden.

Absturz von Leitern

Die im Lager verwendeten Aufsteigeeinrichtungen müssen sicher sein und bestimmungsgemäß benutzt werden. Es müssen daher geeignete Leitern in ausreichender Zahl und Größe vorhanden sein. Kisten, Stühle usw. dürfen nicht als Aufstiege Verwendung finden. Leitern sind standsicher aufzustellen. Die Mitarbeiter/innen sollten im Lager fest am Fuß sitzende Schuhe mit biegsamen Sohlen und flachen Absätzen tragen.

Verletzungen beim Umgang mit Verpackungen

Zu den häufigsten Unfällen im Lager zählen Schnittverletzungen beim Öffnen von Verpackungen. Um diese zu vermeiden, sollten nur Kartonmesser mit selbsttätiger Klingensicherung eingesetzt werden *(Messer schnellt nach Beendigung des Schneidvorgangs in die Schutzstellung zurück)*. Stumpfe Klingen sollte man schnell gegen scharfe auswechseln.

■ Brandschutz

Brandgefahr

Im Lager (Ausnahme Aufenthaltsräume) gilt strenges Rauchverbot. Nicht benötigte elektrische Geräte und Einrichtungen sollten bei längerer Nutzungspause abgeschaltet werden. Die Abstände zwischen Hitze entwickelnden Geräten und brennbaren Materialien sind einzuhalten.

Brandbekämpfung

Feuerlöscheinrichtungen *(Feuerlöscher, Löschdecke)* sind in ausreichender Zahl bereitzustellen. Alle zwei Jahre sollten Feuerlöscher auf ihre Funktionstätigkeit geprüft werden. Es ist angebracht die Beschäftigten im Umgang mit Feuerlöschern zu unterweisen. Rettungswege und Notausgänge sind immer zu kennzeichnen.

■ Gegenstände, die Gefahrstoffe enthalten

Beim Umgang (Transport, Lagerung, Verkauf) mit Gegenständen, die Gefahrstoffe enthalten oder freisetzen ist besondere Vorsicht geboten *(Reinigungsmittel, Farben/Lacke, Kleber, Spray)*. Eine Schädigung der Gesundheit kann insbesondere durch Aufnahme über die Haut, die Atemwege, die Augen und den Magen erfolgen. Gummihandschuhe und Schutzbrille müssen stets vorhanden sein. Produkte, die Gefahrstoffe enthalten, sind mit speziellen Symbolen *(giftig)* auf dem Etikett gekennzeichnet.

7.6 Umweltschutz im Lager

Umweltschutz im Lager heißt vor allem Entsorgung von Verpackungsabfällen. Diese Aufgabe wird durch die Entsorgungslogistik wahrgenommen. Entsorgungslogistik befasst sich mit der Sammlung, dem Transport, dem Umschlag und der Lagerung aller in Unternehmungen anfallenden Wert-, Abfall-, Rest- und Schadstoffe.

Ziele der Entsorgungslogistik sind die Wiederverwendung, die Weiterverwertung (Recycling), die Lagerung oder aber die Reduzierung der Entsorgungsgüter.

Die im Rahmen der Entsorgungslogistik eingesetzten Techniken für Förder-, Lager- und Handhabungsaufgaben sind unter wirtschaftlichen Gesichtspunkten zu planen, zu realisieren und zu kontrollieren.

Im Bereich Warenannahme und Lager sind es vor allem die Transportverpackungen, die einer Entsorgung zugeführt werden müssen.

Nach der Verpackungsverordnung sind dies Verpackungen, die den Transport von Produkten erleichtern, die Waren auf dem Transport vor Schäden bewahren oder die aus Gründen der Sicherheit des Transports verwendet werden und beim Vertreiber anfallen. Transportverpackungen sind beispielsweise Fässer, Kanister, Säcke, Paletten, Kartonagen oder Schrumpffolien.

Laut Verpackungsverordnung sind Hersteller und Lieferanten verpflichtet, Transportverpackungen vom Handel zurückzunehmen und einer Verwertung zuzuführen. Diese Aufgabe nehmen Hersteller und Lieferanten i. d. R. nicht selbst wahr, sondern haben damit Unternehmen beauftragt, die für sie diese gesetzlich vorgeschriebenen Entsorgungsaufgaben übernehmen.

Die INTERSEROH Dienstleistungs GmbH zur Verwertung von Sekundär-rohstoffen koordiniert und organisiert im Auftrag von mehr als 4.000 Industrieunternehmen aus zwölf Branchen alle Bereiche der Rücknahme von Transportverpackungen: Von der Sammlung bei über 80.000 Anfallstellen über den Transport, die Sortierung und die Verwertung bis zur Vermarktung der gewonnenen Sekundärrohstoffe. Die Dienstleistungen „Erfassen und Transportieren" erbringen selbstständige Entsorgungsunternehmen als Vertragspartner von INTERSEROH vor Ort – und zwar flächendeckend für ganz Deutschland.

■ AKTION

1 Wenn Ihr Ausbildungsbetrieb mehr als 20 Mitarbeiter beschäftigt, verlangt die Berufsgenossenschaft die Bestellung eines Sicherheitsbeauftragten. Informieren Sie sich bei Ihm über die Sicherheitsmaßnahmen in Ihrem Unternehmen.

2 Gestalten Sie einen Aushang für das Lager Ihres Unternehmens, in dem auf richtiges Verhalten im Brandfall hingewiesen wird.

3 Richtiges Verhalten kann man auch lernen, wenn man sich über fehlerhaftes Verhalten Gedanken macht. Entwickeln Sie deshalb eine Liste zu dem Thema „10 sichere Tipps für einen garantiert eintretenden Betriebsunfall!"

4 Erläutern Sie folgende Sicherheitszeichen und finden Sie die beiden heraus, die es in Wirklichkeit nicht gibt!

5 Die Berufsgenossenschaft für den Einzelhandel (www.bge.de) informiert über Broschüren, Merkblätter und Lehrvideos umfassend über den notwendigen Arbeitsschutz im Einzelhandel. Besorgen Sie sich solche Materialien zur Sicherheit am Arbeitsplatz und berichten Sie vor der Klasse.

Schwerpunkt
Steuerung und Kontrolle (SSuK)

Lernfeld 12
Geschäftsprozesse bei der Beschaffung, Kalkulation und Lagerung der Ware erfolgsorientiert planen, kontrollieren und steuern

© BlueSkyImage – shutterstock.com

© Fotosenmeer.nl – Fotolia.com

© Adam Gregor – Fotolia.com

1 Bestellung von Sortimentsware

1.1 Bestellzeitplanung

„Tut mir leid, aber morgen bestimmt!
Wie kann sichergestellt werden, dass Ware vorhanden ist?

■ SITUATION ■

Laura Vogt ist Auszubildende bei der Textil-Markt GmbH und zurzeit im Einkauf tätig. Heute nimmt sie an einer gemeinsamen Sitzung der Einkäufer und Verkäufer aus der Sportabteilung teil. Wie jedes Jahr werden Anfang Mai die Einkäufe für die nächsten Wochen und Monate geplant. Frau Abele aus dem Verkauf weist darauf hin, dass es wegen des schönen Frühlingswetters zu einer verstärkten Nachfrage nach sportlichen Sonnenbrillen gekommen sei. Man brauche dringend Nachschub. Laura bekommt den Auftrag so schnell wie möglich Herrn Kogel, zuständig für den Einkauf von Sportaccessoires, einen Bestellvorschlag zu unterbreiten. Aus dem Warenwirtschaftssystem hat sie sich folgende Informationen besorgt:

1. Ausdruck zur **Umsatzentwicklung** bei Sonnenbrillen im letzten Jahr:

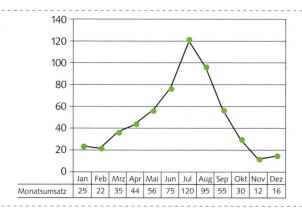

	Jan	Feb	Mrz	Apr	Mai	Jun	Jul	Aug	Sep	Okt	Nov	Dez
Monatsumsatz	25	22	35	44	56	75	120	95	55	30	12	16

----

2. Liste mit den **tagesaktuellen Beständen** an Sonnenbrillen:

Artikelbestand 05.05. ...	WG:Sport-Zubehör	Bestand < 20					
Art.Nr.	Bezeichnung	Preis	Bestand 01-01	Bestand 05-05	Verkauf	VK-Wert	Preislage
112233	Champion	89,90	15	12	3	269,70	2
112234	Loop	49,90	35	5	30	1.497,00	1
112246	Black-Man	29,90	55	10	45	1.345,50	1
112254	Metallika	112,50	15	14	1	112,50	3
112243	Eye-Fun	55,45	35	14	21	1.164,45	1
112267	Alpin	39,90	48	16	32	1.276,80	1
112275	Ovix	139,00	15	12	3	417,00	3

1. Welche Schlussfolgerungen kann Laura aus diesen Informationen ziehen?
2. Reichen diese Informationen aus, um Herrn Kogel einen Bestellvorschlag zu unterbreiten?
3. Begründen Sie, welches Bestellverfahren bei den Sonnenbrillen gewählt werden sollte?

■ INFORMATION

Bei Bestellungen von Waren, die bereits im Sortiment geführt werden, handelt es sich stets um **Nachbestellungen**. Um einerseits einen hohen Grad an Verkaufsbereitschaft zu gewährleisten und andererseits überhöhte Lagerbestände zu vermeiden, ist eine genaue Beobachtung der Umsatz- und Bestandsentwicklung unerlässlich. Dabei sind sowohl Kundenwünsche und -erwartungen sowie Angebote und eventuelle Werbeaktionen der Lieferanten zu berücksichtigen. Wichtige Informationen liefert dem Einkäufer die **Analyse** von **Verkaufsdaten** vergangener Verkaufsperioden *(Entwicklung des Absatzes, Bevorzugung bestimmter Preislagen, Lagerbestände)*. Ein Warenwirtschaftssystem stellt diese Informationen schnell und auf dem aktuellsten Stand zur Verfügung.

■ Bestellzeitplanung unter Berücksichtigung von Lagerbeständen

Bei der Entscheidung, wann die **termingerechte** Disponierung eines Artikels erfolgen soll, muss darauf geachtet werden, ob es sich um **Saisonware** *(modische Textilien, Schuhe, Wintersportartikel)* oder **Stammartikel**, d.h. Artikel, die von Kunden ständig nachgefragt werden, handelt. Saisonwaren müssen zu Saisonbeginn vollständig im Sortiment vorhanden sein, denn die Kunden erwarten gerade dann ein vollständiges Warenangebot. Außerdem sind **Nachbestellungen** besonders bei modeabhängigen Artikeln oft gar nicht mehr möglich. Ist dies doch der Fall, dann müssen, wie bei Stammartikeln, eventuelle Lagerbestände berücksichtigt werden.

Lagerbestandsarten

1. Sicherheitsbestand (Mindestbestand, Eiserner Bestand)

Dieser Bestand sichert auch bei Liefer- und Transportschwierigkeiten oder unerwartet hohem Absatz die Verkaufsbereitschaft. Er darf grundsätzlich nicht unterschritten und nur in Notfällen angegriffen werden. Seine Höhe richtet sich nach der Bedeutung des Artikels im Sortiment und seinen Lieferbedingungen.
In der Praxis wird oft 1/3 des Absatzes während der Beschaffungszeit vorgehalten.

2. Meldebestand

Dies ist der Lagerbestand, bei dem zur Lagerergänzung nachbestellt werden sollte. Er wird so festgelegt, dass mit dem Lagervorrat die Beschaffungszeit überbrückt werden kann, ohne dass der Sicherheitsbestand angegriffen wird. Im Idealfall trifft die neue Lieferung dann ein, wenn der Sicher-

heitsbestand erreicht wird. Dies ist in der Praxis nur selten der Fall, ebenso wie ein konstanter Absatzverlauf. Die Formel zur Berechnung des Meldebestandes geht von einer Idealvorstellung aus und gilt für den Handel nur in eingeschränktem Maß. Als Durchschnittswert ist die Ermittlung eines Meldebestandes aber dennoch hilfreich, da so die Lieferbereitschaft durch rechtzeitige Bestellung verbessert werden kann.

Formel für die Berechnung des Meldebestandes:

> Meldebestand = (Ø Tagesabsatz · Lieferzeit in Tagen) + Sicherheitsbestand

Beispiel: Wie hoch ist der Meldebestand bei einem durchschnittlichen täglichen Absatz von 12 Stück und einer Lieferzeit von 10 Tagen, wenn der Sicherheitsbestand (Mindestbestand) auf 50 Stück festgelegt wurde?

Meldebestand (Stück)	Ø Tagesabsatz (Stück/Tag)	Lieferzeit (Tage)	Sicherheitsbestand (Stück)
170	12	12	50

3. Höchstbestand

Dies ist der Bestand, auf dessen Höhe jeweils aufgefüllt wird. Mit seiner Hilfe sollen überhöhte Lagervorräte vermieden werden. Er wird sowohl nach der vorhandenen Lagerkapazität (häufig das zur Verfügung stehende Regalvolumen), als auch als Ergebnis einer optimierten Einkaufspolitik (= **optimale Bestellmenge**) festgelegt.

■ Bestellverfahren

Im Rahmen der **Bestellzeitplanung** werden zwei Verfahren angewandt:

Bestellpunktverfahren

Bei diesem Verfahren wird beim Erreichen des Meldebestandes **(Bestellpunkt)** bestellt. Der Zeitpunkt der Bestellung ist vom Absatzverlauf abhängig. Es ergeben sich somit **unterschiedliche Bestelltermine** aber **gleiche Bestellmengen**.

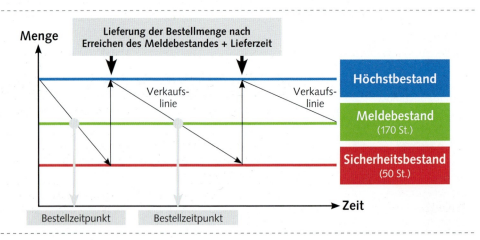

Bestellrhythmusverfahren

Die Bestellzeitpunkte sind bei diesem Verfahren an **feste Beschaffungsrhythmen** gebunden. Die Bestellmenge richtet sich nach der Differenz zum jeweiligen Höchstbestand, die sich durch den bisherigen Verkauf ergibt. Kennzeichnend für dieses Verfahren sind somit feste Bestelltermine und **variable Bestellmengen**.

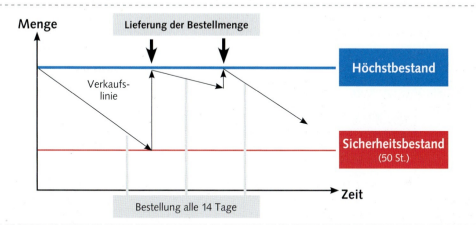

Die Anwendung dieser Bestellverfahren eignet sich nur für Stammartikel, d. h. für Artikel, die über längere Zeit gelistet sind, die über das Jahr hinweg einigermaßen gleichmäßig nachgefragt und in ihrem Bestand immer wieder ergänzt werden und für die zum Zeitpunkt der Nachbestellung Lagerbestände mindestens in Höhe des Mindestbestandes vorhanden sind.

Diese Bestellverfahren sind für Saison- und Aktionswaren wenig oder gar nicht geeignet, z. B. weil Nachbestellungen unmöglich oder sinnlos sind.

■ Disposition mit Bestellvorschlägen des Warenwirtschaftssystems

Für **Stammartikel**, die regelmäßig nachbestellt werden können, erstellen Warenwirtschaftssysteme **Bestellvorschläge**. Diese sind als Dispositionshilfen zu verstehen, die aber vom Disponenten jederzeit abgeändert werden können.

Besteht zwischen dem Einzelhändler und seinen Lieferanten die Möglichkeit Daten elektronisch auszutauschen, kann aufgrund des Bestellvorschlages eine **automatische Bestellung** ausgelöst werden.

Grundlagen zur Ermittlung von Bestellvorschlagsmengen	
Letzte Bestellung	Es wird immer genau so viel von einem Artikel bestellt, wie seit der letzten Bestellung verkauft worden ist.
Meldebestand	Die Bestellvorschlagsmenge entspricht der zur Wiederauffüllung des Lagers auf den Höchstbestand benötigten Menge, unter Berücksichtigung der noch offenen Bestellmengen.
Durchschnittliche Verkaufsmenge	Auf der Grundlage durchschnittlicher Verkaufsmengen, die aus dem jeweils aktuellen und z. B. den zwei Vormonaten ermittelt werden, wird der Bestellvorschlag ermittelt.

Bei Anwendung dieser Verfahren muss aber geklärt werden:

> Sind für den betreffenden Artikel Bestellvorschläge überhaupt sinnvoll?
> Wie ist die jetzige und künftige Nachfragesituation zu beurteilen?
> Müssen Mindestabnahme- bzw. Umpackmengen berücksichtigt werden?
> Liegen noch offene Bestellungen vor?

» **Beispiel: Bestellvorschlag für Süßwaren mithilfe eines Warenwirtschaftssystems**

Sobald durch den Abverkauf der Meldebestand erreicht ist *(40 Schachteln)*, wird ein Bestellvorschlag mit der im System hinterlegten optimalen Bestellmenge *(60 Schachteln)* generiert. Nach Prüfung durch den Disponenten *(Abteilungsleiter, Marktleiter)* wird die Bestellung an den Lieferanten (SÜGRO-Baden-Württemberg) per Datenfernübertragung übermittelt.

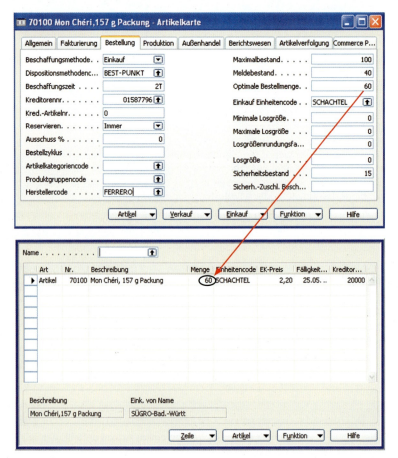

■ AKTION

1 Begründen Sie, welche Bestellverfahren für die folgenden Artikel aus dem Warenangebot des Merkur-Warenhauses gewählt werden sollten: Feinstrumpfhosen, Krawatten, Schokoküsse, Glückwunschkarten, Filtertüten, Skianzüge, Marken-Jeans, Hochzeitskleider.

2 Aufgrund der letzten Inventur entscheidet Herr Reinbach, dass in seinen Filialen die Sicherheitsbestände bei Papier- und Schreibwaren um die Hälfte gesenkt werden sollen.

a) Welche Bedeutung haben Sicherheitsbestände?

b) Warum möchte Herr Reinbach die Sicherheitsbestände verringern?

c) Unter welchen Voraussetzungen ist eine Senkung wirtschaftlich vertretbar?

3 Kunden der Südtex-GmbH haben sich in letzter Zeit vermehrt darüber beschwert, dass sehr oft Ware nicht vorhanden war. Die Geschäftsleitung will nun das Bestellwesen verbessern und bei besonders wichtigen Warengruppen nach dem Bestellpunktverfahren mithilfe des Warenwirtschaftssystems disponieren.

a) Bei der Warengruppe Herrenhemden ist der Meldebestand zu ermitteln.
   Folgendes Datenmaterial liegt vor:

täglicher Bedarf	75 Stück
Beschaffungszeit:	7 Tage
Sicherheitsbestand	500 Stück.

Berechnen Sie den Meldebestand.

b) Bei der Warenbeschaffung wurde bisher teilweise nach dem Bestellpunktverfahren, aber auch nach dem Bestellrhythmusverfahren geordert.

  › Für welche Fälle eignet sich das jeweilige Verfahren?

  › Was kann man über den Bestellumfang bei der Anwendung der einzelnen Verfahren sagen?

4 Für das kommende Weihnachtsgeschäft plant man in den Abteilungen Unterhaltungselektronik der Filialen des Warenhauskonzerns Merkur einen Sonderverkauf von 6.000 PC-Spielkonsolen. Die Geräte sollen ab dem 10.12. den Kunden in den Filialen angeboten werden können. Die Verteilung vom Zentrallager aus auf die einzelnen Häuser beträgt 8 Tage.

Sie sind in der Zentrale für die Ermittlung der benötigten Bestellmenge und des Bestellzeitpunktes verantwortlich. (Benutzen Sie einen aktuellen Kalender zur Berechnung und beachten Sie, dass Samstage und Sonntage nicht berücksichtigt werden.)

Folgende Informationen liegen Ihnen vor:

aktueller Lagerbestand	2.850 Stück
geplanter Sicherheitsbestand	1.200 Stück
Bearbeitungszeit für Bestellung	1 Tag
Postweg	2 Tage
Lieferzeit ab Importeur	4 Tage
Kontrolle Wareneingang und Lagerung	2 Tage

Auf der Cebit-Messe wurden vom Einkauf bereits 500 Konsolen bestellt, die noch nicht eingetroffen sind.

5 Bei Saison- und Aktionsartikeln gibt es üblicherweise keine Mindestbestände.

  › Nennen Sie Gründe dafür.

  › Welche Folgen hat hier eine zu geringe, welche eine zu hohe Eindeckung?

1.2 Bestellmengenplanung

„Bei Abnahme von mehr als 1.000 Stück 30 % Rabatt!"
Ist es immer sinnvoll, große Bestellmengen zu ordern?

■ SITUATION ■

Laura lässt sich für die Warengruppe Sonnenbrillen einen Bestellvorschlag ausdrucken. Bestellt werden soll über den Einkaufsverband Intertex, der innerhalb 10 Tagen liefern kann.

Bestellvorschlag Datum: 05.05. ...				Warengruppe: Sonnenbrillen		
Art.Nr.	Bezeichnung	Höchstb.	Meldeb.	Sicherhb.	Bestand heute	Bedarfsmenge
112233	Champion	25	15	5	12	13
112234	Loop	40	20	5	5	35
112246	Black-Man	60	20	5	10	50
112254	Metallika	20	8	5	14	6
112243	Eye-Fun	35	15	5	14	21
112267	Alpin	50	20	5	16	34
112275	Ovix	15	8	5	12	3

Soll Laura aufgrund der ihr jetzt vorliegenden Informationen den Bestellvorschlag übernehmen oder Herrn Kogel einen abgeänderten Vorschlag unterbreiten?

Während Herr Kogel mit Laura ihren Bestellvorschlag bespricht, bringt Herrn Kogels Sekretärin ein Fax. „Ist ganz dringend, muss sofort bearbeitet werden!", sagt sie. Herr Kogel liest:

Impex GmbH/Fabrikstraße 12/89998 Bergedorf/Tel. 087777-12345 Fax: 087777-54321

Textil-Markt GmbH
Neuburg
Herrn Fred Kogel persönlich und dringend!

Zugreifpreis!

Unser Klassiker Regenjacke „Monsun" jetzt für kurze Zeit nur 98,– €!
Material: Sympatex-Polyamid mit Polyester-Fleece-Innenjacke
Für Sie und Ihn
Größen: S, M, X und XL
Mindestabnahme je Größe 5 Stück
Ab 10 Stück 15 % Rabatt, ab 25 Stück 20 % Rabatt.
Lieferung: Innerhalb 1 Woche nach Bestellungseingang
Angebot gilt nur diese Woche!

„Was meinen Sie, Laura, sollen wir zugreifen? Wir haben diese Jacke ja schon seit einiger Zeit im Angebot", meint Herr Kogel und zeigt Laura das Fax. „Wenn wir alle Größen ordern, müssen wir ja mindestens 100 Jacken abnehmen, um den höchsten Rabatt zu bekommen", wendet Laura ein. „Auch wenn wir auf Rabatt verzichten müssen, wäre es nicht besser weniger zu bestellen?"

© Trueffelpix – Fotolia.com

1. Was spricht Ihrer Meinung nach in diesem Fall für eine große oder für mehrere kleinere Bestellungen?
2. Welche Auswirkungen haben u. U. kleine Bestellmengen für das Unternehmen?

■ INFORMATION

■ Berechnung der optimalen Bestellmenge

Um eine **wirtschaftliche Bestellmenge** zu planen, muss ein Ausgleich zwischen den Kostenvorteilen einer großen Bestellmenge und den Kostennachteilen einer erhöhten Lagerhaltung gefunden werden.

Die Höhe der Bestellmenge beeinflusst:		
Einkaufspreise	**Bestellkosten**	**Lagerhaltungskosten**
Der Preis, der für die Ware und deren Bezug an den Lieferanten zu zahlen ist. Bei der Mengenplanung sind preissenkende *(Rabatte)* und auch preiserhöhende Bestandteile *(Mindermengenzuschläge, Transportkosten)* zu beachten.	Alle Kosten, die die Vorbereitung, Durchführung und Kontrolle des Einkaufs verursachen *(Ausführen der Bestellung, Prüfung bei Wareneingang, Bezahlen der Eingangsrechnung)*. Sie sind von der jeweils bestellten Menge unabhängig, aber sie nehmen mit der Bestellhäufigkeit zu, da sie bei jeder Bestellung anfallen.	Kosten, die im Zusammenhang mit der Lagerung der Ware entstehen *(Lagereinrichtung, Lagerrisiko, Lagerverwaltung, Kapitalbindungskosten)*. Der größte Teil dieser Kosten verändert sich mit der gelagerten Menge.

Wenn der Einzelhändler **große** Mengen in **größeren** Zeitabständen beschafft *(zweimal im Jahr)*, dann sind seine Bestellkosten **niedrig**, aber die Lagerhaltungskosten hoch.

Umgekehrt verhält es sich, wenn **kleine** Mengen in **kleineren** Zeitabständen beschafft werden *(monatlich, wöchentlich)*. Dann sind die Lagerhaltungskosten **niedrig** und die Bestellkosten **hoch**.

© Oleksiy Mark – Fotolia.com

Somit kommt es zu einem **Zielkonflikt** zwischen Bestell- und Lagerhaltungskosten. Die nachfolgende Abbildung verdeutlicht diesen Zielkonflikt.

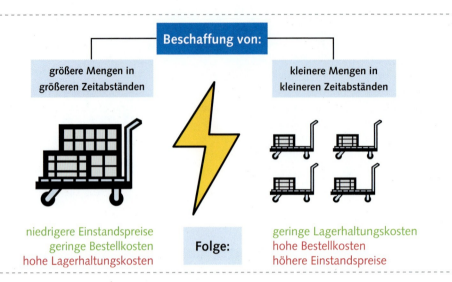

Um eine wirtschaftliche Bestellmenge zu ermitteln, kann aufgrund der **optimalen Bestellmenge** eingekauft werden. Bei dieser Menge ist die Summe aus Bestellkosten und Lagerhaltungskosten am geringsten und es ergibt sich die optimale Bestellhäufigkeit.

>> Beispiel: Tabellarische Ermittlung der optimalen Bestellmenge für grüne Gärtnerschürzen bei der Textil-Markt GmbH.

Jahresbedarf	12.000 Stück
Einstandspreis je Stück	4,00 €
Bestellkosten je Bestellung	140,00 €
Lagerhaltungskosten	10 % vom durchschnittlichen Lagerbestand (durchschnittlicher Lagerbestand = Hälfte der Bestellmenge)

Bestell-häufigkeit	Anzahl der Bestellungen	Bestell-menge (€)	durchschnitt-licher Lager-bestand (€)	Lager-haltungs-kosten (€)	Bestell-kosten (€)	Gesamt-kosten (€)
jährlich	1	48.000,00	24.000,00	2.400,00	140,00	2.540,00
alle 6 Monate	2	24.000,00	12.000,00	1.200,00	280,00	1.480,00
alle 3 Monate	4	12.000,00	6.000,00	600,00	560,00	**1.160,00**
alle 2 Monate	6	8.000,00	4.000,00	400,00	840,00	1.240,00
monatlich	12	4.000,00	2.000,00	200,00	1.680,00	1.880,00

Ergebnis: Die **optimale Bestellmenge** liegt bei **vier** Bestellungen im Jahr.

Für die nebenstehende Darstellung gilt:

> die **Bestellkosten** je bestelltem Stück sinken mit zunehmender Bestellmenge;

> die **Lagerhaltungskosten** je bestelltem Stück steigen mit zunehmender Bestellmenge;

> die **optimale Bestellmenge** liegt dort, wo die **Summe** der Bestell- und Lagerhaltungskosten je bestelltem Stück ihr Minimum erreicht.

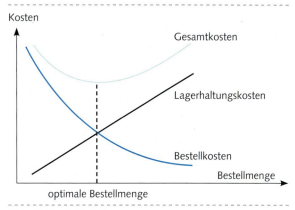

Abb. Optimale Bestellmenge

Probleme bei der Ermittlung der optimalen Bestellmenge in der Praxis

Eine Bestellung aufgrund einer optimalen Bestellmenge ist häufig nicht möglich, denn viele Lieferanten geben **Mindestbestellmengen** vor *(Holzschrauben nur ab 100 Stück)*, die Lieferung erfolgt nur in bestimmten **Verpackungseinheiten** *(Dosengemüse in 24er-Verpackungseinheit)* oder die Ware ist nur **beschränkt lagerfähig** *(Frischmilch, Backwaren)*.

Auch unterliegen Waren **Preisschwankungen** *(Tagespreise bei Computer und -zubehör)* oder **Fehlmengenkosten** werden nicht einbezogen, da sie schwer zu beziffern sind *(Höhe eines evtl. entgangenen Gewinns, möglicher Kundenverlust)*.

■ AKTION ■

1 Die Verkaufsstatistik zeigt bei Schulheften für die Filiale Neuburg der Reinbach GmbH folgende Zahlen:

Jahresabsatz	5.880 Stück
Geschäftsöffnung	280 Tage
Höchstbestand	480 Stück
Lieferzeit	10 Tage
Sicherheitsbestand für	4 Tage

a) Wie viel wurde durchschnittlich pro Tag verkauft?

b) Wie hoch sind Sicherheits- und Meldebestand?

c) Welcher Umsatz wurde täglich bei DIN-A3-Zeichenblöcken erzielt, wenn deren Verkaufspreis 2,25 €, der Sicherheitsbestand 10 Stück, die Lieferzeit 5 Tage und der Meldebestand 40 Stück beträgt?

d) Bei Versandtaschen beträgt der Höchstbestand je Filiale 200 Stück. Im Durchschnitt werden in jeder Filiale 16 Stück pro Tag verkauft. Wie hoch sollte der Sicherheitsbestand gewählt werden, wenn die optimale Bestellmenge das Fünffache des Tagesabsatzes beträgt?

2 Die All-Bau GmbH & Co. hat einen Jahresbedarf von 30.000 Säcken Zement; die Bestellkosten betragen unabhängig von der bestellten Menge jeweils 60,00 €. Die variablen Lagerhaltungskosten belaufen sich auf 0,02 € je Sack.

a) Ermitteln Sie die optimale Bestellmenge nach folgendem Muster:

Bestellungen je Jahr	Bestellmenge	Bestellkosten	Lagerhaltungskosten	Gesamtkosten
1				
2				
3				
4				
5				
6				

b) Stellen Sie Ihre Ergebnisse in einer Grafik dar:
   x-Achse: Bestellmenge in Sack; 1 cm = 2.000 Sack Zement
   y-Achse: Bestell- und Lagerhaltungskosten in €; 1 cm = 50,00 €
   Zeichnen Sie die Kurven für die Bestellkosten und die Lagerhaltungskosten.

c) Welche Bedeutung hat der Schnittpunkt beider Kurven?

3 Der Lieferant von Filzstiften informiert die Reinbach GmbH, dass durch das neue Logistikkonzept die Lieferzeit um 4 Tage verkürzt werden kann. Im Einkauf wird im Warenwirtschaftssystem für die Artikelgruppe Filzstifte die entsprechende Änderung vorgenommen.

Bisherige Daten:

Sicherheitsbestand:	100 Stück	durchschnittlicher Tagesabsatz:	10 Stück
Meldebestand:	230 Stück	Lieferzeit:	18 Tage

Welche Daten ändern sich?

4 Nennen Sie Artikel aus dem Sortiment Ihres Ausbildungsbetriebes, bei denen die Festlegung einer optimalen Bestellmenge nicht sinnvoll bzw. möglich ist. Begründen Sie!

5 Um Kosten zu senken, sollen bei der Wohnwelt GmbH bei Standardartikeln optimale Bestellmengen eingeführt werden. Für das Nackenkissen „Sleeper" ergeben sich aus dem Warenwirtschaftssystem folgende Werte:

Jahresbedarf	7.200 Stück
Einstandspreis je Kissen	12,00 €
Fixe Bestellkosten je Bestellung	60,00 €
Lagerhaltungskosten	25 % vom durchschnittlichen Lagerbestand

a) Ermitteln Sie aufgrund der folgenden Werte die optimale Bestellhäufigkeit bzw. die optimale Bestellmenge bei 3, 5, 8, 12 und 16 Bestellungen.

Anzahl der Bestellungen	Bestell- menge (St.)	Bestell- kosten (€)	durchschn. Lagerbe- stand (St.)	Lagerhal- tungskosten (€)	Gesamt- kosten (€)
1	7.200	60,00	3.600	10.800,00	10.860,00
...	...	...	...	...	...

b) Welcher Zielkonflikt soll durch die Festlegung einer optimalen Bestellmenge gelöst werden?

2 Bestellung nicht im Sortiment geführter Ware (Neulistung)

Wenn der Einzelhändler Waren in sein Sortiment aufnehmen möchte, die er seinen Kunden bisher nicht angeboten hat, spricht man von **„Neulistung"**. Dazu ist es notwendig geeignete Lieferanten zu finden. Diese sogenannte **Bezugsquellenermittlung** kann sich auf bereits bekannte Lieferanten, aber auch auf neue Lieferanten beziehen, mit denen noch keine Geschäftsbeziehung besteht. Mit dieser Aufgabe beschäftigen sich die für den Einkauf zuständigen Mitarbeiter und nutzen dabei die Möglichkeiten, die ihnen das **Beschaffungsmarketing** bietet.

2.1 Beschaffungsmarketing und quantitativer Angebotsvergleich

„Reisetaschen? Haben wir leider nicht!"

■ SITUATION

Immer wieder fragen Kunden in der Sportabteilung der Textil-Markt GmbH nach sportlichen Reisetaschen. Bisher führte man diese nicht im Sortiment. Abteilungsleiter Kogel wird beauftragt das Sortiment um ca. 50 Taschen in einer Preislage von 50 € bis 120 € zu erweitern, die dann rechtzeitig zur Sommer-Reisesaison im Juli in einer Aktion „Sommerreise – Sommerpreise" angeboten werden sollen.

1. Welche Vorüberlegungen muss Herr Kogel nach diesen Vorgaben noch anstellen, ehe er die Aktionsware bestellt?
2. Können vorhandene Daten aus dem Warenwirtschaftssystem auch bei der Bestellung neu ins Sortiment aufzunehmender Waren Entscheidungshilfen geben?

Herr Kogel unterbreitet der Geschäftsleitung des Textil-Markts seine Vorschläge zur Aktion „Sportliche Reisetaschen". Dort ist man zufrieden und er erhält „grünes Licht" zur Warenbeschaffung. Wenige Tage später liegen Herrn Kogel drei Angebote vor:

1. Angebot der Textilfirma Reishuber aus Nürnberg:

REISHUBER GmbH & Co KG Nürnberg

„FLY-AWAY", die praktische Reisetasche mit vielen Details, die Packen zur Freude macht!

> kräftiger Spiralreißverschluss
> vier Seitentaschen mit abgedeckten Klettverschlüssen
> optimale Lastenverteilung durch trapezartig verlaufende Gurte
> Material: 100 % Nylon.

Lieferbar in Schwarz, Marine und Petrol.
Preis: 45,00 €, Mindestabnahme 100 Stück, sonst Mindermengenzuschlag in Höhe von 10 % des Warenwertes. Lieferbar innerhalb 14 Tagen.

2. Angebot aus dem Sonderposten des Einkaufsverbandes „EURO-SPORT":

 EURO-SPORT AKTUELL

Das Schnäppchen des Monats! Reisetaschen zu unschlagbaren Preisen!

Modell „Nordkap": Eine Tasche für höchste Ansprüche und Beanspruchungen. Aus schwarzem Nylongewebe mit aufgesetzten echten Büffelleder-Applikationen. Großes Hauptfach, sechs Seitentaschen und einer integrierten Minikühlbox (Batterie notwendig). Preis: 119,00 €.

Modell „Traveller": Unsere preiswerte Allzwecktasche. Die praktische Zylinderform bietet Platz für viele Wochen Urlaubsgepäck, abnehmbare Schultergurte. Farbe Schwarz, Seitentasche rot abgesetzt. Preis: 47,00 €. Lieferzeit: 1 Woche

Nutzen Sie unsere Aktionsrabatte: ab 50 Stück 15 % und ab 100 Stück 20 %!

Es gelten unsere Allgemeinen Geschäftsbedingungen.

! **Hinweis:** Auszug aus den Geschäftsbedingungen des Einkaufsverbandes:

§ 4 Lieferbedingungen	§ 7 Zahlungsbedingungen
(1) Lieferungen erfolgen ab Zentrallager in Köln-Deutz. (2) Versandkosten trägt der Käufer. Sie betragen 2 % vom Warenwert.	(3) Rechnungen sind zahlbar: 1. innerhalb 10 Tagen mit 4 % Skonto. 2. ab 11. bis 30. Tag mit 2 % Skonto. 3. ab 31. bis 60. Tag netto.

3. Angebot der Import Firma „FAR-EAST-IMPORT" aus Stuttgart:

FAR EAST

Für Ihre Aktion bieten wir an: „Globus", eine Reisetasche aus wetterfestem Gewebe mit Schultergurt und Tragegriffen, verstärkter Boden und zwei Seitentaschen.

Preis: Je Verpackungseinheit (6 Stück) 260,00 €. Farben: Schwarz, Blau und Rot.

Da dies ein einmaliger Sonderposten ist, berechnen wir ab einer Bestellung von 10 Verpackungseinheiten 210,00 € je Einheit. An Transportkosten fallen 100,00 € an. Zahlung innerhalb 14 Tagen ohne Abzüge. Liefergarantie: 48 Stunden. Da Sonderposten kein Umtausch möglich.

Ermitteln Sie für alle drei Angebote den Verkaufspreis je Tasche, wenn die Textil-Markt GmbH Aktionsware mit einem Kalkulationsfaktor von 1,5 kalkuliert (wenn man den Einstandspreis mit 1,5 multipliziert, erhält man den Verkaufspreis).

Entscheiden Sie sich für das preislich günstigste Angebot unter Berücksichtigung aller möglichen Preisvorteile. Legen Sie dazu eine Entscheidungsmatrix nach folgendem Muster an:

	Reishuber	Euro-Sport	Far-East-Import
Gesamtabnahme			
Einkaufspreis/St.			
Zuschläge			
Rabatt			
Skonto			
Bezugskosten			
Einstandspreis			
mal 1,5 (Kalkulationsfaktor)			
Verkaufspreis/St.			

■ INFORMATION ■

Jedes Handelsunternehmen hat nicht nur das Ziel, möglichst viel zu verkaufen, sondern auch einen angemessenen Ertrag zu erwirtschaften. Ein wirtschaftlicher (günstige Einstandspreise) und an den Kundenwünschen orientierter Wareneinkauf ist die Voraussetzung diese Ziele zu erreichen. Schon die alte Kaufmannsweisheit „Im Einkauf liegt der halbe Gewinn" zeigt, dass der Beschaffung eine Schlüsselrolle im betrieblichen Leistungsprozess zukommt. Alle dabei anfallenden Tätigkeiten und Entscheidungen bezeichnet man als **Beschaffungsmarketing.**

Aufgaben beim Beschaffungsmarketing

Festlegung der Sortimentsstruktur
(Was soll eingekauft werden?)

Untersuchung des Beschaffungsmarktes
(Wo soll eingekauft werden?)

Festlegung der Beschaffungswege
(Soll direkt oder indirekt eingekauft werden?)

© MEV Agency UG

Bestimmung der Bedarfsmenge
(Wie viel soll eingekauft werden?)

Bestimmung des Lieferzeitpunktes
(Wann soll geliefert werden?)

Ermittlung des Bestellzeitpunktes
(Wann soll bestellt werden?)

Entscheidung für den geeigneten Lieferanten

■ Auswirkungen auf die Sortimentsstruktur durch Beschaffungsmarketing

Möglichkeiten	Gründe	Beispiele
Ergänzung: Bereits im Sortiment vorhandene Warengruppen werden um zusätzliche Ausführungen ergänzt.	Kunden wünschen mehr Auswahl. Mitbewerber haben größere Sortimentstiefe. Profilierung durch Fach- bzw. Spezialsortiment.	Wein aus USA, Chile und Südafrika ergänzt das einheimische Angebot. Speiseservice aller führenden Hersteller.
Aktualisierung: Waren, deren Absatz stockt, werden durch neue, veränderte und/oder verbesserte Waren ersetzt.	Anpassung an aktuelle Trends (*Zeitgeist, Mode*), neue Gesetze und Richtlinien.	Textil- und Schuhmode, Verkaufsverbot für Textilien mit Azofarbstoffen (u. U. Krebs erregend!).
Erweiterung: Bisher nicht geführte Waren werden aufgenommen.	Verstärkte Kundennachfrage, Mitbewerber, Trends, allgemeine Wirtschaftslage, Verbesserung der Marktposition.	Abteilung „Bio-Möbel", Aufnahme freiverkäuflicher Arzneimittel, Waren einer anderen Preis- oder Qualitätskategorie (Discount).
Aktionen: Für Sonderverkäufe werden extra Waren beschafft, die i. d. R. nicht im Normalsortiment geführt werden.	Verbesserung der Marktposition durch besondere Ereignisse („Events"), reguläre Sonderverkäufe, Ware als Frequenzbringer.	Italienwoche (*Lebensmittel, Textilien, Schuhe, Bücher*), Jubiläumsverkauf, „Schnäppchenartikel" für „Smart-shopper".

■ Bezugsquellenermittlung bei Neulistung

Um geeignete Bezugsquellen, d. h. Lieferanten zu finden, muss jeder Einkäufer den infrage kommenden Beschaffungsmarkt genau untersuchen.

Interne Bezugsquellenermittlung

Wenn bereits zu möglichen Lieferanten eine Geschäftsbeziehung besteht, kann auf hauseigenes Informationsmaterial zurückgegriffen werden. Neben bereits vorliegenden Angeboten, Katalogen und Preislisten, bedient man sich eigener Bezugsquellenkarteien, die sowohl in Karteiform oder als Datei (Einkaufinfosätze) bei computergestützten Warenwirtschaftssystemen geführt werden. Dabei handelt es sich um Daten zu Lieferanten und Artikeln.

》》 Beispiel Lieferantendatei (Auszug):

Fashy-Sports München / Fon: 089-123987, Fax: 089-123999, E-Mail: info@fas.com				
Artikelnummer	Bezeichnung	Angebot vom	Bestellung am	Notiz
2112 12990	Jogginganzug	25.04...	28.04...	pünktliche Lieferungen, Mindermengenzuschlag bis 500 €.
2112 12887	Trainingsjack	15.07...	17.07...	
2112 12655	Bikini „Ibiza"	24.09...		
...	...	...	...	

Sie enthält: Informationen über bisherige Lieferungen, Preise und Konditionen, Lieferzeit sowie Zahlungsmöglichkeiten.

>> **Beispiel Artikel-/Warendatei (Auszug):**

Artikel:	Jogginganzug (Damen)			
Lieferant	Artikelnummer	Angebot vom	Bestellung am	Notiz
Fashy-Sports	2112 12990	25.04...	28.04...	gute Qualität
Impex KG	2112 45672	02.02...	14.02...	sehr günstig
Schoser GmbH	2112 65544	21.12...	12.01...	lange Lieferzeit
...	...	...	...	

Sie enthält: Informationen über bisherige Lieferanten dieses Artikels, bisherige Bestellungen sowie allgemeine Angaben *(Qualität, Liefertreue).*

Externe Bezugsquellenermittlung

Diese **außerbetrieblichen Informationen** müssen dann herangezogen werden, wenn ein Einkäufer neue Geschäftsbeziehungen aufbauen will. Dazu zählen:

> Nachschlagewerke *(„Wer liefert was",
> Hoppenstedt, 1x1 der Deutschen Wirtschaft)*
> Fachzeitschriften *(Lebensmittelpraxis,
> Textilwirtschaft, Handelsberater)*
> Besuch von Messen und Ausstellungen
> *(Möbelmesse Köln, ISPO München)*

> Mitteilungen der Verbände, Industrie- und
> Handelskammern, Banken und Sparkassen
> Firmennachrichten der Mitbewerber
> Berichte aus Erfagruppen
> Recherchen in Datenbanken und im Internet
> *(„Business to Business")*

>> **Beispiel:** Lieferantensuche mithilfe des Internets

Die Onlineversion des Brancheninformationsdienstes „Wer liefert was" (www.wlw.de) bietet eine umfassende Auswahl an Lieferanten zu fast allen Produkten. Nach Eingabe des Suchbegriffs *(„Kopfhörer")* werden einem entsprechende Anbieter genannt. Die Kontaktaufnahme erfolgt durch Anklicken der Hyperlinks.

Einkauf mithilfe des Internets (Online-Order)

Zunehmend erfolgen **Bezugsquellenermittlung** und **Warenbeschaffung** über elektronische Systeme. Bei diesen **„B2B"** („Business-to-Business") Geschäften zwischen Unternehmen steht dem Einzelhändler über die Benutzung **„elektronischer Marktplätze"** ein weltweites Angebot 365 Tage und 24 Stunden je Tag zur Verfügung.

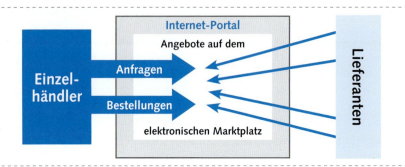

Über das **Eingangsportal** der Anbieter solcher Systeme hat der Benutzer Zugriff auf Angebot und Leistungen einer Vielzahl von **Lieferanten**. So sind Leistungs- und Preisvergleiche schnell und einfach vorzunehmen und der Einkaufsvorgang beschleunigt sich nicht nur, sondern er wird auch preiswerter. Neben der Kontaktvermittlung zu Anbietern erhält der Einzelhändler außerdem branchenspezifische Informationen, die ihn bei seiner Sortimentsgestaltung unterstützen.

Abb. Startseite eines Internet-Ordercenters für den Textilfachhandel

■ Wahl der Beschaffungswege

Diese Entscheidung wird der Einkäufer auf der Grundlage eines Leistungs- und Kostenvergleichs treffen.

Einkauf beim Großhandel

Kleine und mittlere Einzelhandelsunternehmen beziehen viele Waren über den **Großhandel**, da sie dessen besondere Leistungen nutzen wollen. Häufig liefern aber auch Hersteller ausschließlich über den Großhandel an den Einzelhandel.

Leistungen des Großhandels für den Einzelhandel			
Vorsortimentierung	**Sortimentsberatung**	**Risikoübernahme**	**Hohe Lieferbereitschaft**
Der Händler findet hier bereits ein für seinen Bedarf passend zugeschnittenes Warenangebot.	Durch die größere Marktkenntnis weiß der Großhandel oft besser, welche Artikel gefragt sind und welche nicht.	Er gewährt längere Zahlungsziele als die Industrie und übernimmt eine ausgeprägte Lagerhaltung.	Durch die Lagerhaltung ist auch eine schnelle Ausführung der Bestellungen möglich (Kauf auf Abruf).

Auch die Art der Ware bestimmt den Beschaffungsweg. Waren des täglichen und/oder oft kurzfristigen Bedarfs wie Zeitungen und Arzneimittel wollen die Kunden in ihrer Nachbarschaft kaufen. Die Sicherung der Verkaufsbereitschaft wäre ohne Großhandel nicht möglich. Bei Waren, die man nur einmalig oder sporadisch kauft *(Auto, Klavier)* werden die typischen Leistungen des Großhandels nicht benötigt.

Es kann auch gleichzeitig direkt und indirekt beschafft werden. Bei **Streckengeschäften** bestellt und bezahlt der Einzelhändler die Ware über den Großhandel (indirekt) und bekommt die Ware vom Hersteller geliefert (direkt).

Einkauf beim Hersteller

Mit wachsender Unternehmensgröße nimmt allerdings der prozentuale Anteil der **Direktbeschaffung** bei **Herstellern** zu, da die Großunternehmen selbst in der Lage sind die Aufgaben des Großhandels zu übernehmen. Großunternehmen des Handels nehmen oft auch entscheidend Einfluss auf die Produktgestaltung (Eigenmarken). Dies bedingt einen direkten Warenbezug. Da der Direktbezug in größeren Mengen Preisvorteile beim Einkauf bringt, nutzen viele kleinere Einzelhändler **Einkaufs-Kooperationen**.

Einkauf bei Handelsvertretern oder Reisenden

Während der Reisende als Angestellter seines Unternehmens den Händler aufsucht, ist der Handelsvertreter als selbstständiger Kaufmann für e ine oder mehrere Firmen tätig. An beiden schätzt der Einzelhändler ihre gute Marktkenntnis und Beratungsleistung. Ein besonderer Vorteil dieser Art einzukaufen ist die direkte Warenpräsentation durch Musterstücke. Für Kleinbetriebe, bei denen die Eigentümer nahezu unabkömmlich sind, ist dieser **„Einkauf zu Hause"** von großer Bedeutung.

Einkauf bei Importeuren

Viele Waren werden aus dem Ausland importiert. Allerdings kommt für den kleinen und mittleren Einzelhändler ein Direktimport häufig nicht infrage. Die damit verbundenen Risiken und Kosten sind zu groß. Es fehlt sowohl an der notwendigen Marktkenntnis als auch an Informationen über die im Ausland üblichen Handelsbräuche. Hier bieten **Importeure** ihr spezielles „Know-how" an. Sie treten häufig auch als **Spezialgroßhändler** auf, die vorwiegend im Ausland Produkte herstellen lassen und dann im Inland als Eigenmarken anbieten *(Textilien, Glaswaren)*.

Einkauf auf Messen

© Messe Nürnberg

© Messe Frankfurt

Messen bieten ein umfassendes Angebot einer oder mehrerer Branchen. Meist finden sie in regelmäßigem Turnus am gleichen Ort statt. Im Handel mit modeabhängigen Artikeln hat der Einkauf auf Messen eine überragende Bedeutung, da hier die Trends der kommenden Saison vorgestellt werden.

In vielen Fällen produziert die Industrie erst nach den Messen die Waren, die durch die sogenannte „Vororder" der Händler aus den präsentierten Mustern ausgewählt und bestellt wurden.

Zehn bedeutende Messen für den Einzelhandel in Deutschland			
› PREMIUM (Mode)	Berlin	› Internationale Möbelmesse	Köln
› Herrenmode-Woche	Köln	› ISM (Süßwaren)	Köln
› Interstoff	Frankfurt	› Photokina	Köln
› ISPO (Sportartikel, -mode)	München	› Ambiente (Konsumgüter)	Frankfurt
› Inhorgenta (Uhren, Schmuck)	München	› Internationale Spielwarenmesse	Nürnberg

■ Entscheidung über Bestellmenge

Eine Mengenprognose für Waren, die bisher noch nicht Bestandteil des Sortiments waren, gestaltet sich schwierig, da auf keine vorangegangenen Umsatzzahlen zugegriffen werden kann. Es sind mehrere **Planungsgrundlagen** denkbar:

Planungsgrundlage	Erläuterung
Kapitalbindung	Je mehr eingekauft wird, desto höher ist die Kapitalbindung. Sollten sich die Umsatzerwartungen nicht erfüllen, fehlt Kapital zur Beschaffung anderer Ware. Hohe Bestände führen zu hohen Lagerkosten, denen allerdings durch Großeinkauf günstige Beschaffungspreise gegenüberstehen können.
Umsatz	Bei der Ermittlung eines Planumsatzes für eine bestimmte Verkaufsperiode sollte u. a. beachtet werden: › allgemeine Wirtschaftslage › geplante Verkaufs-Aktionen › Preisentwicklung › Konkurrenzsituation › mögliche Veränderungen in der Kunden- und Infrastruktur
Verkaufs-bereitschaft	Wenn eine hohe Verkaufsbereitschaft das Hauptziel des Unternehmens ist, dann müssen entweder hohe Bestände in Kauf genommen werden oder es muss eine sehr schnelle und am Bedarf ausgerichtete Belieferung gewährleistet sein.

Wahl des Bestell- und Lieferzeitpunktes

Die Ware muss zum geplanten Verkaufstermin zur Verfügung stehen. Aus Kostengründen wäre es am besten, die Ware erst kurz vor dem geplanten Verkaufsbeginn zu erhalten, da so Lagerkosten gespart werden könnten. Sowohl Industrie als auch Großhandel sind aber selbst bemüht Lagerbestände klein zu halten und beginnen z. B. bei Saisonwaren sehr frühzeitig mit der Auslieferung. Damit der Handel eine frühe Auslieferung akzeptiert, werden häufig verlängerte Zahlungsziele eingeräumt.

Der **Bestellzeitpunkt** hängt deshalb entscheidend vom **Zeitbedarf** zwischen Bestellplanung und Verkaufsbeginn ab.

Quantitativer Angebotsvergleich

Ein **quantitativer** Angebotsvergleich liegt vor, wenn verschiedene Angebote nur nach Merkmalen verglichen werden, die sich in **Euro** bewerten lassen *(Listenpreis, Rabatte, Skonto, Bezugskosten)*. Das **Ziel** ist den Anbieter zu finden, bei dem der Händler den **günstigsten** Einstandspreis erzielen kann.

Bevor ein Angebotsvergleich angestellt werden kann, muss sichergestellt sein, dass nur Waren gleicher oder vergleichbarer Art und Beschaffenheit verglichen werden. Bei der Entscheidung hierüber helfen Muster und Proben, Standards und Normen, Warenprüfungen, auch Test-, Prüf-, Güte-, Umwelt- und Sozialzeichen.

Abb. Entscheidungshilfen beim Warenvergleich

Häufig kommen mehrere Lieferer für die Beschaffung von Ware infrage. Allerdings haben die Lieferer üblicherweise unterschiedliche Preise für vergleichbare Waren, und auch die Konditionen, zu denen sie liefern, sind nicht für alle Kunden gleich: Stammkunden und Großabnehmer werden niedrigere Preise und bessere Konditionen durchsetzen können als gelegentliche Abnehmer kleiner Mengen. Wenn es darum geht, das günstigste Angebot zu ermitteln, genügt es also nicht, lediglich die Preise aus vorliegenden Angeboten, aus Katalogen und Listen zu vergleichen. Vielmehr ist es erforderlich, auch alle den Preis erhöhenden und ermäßigenden Bedingungen in den Vergleich einzubeziehen.

Bezugskalkulation

Um eine verlässliche Ausgangsbasis für Angebotsvergleiche zu erhalten, ist deshalb für jede zu vergleichende Ware der Bezugspreis (Einstandspreis) zu ermitteln. Dies geschieht im Wege der **Bezugskalkulation:**

Kalkulationsschema:	Erläuterung:
Listeneinkaufspreis	Listenpreis des Lieferers
− Liefererrabatt	Wiederverkäufer-, Mengen-, Treuerabatt
= Zieleinkaufspreis	gilt, wenn Zahlungsfrist genutzt wird
− Liefererskonto	Prämie für vorzeitige Zahlung
= Bareinkaufspreis	gilt, wenn vorzeitig gezahlt wird
+ Bezugskosten	Versicherung, Transport, Verpackung
= Einstandspreis	**Bezugspreis**

! **Hinweis:** Mithilfe der Kalkulation (= Preisberechnung) ermittelt der Einzelhändler seine Preise. Beim Angebotsvergleich ist dies der Einstandspreis. Diesen Preis zahlt der Einzelhändler an seinen Lieferanten für den Kauf von Waren. Kalkulieren ist angewandte Prozentrechnung mit Berechnung des Prozentwertes (vgl. LF 11, Kapitel 3.2). Die Kalkulation des Einstandspreises wird ausführlich im Kapitel 4 dieses Lernfeldes behandelt.

- -

》 **Beispiel:** Von einem bestimmten Artikel werden 40 Stück benötigt. Von den Anbietern Nadel & Faden, Kette & Schuss und FashionHouse liegen die folgenden Angebote vor:

Preise/Konditionen	Nadel & Faden	Kette & Schuss	FashionHouse
Listeneinkaufspreis	64,00 €	60,00 €	68,00 €
Rabatt	10 %	5 %	12,5 %
Skonto	3 %	−	1 %
Lieferbedingung	frei Haus	ab Werk	frei Haus

Die Lieferung der benötigten Mengen kann in allen drei Fällen binnen 7 Tagen und damit rechtzeitig erfolgen. Das Rollgeld für die An- und Abfuhr beträgt je 10 €, die Fracht 60 €.

Vergleich der Bezugspreise (quantitativer Vergleich)			
	Nadel & Faden	Kette & Schuss	FashionHouse
Listeneinkaufspreis	2.560,00	2.400,00	2.720,00
− Rabatt	256,00	120,00	340,00
= Zieleinkaufspreis	2.304,00	2.280,00	2.380,00
− Skonto	69,12	0,00	23,80
= Bareinkaufspreis	2.234,88	2.280,00	2.356,20
− Bezugskosten	0,00	80,00	0,00
= Bezugspreis ges.	2.234,88	2.360,00	2.356,20
= Bezugspreis/St.	55,87	59,00	58,91

- -

■ AKTION ■

1 Entwerfen Sie für Artikel Ihres Ausbildungsbetriebes eine Eingabemaske zur Aufnahme der wichtigsten Daten in einer Artikeldatei.

2 Welche Informationen sollten in einer Lieferantendatei abrufbar sein?

3 Überprüfen Sie Ihr Ausbildungssortiment und machen Sie Vorschläge zur Ergänzung und Aktualisierung des Sortiments.

4 Unter dem Motto „Fairer Handel – Respekt für Mensch und Umwelt" wollen mehrere Unternehmen aus Neuburg künftig ökologisch unbedenkliche und sozialverträglich hergestellte Waren anbieten. Welche Möglichkeiten haben diese Unternehmen um sich umfassend über entsprechende Bezugsquellen zu informieren?

5 Beurteilen Sie folgende Aussage eines Neuburger Einzelhändlers: „Ich kaufe möglichst wenig beim Großhandel ein, denn der verteuert ja nur die Waren!"

6 Was spricht für und was gegen den Einkauf bei: Importeuren, Reisenden oder auf Messen?

7 Untersuchen Sie Ihr Ausbildungssortiment nach Artikeln, die kurzfristig beschafft werden können und solchen, die eine lange Lieferzeit haben.

8 Die Fotoabteilung des Elektromarktes „Electro-City" benötigt 40 Digitalkameras. Es liegen der Einkäuferin Frau Schmidt folgende drei Angebote vor:

Lieferer	Klick GmbH	Foto-Plus AG	Sprint-Foto KG
Mindestabnahme	keine	25 Stück	50 Stück
Listeneinkaufs-preis je Stück	104,00 €	112,00 €	120,00 €
Rabatt	5 %, bei Abnahme von mehr als 50 Stück 15 %	–	20 %
Skonto	–	6,00 € je Stück bei sofortiger Zahlung	3 % bei Barzahlung
Frachtkosten	160,00 € für die gesamte Menge	je Stück 3,20 €	–

Berechnen Sie, welches Angebot das preisgünstigste ist. Hinweis: „Electro-City" bezahlt Rechnungen sofort nach Erhalt.

9 Führen Sie aufgrund der folgenden Angaben einen rechnerischen Angebotsvergleich für einen Motorrasenmäher durch:

Lieferer	Angebotsbedingungen
Gartenprofi:	1.800,00 € frei Haus, Ziel 60 Tage, 4 % Skonto innerhalb 14 Tagen.
Xiung-Shi Ltd.:	1.650,00 €, Fracht 100,00 €, zahlbar netto Kasse.
Kramer OHG:	2.060,00 €, Wiederverkäuferrabatt 15 %, Zufuhr 45,00 €, Ziel 30 Tage.

10 🖥 In der Papier- und Schreibwarenhandlung Reinbach sind Angebote zu vergleichen. Benötigt werden ca. 60.000 Blatt Büropapiere in einer guten Qualität. Markus Braun erstellt dazu eine Tabelle mit Eingabe- und Ausgabeteil. Die Bestellung erfolgt bei dem Lieferanten mit dem günstigsten Einstandspreis.

Die Reinbach GmbH wählt stets die bestmöglichen Zahlungs- und Lieferungsbedingungen. Es ist der Einstandspreis für eine Packung zu 500 Blatt zu berechnen.

Angebot der Copy-Data:

Multifunktionspapier, 500 Blatt je Packung, Preis je Packung: 2,55 €, ab 10 Packungen 2,30 € und ab 20 Packungen 2,05 €.

Bezugskosten: bis 10 Packungen pauschal 10,00 €, sonst je 10-er Pack 5,00 €.

Zahlungsbedingung: 30 Tage netto, bei Zahlung innerhalb 10 Tagen 2 % Skonto.

Angebot der Siegle KG:

Universalpapier, 500 Blatt = 1 Pack. €-Preis: 10-er Pack: 2,45 je Pack, 30-er Pack: 2,10 je Pack.

Lieferung erfolgt frei Haus.

Zahlungsbedingung: 30 Tage netto, bei Zahlung innerhalb 8 Tage 2,5 % Skonto.

Muster für Tabellen:

Kalkulation des Einstandspreises		
Eingabeteil:		
Artikelbezeichnung	Büropapier	Büropapier
Listeneinkaufspreis je Packung		
Skonto in %		
Bezugskosten		

Ausgabeteil:		
	€	€
Listeneinkaufspreis		
− Skonto		
= Bareinkaufspreis		
+ Bezugskosten		
= Einstandspreis		

2.2 Qualitativer Angebotsvergleich

Tausend Lieferanten! Doch wie findet man den richtigen?

■ SITUATION

Die Computer Company: kompetent und preiswert

Media-Com: Alles aus einer Hand!

Ihr PC Spezialist: COM-TOTAL

Hai-Tekk: komplette IT-Lösung

Lisa May, Inhaberin eines kleinen Naturkostladens, lässt sich von ihrem Einkaufsverband PurNatur davon überzeugen das verbandseigene Warenwirtschaftssystem einzuführen. Die Programme stellt der Verband zur Verfügung. Was noch fehlt, ist ein leistungsfähiges Computersystem.

Über die „Gelben Seiten" findet Frau May mehrere Computerhändler in ihrer Nähe, von denen sie sich ein entsprechendes Angebot einholt. Frau May will die Angebote sorgfältig prüfen und vergleichen.

Nach welchen Gesichtspunkten sollte Frau May die Angebotsprüfung vornehmen, wenn sie aufgrund schlechter Erfahrung mit früheren Anschaffungen nicht nur auf den Preis schauen will?

Entwickeln Sie dazu eine tabellarische Übersicht mit fünf Merkmalen nach folgendem Muster:

Merkmal:	Erläuterung:
…	…

■ INFORMATION

Ein **qualitativer** Angebotsvergleich liegt vor, wenn zusätzlich zum Preisvergleich auch Merkmale bei der Lieferantenbewertung herangezogen werden, die sich nicht unmittelbar in Euro bewerten lassen.

Service
Beratung
Kompetenz
Zufriedenheit

© MK-Photo – Fotolia.com

■ Beurteilungsmerkmale für Lieferanten

Wenn dem Einzelhändler **mehrere** Angebote der gewünschten Artikel vorliegen, dann sollte er die **Lieferanten** unter **verschiedenen** Gesichtspunkten **beurteilen** und **bewerten**. So gelangt er zu einer fundierten Entscheidung, bei wem die gewünschten Artikel bestellt werden sollen. Wenn mit den infrage kommenden Lieferanten bereits Geschäftsbeziehungen bestehen, können alle Beurteilungsmerkmale in den Entscheidungsprozess mit einbezogen werden. Ist dies nicht der Fall, dann können einige Merkmale entweder nicht beurteilt werden oder der Einzelhändler beschafft sich die ihm fehlenden Informationen *(Selbstauskunft des Anbieters, Informationen über Einkaufsverbände oder Erfagruppen)*.

>> **Beispiel:** Beurteilungskatalog von Lieferanten, wie er bei den Baufachmärkten der „All-Bau GmbH & Co" Anwendung findet:

Merkmal		Erläuterung
Kompetenz	→	Besitzt der Lieferant Fachwissen für dieses Produkt?
Image	→	Welches „Bild" haben unsere Kunden von Artikeln dieses Lieferanten?
Qualität	→	Entspricht das Warenangebot den von uns aufgestellten Qualitätsansprüchen?
Technischer Stand	→	Sind die Produkte auf dem neuesten Stand der technischen Entwicklung?
Lieferzeit	→	Kann der Lieferant kurze Lieferzeiten sicherstellen?
Liefertreue	→	Hält der Lieferant zugesagte Termine genau ein?
Kulanzverhalten	→	Übernimmt der Lieferant auch Garantieleistungen über die mit uns vertraglich vereinbarte Zeit hinaus?
Flexibilität	→	Zeigt sich der Lieferant in unvorhergesehenen Situationen beweglich?
Ökologische und soziale Aspekte	→	Sind die Produkte des Lieferanten sozialverträglich hergestellt und ökologisch unbedenklich?
Verkaufsförderungsmaßnahmen	→	Unterstützt uns der Lieferant beim Absatz der Waren durch verkaufsfördernde Maßnahmen?
Konditionen	→	Zeigt sich der Lieferant bei der Gestaltung der Liefer- und Zahlungsbedingungen flexibel?
Preise	→	Bietet der Lieferant Preisabschläge und geht er auf unsere Preisvorstellungen ein?

■ Bewertungsverfahren von Lieferanten (Entscheidungsbewertungstabelle)

Nach Eingang der angeforderten Angebote werden diese nach den aufgestellten **Beurteilungsmerkmalen** untersucht und bewertet (= **qualitativer Angebotsvergleich**). Die **Bewertung** ist nach unterschiedlichen Verfahren möglich.

Rechnerisches Verfahren

Bei diesem Verfahren werden die jeweiligen **Beurteilungsmerkmale** nach ihrer für diese Beschaffung geltenden Bedeutung **gewichtet.**

Wird besonderer Wert auf günstige Preise gelegt, erhalten die Einkaufspreise eine höhere Gewichtung, als z. B. die Qualität der Waren.

Ist eine kurze Lieferzeit von Bedeutung, wird diese höher gewichtet, als z. B. die Liefertreue.

Jeder Anbieter wird aufgrund der über ihn vorliegenden Informationen analysiert und anschließend werden Wertungspunkte vergeben. Sie reichen z. B. von 1 (Kriterium nicht oder nur mangelhaft erfüllt) bis zu 5 (Kriterium besonders gut erfüllt). Die Wertungspunkte werden nun mit der Gewichtung multipliziert. Den **Auftrag** erhält der **Anbieter** mit den meisten Punkten.

>> **Beispiel:** (WP = Wertungspunkte; GP = Gesamtpunkte)

Anbieter		Maier		Müller		Schulze	
Merkmal	Gewichtung	WP	GP	WP	GP	WP	GP
Kompetenz	5	5	25	3	15	5	25
Image	15	3	45	2	30	4	60
Qualität	15	3	45	2	30	4	60
Lieferzeit	5	2	10	5	25	4	20
Liefertreue	10	2	20	5	50	3	30
Kulanzverhalten	5	1	5	5	25	3	15
Ökologische und soziale Aspekte	10	1	10	1	10	2	20
Verkaufsförderungsmaßnahmen	15	4	60	2	30	2	30
Konditionen	10	4	40	2	20	2	20
Preise	10	3	30	3	30	2	20
Gesamt	100 %		290		265		300
Rang			2		3		1

Grafisches Verfahren

Die Bewertung erfolgt anhand von **Bewertungsstufen** (–3 für Kriterium nicht erfüllt, bis +3 für Kriterium sehr gut erfüllt). Alle Merkmale sind von gleicher Bedeutung. Die für jedes Merkmal ermittelte Ausprägung wird markiert und zum Schluss werden die Markierungspunkte verbunden. So ist auf einen Blick das jeweilige **Lieferantenprofil** erkennbar.

>> **Beispiel:** Lieferant Schmidt (rot), Lieferant Wagner (blau), Lieferant Keller (grün)

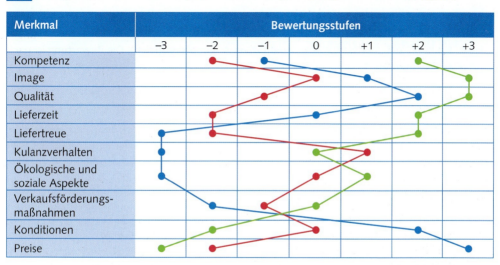

Merkmal	Bewertungsstufen						
	–3	–2	–1	0	+1	+2	+3
Kompetenz							
Image							
Qualität							
Lieferzeit							
Liefertreue							
Kulanzverhalten							
Ökologische und soziale Aspekte							
Verkaufsförderungsmaßnahmen							
Konditionen							
Preise							

Nicht eindeutig zu bewertende Merkmale

Es ist denkbar, dass **nicht** der **Anbieter** zum Zuge kommt, der bei Bewertung in der Entscheidungs-bewertungstabelle die **höchste** Gesamtpunktzahl erhielte. Das kann daran liegen, dass Merkmale den Ausschlag geben, die sich durch Gewichtung und Bewertung in einer solchen Tabelle nur schwer oder gar nicht bewerten lassen.

Solche **Gesichtspunkte** können sein:

> Es laufen Gegengeschäfte zwischen Lieferer und Einzelhandelsbetrieb,
> es bestehen persönliche Beziehungen zum Lieferanten *(Verwandter, Kegelbruder, langjähriger Geschäftspartner)*,
> aus Sicherheitsgründen sollen Lieferbeziehungen zu mehreren Lieferern unterhalten werden,
> der Einzelhandelsbetrieb verzichtet auf einen schnellen, aber einmaligen Vorteil zu Gunsten erprobter und verlässlicher Lieferbeziehungen,
> der Lieferer ist voll beschäftigt oder kommt aus Termingründen *(kurzfristige Lieferung von Aktionsware)* für die Auftragserteilung nicht infrage.

■ AKTION

1 Sortimentserweiterung im Sportfachgeschäft Action & Fun GmbH

 Hinweis: Eine umfangreichere Version dieser Fallstudie befindet sich im Arbeitsheft zu diesem Buch.

Aufgabenstellung:

Führen Sie in Gruppen einen qualitativen Angebotsvergleich nach Ihnen geeigneten Beurteilungsmerkmalen durch. Die dazu notwendigen Informationen entnehmen Sie aus den Informationen zu den vier Anbietern. Entscheiden Sie, ob Sie Ihre Beurteilungsmerkmale gleich oder unterschiedlich bewerten. Präsentieren Sie Ihr Ergebnis vor der Klasse und begründen Sie Ihre Lieferantenentscheidung.

Ausgangssituation:

Bisher bilden Surfbretter, Snowboards und Inline-Skates sowie das dazu passende Zubehör den Sortimentsschwerpunkt in Bernd Hellers Sportgeschäft „Action & Fun GmbH".

Aus der Fachpresse und auch aufgrund vieler Anfragen von Kunden weiß Herr Heller, dass Fahrrad fahren auch in den nächsten Jahren zu den beliebtesten Freizeitbeschäftigungen der Bundesbürger gehören wird. Daher möchte er sein Sortiment durch Fahrräder und das entsprechende Zubehör erweitern. Der angepeilte Kundenkreis sind junge, sportlich orientierte Männer und Frauen, die für aktive Freizeitgestaltung viel Geld ausgeben. Er geht von einem Beschaffungswert von ca. 40.000,00 € aus. Da Herr Heller bisher nur wenig Marktkenntnis auf diesem Gebiet hat, bittet er Kollegen aus seiner Erfagruppe, die Fahrräder im Sortiment haben, um Informationen über für ihn infrage kommende Lieferanten. Von seinen Kollegen erhält er mehrere ausführliche Berichte zu möglichen Lieferanten. Nach einer ersten Durchsicht hat er sich für eine genauere Prüfung von vier Lieferanten entschieden.

Lieferanteninformation:

HERAKLES Fahrradwerke, Darmstadt

HERAKLES bietet bereits seit fast 100 Jahren Fahrräder und die passende Ausrüstung dazu an. Die Lieferfristen sind sehr kurz, da die Produktion zu 90 % im Inland erfolgt. Die Liefertermine werden pünktlich eingehalten. Das Design der Produkte ist funktional und verzichtet auf modische Komponenten. Dies gilt besonders für die „City"- und „Allround"-Fahrräder. Am Markt hat HERAKLES ein solides und qualitätsorientiertes Image. Die Stiftung Warentest bescheinigt HERAKLES-Produkten eine gute Qualität. Treten Mängel auf, zeigt sich HERAKLES allerdings wenig kulant. Die Abwicklung von Reklamationen erfolgt sehr schleppend und ist auf die gesetzliche Regelung beschränkt. HERAKLES wirbt nicht über die Medien. Eine Händlerunterstützung erfolgt in Form von Prospekten und unregelmäßig stattfindenden Verkäuferschulungen. Die Preislage ist in der Mitte angesiedelt. Bei Bestellungen bis 5.000,00 € werden pauschal 5 % vom Warenwert für Transport und Verpackung berechnet. Bestellungen über 5.000,00 € erfolgen frei Haus. Die Zahlungsbedingungen lauten: bis 3.000,00 € netto, bis 6.000,00 € 10 Tage und 2 % Skonto, sonst 30 Tage Ziel. Über 6.000,00 € innerhalb 10 Tagen 3 % Skonto oder 45 Tage Ziel. Mengenrabatte werden ab einem Mindestjahresumsatz von 15.000,00 € gewährt.

RADIAL Süddeutsche Fahrradfabrik GmbH, Stuttgart

Geschäftsführer von RADIAL ist Frieder Fuhrmann. Er war lange Jahre Chefkonstrukteur bei Herakles, bis er in die Geschäftsführung der RADIAL GmbH wechselte. Sein Betrieb produziert besonders hochwertige Produkte. Die Entwicklungsabteilung gilt als die modernste und innovativste in Europa. RADIAL lässt einen Großteil im europäischen Ausland produzieren, wobei das meiste aus Italien stammt. Wegen häufiger Streiks in Italien ist es schon einige Male zu Lieferverzögerungen gekommen. Im Regelfall ist die Lieferzeit sehr kurz, da RADIAL durch Lagerhaltung eine hohe Lieferbereitschaft sichert. Kunden berichten von einem sehr zügigen und kulanten Verhalten bei Reklamationen. RADIAL gewährt auf alle Artikel 36 Monate Garantie. Der Handel wird durch eine Vielzahl von Werbemaßnahmen unterstützt. Vor Beginn der Sommersaison werden auch mehrere Werbespots im Fernsehen, besonders in den Sportkanälen, gesendet. RADIAL gibt empfohlene Verkaufspreise vor, die bis zu 50 % über den Durchschnittspreisen anderer Anbieter liegen. Dafür wird ein Gebietsschutz gewährt. Es wird ein Wiederverkäuferrabatt von 40 % eingeräumt. Bei einem Jahresumsatz von mehr als 20.000,00 € erhöht sich der Rabatt auf 45 % und es gibt einen Jahresbonus von 2 %. Die Lieferungen erfolgen stets frei Haus.

TASHAMIRO, Niederlassung Hamburg

Die deutsche Niederlassung dieses japanischen Unternehmens mit dem Hauptsitz in Tokio, ist erst seit einem Jahr auf dem deutschen Markt präsent. Daher sind Artikel bei uns noch weitgehend unbekannt. TASHAMIRO sucht Partner im Facheinzelhandel, die dann als Alleinanbieter am jeweiligen Ort die Produkte vertreiben. Dafür werden sehr günstige Einkaufspreise und Zahlungsbedingungen geboten. Gegenwärtig beträgt das Zahlungsziel unabhängig von der Höhe der Bestellung 90 Tage. Bei Zahlung innerhalb 14 Tagen wird 3 % Skonto gewährt. Das Skonto erhöht sich auf 5 %, wenn mit TASHAMIRO das Abbuchungsverfahren vereinbart wird. Es muss angemerkt werden, dass das Unternehmen vor 10 Jahren auf dem nordamerikanischen Markt ähnlich begonnen hat und heute über 80 % seiner Umsätze dort über Warenhausketten und Versandunternehmen erzielt. In den USA und den Pazifikstaaten haben die Erzeugnisse von TASHAMIRO einen sehr guten Ruf. Das Design ist nicht nur sehr funktionell, sondern auch betont sportlich. Die Produktqualität ist ausgezeichnet und die Technik stets auf dem neuesten Stand. Da die Hamburger Niederlassung derzeit noch keine Lagerhaltung durchführt, ist die Lieferzeit aufgrund der großen Entfernungen erheblich länger als bei anderen Anbietern. Die Liefertermine werden nach den bisher vorliegenden Erfahrungen eingehalten. Bei der Abwicklung von Reklamationen zeigt sich TASHAMIRO kulant. Die Geschäftsführung liegt zurzeit noch ausschließlich in japanischer Hand.

SPORTECH-Import GmbH & Co KG, Leipzig

Der Anbieter ist ein Großimporteur, der sich auf die Einfuhr von Sport- und Freizeitartikeln aus Osteuropa spezialisiert hat. Die Inhaber sind ehemalige Berufsboxer, geführt wird das Unternehmen durch zwei angestellte Geschäftsführer, die bis vor drei Jahren einen Zeitschriftenhandel betrieben. Für dieses Unternehmen spielt der Preis eindeutig die wichtigste Rolle bei der Warenbeschaffung. Die SPORTECH-GmbH setzt ihren Lieferanten bestimmte Preisobergrenzen, sodass eine durchgehend einwandfreie Qualität nicht immer gewährleistet ist. Die Preislage ist im unteren Bereich angesiedelt. Häufig werden sogenannte „Schnäppchenaktionen" den Kunden angeboten. Hier wird Ware zu besonders günstigem Preis angeboten, die aber nicht nachbestellt werden kann. Das Design der Produkte ist zweckmäßig und ohne auffallende Besonderheiten. Der Imagewert ist als niedrig einzustufen, da die Artikel von verschiedenen Produzenten aus mehreren osteuropäischen Ländern stammen und so keine einheitliche Markenprofilierung erfolgen kann. Die Lieferzeit ist extrem kurz. SPORTECH garantiert Lieferung innerhalb 48 Stunden an jeden Ort in der Bundesrepublik. Allerdings fallen Transportkosten von 200,00 € je Sendung an. SPORTECH verzichtet auf jegliche werbliche Unterstützung des Handels. Die Liefertermine werden pünktlich eingehalten. Die Regelung bei Reklamationen erfolgt sehr großzügig. Es wird meist auf Nachbesserung verzichtet und schon bei geringen Mängeln erfolgt ein Umtausch. Die Zahlungsbedingungen sind 14 Tage netto. Nachlässe werden nicht gewährt.

2 Der Vergleich vorliegender Angebote muss nicht mit einem Vergleich der Bezugspreise enden, sondern kann weitere Kriterien berücksichtigen.

> ❯ Welche Vor- und Nachteile hat es, wenn Merkmale in den Vergleich einbezogen werden, die im Text der Angebote gar nicht enthalten sind, sondern auf Informationen beruhen, die aus anderen Quellen beschafft wurden?

> ❯ Welche Vor- und Nachteile hat es, wenn Merkmale einbezogen werden, die erst noch bewertet und gewichtet werden müssen bzw. die sich überhaupt nicht bewerten lassen?

3 Nennen und erläutern Sie mindestens 10 Gründe, die den Einzelhändler dazu veranlassen können, bei einem Lieferer zu bestellen, der im Vergleich der vorliegenden Angebote nicht der billigste ist.

4 Da das Warenhaus Merkur eine französische Woche plant, wird aus Mitarbeitern des Einkaufs, des Verkaufs und der Werbeabteilung ein Aktionsausschuss gebildet. Stellen Sie nach folgenden Vorgaben einen Ablaufplan grafisch dar.

Start der Aktion	20. September
Dauer	2 Wochen
Beginn der Planung	10 Wochen vor Aktionsbeginn
Warenbeschaffung	5 Wochen vor Aktionsbeginn
Werbekonzept fertig	5 Wochen vor Aktionsbeginn
Aufbau der Ware	2 Wochen vor Aktionsbeginn
Beginn der Werbung	2 Wochen vor Aktionsbeginn

Berücksichtigen Sie bei der Darstellung die Sortimentsbildung, die Lieferantenauswahl und die Werbeplanung sowie eventuelle Nachbestellungen und zusätzliche Werbung während der Aktionszeit.

3 Planungsinstrumente für den Wareneinkauf

Im Einkauf liegt der halbe Gewinn! Wie kann wirtschaftlich eingekauft werden?

■ SITUATION

„Wie schaffen Sie es eigentlich", fragt Markus Braun, Auszubildender im Papier- und Schreibwarenfachgeschäft Reinbach, seinen Chef, „sich um die über 10.000 verschiedenen Artikel unseres Sortiments im Einkauf und Verkauf zu kümmern?" Herr Reinbach antwortet Markus: „Ohne das Setzen von Schwerpunkten auf die für unseren Umsatz wirklich wichtigen Warengruppen und Artikel sowie die Informationen aus dem Warenwirtschaftssystem müsste mein Arbeitstag 40 Stunden haben!"

© NLshop – Fotolia.com

 Welche Daten aus dem Warenwirtschaftssystem sind für Herrn Reinbach besonders wichtig, damit er bei seinen Warenbestellungen auch wirtschaftliche Aspekte ausreichend berücksichtigen kann?

■ INFORMATION

	Wirtschaftlicher Einkauf durch:		
Maßnahme	Auswertung von Zahlen aus den vergangenen Verkaufsperioden	Besondere Beachtung der umsatzstärksten Warengruppen und Artikel	Wert- und mengenmäßige Begrenzung des Einkaufs
Mittel	Ein- und Verkaufsdatenanalyse	ABC-Analyse	Limitrechnung

■ Planungsinstrument Einkaufs- und Verkaufsdatenanalyse

Die Auswertungsprogramme eines Warenwirtschaftssystems bieten eine gezielte Analyse der im System gespeicherten Daten. Mit diesen Informationen können wichtige Erkenntnisse für die Einkaufsplanung gewonnen werden. Dazu gehören u. a.:

Umsatzanalysen	→	Anzeigen der Umsätze nach Tag, Woche, Monat, Jahr, Vorjahr sowie die jeweils prozentuale Abweichung zum Vorjahr.
Frequenzanalysen	→	Informationen zur Anzahl der Kunden, Ø Umsatz je Kunde, Umsatz und Anzahl der Kunden nach Uhrzeit.
Sortimentsanalysen	→	Informationen zur Preislagenstruktur, Altersgliederung, Abverkaufsquote, Renner-Penner.
Lieferantenanalysen	→	Informationen über Lieferpünktlichkeit, Anzahl Retouren, Preis- und Konditionengestaltung.

▪ Planungsinstrument ABC-Analyse

Bei den **Einkaufsverhandlungen** sollte man Zeit und Mühe vor allem auf solche Artikel verwenden, die einen großen Teil am Umsatz aller Artikel ausmachen. Die Praxis zeigt, dass je nach Branche zwischen 50 bis 80 % des Umsatzes eines Einzelhandelsunternehmens auf relativ wenige Artikel entfallen, während viele Artikel, die mengenmäßig stark nachgefragt werden, nur einen kleinen Teil des Gesamtumsatzes ausmachen. Die **ABC-Analyse** ist ein **Instrument** zur **Bestimmung** der **Artikel**, um die sich der **Einkauf** besonders **intensiv** kümmern sollte, weil sie für Umsatz und Kosten des Unternehmens von herausragender Bedeutung sind.

》 **Beispiel** für eine ABC-Analyse

1 Rang	2 Artikel-nummer	3 Absatz in Stück	4 Preis/ St. in €	5 Verkaufs-wert in €	6 Verkaufs-wert in %	7 kumulierter Verkaufs-wert in %	8 Artikel-kategorie
1	17517	600	400,00	240.000,00	24	24	A
2	57892	2400	100,00	240.000,00	24	48	A
3	77893	2400	70,00	168.000,00	17	65	A
4	27755	4788	28,00	134.064,00	13	78	A
5	37745	7800	7,00	54.600,00	5	83	B
6	37766	6200	8,00	49.600,00	5	88	B
7	57777	4800	10,00	48.000,00	5	93	B
8	17518	7200	4,05	29.160,00	3	96	C
9	27519	12600	2,00	25.200,00	3	99	C
10	77894	11376	1,00	11.376,00	1	100	C

Um die Artikel in die verschiedenen Kategorien einteilen zu können, sind folgende Schritte vorzunehmen:

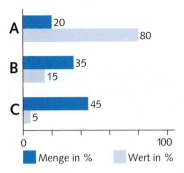

Abb. Verhältnis von Menge und Wert der A-, B- und C-Artikel

	Aufgabe:	Spalte
1.	Ermittlung des Jahresumsatzes pro Artikel	5
2.	Sortierung der Artikel nach Höhe des Umsatzanteils	1
3.	Berechnung des prozentualen Anteils jedes Artikels bezogen auf den Gesamtumsatz	6
4.	Kumulation der Prozentanteile	7
5.	Einteilung in die A-, B- und C-Kategorien nach Werten, wie sie die nebenstehende Grafik zeigt, für ein hochwertiges Sortiment im Gebrauchsgüterbereich.	8

Neben der **Umsatzanalyse** ist auch eine **Lieferantenanalyse** nach ähnlichem Verfahren möglich. Damit werden die für das Unternehmen wichtigsten Lieferanten ermittelt und die Einkaufsaktivitäten können darauf abgestimmt werden.

Planungsinstrument Limitplanung

Die **Limitplanung** dient zum Festlegen von Einkaufsbudgets und der Kontrolle der festgelegten Einkaufsbeträge. Damit sollen ein **unkontrollierter Einkauf** und zu **hohe** Lagerbestände **vermieden** werden. Bei der Limitplanung wird für einen bestimmten Zeitraum *(Jahr, Saison, Monat)* im Voraus festgelegt, wie viel Geld den Einkäufern zur Verfügung stehen soll. Das Einkaufslimit wird durch den geplanten Umsatz und die geplanten Lagerendbestände bestimmt. Es darf nicht ohne triftigen Grund überschritten werden. Daher ist eine fortlaufende Kontrolle notwendig. Außerdem muss überprüft werden, ob die geplante Umsatzentwicklung mit dem tatsächlichen Umsatzverlauf übereinstimmt. Ist dies nicht der Fall, müssen Plankorrekturen vorgenommen werden.

>> **Beispiel:** Limitplanung einer Abteilung eines Textilkaufhauses (Frühjahr/Sommer)

1. Schritt	Umsatzplanung	
Damit die Umsatzprognose für das Planjahr möglichst genau ist, sind folgende Aspekte zu berücksichtigen: Umsätze der vergangenen Perioden, erwartete Wirtschaftslage, Trends und Mode, individuelle Umsatzerwartungen *(Sonderverkäufe, Aktionen)*.	Umsatz des Vorjahres geplanter Umsatzzuwachs geplanter Umsatz	200.000 € 20 % 240.000 €
2. Schritt	**Kalkulationsplanung**	
Das Unternehmen kalkuliert mit einem Kalkulationabschlag von 50 % (Bruttogewinnspanne). Vom geplanten Umsatz wird dieser Rohgewinn abgezogen, es ergibt sich so der geplante Wareneinsatz (geplanter Umsatz zu Einstandspreisen). (Hinweis: Bei der Limitplanung spielt der Lagerumschlag eine wichtige Rolle. Er muss bekannt sein, damit der durchschnittliche Lagerbestand errechnet werden kann. Rechenweg: ø Lagerbestand = $\frac{\text{Wareneinsatz}}{\text{Lagerumschlag}}$)	Planumsatz zu Verkaufspreisen minus Kalkulationsabschlag von = geplanter Wareneinsatz geplanter Lagerumschlag 2 durchschnittlicher Lagerbestand	240.000 € 50 % 120.000 € 60.000 €
3. Schritt	**Ermittlung von Lageranbau bzw. -abbau**	
Der geplante durchschnittliche Lagerbestand wird mit dem aus der Inventur entnommenen durchschnittlichen Lagerbestand vom Anfang der Planungsperiode verglichen. Folge: der tatsächliche durchschnittliche Lagerbestand ist um 5.000 € höher als der geplante Lagerbestand. Der Einkaufsbetrag wird daher um 2-mal 5.000 € = 10.000 € gekürzt. (Um das geplante Durchschnittslager zu erreichen, muss das Endlager um den gleichen Betrag davon abweichen wie das Anfangslager, also 2-mal 5.000 €.)	durchschnittlicher Lagerbestand Anfangsbestand laut Inventur 2-mal Unterschiedsbetrag 10.000 € geplanter Wareneinsatz minus Lagerabbau = Gesamtlimit	60.000 € 65.000 € 120.000 € 10.000 € 110.000 €

4. Schritt	Ermittlung des freien Limits	
Vom Gesamtlimit wird eine Limitreserve ein-behalten. Diese wird als Prozentsatz angege-ben. Die Reserve dient dazu, bei unerwarteten Umsatzentwicklungen noch Ware zusätzlich einkaufen zu können.	Gesamtlimit	110.000 €
	minus Limitreserve von 25 %	27.500 €
	= Freies Limit	82.500 €

5. Schritt	Verteilung auf den Saisonzeitraum		
Das freie Limit wird nun auf die Saisonmonate verteilt. Dabei werden die Einkaufsbeträge so auf die einzelnen Monate verteilt, wie es den geplanten Umsatzerwartungen der Geschäfts-leitung entspricht.	Monate	Prozent	Betrag
	Februar	10	8.250 €
	März	30	24.750 €
	April	20	16.500 €
	Mai	10	8.250 €
	Juni	20	16.500 €
	Juli	10	8.250 €

Vorteile und Notwendigkeit der Limitrechnung

> Es soll die für das geplante Umsatzvolumen günstigste Wareneinkaufssumme ermittelt werden.

> Vermeidung zu hoher Lager- und Kapitalbindungskosten.

> Förderung der Motivation bei den Einkäufern, da sie innerhalb ihres Limits selbstständig ein-kaufen können.

■ AKTION ■

1 Aufgrund der Umsatzzahlen aus dem Vorjahr wird eine ABC-Analyse durchgeführt, wobei die A-Artikel der Warengruppe 70 % des Warengruppenumsatzes und die C-Artikel 5 % des Warengruppenumsatzes ausmachen. Welche Artikel zählen zu den A-, zu den B- und zu den C-Artikeln?

Warengruppe 2 Artikelnummer	Umsatz in Stück	Preis je Stück/€
2010	80	40,00
2015	200	6,00
2020	120	280,00
2025	100	100,00
2030	40	160,00
2035	1.000	4,00
2040	30	480,00
2045	2.400	3,00

2 Eine wichtige Information für den Einkauf ist die Kenntnis darüber, in welchen Preislagen die höchsten Umsätze getätigt werden.

a) Werten Sie die folgenden Zahlen des Warenwirtschaftssystems der Textil-Markt GmbH aus.

b) Welche Schlussfolgerungen können Sie daraus ziehen?

Ausdruck: Preislagenstatistik DOB – WG Damenblusen vom: 15.01.20..			
Zeitraum: 15.12.20.. bis 15.01.20..		Gesamtverkauf/Stück: 63	
Preislage von bis (€)	Menge Stück	Anteil %	Bestand Stück
0 – 100	8	12,7	22
101 – 150	22	34,9	8
151 – 200	18	25,5	4
201 – 250	8	12,7	7
251 – 300	5	7,9	15
300 – ...	2	3,1	14

3 Für die Umsatz- und Lagerplanung der Frühjahr-/Sommersaison in der Abteilung Herrenkonfektion der Textil-Markt GmbH sind folgende Daten von der Zentrale vorgegeben worden:

	Planumsatz in €	geplantes Soll-Endlager in €
Januar	300.000	250.000
Februar	350.000	400.000
März	500.000	350.000
April	400.000	450.000
Mai	600.000	500.000
Juni	650.000	600.000

a) Ermitteln Sie das Einkaufslimit zu Einkaufspreisen (Abschlag 20 %) für den Monat Mai.

b) Zwischenzeitlich wird bekannt, dass der Ist-Umsatz im Februar 450.000 € betragen hat. Um wie viel € verändert sich dadurch das Einkaufslimit für den Monat März?

4 Warenkalkulation

Wie kommt der Händler auf seine Kosten?

Um bei der aggressiven Preispolitik der Branchenriesen mithalten zu können, kalkuliert der Inhaber eines kleinen Fachgeschäfts für Radio und Fernsehen seine Preise so, dass sie möglichst immer unter denen der Konkurrenz liegen. Außerdem gibt er eine beträchtliche Summe für Werbung aus. Und tatsächlich: der Umsatz steigt erheblich. Doch nach wenigen Monaten kann der Händler weder Mitarbeiter noch Lieferanten mehr bezahlen.

Das Ende: Es wird ein Insolvenzverfahren eröffnet.

 Was hat der Einzelhändler falsch gemacht?

4.1 Bedeutung der Kalkulation für einen Einzelhandelsbetrieb

■ INFORMATION

Jedem Einzelhändler entstehen durch Einkauf, Lagerung und Verkauf seiner Waren Kosten. Diese Kosten will der Einzelhändler über den Verkaufspreis der Waren decken. Aber auch in der Preispolitik des Unternehmens spielt die Kalkulation eine wichtige Rolle. Im Falle bestehender Marktpreise dient die Kalkulation vor allem zur Überprüfung, ob diese Preise von den Kunden akzeptiert werden und welche Preisuntergrenzen noch vertretbar sind.

Allerdings nimmt in vielen Branchen *(Textil, Lebensmittel)* der Anteil der vom Händler selbst kalkulierten Waren seit Jahren ab, da sehr oft Markenware mit unverbindlich empfohlenen Verkaufspreisen der Hersteller das Sortiment bestimmen. Somit gibt in diesen Fällen der Hersteller die Kalkulationsvorgabe für den Einzelhändler.

■ Ziele der Kalkulation

Ziele		
Gewinnorientierung	**Kostendeckung**	**Marktorientierung**
Der Einzelhändler versucht so zu kalkulieren, dass mit dem erzielten Gewinn sowohl ein angemessenes Unternehmereinkommen gesichert ist und dazu noch genügend Investitionsmittel zur Verfügung stehen.	Der Einzelhändler kalkuliert Teile des Sortiments so, dass mindestens immer die Kosten verdient werden. Der Betrieb kann dann auch noch existieren, wenn der Unternehmer in diesem Sortimentsteil keinen Gewinn erzielt.	Der Einzelhändler rechnet zeitweise oder bei bestimmten Warengruppen mit einer niedrigeren Kalkulation, um zusätzliche Marktanteile zu gewinnen, sich als preiswerter Anbieter zu profilieren oder sich an empfohlene Verkaufspreise zu halten.

■ Kalkulationsverfahren

Kalkulation heißt **Preisberechnung**. Im Handel findet die **Zuschlagskalkulation** Anwendung. Dabei werden die Kosten, die man den einzelnen Waren nicht direkt zurechnen kann **(Handlungskosten)**, mithilfe von Zuschlagssätzen in der Kalkulation berücksichtigt. Dazu zählen z. B. die Kosten für Personal, Miete, Abschreibungen und Energie.

Im Gegensatz dazu stehen die **Warenkosten** in Form der Einkaufspreise und diejenigen Kosten, die direkt auf die einzelnen Waren entfallen *(Bezugskosten, Verpackungskosten)*. Je nach Zielsetzung sind verschiedene Verfahren möglich:

Im **Einzelhandel** findet das **„Brutto-Netto-Verfahren"** Anwendung, d. h., alle Preise enthalten bis einschließlich dem Nettoverkaufspreis keine Umsatzsteuer. Diese stellt für den Einzelhändler keinen Kostenbestandteil, sondern einen durchlaufenden Posten dar. Daher enthält erst der Bruttoverkaufspreis (Ladenpreis) je nach Warenart den Umsatzsteueranteil von 19 bzw. 7 Prozent.

Kalkulationsverfahren		
Vorwärtskalkulation (Progressive Kalkulation)	**Rückwärtskalkulation (Retrograde Kalkulation)**	**Differenzkalkulation**
Ausgehend vom Einkaufspreis (Listenpreis) wird der Verkaufspreis ermittelt. Bei diesem Verfahren werden eventuelle vom Lieferanten gewährte Abzüge, alle Kosten und ein angemessener Gewinn berücksichtigt.	Bei der Rückwärtskalkulation geht der Händler von einem bestehenden Verkaufspreis aus (Mitbewerber, Empfehlung des Herstellers). Vom Verkaufspreis werden sämtliche Positionen abgezogen um einen vertretbaren Einstandspreis zu ermitteln.	Die Differenzkalkulation stellt eine Kombination aus Vorwärts- und Rückwärtskalkulation dar. Wenn sowohl der Einstands- als auch der Verkaufspreis feststehen, kann ermittelt werden, ob ein für den Händler angemessener Gewinn verbleibt.

4.2 Kalkulationsschema bei Vorwärtskalkulation: vom Einkaufspreis zum Verkaufspreis

■ INFORMATION

■ Kalkulationsschema

Zum Ausrechnen der Verkaufspreise dient ein Schema, das bei allen Kalkulationsverfahren Anwendung findet. Die Reihenfolge der einzelnen Kalkulationsschritte ist unbedingt einzuhalten, da sonst fehlerhafte Preise ermittelt werden. Bis auf Kundenrabatt und Kundenskonto, stellt der berechnete Preis den reinen Grundwert (G) für den nächsten Rechenschritt dar.

Die Kalkulation erfolgt in zwei Stufen:

Bezeichnung	Ziel	Grundlage
1. Bezugskalkulation	Ermittlung des **Einstandspreises** (Preis der Ware bei Anlieferung)	Zahlungs- und Lieferungsbedingungen aus dem Kaufvertrag.
2. Verkaufskalkulation	Ermittlung des **Verkaufspreises** (Auszeichnungspreis im Geschäft)	Zahlen aus der Buchhaltung und der Kostenrechnung.

Die Zusammensetzung des Verkaufspreises

Bezugs-kalkulation	Listenpreis (Einkaufspreis)		Er ist die Ausgangsbasis für die Kalkulation und erscheint im Angebot (Preis**liste**) des Lieferanten.	
	Zieleinkaufspreis	**−**	Vermindert um Preisnachlässe, z. B. aufgrund Abnahme größerer Mengen. Er ist zu bezahlen, wenn Zahlungs**ziel** in Anspruch genommen wurde.	
	Bareinkaufspreis	**−**	Vermindert um prozentualen Nachlass als Prämie für Zahlung innerhalb einer gesetzten **Bar**zahlungsfrist (Skonto).	
	Einstandspreis (Bezugspreis)	**+**	Vermehrt um die Kosten des Warenbezugs (Transport, Versicherung, Verpackung). Wert der Ware beim Erreichen des Handelsbetriebes.	
Verkaufs-kalkulation	Selbstkostenpreis	**+**	Vermehrt um die Handlungskosten (Kosten des Geschäftsbetriebs). Bei Verkauf zu diesem Preis wird weder Gewinn noch Verlust erzielt.	
	Nettoverkaufspreis		**+**	Vermehrt um Gewinnzuschlag
	Bruttoverkaufspreis (Ladenpreis)		**+**	plus Umsatzsteuer

4.3 Kalkulation des Bareinkaufspreises

■ SITUATION

Sabrina Hesser erhält von Eur-O-Mod eine neue Warenlieferung: Hosen und Pullover zu einem Rechnungspreis (= Einkaufspreis) von 800,00 €. Als Rabatt werden 20 % gewährt, bei Zahlung innerhalb 10 Tage können 2 % Skonto abgezogen werden.

Über welchen Betrag stellt Frau Hesser ihre Überweisung aus, wenn sie alle Zahlungsvorteile nutzen will?

■ INFORMATION

■ Kalkulation des Bareinkaufspreises unter Berücksichtigung von Wertabzügen

Lösung mit Preisabzügen:

1 Kalkulation:

Einkaufspreis		800,00 €
− Liefererrabatt	20 %	160,00 €
= Zieleinkaufspreis		640,00 €
− Liefererskonto	2 %	12,80 €
= Bareinkaufspreis **2**		627,20 €

Lösungsschritte
1. Lösungsschema aufstellen,
2. Bareinkaufspreis berechnen nach vorgegebenem Kalkulationsschema mithilfe der Prozentrechnung.
! Wenn nötig Zwischenergebnisse kaufmännisch runden.

Wertabzüge

In vielen Fällen gewähren Lieferanten auf den Einkaufspreis einen Nachlass, der vom Rechnungsbetrag abgezogen werden darf.

Rabatt, ein meist prozentualer Abzug vom Rechnungsbetrag aus unterschiedlichen Gründen:

Mengenrabatt	→	bei Abnahme größerer Mengen
Treuerabatt	→	für langjährige Kunden
Sonderrabatt	→	bei Aktionen, Jubiläen, Produkteinführung
Personalrabatt	→	für Betriebsangehörige und deren Angehörigen
Wiederverkäufer-rabatt	→	bei Markenartikeln, die vom Hersteller zum von ihm empfohlenen Verkaufspreis berechnet werden. Der Einzelhändler darf davon den Rabatt abziehen und erhält so seinen Einstandspreis.
Naturalrabatt	→	in Form von Ware gewährter Nachlass *(Draufgabe: 10 Stück bestellt und bezahlt, 11 Stück erhalten; Dreingabe: 10 St. bestellt und erhalten, aber nur 9 St. bezahlt).*

Skonto ist ein Nachlass, der für vorzeitige Zahlung innerhalb einer vom Lieferanten eingeräumten Frist (Zahlungsziel) gewährt wird *("... Zahlung bitte innerhalb 30 Tage netto oder innerhalb 8 Tage abzüglich 2 % Skonto ...").*

Kalkulationsschema zur Berechnung des **Bareinkaufspreises:**

    Einkaufspreis
− Liefererrabatt
────────────────
= Zieleinkaufspreis
− Liefererskonto
────────────────
= **Bareinkaufspreis**

!   **Hinweis:** Bei allen Kalkulationsaufgaben immer zuerst das Kalkulationsschema aufstellen und dann erst die Zahlenangaben aus der Aufgabenstellung übernehmen!

■ AKTION

1 Der Fruchthof Klein erhält heute 200 kg Äpfel der Sorte Elstar, das Kilo zu 0,45 €. Der Lieferant gewährt Rabatt 15 % und bei Zahlung innerhalb einer Woche 3 % Skonto. Berechnen Sie den Bareinkaufspreis.

2 Auszug aus einem Angebot des Einkaufsverbandes Euro-Sport:

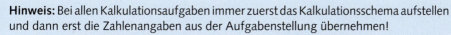

"... Für diese einmalige Sonderaktion gewähren wir 25 % Rabatt für unsere Mitglieder ..."

Bernd Heller zieht beim Ausgleich der Rechnung noch einen Skontobetrag von 2,5 % (= 45,00 €) ab. Wie viel € betragen Zieleinkaufspreis, Listeneinkaufspreis und der Bareinkaufspreis?

3 Der Buchgroßhandel Ambreit bietet in seinen Allgemeinen Geschäftsbedingungen folgende Konditionen:

> „... Bei Abnahme von 200 und mehr Exemplaren bieten wir 12 % Händlerrabatt sowie bei Zahlung innerhalb 14 Tage 2 % Skonto. Wahlweise erhalten Sie ab 200 Stück einen Natural-rabatt in Form einer Dreingabe von 14 Büchern je hundert Exemplare."

Welche Kondition ist günstiger, wenn die Schiller-Buchhandlung in Neuburg 200 Exemplare eines Kochbuches zum Einkaufspreis von 15,00 € bestellen möchte?

4 Auf den Listeneinkaufspreis des Jeans-Herstellers Yopi von 4.600,00 € erhält die Fa. Mann-o-Mann einen Rabatt von 920,00 € und eine Skontogewährung in Höhe von 110,40 €. Wie viel Prozent betragen Rabatt und Skonto?

4.4 Kalkulation des Einstandspreises (Bezugspreis)

■ SITUATION

Aufgrund des folgenden Angebots bestellt Herr Heller vom Sportfachgeschäft Action & Fun GmbH bei der Far-East-Import GmbH 60 Paar Skistiefel zu den Angebotsbedingungen.

 Wie hoch ist der Einstandspreis für ein Paar Skistiefel, wenn Herr Heller die Rechnung 14 Tage nach Erhalt begleicht?

Far-East-Import GmbH – Porschestraße 12 – 70034 Stuttgart

Action & Fun GmbH
Am Markt 1
77777 Neuburg

Stuttgart, ..,..,..

ANGEBOT

Sehr geehrter Herr Heller,

vielen Dank für Ihre gestrige telefonische Anfrage. Wir können Ihnen sofort lieferbar anbieten:

Ski-Stiefel jeweils in den Größen 39 bis 44. Nähere Informationen zur Ware entnehmen Sie bitte der beiliegenden Produktinformation.

Unsere Liefer- und Zahlungsbedingungen:
Netto-Listenpreis ab Lager Stuttgart: 125,75 € / Paar
Mindestbestellmenge je Größe 10 Paar
Mengenrabatt: 15 % bei Abnahme von mindestens 60 Paar
Zahlungsbedingungen: 3 % Skonto bei Zahlung innerhalb 14 Tage nach Rechnungserhalt; sonst 60 Tage netto.
Bezugskosten: Für Verpackung und Versand erheben wir einen Zuschlag von 2,75 € je Paar.

Wie freuen uns auf Ihre Bestellung

Mit freundlichen Grüßen

Koslowski

Geschäftsführer: Albert Koslowski u. Ottmar Heinle, Handelsregister Stuttgart, HRB 225667

■ INFORMATION

Nach der gesetzlichen Regelung trägt der Käufer die Kosten des Warenversands und der Versandpackung. Die Kosten können aber auch vom Verkäufer (Lieferung frei Haus), dem Käufer (Lieferung ab Werk) oder beiden anteilmäßig übernommen werden. Je nach den Angebotsbedingungen sind sie in der Kalkulation zu berücksichtigen.

Zu den **Bezugskosten** zählen z. B.: Versandpackung, Fracht und Versicherungsprämien für eine Transportversicherung.

> **!** **Hinweis:** Wenn mit einer Lieferung verschiedene Waren zugestellt werden, sind die für die Gesamtlieferung anfallenden Bezugskosten anteilmäßig zu verteilen.

Lösung mit Berücksichtigung von Bezugskosten

1 Kalkulation:

Einkaufspreis		7.545,00 €
− Lieferrabatt	15 %	1.131,75 €
= Zieleinkaufspreis		6.413,25 €
− Liefererskonto	3 %	192,40 €
= Bareinkaufspreis 2		6.220,85 €
+ Bezugskosten: 2,75 € · 60 Paar 3		165,00 €
= Einstandspreis für 60 Paar 4		6.385,85 €
> Einstandspreis für 1 Paar 5		106,43 €

Lösungsschritte

1. Lösungsschema aufstellen.
2. Bareinkaufspreis berechnen (Mengenabzüge u. U. beachten!).
3. Bezugskosten für die gesamte Warensendung berechnen.
4. Einstandspreis für die gesamte Warensendung berechnen.
5. Einstandspreis für 1 Einheit *(Paar)* berechnen.

! Wenn nötig Zwischenergebnisse kaufmännisch runden.

■ AKTION

Kalkulationsschema zur Berechnung des **Bareinkaufspreises:**

Einkaufspreis	
− Lieferrabatt	
= Zieleinkaufspreis	
− Liefererskonto	
= Bareinkaufspreis	
+ **Bezugskosten**	
= **Einstandspreis (Bezugspreis)**	

■ AKTION

1 Haushaltwaren Offermann erhält eine Warensendung von 25 Edelstahltöpfen von der BMF AG. Für einen Topf beträgt der Listeneinkaufspreis 35,45 €.
BMF gewährt 5 % Rabatt und 2 % Skonto. Für Verpackung und Transport werden 125,45 € berechnet. Berechnen Sie den Einstandspreis für die gesamte Lieferung und für einen Topf.

2 Die Elektroabteilung des Warenhauses Merkur benötigt 40 Espressomaschinen. Dem Einkäufer Herrn Greiner liegen drei Angebote vor:

Lieferer	Braun GmbH	Elektro-Vision AG	Rehm OHG
Einkaufspreis/St.	52,00 €	56,00 €	42,00 €
Rabatt	5 %, bei Abnahme von mehr als 50 Stück 15 %.	6,00 € je Stück bei sofortiger Zahlung nach Rechnungserhalt.	20 %
Skonto	1,5 %	–	3 % bei Barzahlung
Mindestabnahme	–	–	50 Stück
Bezugskosten	80,00 € für die gesamte Sendung	je Stück 1,60 €	keine

Herr Greiner will sich für das preislich günstigste Angebot entscheiden. Merkur bezahlt seine Rechnungen sofort nach Erhalt. Weisen Sie rechnerisch nach, welches das günstigste Angebot ist.

3 Die Neuburger Weinkellerei möchte künftig neben Weinen auch Spirituosen ihren Kunden anbieten. Von einer badischen Brennerei liegt folgendes Angebot über Schwarzwälder Kirschwasser vor:

50 Kunststoffkästen zu je 24 Flaschen pro Kasten. Ab Brennerei Breisach kostet eine Flasche 12,75 €. Der Hersteller bietet 12,5 % Rabatt und 2,5 % Skonto. Die Frachtkosten betragen 3,5 % vom Bareinkaufspreis. Für Verpackung und Versicherung werden je Kasten 2,50 € in Rechnung gestellt.

a) Wie hoch ist der Einstandspreis je Flasche?

b) Auf welchen Betrag sinkt der Einstandspreis der gesamten Sendung, wenn bei Rückgabe der Transportkästen die gesamten Frachtkosten und die Hälfte der Verpackungs- und Versicherungskosten gutgeschrieben werden?

4 Sabine, Auszubildende bei Haushaltwaren Offermann, findet unter den Schriftstücken, die sie ablegen soll, folgende Notiz ihres Chefs:

„Letzte Lieferung von 10 Speiseservicen der Fa. Rosenstolz ohne Fehler. Rabatt 400,00 €, Skonto 3 % ≙ 36,00 €. Günstige Frachtkosten, diesmal nur 37,20 € berechnet."

Berechnen Sie aufgrund dieser Angaben:

a) Zieleinkaufspreis, b) Einkaufspreis, c) Liefererrabatt in Prozent, d) Einstandspreis.

5 Das Gartencenter Grünland bezieht von einer Samengroßhandlung 320 kg Rasensamen „Sport" zu 2,50 € je kg und 80 kg Rasensamen „Duro" zu 2,50 € je 1/2 kg. Für die gesamte Sendung wurden 97,20 € Fracht und 42,45 € Transportversicherung berechnet. Wie hoch ist der Einstandspreis für ein 2,5-kg-Paket jeder Sorte?

4.5 Kalkulation der Selbstkosten

■ SITUATION ■

Der Listenpreis des Fahrradherstellers Radial für sein Modell „Giro-Sprint" beträgt 742,11 €. Zum Händlerrabatt von 12 % kommen bei Barzahlung noch 2 % Skontoabzug hinzu. Die Bezugskosten betragen pro Rad 16,00 €. Herr Heller vom Sportfachgeschäft Action & Fun GmbH legt der weiteren Kalkulation Handlungskosten in Höhe von 25 %, bezogen auf den Einstandspreis, zugrunde.

 Wie hoch sind seine Selbstkosten?

■ INFORMATION ■

Lösung:

	Einkaufspreis		742,11 €
−	Liefererrabatt	12 %	89,05 €
=	Zieleinkaufspreis		653,06 €
−	Liefererskonto	2 %	13,06 €
=	Bareinkaufspreis		640,00 €
+	Bezugskosten		16,00 €
=	Einstandspreis		656,00 €
+	Handlungskostenzuschlag	25 %	164,00 €
=	Selbstkosten		820,00 €

Lösungsschritte

1. Lösungsschema aufstellen.
2. Bis zum Einstandspreis kalkulieren.
3. Handlungskostenzuschlag in € auf Basis des Einstandspreises berechnen.
4. Selbstkosten berechnen.

! Wenn nötig Zwischenergebnisse kaufmännisch runden.

■ Handlungskosten

Die Ermittlung des Einstandspreises gibt dem Einzelhändler darüber Auskunft, was ihn die Waren kosten, bis sie bei ihm eingelagert und den Kunden zum Kauf angeboten werden. Während der Lagerung und Präsentation fallen weitere betriebliche Aufwendungen an, die als **Handlungskosten** bezeichnet werden. Die Handlungskosten entnimmt der Einzelhändler aus seiner Buchführung.

Übersicht zu Handlungskosten im Einzelhandel:

Kostenarten	Beispiele
Personalkosten	Gehälter und Löhne der Mitarbeiter, Sozialversicherungsbeiträge.
Miete	Mietzahlungen für Nutzung fremder Grundstücke und Gebäude.
Sachkosten für Geschäftsräume	Heizung, Kühlung, Beleuchtung, Reinigung.
Werbung	Dekoration im Schaufenster und Verkaufsraum, Anzeigen.
Steuern und Abgaben	Gewerbesteuer, Gebühren für Entsorgung, IHK-Beitrag.
Sonstige Kosten	Büromaterial, Porti, Steuerberatungskosten.

Eine direkte Zurechnung dieser Kosten auf einen einzelnen Artikel ist nicht möglich, da man nicht feststellen kann, wie groß der Anteil der einzelnen Kosten je Artikel ist. Daher werden die Handlungskosten in einen prozentualen Zuschlag umgerechnet, der dann auf den Einstandspreis der Waren aufgeschlagen wird. Dieser Zuschlag wird als **Handlungskostenzuschlag** (HKZ) bezeichnet.

 Hinweis: Der HKZ kann nur dann sinnvollerweise als Kalkulationsgrundlage dienen, wenn sich über mehrere Abrechnungsperioden die Sortimentszusammensetzung und der Anteil der zu kalkulierenden Artikel am Gesamtsortiment nicht einschneidend ändern. Ist dies doch der Fall, muss der HKZ neu berechnet werden (vgl. LF 14, Kapitel 3.3).

Kalkulationsschema zur Berechnung der **Selbstkosten:**

	Einkaufspreis
-	Liefererrabatt
=	Zieleinkaufspreis
-	Liefererskonto
=	Bareinkaufspreis
+	Bezugskosten
=	Einstandspreis
+	**Handlungskostenzuschlag**
=	**Selbstkosten**

■ **AKTION**

1 Der Baumarkt All-Bau kalkuliert einen Benzinrasenmäher mit einem Handlungskostenzuschlag von 30 %. Wie hoch ist der Selbstkostenpreis aufgrund folgender Angebotsbedingungen?

Listeneinkaufspreis je Stück 198,00 €, Rabatt 12 %, Skonto 3 %, Bezugskosten 1,5 % des Einkaufspreises.

2 Die Multi-Vision AG bezieht für ihre 80 Filialen 5.000 Flachbildschirme zu einem Listenpreis von je 236,00 €. Der Lieferant gewährt 5 % Sofortrabatt und bei Zahlung innerhalb 8 Tage 2,5 % Skonto. Für Verpackung und Fracht werden pro Bildschirm 4,00 € in Rechnung gestellt. Die Transportversicherung für die gesamte Sendung beläuft sich auf 0,75 % des Gesamteinkaufspreises. Die Multi-Vision AG legt bei der Kalkulation der Selbstkosten einen Handlungskostenzuschlag von 24,5 % zugrunde. Wie hoch sind die Selbstkosten je Flachbildschirm?

4.6 Kalkulation des Bruttoverkaufspreises (Ladenpreis)

■ **SITUATION**

Herr Heller darf als einziger Fachhändler im Kreis Neuburg Fahrräder der Marke Radial verkaufen. Die Nachfrage nach diesen Rädern ist sehr hoch, sodass Herr Heller beschließt, einen höheren Gewinnzuschlag als sonst üblich bei der Kalkulation einzurechnen. Er rechnet mit einem Gewinnzuschlag von 25 %. Außerdem sind noch 19 % Umsatzsteuer bei der Ermittlung des Verkaufspreises zu berücksichtigen.

Ladenpreis)

 Zu welchem Preis bietet Herr Heller das Modell „Giro-Sprint" an, wenn die Selbstkosten 820,00 € betragen?

INFORMATION

Lösung:

Selbstkosten			820,00 €
+ Gewinnzuschlag	25 %	**1**	205,00 €
= Nettoverkaufspreis			1.025,00 €
+ Umsatzsteuer	19 %	**2**	194,75 €
= Bruttoverkaufspreis (Ladenpreis)			1.219,75 €

Lösungsschritte

1. Gewinnzuschlag auf Basis der Selbstkosten berechnen.
2. Umsatzsteuer auf Basis des Nettoverkaufspreises ermitteln.

Gewinnzuschlag

Wenn ein Einzelhändler seinen Kunden die Waren zum Selbstkostenpreis anbieten würde, dann wären nur die betrieblich bedingten Kosten gedeckt. Der Einzelhändler hat aber dem Unternehmen seine Arbeitskraft und Eigenkapital zur Verfügung gestellt. Falls sich Umsatzerwartungen nicht erfüllen, kann durch Verluste das Eigenkapital aufgezehrt werden, deshalb ist auch das unternehmerische Risiko in der Kalkulation zu berücksichtigen. Daher ist jeder Unternehmer bestrebt einen angemessenen Gewinn zu erzielen.

Bestandteile des Gewinnzuschlags		
Kapitalverzinsung	**Unternehmerlohn**	**Risikoprämie**
Sie sollte mindestens so hoch sein, wie der Zins für mittel- bis langfristige Anleihen, der bei einem Kreditinstitut zu erzielen wäre.	Vergütung für die vom Einzelhändler erbrachte Arbeitsleistung im Geschäft, sofern kein Gehalt wie bei Kapitalgesellschaften bezogen wird.	Wer selbstständig ist, kann nicht mit regelmäßigen Einkünften rechnen und auch die Anlage von Eigenkapital birgt Risiken. Über den Gewinn soll dieses Risiko abgedeckt werden.

Der Gewinnzuschlag wird als Prozentsatz auf die Selbstkosten zugeschlagen.

! **Hinweis:** Sind der geplante Gewinn und die Selbstkosten bekannt, kann der Gewinnzuschlag mithilfe folgender Formel berechnet werden:

$$\text{Gewinnzuschlag} = \frac{\text{Gewinn} \cdot 100}{\text{Selbstkosten der verkauften Waren}}$$

Umsatzsteuer

Jeder Einzelhändler ist gesetzlich verpflichtet seine Waren einschließlich Umsatzsteuer auszuzeichnen. Diese beträgt 19 % bzw. bei einigen Waren wie Lebensmitteln und Druckerzeugnissen 7 %. Die erhobenen Steuerbeträge werden monatlich an das Finanzamt abgeführt.

Kalkulationsschema zur Berechnung des **Bruttoverkaufspreises:**

	Einkaufspreis
−	Liefererrabatt
=	Zieleinkaufspreis
−	Liefererskonto
=	Bareinkaufspreis
+	Bezugskosten
=	Einstandspreis
+	Handlungskostenzuschlag
=	Selbstkosten
+	Gewinnzuschlag
=	Nettoverkaufspreis
+	Umsatzsteuer
=	Bruttoverkaufspreis

■ AKTION ■

1 Die Selbstkosten in der Warengruppe Uhren betrugen im Uhren- und Schmuckfachgeschäft Bessler letztes Jahr 400.000,00 € und es wurde mit einem Gewinnzuschlag von 20 % kalkuliert. Herr Bessler möchte seinen Unternehmerlohn erhöhen. Mit welchem Gewinnzuschlag ist künftig zu kalkulieren, wenn die folgenden Angaben zugrunde gelegt werden:

>   Verzinsung des Eigenkapitals: 8 % von 200.000,00 €

>   Unternehmerlohn: 12-mal 3.500,00 €

>   Risikoprämie: 10 % der jährlichen Selbstkosten.

2 Wie viel Prozent beträgt der Gewinnzuschlag?

	Selbstkosten	Nettoverkaufspreis
a)	1.230,00 €	1.353,00 €
b)	56.980,00 €	68.850,00 €
c)	610,00 €	683,20 €

3 Der All-Bau wird eine Schlagbohrmaschine zu 180,00 € angeboten. Der Liefererrabatt beträgt 25 %, Liefererskonto 3 %. Zu welchem Bruttoverkaufspreis kann der Baumarkt diese Maschine seinen Kunden anbieten, wenn er mit 1,75 € Bezugskosten je Maschine, 25 % HKZ, 5 % Gewinnzuschlag und 19 % Umsatzsteuer kalkuliert?

4 Der Textil-Markt GmbH liegt ein Angebot über Herren-Pullover aus schottischer Hochlandwolle vor. Der Listeneinkaufspreis je Stück beträgt 48,00 €. Bei einer Abnahme von mindestens 100 Stück gibt es 15 % Mengenrabatt. Bei Bezahlung innerhalb 14 Tage können 3 % Skonto abgezogen werden. An Bezugskosten fallen 34,75 € /100 Stück an. Zu welchem Preis (auf volle € runden!) kann ein Pullover verkauft werden, wenn 200 Stück bestellt werden und mit einem HKZ von 20 %, einem Gewinnzuschlag von 12 % und 19 % Umsatzsteuer gerechnet wird?

5 Die Wohnwelt GmbH lässt sich von mehreren Herstellern Angebote über Schreibtische für Kinder und Jugendliche für eine Sonderaktion zum Schuljahresanfang geben. Dem Angebot der Büro-Komplett aus Cottbus sind folgende Angaben zu entnehmen:

Listeneinkaufspreis je Tisch:	188,00 €
Mengenrabatt:	› bei Abnahme von mindestens 20 Stück: 10 % › bei Abnahme von mindestens 60 Stück: 20 %
Skonto:	30 Tage netto oder innerhalb 10 Tage 4 % Skonto.
Fracht:	2,00 % vom Listeneinkaufspreis, bei Abnahme von mindestens 50 Stück erfolgt die Zustellung frei Haus.

a) Ermitteln Sie den Einstandspreis je Tisch bei einem erwarteten Verkauf von 30 Tischen und 60 Tischen.

b) Zu welchem Verkaufspreis kann ein Tisch angeboten werden, wenn beim Lieferanten 60 Tische bestellt wurden und der Handlungskostenzuschlag von 22 %, ein Gewinnzuschlag zu 8 % und die Umsatzsteuer zu berücksichtigen sind?

6 Das Bäderstudio Bad-Profi bezieht 6 Rundbadewannen zum Stückpreis von 380,00 €. Der Lieferant bietet 15 % Rabatt und bei sofortiger Zahlung 4 % Skonto. Für die Gesamtlieferung werden 180,00 € Bezugskosten in Rechnung gestellt.

Zu welchem Preis kann das Bäderstudio eine Badewanne verkaufen, wenn es mit 18 % Gewinn, 30 % Handlungskosten und 19 % Umsatzsteuer kalkuliert. Bitte Ergebnis auf volle € aufrunden.

7 Ein Vertreter der Cormoran KG macht Herrn Reinbach folgendes Angebot über Schulfüller zum Schulanfang: Sonderposten (50 Stück) des Modells Easyplus einschließlich Plastiketui zu 250,00 €. Die Lieferung erfolgt kostenlos und es werden bei Abnahme von 100 Stück 10 % Rabatt sowie zusätzlich bei Barzahlung 2 % Skonto gewährt.

Zu welchem Preis kann Herr Reinbach einen Füller anbieten, wenn er 300 Stück bestellt, mit 25 % Handlungskosten, 15 % Gewinnzuschlag und 19 % Umsatzsteuer kalkuliert?

4.7 Kalkulation des Bruttoverkaufspreises mit Kundenskonto und Kundenrabatt

▪ SITUATION

Herr Heller bietet seit kurzem langjährigen Kunden und den Mitgliedern der Neuburger Sportvereine einen Kundenrabatt von 10 % sowie den Inhabern der Neuburger-Citykarte einen Barzahlungsnachlass von 2 %. Der Barverkaufspreis (bisher Nettoverkaufspreis) des Sportrades „Giro-Sprint" beträgt 1.025,00 €.

Zu welchem Preis kann das Fahrrad angeboten werden, wenn noch 19 % Umsatzsteuer zu berücksichtigen sind?

▪ INFORMATION

Bei der Berechnung von Kundenskonto und Kundenrabatt muss die Prozentrechnung „im Hundert" (verminderter Grundwert) angewandt werden, da die Preisabzüge aus der Sicht des Kunden zu betrachten sind, der vom Ladenpreis als Bezugsgröße (= 100 %) ausgeht. Zuerst wird der Kundenskonto, dann der Kundenrabatt berechnet. Zum Schluss ist noch die Umsatzsteuer einzurechnen.

Lösung:

Berechnung von	
Kundenskonto	**Kundenrabatt**
Barverkaufspreis 98 % ≙ 1.025,00 € Kundenskonto 2 % ≙ x €	Zielverkaufspreis 90 % ≙ 1.045,92 € Kundenrabatt 10 % ≙ x €
$x = \dfrac{1.025,00 \cdot 2}{98} = 20,92\ €$ **2**	$x = \dfrac{1.045,92 \cdot 10}{90} = 116,21\ €$ **3** ◄

	Selbstkosten		820,00 €
+	Gewinnzuschlag	25 % v.H.	205,00 €
=	Barverkaufspreis **1**		1.025,00 €	❯ 98 %
+	Kundenskonto	2 % i.H.	20,92 €	❯ 2 % **2**
=	Zielverkaufspreis		1.045,92 €	❯ 100 %	❯ 90 %
+	Kundenrabatt	10 % i.H.	116,21 €		❯ 10 % **3**
=	Nettoverkaufspreis		1.162,13 €	❯ 100 %	❯ 100 %
+	Umsatzsteuer	19 % v.H.	220,80 €	❯ 19 % **4**
=	**Bruttoverkaufspreis (Ladenpreis)** **5**		1.382,93 €	❯ 119 %

Lösungsschritte

1. Barverkaufspreis stufenweise nach Kalkulationsschema berechnen.
2. Kundenskonto im Hundert berechnen, dabei beachten:
   Barverkaufspreis = verminderter Grundwert.
3. Kundenrabatt im Hundert berechnen, dabei beachten:
   Zielverkaufspreis = verminderter Grundwert.
4. Umsatzsteuer vom Hundert des Nettoverkaufspreises berechnen.
5. Bruttoverkaufspreis berechnen.

! **Hinweis:** Die Differenz zwischen Verkaufspreis und Einstandspreis wird als **Rohgewinn**, bzw. **Rohertrag** bezeichnet. Dabei sind Brutto-Rohgewinn (Bruttoverkaufspreis – Einstandspreis) und Netto-Rohgewinn (Nettoverkaufspreis – Einstandspreis) zu unterscheiden.

Der Netto-Rohgewinn fällt umso geringer aus, je größer die Erlösschmälerungen (Kundenskonto, Kundenrabatt) sind. **Der Rohgewinn darf nicht mit dem Reingewinn verwechselt werden, der sich aus dem Unterschied von Barverkaufspreis und Selbstkosten ergibt!**

Kalkulationsschema zur Berechnung des **Bruttoverkaufspreises**
mit Kundenrabatt und Kundenskonto

Einkaufspreis
:
:

= Selbstkosten
+ Gewinnzuschlag

= Barverkaufspreis
+ Kundenskonto (i.H.)

= Zielverkaufspreis
+ Kundenrabatt (i.H.)

= Nettoverkaufspreis
+ Umsatzsteuer

= Bruttoverkaufspreis

■ AKTION ■

1 Bei Omnia Discount werden für das Weihnachtsgeschäft unter anderem auch Schokoladen-Nikoläuse beschafft. Der Hersteller Alpdora bietet neben 50 % Händlerrabatt zusätzlich 2 % Liefererskonto. Der Listeneinkaufspreis beträgt für 100 Stück 258,00 € und die Bezugskosten je 1.000 Stück 13,60 €. Bei Omnia Discount rechnet man mit einem Handlungskostenzuschlag von 15 %, einem Gewinnzuschlag von 9 % und es sind neben der Umsatzsteuer von 7 % noch ein Kundenskonto von 2 % und ein Kundenrabatt von 10 % zu berücksichtigen. Es ist von einer Beschaffungsmenge von 10.000 Schokoladenfiguren auszugehen.

Zu welchem Preis kann ein Weihnachtsmann im Laden angeboten werden?

2 Die Sportabteilung im Warenhaus Merkur bezieht 250 Snowboards zum Einkaufspreis von 142,50 € je Brett. Der Hersteller bietet 25 % Liefererrabatt und 3 % Liefererskonto. An Bezugskosten sind zu berücksichtigen: Fracht 98,70 €, Transportversicherung 138,00 €.

Zu welchem Ladenpreis kann ein Snowboard angeboten werden, wenn mit 30 % HKZ, 12,5 % Gewinnzuschlag, 2,5 % Kundenskonto, 20 % Kundenrabatt und 19 % Umsatzsteuer kalkuliert wird?

3 Der Verkauf eines in großen Mengen erworbenen Champagners verläuft in den Lebensmittelabteilungen der Merkur-Warenhäuser sehr schleppend. Daher will man zu Silvester in einer Sonderaktion die Bestände abbauen. Für eine Flasche wird ein Selbstkostenpreis von 6,50 € zugrunde gelegt. Als Gewinn werden 4 % veranschlagt, 15 % Aktionsrabatt und 2 % Kundenskonto sowie 19 % Umsatzsteuer sind zu berücksichtigen.

Zu welchem Ladenpreis kann die Flasche Champagner angeboten werden?

4 Der Bruttoverkaufspreis eines Notebooks beträgt einschließlich 19 % Umsatzsteuer 1.111,00 €. Die Selbstkosten betragen 895,00 €. Wie viel Prozent Gewinn werden erzielt?

5 Bei der Wohnwelt GmbH werden in der Kalkulation auch Verkäuferprovisionen mit einkalkuliert. Die Selbstkosten für eine Einbauküche betragen 2.977,20 €. Für wie viel € wird die Küche angeboten, wenn bei der Kalkulation zu berücksichtigen sind: Gewinnzuschlag 10 %, Verkäuferprovision 8 %, Kundenskonto 3 %, Kundenrabatt 10 %?

Lösungshinweis: Der Zielverkaufspreis ist gemeinsamer Grundwert für die Berechnung von Verkäuferprovision und Kundenskonto!

6 Die Neuburger Weinkellerei bezieht von französischen Winzern 4.200 Liter „Vin de Table" zu einem Literpreis von 1,25 €. Es werden 10 % Liefererrabatt gewährt, die Bezugskosten betragen 225,00 €. Nach dem Umfüllen vom Tankwagen in die Kellereitanks werden 4.180 Liter gemessen. Die Kellerei rechnet beim Abfüllen in 1-Liter-Flaschen mit einem Abfüllverlust von 1 %. Die Materialkosten pro Flasche sowie deren Etikettierung werden mit 45 Euro-Cent veranschlagt. Der HKZ beträgt 25 %, der Gewinnzuschlag 10 %. Es sind 2 % Kundenskonto, 10 % Kundenrabatt und die gesetzliche Umsatzsteuer zu berücksichtigen.
Zu welchem Preis kann eine 1-Liter-Flasche angeboten werden?

7 Beim Einkauf einer Ware betragen der:

Listeneinkaufspreis	2.440,00 €
Zieleinkaufspreis	2.147,20 €
Bareinkaufspreis	2.098,89 €

Berechnen Sie:

a) Lieferantenrabatt und Lieferantenskonto in Prozent.

b) Einstandspreis bei Bezugskosten von 1,75 % des Bareinkaufspreises.

c) Selbstkosten bei einem HKZ von 20 %.

d) Barverkaufspreis bei einem Gewinnzuschlag von 15 %.

e) Bruttoverkaufspreis bei 10 % Kundenrabatt und 19 % Umsatzsteuer.

8 Herrn Heller von Action & Fun liegt ein preislich interessantes Angebot für eine Outdoor-Jacke aus Mikrofaser vor:

Listeneinkaufspreis	84,00 €
Lieferantenrabatt	ab 10 Stück 5 %, ab 25 Stück 10 %, ab 50 Stück 20 %
Lieferantenskonto	Bei Zahlung innerhalb 10 Tagen 2 %, sonst 30 Tage netto
Bezugskosten	1,50 € je Stück, 1,20 € ab 10 Stück, 1,05 € ab 25 Stück, 0,85 € ab 50 Stück

a) Herr Heller plant 40 Jacken zu beschaffen. Berechnen Sie den Einstandspreis für eine Jacke.

b) Berechnen Sie den Barverkaufspreis für eine Jacke, wenn Herr Heller mit einem HKZ von 40 % rechnet. Zur Ermittlung des Gewinnzuschlags greift Herr Heller auf Zahlen des vergangenen Jahres zurück. Seine Umsatzerlöse (netto) beliefen sich auf 728.460,00 €; diesen standen Selbstkosten in Höhe von 647.520,00 € gegenüber.

c) Kalkulieren Sie den Auszeichnungspreis für eine Jacke bei 2 % Kundenskonto, 10 % Kundenrabatt und Berücksichtigung der Umsatzsteuer.

9 🖥 Mithilfe eines einmal mit einem Tabellenkalkulationsprogramm erstellten Kalkulationsschemas, können Vorwärtskalkulationen schnell durchgeführt werden. Erstellen Sie eine Tabelle nach folgendem Muster:

	A	B	C	D	E
1	Vorwärtskalkulation	Eingabebereich		Ausrechnung	
2					
3	Kalkulationsschema	Wert	Bez.	Wert	
4					
5	LISTENEINKAUFSPREIS		€		€
6	- Lieferrabatt		%		€
7	= Zieleinkaufspreis				€
8	- Liefererskonto		%		€
9	= Bareinkaufspreis				€
10	+ Bezugskosten		€		€
11	= Einstandspreis				€
12	+ HKZ		%		€
13	= Selbstkosten				€
14	+ Gewinnzuschlag		%		€
15	= Barverkaufspreis				€
16	+ Kundenskonto		%		€
17	= Zielverkaufspreis				€
18	+ Kundenrabatt		%		€
19	= Nettoverkaufspreis				€
20	+ Umsatzsteuer		%		€
21	BRUTTOVERKAUFSPREIS				€

Berechnen Sie mithilfe des Tabellenkalkulationsprogramms den Bruttoverkaufspreis einer Ware aufgrund folgender Werte:

Listeneinkaufspreis	156,00 €
Liefererrabatt	40 %
Liefererskonto	3 %
Bezugskosten	4,50 €
HKZ	25 %
Gewinnzuschlag	5 %
Kundenskonto	2 %
Kundenrabatt	10 %
Umsatzsteuer	19 %

4.8 Kalkulatorische Rückrechnung

■ SITUATION

Wegen starker Konkurrenz der Fachmärkte und Warenhäuser kann das kleine Elektrofachgeschäft Seybold einen Waschvollautomaten vom Marktführer Wiele zu höchstens 405,10 € verkaufen. Die Großhandlung Elgro KG bietet einen Listenpreis pro Stück von 245,00 €.

> Kann Herr Seybold auf dieses Angebot eingehen, wenn der Großhändler 15 % Rabatt und 3 % Skonto gewährt sowie Bezugskosten von 10,00 € je Maschine berechnet? Seybold kalkuliert seine Verkaufspreise mit 25 % Handlungskostenzuschlag, 12 % Gewinn, einem Kundenskonto von 2 % und einem Kundenrabatt von 10 %. Die Umsatzsteuer ist mit 19 % zu berücksichtigen.

■ INFORMATION

Lösung:

Einkaufspreis		**243,42 €**	100 %		
− Liefererrabatt	15 %	36,51 €	15 %		
Zieleinkaufspreis		206,91 €	**3** G_ 85 %	100 %	
− Liefererskonto	3 %	6,21 €		3 %	
Bareinkaufspreis		200,70 €		**3** G_ 97 %	
+ Bezugskosten	**4**	10,00 €			
Einstandspreis		210,70 €	100 %		
+ Handlungskostenzuschlag	25 %	52,68 €	25 %		
Selbstkosten		263,38 €	**3** G+ 125 %	100 %	
+ Gewinnzuschlag	14 %	36,87 €		14 %	
Barverkaufspreis		300,25 €	98 %	**3** G+ 114 %	
+ Kundenskonto	2 %	6,13 €	2 %		
Zielverkaufspreis		306,38 €	**3** G+ 100 %	90 %	
+ Kundenrabatt	10 %	34,04 €		10 %	
Nettoverkaufspreis		340,42 €	100 %	**3** G+ 100 %	
+ Umsatzsteuer	19 %	64,68 €	19 %		
Bruttoverkaufspreis		**405,10 €**	**3** G+ 119 %		

1

Lösungsschritte

1. Kalkulationsschema aufstellen.
2. Rückwärts von unten nach oben rechnen.
3. Auf den richtigen Grundwert achten:
   G = reiner Grundwert, G+ = vermehrter Grundwert, G_ = verminderter Grundwert
4. Wenn Bezugskosten wertmäßig angegeben sind, dann vom Einstandspreis abziehen, wenn sie als Prozentsatz des Bareinkaufspreises angegeben sind, dann ist der Einstandspreis = vermehrter Grundwert.

! Probe: Durch Vorwärtskalkulation Ergebnis überprüfen.

Preispolitische Bedeutung der Rückwärtskalkulation

In der Praxis setzen Einzelhändler häufig ihre Verkaufspreise nicht selbst fest. Eine gewisse **Preisobergrenze** bildet besonders bei Markenartikeln die (aufgedruckte) **unverbindliche Preisempfehlung** des Herstellers. Ein Kunde wird schwer einsehen, dass er mehr als diesen Preis bezahlen soll.

Vor allem der Druck des Marktes – insbesondere die jeweilige **Konkurrenzsituation** am Standort – zwingen den Händler wiederholt, sich an bestimmte Verkaufspreise zu halten und diese nicht zu überschreiten. Deshalb muss er feststellen, ob der Marktpreis ausreicht, um den Wareneinsatz sowie die Handlungskosten, die Preisnachlässe und den Gewinn abzudecken. Dazu dient die Rückwärtskalkulation (retrograde Kalkulation). Damit wird der noch gerade **wirtschaftlich** zu vertretende **Listeneinkaufspreis** ermittelt.

■ AKTION ■

1 Wegen starker Konkurrenz durch Fachmärkte und Internet-Anbieter kann das Neuburger Foto-Center eine Digitalkamera nicht zum empfohlenen Verkaufspreis von 399,00 €, sondern nur für 299,00 € anbieten.

a) Wie viel Prozent beträgt der Preisunterschied zum empfohlenen Verkaufspreis des Herstellers?

b) Zu welchem Einkaufspreis kann der Händler dieses Gerät höchstens einkaufen, wenn er mit 5 % Kundenrabatt, 2 % Kundenskonto, 10 % Gewinnzuschlag und 15 % HKZ kalkuliert? Der Lieferant bietet 30 % Wiederverkäuferrabatt, 4 % Skonto bei Sofortzahlung und liefert frei Haus. Die Umsatzsteuer von 19 % ist zu berücksichtigen.

2 Katrin Michels, Inhaberin eines Küchenstudios, beabsichtigt auf der Kölner Möbelmesse neue Lieferanten für exklusive Einbauküchen zu finden. Aufgrund der starken Konkurrenz am Ort lassen sich solche Küchen bis höchstens 12.000,00 € (einschließlich 19 % USt.) verkaufen. Vor den Messegesprächen will Frau Michels den noch für sie akzeptablen Listeneinkaufspreis für solche Küchen ermitteln. Sie geht dabei von folgenden Kalkulationsdaten aus, die sie bisher bei der Bestimmung der Verkaufspreise zugrunde legte.

Lieferantenskonto	2 %
Bezugskosten je Küche	ca. 150,00 €
Handlungskostenzuschlag	30 %
Gewinnzuschlag	15 %
Kundenrabatt	10 %
Kundenskonto	2 %

a) Ermitteln Sie den noch aufwendbaren Listeneinkaufspreis.

b) Wenn Frau Michels auf Gewinn verzichtet, welcher Listeneinkaufspreis ist dann noch akzeptabel?

c) Frau Michels entschied sich auf der Messe für die Möbelfirma Rotberger, die bereit ist einen Lieferantenrabatt von 20 % einzuräumen und Frau Michels einen Gewinn von 5 % ermöglicht. Wie hoch ist bei diesen Konditionen der Listeneinkaufspreis?

3 Lebensmitteleinzelhändler Manz möchte eine Hausmischung feiner Pralinen in sein Sortiment aufnehmen. Als Verkaufspreis sind 5,99 € einschließlich 7 % Umsatzsteuer für eine 400 g Packung vorgesehen. Kann Herr Manz das Angebot der Schokoland akzeptieren, die einen Listeneinkaufspreis von 10,40 € je kg anbietet? Zur Bestimmung des noch vertretbaren Einkaufspreises sind zu berücksichtigen:

Lieferantenrabatt	15 %
Lieferantenskonto	3 %
Bezugskosten je Packung	0,25 €
Kosten für Verpackung und Abfüllen je Packung	0,50 €
Handlungskostenzuschlag	30 %
Gewinnzuschlag	10 %

4 Die Rheintalsektkellerei bietet der Weinhandlung Oppenheimer Piccolosekt im 6er-Pack zu einem empfohlenen Verkaufspreis von 12,45 € an. Laut Angebot beträgt der Einkaufspreis für den 6er-Pack 9,75 €. Es werden 5 % Liefererrabatt und 2 % Skonto angeboten.

Kann die Weinhandlung auf dieses Angebot eingehen, wenn pro Pack noch 0,32 € für Transport, Versicherung und Verpackung dazukommen?

Oppenheimer kalkuliert mit folgenden Daten: HKZ 25 %, Gewinn 7 %, Umsatzsteuer 19 %.

Lösungshinweis: Zuerst mit Vorwärtskalkulation den Bareinkaufspreis errechnen und dann mit der Rückwärtskalkulation den aufwendbaren Bareinkaufspreis.

5 Wie viel Liefererrabatt in € und in % muss der Boutique La Moda eingeräumt werden, wenn ein Hosenanzug aus Wettbewerbsgründen für 228,00 € verkauft werden soll und der Einkaufspreis beim Hersteller 172,87 € betrug? Das Modegeschäft kalkuliert mit Bezugskosten von 4,00 € je Mantel, einem HKZ von 25 %, einem Gewinnzuschlag von 6 % und 19 % Umsatzsteuer.

6 ▭ Übernehmen Sie aus der Aufgabe 9 von Seite 235 das Kalkulationsschema und lösen Sie die folgenden Aufgaben mithilfe Ihres Tabellenkalkulationsprogramms. Natürlich ändern sich bei der Rückwärtskalkulation die Formeln in der Spalte D des Kalkulationsschemas und müssen daher an die retrograde Kalkulation angepasst werden!

a) Wegen der starken Konkurrenz im benachbarten Einkaufszentrum muss Bernd Heller von Action & Fun GmbH ein Surfbrett für 995,00 € anbieten.

Zu welchem Einkaufspreis kann er das Brett höchstens einkaufen, wenn er mit 5 % Kundenrabatt, 2 % Kundenskonto, 10 % Gewinnzuschlag, einem HKZ von 15 % sowie Bezugskosten von 18,00 € je Brett rechnet. Außerdem sind noch 4 % Liefererskonto, 30 % Lieferantenrabatt und 19 % Umsatzsteuer zu berücksichtigen.

b) Berechnen Sie mit dem Tabellenkalkulationsprogramm die Einkaufspreise für Fahrräder, die gleich wie bei Teilaufgabe a) kalkuliert werden und für die folgende Verkaufspreise und Bezugskosten gelten:

Artikel	City-Rad Amsterdam	Sportrad Tourixx 100
Verkaufspreis	750,00 €	880,00 €
Bezugskosten	15,00 €	15,00 €

c) Bernd Heller kalkuliert künftig wie folgt: Liefererrabatt 12 %, Liefererskonto 1,5 %, HKZ 25 % und Kundenrabatt 2 %. Welche Einkaufspreise ergeben sich aufgrund dieser Änderungen?

4.9 Differenzkalkulation

■ SITUATION ■

Im Rahmen der Aktion „Winter ade!" bietet die Eur-O-Mod ihren Mitgliedern einen leichten Wollanzug zu 198,00 € an. Die Einzelhändler sollen den Anzug mit 339,00 € auszeichnen. Die Lieferbedingungen des Einkaufsverbandes sehen einen Liefererrabatt von 15 % und 2,5 % Skonto vor. Die Bezugskosten betragen je Anzug 1,80 €.

Beim Neuburger Herrenausstatter Carl & Hagemann will man diesen Anzug nur dann ins Sortiment aufnehmen, wenn mindestens 10 % Gewinn erzielt werden können. Das Unternehmen kalkuliert mit einem Handlungskostenzuschlagssatz von 25 % und gewährt neben 3 % Kundenskonto seinen Stammkunden einen Kundenrabatt von 20 %. Die Umsatzsteuer ist mit 19 % zu berücksichtigen.

■ INFORMATION ■

Lösung:

	Einkaufspreis		**198,00 €**
−	Liefererrabatt	15 %	29,70 €
	Zieleinkaufspreis		168,30 €
−	Liefererskonto	2,5 %	4,21 €
	Bareinkaufspreis		164,09 €
+	Bezugskosten		1,80 €
	Einstandspreis		165,89 €
+	Handlungskostenzuschlag	25 %	41,47 €
	Selbstkosten		207,36 €
+	**Gewinnzuschlag**		**13,70 €**
	Barverkaufspreis		221,06 €
+	Kundenskonto	3 %	6,84 €
	Zielverkaufspreis		227,90 €
+	Kundenrabatt	20 %	56,97 €
	Nettoverkaufspreis		284,87 €
+	Umsatzsteuer	19 %	54,13 €
	Bruttoverkaufspreis		**339,00 €**

2

3 G 100 %
   15 %
85 % **3** G 100 %
      2,5 %
      97,5 %

3 G 100 %
   25 %
125 %

4
97 %
3 %

3 G 100 %   80 %
      20 %

100 % **3** G 100 %
19 %

3 G₊ 119 %

3

5 Berechnung des Gewinnzuschlagssatzes:

207,36 € ≙ 100 %
13,70 € ≙   x   %

$$x = \frac{100 \cdot 13{,}70}{207{,}36} = \underline{\underline{6{,}61\%}}$$

Lösungsschritte

1. Kalkulationsschema aufstellen.
2. Vorwärts bis zu den Selbstkosten rechnen.
3. Rückwärts bis zum Barverkaufspreis rechnen, dabei auf den richtigen Grundwert achten:
   G = reiner Grundwert, G₊ = vermehrter Grundwert.
4. Gewinn als Differenz zwischen Barverkaufspreis und Selbstkosten in € berechnen.
5. Mit Dreisatz Gewinn in Gewinnzuschlag in Prozent umrechnen.

Die **Differenzkalkulation** wird dann angewendet, wenn sowohl der **Einkaufs-,** als auch der **Auszeichnungspreis** einer Ware **feststehen.** Dies ist dann z. B. der Fall, wenn Einkaufsverbände ihren Mitgliedern Aktionswaren anbieten oder wenn die Marktlage sowie unverbindliche Preisempfehlungen keine selbstbestimmten Bruttoverkaufspreise zulassen. Der Händler muss dann überprüfen, ob bei den vorgegebenen Preisen ein für ihn angemessener Gewinn erzielt werden kann. Dieser Gewinn ergibt sich aus der Differenz zwischen Netto- bzw. Barverkaufspreis und den Selbstkosten, daher die Bezeichnung Differenzkalkulation.

Die Ermittlung dieses Unterschiedsbetrages erfolgt in zwei Schritten:
1. Vorwärtskalkulation bis zu den Selbstkosten.
2. Rückwärtskalkulation vom Bruttoverkaufspreis zum Netto- bzw. Barverkaufspreis.

> **!** **Hinweis:** In der Praxis ist häufig der vom Lieferanten empfohlene Verkaufspreis für den Kunden gleichzeitig der Listeneinkaufspreis für den Einzelhändler. In solchen Fällen darf der Einzelhändler einen Wiederverkäuferrabatt abziehen, der so groß sein sollte, dass er alle Kosten und Erlösschmälerungen abdeckt.

> **»** **Beispiel:** Bruttoverkaufspreis einer Kühl-Gefrierkombination = 475,00 €
> Listeneinkaufspreis = 475,00 € abzüglich Wiederverkäuferrabatt von 45 %.

Lösung:

1. Zuerst Umsatzsteueranteil aus dem Bruttoverkaufspreis herausrechnen:

   119 % $\triangleq$ 475,00 €

   100 % $\triangleq$ x   €

   $$x = \frac{475,00 \cdot 100}{119} = \textbf{399,16€}$$

2. Mit diesem Preis (399,16 €) die Vorwärtskalkulation bis zu den Selbstkosten vornehmen.

Einkaufspreis	399,16 €
– Liefererrabatt 45 %	179,62 €
Zieleinkaufspreis	219,54 €
↓	↓
Selbstkosten	....

■ AKTION

1 Bei Elektro-Seybold wird eine Kaffeemaschine zu 88,00 € angeboten. Es wurde mit 12 % Handlungskosten und 5 % Kundenrabatt kalkuliert. Die Umsatzsteuer beträgt 19 %. Die Elgro KG lieferte mit 20 % Liefererrabatt bei einem Listenpreis von 48,75 €.

Welchen Gewinn erzielt Elektro-Seybold in € und Prozent?

2 Die Reinbach GmbH bezieht im Auftrag der Medi-Soft AG 10 Kartons Druckerpapier mit je 40 Paketen. Mit dem Kunden ist ein Bruttoverkaufspreis je Paket von 2,85 € vereinbart worden. Der Lieferant Copy-Data gewährt auf diesen Preis einen Wiederverkäuferrabatt von 35 %. Welchen Gewinn erzielt die Reinbach GmbH bei diesem Geschäft, wenn die Lieferung frei Haus erfolgt, ein HKZ von 20 % und 19 % Umsatzsteuer zu berücksichtigen sind?

3 Die Solana GmbH beliefert nur Händler, wenn sie sich an ihre empfohlenen Verkaufspreise halten. Das Sauna-Modell Finnlandia wird zum Verkaufspreis von 2.280,00 € einschließlich 19 % Umsatzsteuer angeboten. Welcher Gewinn in € und Prozent bleibt einem Händler, wenn er wie folgt kalkuliert:

> Wiederverkäuferrabatt 40 %, Liefererskonto 2 %, Bezugskosten 85,00 €, HKZ 20 %, Kundenskonto 1,5 %, Kundenrabatt 10 %.

4 Die Textil-Markt GmbH erhält aus einem Resteverkauf 240 Herrenhemden dutzendweise abgepackt, zum Preis von 216,00 € je Dutzend. Der Lieferant gewährt 12 % Mengenrabatt und 2 % Skonto. Für Lieferung und Verpackung sind 74,85 € zu bezahlen. Ein Herrenhemd soll im Verkauf 27,75 € kosten.

a) Wie hoch ist der Gewinn in € und Prozent für ein Hemd, wenn der HKZ 35 % beträgt und 19 % Umsatzsteuer zu berücksichtigen sind?

b) Wegen kleiner Farbfehler bleiben 20 der Hemden zunächst unverkäuflich und werden dann auf 15,00 € je Stück reduziert. Beurteilen Sie dies.

5 🖥 Erstellen Sie ein Kalkulationsschema für eine Differenzkalkulation mit Ihrem Tabellenkalkulationsprogramm.

a) Ermitteln Sie Gewinn und Gewinnzuschlag bei folgenden Angaben:

Einkaufspreis	→	400,00 €
Lieferrabatt	→	12,00 %
Liefererskonto	→	2,00 %
Bezugskosten	→	16,00 €
HKZ	→	15,00 %
Kundenskonto	→	2,00 %
Kundenrabatt	→	10,00 %
Umsatzsteuer	→	19,00 %
kalkulierter Verkaufspreis	→	690,58 €

b) Welche Auswirkung ergibt sich auf Gewinn und den Gewinnzuschlag, wenn sich bei den Kunden nur ein Verkaufspreis von 609,00 € durchsetzen lässt?

6 Bernd Heller hat für ein paar Carving-Ski der Marke Blizzard als Verkaufspreis 245,00 € kalkuliert. Wegen sehr großer Nachfrage nach diesen Skiern, muss Herr Heller 100 Paar nachbestellen. Zwar bleibt der bisherige Listeneinkaufspreis in Höhe von 135,60 € je Paar unverändert, jedoch müssen 150,00 € Bezugskosten für diese Nachbestellung bezahlt werden. Außerdem entfällt der bisherige Lieferrabatt in Höhe von 10,00 %.

Wie viel Gewinn in € und in Prozent erzielt Herr Heller für seine nachgeordnete Ware?

Bei der Kalkulation sind noch zu berücksichtigen: Handlungskostenzuschlag von 30 %, ein Liefererskonto von 3 % und die Umsatzsteuer von 19 %.

4.10 Verkürzte Kalkulationsverfahren

Die schrittweise Ermittlung des Bruttoverkaufspreises ist mitunter zeitaufwändig. In der Praxis behilft man sich bei der Preisfestsetzung oft mit Faustregeln, um das Problem zu lösen, z. B. mit branchenüblichen (einheitlichen) Aufschlägen, die – je nach Branche – sehr unterschiedlich sein können. Der Einzelhändler fasst hierbei die verschiedenen Zuschläge für Handlungskosten, Gewinn und Umsatzsteuer zusammen.

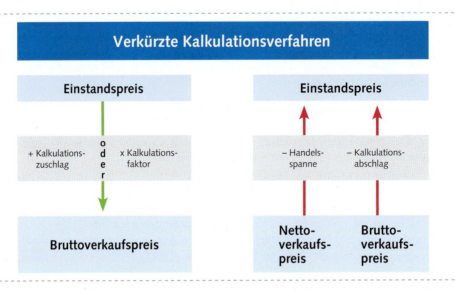

4.11 Verkürzte Vorwärtskalkulation mit Kalkulationszuschlag und Kalkulationsfaktor

■ SITUATION

Sabrina Hesser berechnet die Verkaufspreise für alle Artikel der Warengruppe Damenoberbekleidung stets mit 20 % Handlungskostenzuschlag, 10 % Gewinnzuschlag, 2 % Kundenskonto und 5 % Kundenrabatt.

 Wie kann sich Sabrina Hesser die Kalkulation der Verkaufspreise erleichtern?

■ INFORMATION

■ Kalkulationszuschlag in Prozent

Wenn man den Handlungskostenzuschlag, den Gewinnzuschlag, Kundenskonto und Kundenrabatt sowie die Umsatzsteuer zu einem **einheitlichen Prozent-Zuschlag** zusammenfasst, lässt sich die Kalkulation erheblich vereinfachen. Dieser **Zuschlag** wird auf den Einstandspreis aufgeschlagen und ergibt den Ladenverkaufspreis einschließlich Umsatzsteuer (7 % bzw. 19 %).

>> **Beispiel:** Einstandspreis $\;\;\;\;\hat{=}\;$ 100,00 € ⎫

$\qquad\qquad\qquad\qquad\qquad\qquad\qquad$ Ladenverkaufspreis = 168,72 €

$\qquad$ Kalkulationszuschlag $\hat{=}$ 68,72 % ⎭

Lösung:

Einstandspreis	**1**	=	100,00 €
+ Handlungskostenzuschlag 20 %		=	20,00 €
= Selbstkosten		=	120,00 €
+ Gewinnzuschlag 10%		=	12,00 €
= Barverkaufspreis		=	132,00 €
+ Kundenskonto 2%		=	2,69 €
= Zielverkaufspreis		=	134,69 €
+ Kundenrabatt 5%		=	7,09 €
= Nettoverkaufspreis		=	141,78 €
+ Umsatzsteuer 19%		=	26,94 €
= Bruttoverkaufspreis	**2**	=	168,72 €

3 68,72 €

4

Einstandspreis $\quad\hat{=}\quad$ 100,00 € ❯ 100 %
Differenzbetrag $\quad\hat{=}\quad$ 68,72 € ❯ $\quad$ x %

$$x = \frac{100 \cdot 68,72}{100} = \underline{\underline{68,72\,\%}}$$

Lösungsschritte

1. Wenn nur die Zuschlagssätze bekannt sind, dann mit 100,00 € ($\hat{=}$ 100 %) als Ausgangspreis rechnen. (Wenn Bruttoverkaufspreis und Einstandspreis bekannt sind, wird der Kalkulationszuschlag mit der Formel errechnet.)
2. Mithilfe der Zuschlagssätze den Bruttoverkaufspreis errechnen.
3. Differenz zwischen Bruttoverkaufspreis und Einstandspreis ermitteln = Kalkulationszuschlag in €.
4. Mit Dreisatzrechnung den Differenzbetrag in einen Prozentsatz umrechnen = Kalkulationszuschlag in Prozent.

! Bei einem Einstandspreis von 100,00 € sind Kalkulationszuschlag in € und Prozent identisch.

Formel zur Berechnung des Kalkulationszuschlags:

$$\text{Kalkulationszuschlag} = \frac{(\text{Bruttoverkaufspreis} - \text{Einstandspreis}) \cdot 100}{\text{Einstandspreis}}$$

! **Hinweis:** Die Differenz zwischen Bruttoverkaufspreis und Einstandspreis wird als **Rohgewinn brutto** bzw. **Rohertrag brutto** bezeichnet. Daher kann der **Kalkulationszuschlag** auch als **Rohgewinnzuschlag** bezeichnet werden.

■ Kalkulationsfaktor

Anstelle eines Zuschlagssatzes kann der Bruttoverkaufspreis auch durch Multiplikation des Einstandspreises mit dem Kalkulationsfaktor berechnet werden. Dabei handelt es sich um eine **Vervielfältigungszahl,** die sämtliche Zuschläge und Erlösschmälerungen beinhaltet.

Man erhält den Kalkulationsfaktor, wenn man den Bruttoverkaufspreis einer Ware durch den Einstandspreis dividiert.

>> **Beispiel:** Einstandspreis ≙ 100,00 €

Bruttoverkaufspreis ≙ 168,72 €

$$\text{Kalkulationsfaktor} = \frac{168,72}{100,00} = \underline{\underline{1,6872}}$$

(Probe: 100,00 € · 1,6872 = 168,72 €)

Formel zur Berechnung des Kalkulationsfaktors:

$$\text{Kalkulationsfaktor} = \frac{\text{Bruttoverkaufspreis}}{\text{Einstandspreis}}$$

! **Hinweis:** In der Praxis wird meist anstelle des Kalkulationszuschlages mit dem Kalkulationsfaktor gerechnet, da so die Ausrechnung des Verkaufspreises einfacher ist.

Um einen Kalkulationszuschlag in einen Kalkulationsfaktor umzurechnen, verwendet man folgende Formel:

$$\text{Kalkulationsfaktor} = \frac{\text{Kalkulationszuschlag in \% + 100\,\%}}{100\,\%}$$

■ AKTION

1 Berechnen Sie Kalkulationszuschlag und Kalkulationsfaktor. Um möglichst genaue Ergebnisse zu erzielen, sollte der Kalkulationsfaktor mit 4 Stellen nach dem Komma angegeben werden.

	Einstandspreis in €	Bruttoverkaufspreis in €
a)	278,95	425,99
b)	0,28	0,98
c)	2.588,00	3.455,00
d)	14,75	22,75
e)	3,65	5,69
f)	1,45	3,00

2 Berechnen Sie den Kalkulationszuschlag und den Kalkulationsfaktor. Verwenden Sie einen Einstandspreis von 100,00 €.

	Artikel A	Artikel B	Artikel C	Artikel D
Handlungskostenzuschlag	25 %	35 %	15 %	20 %
Gewinnzuschlag	12,5 %	10 %	5 %	8 %
Kundenskonto	–	2 %	3 %	1,5 %
Kundenrabatt	10 %	–	15 %	5 %
Umsatzsteuer	19 %	7 %	19 %	19 %

3 Berechnen Sie den Bruttoverkaufspreis:

	Einstandspreis in €	Kalkulationszuschlag bzw. Kalkulationsfaktor
a)	2.235,00	88 %
b)	1,88	1,456
c)	455,86	125 %
d)	68,75	45 %
e)	12.645,20	2,33
f)	879,00	1,80

4 Die Leuchtenabteilung der Wohnwelt GmbH erhält 80 Tischleuchten zu 49,95 € je Stück sowie 50 Wandleuchten, das Stück zu 39,75 €. Die Bezugskosten für die gesamte Lieferung betragen 110,50 €. Der Lieferant gewährt neben 4 % Skonto bei sofortiger Zahlung noch 15 % Lieferantenrabatt.

Zu welchem Bruttoverkaufspreis kann eine Tisch- bzw. Wandleuchte angeboten werden, wenn

> die Bezugskosten anteilig auf 1 Leuchte zu verteilen sind,

> sofort bezahlt wird,

> für Tischleuchten mit einem Kalkulationszuschlag von 85 % und für Wandleuchten mit einem Kalkulationsfaktor von 1,664 gerechnet wird?

5 Bei Mode-Hesser wird ein Kostüm einschließlich Umsatzsteuer zu 298,00 € angeboten. Sabrina Hesser kalkulierte diesen Preis mit einem Kalkulationsfaktor von 2,25. Wie viel € beträgt der Einstandspreis?

6 Die Geschenkboutique Zeitgeist erhält 50 Duftkerzen zu je 3,75 € zuzüglich 5 Stück ohne Berechnung geliefert. Es können 2 % Skonto abgezogen werden. Zu welchem Preis kann eine Kerze bei einem Kalkulationsfaktor von 1,65 angeboten werden?

7 Das Handarbeitsgeschäft Woll-Stoff bestellt über den Großhandel 1,5 kg Sockenwolle, Kilopreis 29,75 €. Der Rechnungsbetrag wird per Lastschrift eingezogen, deshalb werden 4 % Skonto gewährt. Die Versandkosten betragen 5,50 €.

a) Wie viele Knäuel zu 50 g können angeboten werden?

b) Was kostet ein Knäuel Sockenwolle, wenn mit einem Kalkulationszuschlag von 130 % gerechnet wird?

4.12 Verkürzte Rückwärtskalkulation mit Kalkulationsabschlag und Handelsspanne

■ SITUATION

Etwa ein Drittel der Damenoberbekleidung in Sabrina Hessers Modegeschäft stammt von namhaften deutschen und internationalen Herstellern. In den meisten Fällen bestehen die Hersteller dieser Markenartikel auf die Einhaltung ihrer empfohlenen Verkaufspreise.

 Wie kann Frau Hesser schnell und einfach berechnen, ob ihre Kosten durch die Einkaufspreise der Hersteller gedeckt sind, wenn sie normalerweise mit 20 % Handlungskostenzuschlag, 10 % Gewinnzuschlag, 2 % Kundenskonto und 5 % Kundenrabatt kalkuliert?

■ INFORMATION

■ Kalkulationsabschlag

Der Kalkulationsabschlag dient zur **Vereinfachung** der **kalkulatorischen Rückrechnung.** Er ist ein auf den Bruttoverkaufspreis bezogener Prozentsatz und beinhaltet die Differenz zwischen dem Einstandspreis und dem Bruttoverkaufspreis in €. Dieser **Prozentsatz** gibt an, wie viel Prozent vom Bruttoverkaufspreis abzuziehen sind, um den Einstandspreis zu erhalten.

In der **Praxis** wird je nach Warengruppe mit einem **festen Abschlag** kalkuliert, der auf der Basis der Kalkulationsdaten ermittelt wird.

Lösung:

Einstandspreis **1**	=	59,27 €
+ Handlungskostenzuschlag 20 %	=	11,85 €
= Selbstkosten	=	71,12 €
+ Gewinnzuschlag 10%	=	7,11 €
= Barverkaufspreis	=	78,23 €
+ Kundenskonto 2%	=	1,60 €
= Zielverkaufspreis	=	79,83 €
+ Kundenrabatt 5%	=	4,20 €
= Nettoverkaufspreis	=	84,03 €
+ Umsatzsteuer 19%	=	15,97 €
= Bruttoverkaufspreis **2**	=	100,00 €

3 40,73 €

4

Bruttoverkaufspreis ≙ 100,00 € ＞ 100 %
Differenzbetrag ≙ 40,73 € ＞ x %

$$x = \frac{100 \cdot 40,73}{100} = \underline{\underline{40,73\,\%}}$$

Lösungsschritte

1. Wenn nur die Zuschlagssätze bekannt sind, dann mit 100,00 € ($\hat{=}$ 100 %) als Bruttoverkaufspreis rechnen. (Wenn Bruttoverkaufspreis und Einstandspreis bekannt sind, wird der Kalkulationsabschlag mit der Formel errechnet.)
2. Mithilfe der Zuschlagssätze rückwärts den Einstandspreis errechnen.
3. Differenz zwischen Bruttoverkaufspreis und Einstandspreis ermitteln = Kalkulationsabschlag in €.
4. Mit Dreisatzrechnung den Differenzbetrag in einen Prozentsatz umrechnen = Kalkulationsabschlag in Prozent.

! Bei einem Einstandspreis von 100,00 € sind Kalkulationsabschlag in € und Prozent identisch.

Formel zur Berechnung des Kalkulationsabschlages:

$$\text{Kalkulationsabschlag} = \frac{(\text{Bruttoverkaufspreis} - \text{Einstandspreis}) \cdot 100}{\text{Bruttoverkaufspreis}}$$

Da Kalkulationsaufschlag und Kalkulationsabschlag das Gleiche beinhalten, aber auf verschiedener Basis errechnet werden, lassen sie sich gegenseitig umrechnen.

〉〉 **Beispiel:** Kalkulationsaufschlag 70 %

Umrechnung von Kalkulationsaufschlag in Kalkulationsabschlag

$$\frac{\text{Kalkulationsaufschlag in \% } \cdot 100}{\text{Kalkulationsaufschlag in \% } + 100} \quad 〉 \quad \frac{70 \cdot 100}{70 + 100} = \textbf{41,18 \%}$$

Umrechnung von Kalkulationsabschlag in Kalkulationsaufschlag

$$\frac{\text{Kalkulationsaufschlag in \% } \cdot 100}{100 - \text{Kalkulationsaufschlag}} \quad 〉 \quad \frac{41,18 \cdot 100}{100 - 41,18} = \textbf{70 \%}$$

■ Handelsspanne

Die Handelsspanne ist ein **Abschlag**, der sich auf den **Nettoverkaufspreis** bezieht. Sie wird als **Prozentsatz** vom Nettoverkaufspreis abgezogen, man erhält dann den Einstandspreis. Die Berechnung erfolgt wie beim Kalkulationsabschlag, nur ist in diesem Fall der Nettoverkaufspreis Ausgangspunkt der Berechnungen.

〉〉 **Beispiel:**

Nettoverkaufspreis	=	84,03 €
– Einstandspreis	=	59,27 €
Differenz	=	24,76 €

Umrechnung des Differenzbetrages in Prozentsatz (Handelsspanne) bezogen auf den Nettoverkaufspreis:

$$84,03 \ € \ \hat{=} \ 100 \ \%$$
$$24,76 \ € \ \hat{=} \ \ x \ \%$$

$$x = \frac{100 \cdot 24,76}{84,03} = \textbf{29,47 \%}$$

Die Handelsspanne beträgt 29,47 %.

Formel zur Berechnung der Handelsspanne:

$$\text{Handelsspanne} = \frac{(\text{Nettoverkaufspreis} - \text{Einstandspreis}) \cdot 100}{\text{Nettoverkaufspreis}}$$

! **Hinweis:** In der Praxis wird die Handelsspanne besonders bei Betriebsvergleichen als Kenn- und Vergleichsziffer verwendet. In der amtlichen Statistik wird die Handelsspanne für ganze Branchen dargestellt und als Rohertrag (prozentuales Verhältnis von Rohertrag zu Umsatz) bezeichnet.

■ AKTION

1 Berechnen Sie den Kalkulationsabschlag und die Handelsspanne bei folgenden Artikeln, die alle mit 19 % Umsatzsteuer zu rechnen sind.

	Artikel A	Artikel B	Artikel C	Artikel D
Einstandspreis	120,00 €	20,00 €	4.890,00 €	12,75 €
Nettoverkaufspreis	186,00 €	40,00 €	7.198,00 €	18,75 €

2 Berechnen Sie nach folgenden Angaben den Kalkulationsabschlag, die Handelsspanne und den noch möglichen Einstandspreis.

	HKZ	Gewinn-zuschlag	Kunden-skonto	Kunden-rabatt	Umsatz-steuersatz	Bruttover-kaufspreis
a)	25 %	10 %	–	–	7 %	145,00 €
b)	40 %	15 %	2 %	15 %	19 %	898,00 €
c)	15 %	5 %	–	10 %	7 %	7,65 €
d)	55 %	12 %	3 %	30 %	19 %	1.585,00 €

3 Der Auszeichnungspreis eines Herrenhemdes beträgt einschließlich Umsatzsteuer 69,90 €. Die Textil-Markt GmbH rechnet mit einer Handelsspanne von 42 %. Wie viel € beträgt der Einstandspreis?

4 Die Textil-Markt GmbH bezieht einen größeren Posten Jeans zu einem Einstandspreis je Hose von 36,40 €. Das Unternehmen kalkuliert mit einem HKZ von 38 %, 8 % Gewinn und 19 % USt.

a) Wie viel Prozent beträgt der Kalkulationsabschlag?

b) Ein Markenlieferant bietet Jeans zu einem empfohlenen Verkaufspreis von 69,90 € an. Kann die Textil-Markt GmbH mit dem Kalkulationsabschlag aus Aufgabe a) einen Einstandspreis von 40,00 € akzeptieren?

5 Haushaltwaren Offermann möchte seinen Kunden anlässlich des 100-jährigen Firmenjubiläums ein handbemaltes Speiseservice mit Neuburger Motiven zu einem Preis von 590,00 € anbieten. Das Fachgeschäft kalkuliert mit 60 % Handlungskosten, 10 % Gewinnzuschlag, 6 % Jubiläumsrabatt und 19 % Umsatzsteuer.
Die Rosenberger Manufaktur liefert frei Haus und gewährt neben 2 % Skonto einen Treuerabatt von 10 %.

a) Welchen Listeneinkaufspreis kann die Fa. Offermann höchstens bezahlen, wenn sie den Skonto ausnutzt?

b) Mit welchem Kalkulationszuschlag rechnet das Geschäft?

c) Welcher Handelsspanne entspricht dies?

6 Die Mode-Boutique La Moda kalkuliert hochmodische Artikel mit einem Kalkulationsaufschlag von 160 % und Artikel des Standardsortiments mit 120 %. Welchen Kalkulationsabschlägen entspricht dies?

7 Der Kalkulationszuschlag bei Computermonitoren betrug bisher beim Fachmarkt Multi-Vision 30 %. Aufgrund eines knappen Angebots sind die Einkaufspreise in kurzer Zeit um 20 % gestiegen, die Verkaufspreise können aber wegen des starken Wettbewerbsdrucks nur um 10 % erhöht werden. Wie groß ist der neue Kalkulationsabschlag?

8 Schnelltest: Nur eine Antwort ist richtig!

8.1 Welche Formel zur Ermittlung des Kalkulationsabschlages ist richtig?
a) (Bruttoverkaufspreis – Einstandspreis) × 100/Einstandspreis
b) Bruttoverkaufspreis/Nettoverkaufspreis
c) (Bruttoverkaufspreis – Einstandspreis) × 100/Bruttoverkaufspreis

8.2 Welche Erklärung beschreibt die Handelsspanne?
a) Der Unterschied zwischen Einstandspreis und Nettoverkaufspreis, ausgedrückt in einem Prozentsatz des Nettoverkaufspreises.
b) Der Unterschied zwischen Einstandspreis und Nettoverkaufspreis, ausgedrückt in einem Prozentsatz des Einstandspreises.
c) Der prozentuale Aufschlag auf den Listeneinkaufspreis.

8.3 Welche der folgenden Größen ist nicht Bestandteil der Handelsspanne?
a) Personalkosten,
b) Grundsteuer,
c) Umsatzsteuer, Abschreibungen auf Sachanlagen.

8.4 Welcher Begriff ist identisch mit der Handelsspanne?
a) Rentabilität,
b) Reingewinn,
c) Handlungskostensatz,
d) Rohgewinn,
e) Kalkulationsabschlagssatz.

9 Eine Freundin von Ihnen macht eine Ausbildung zur Kauffrau im Groß- und Außenhandel. Sie bittet Sie um Hilfe bei der Lösung von Kalkulationsaufgaben. Als Sie ihr die vereinfachte Rückwärtskalkulation mithilfe des Kalkulationsabschlages erklären wollen, schaut sie Sie verwundert an. Warum?

5 Preispolitik im Einzelhandel

5.1 Bedeutung des Preises als absatzpolitisches Instrument

Was muss ein Artikel kosten — was darf ein Artikel kosten?

■ SITUATION ■

1. Erläutern Sie, wie normalerweise ein Verkaufspreis ermittelt wird.
2. Was soll beim Verbraucher mit Aussagen wie „billig", „sparen" und durchgestrichenen Preisen für ein Eindruck erweckt werden?
3. Vergleichen Sie mit Ihren Erfahrungen aus Ihrem Betrieb und berichten Sie.

■ INFORMATION

Preisgestaltung und Preisfestsetzung gehören zu den empfindlichsten Bereichen des Einzelhandelsmarketings, da der Preis direkt über den Umsatz und damit indirekt über den Gewinn mitentscheidet. Jedes Einzelhandelsunternehmen verfolgt gleichzeitig mehrere Ziele, ein sogenanntes Zielbündel.

Neben Sach-, Sozial- und ökologischen Zielen spielen insbesondere wirtschaftliche Ziele eine Rolle, die zu einem erheblichen Teil mithilfe der Preispolitik erreicht werden sollen.

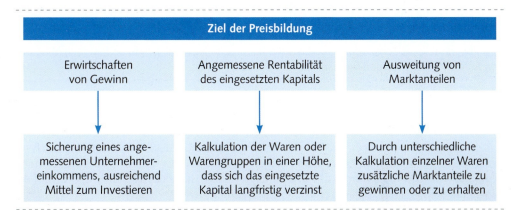

Ziel der Preisbildung		
Erwirtschaften von Gewinn	Angemessene Rentabilität des eingesetzten Kapitals	Ausweitung von Marktanteilen
Sicherung eines angemessenen Unternehmereinkommens, ausreichend Mittel zum Investieren	Kalkulation der Waren oder Warengruppen in einer Höhe, dass sich das eingesetzte Kapital langfristig verzinst	Durch unterschiedliche Kalkulation einzelner Waren zusätzliche Marktanteile zu gewinnen oder zu erhalten

Preise sind aus Sicht der Konsumenten **Informationen,** die sie wahrnehmen, verarbeiten und die ihr Verhalten beeinflussen.

So dient der **Preis** als **Qualitätsmaßstab** bei den Waren, die der Kunde aufgrund unzureichender Kenntnisse hinsichtlich Material, Konstruktion und Funktion relativ schlecht beurteilen kann. Er neigt bei diesen Waren dazu, von der Preishöhe auf die Qualität von Angeboten zu schließen, nach dem Motto: Je teurer, desto besser, oder: Was nichts kostet, das taugt auch nichts. Dass diese Sichtweise mit der Realität nicht viel zu tun hat, zeigt z. B. die Stiftung Warentest monatlich aufs Neue!

Der Preis kann aber auch als Verkaufsargument für sich betrachtet werden. Insbesondere **Waren** des **täglichen Bedarfs** *(Lebensmittel)* oder Artikel, bei denen die Konsumenten ein ausgeprägtes Preisinteresse oder eine persönliche Qualitätsvermutung besitzen *(DVDs, DVD-Player, Computer)* werden in erster Linie über einen **günstigen Preis** verkauft.

5.2 Rechtliche Grundlagen der Preispolitik

Bei der Gestaltung der Preise ist der Einzelhandel an teilweise sehr komplizierte und detaillierte Rechtsnormen gebunden. Verstöße gegen diese Rechtsvorschriften sind unerlaubte Handlungen; sie führen i. d. R. zu Schadenersatzansprüchen und können in bestimmten Fällen strafrechtlich verfolgt werden.

Die wichtigsten rechtlichen Vorschriften finden sich im Bürgerlichen Gesetzbuch (BGB), im Gesetz gegen unlauteren Wettbewerb (UWG), im Gesetz gegen Wettbewerbsbeschränkungen (GWB) sowie in der Preisangabenverordnung (PAngV).

Bürgerliches Gesetzbuch (BGB)

Wer Wucherpreise verlangt, begeht eine unerlaubte Handlung. Unter Wucher ist ein besonders grobes Missverhältnis zwischen Preis und der entsprechenden Gegenleistung bei Ausnutzung von Alter und Unerfahrenheit des Kunden zu verstehen.

Was aber nun dieses „besonders grobe Missverhältnis" im Einzelfall genau bedeutet, wird häufig von Juristen geklärt werden müssen.

■ Gesetz gegen den unlauteren Wettbewerb (UWG)

Das generelle Prinzip der Freiheit der Preisgestaltung und der Kalkulation wird mit dem § 3 UWG dadurch eingeschränkt, dass **Preisunterbietungen** der Mitbewerber nicht in der Absicht stattfinden dürfen, Mitbewerber vom Markt zu verdrängen. Die Generalklausel des § 3 UWG wird ergänzt durch das in § 5 UWG ausgesprochene **Irreführungsverbot.**

Beispiele für verbotene, weil den Kunden irreführende Angaben zu Preisen sind:

> Verwendung der Bezeichnung „Discountpreis", obwohl der Preis mindestens Fachgeschäftniveau erreicht hat.

> Ein Textilfachgeschäft wirbt: „Alles um 10 % reduziert", dabei trifft dies aber nur für wenige Warengruppen zu.

> Eine Supermarktkette wirbt mit „Dauertiefpreisen", obwohl der Preis auf dem Niveau der unverbindlichen Preisempfehlung des Herstellers liegt.

Erlaubt sind aber die Gegenüberstellungen jetziger Preise mit früheren Preisen. Allerdings muss der alte Preis auch tatsächlich über einen angemessenen Zeitraum für die gleiche Ware verlangt worden sein.

Die Gegenüberstellung mit künstlich hochgeschraubten alten Preisen **(Mondpreise)** ist verboten, da hier eine Preisherabsetzung vorgetäuscht wird, weil der (überhöhte) angegebene ursprüngliche Preis nie oder nur über einen kurzen Zeitraum erhoben wurde.

Abb. Zulässige Preisgegenüberstellung von aktuellem mit früherem Preis

Zulässig und in ihrer Werbewirksamkeit sehr hoch sind Preisgegenüberstellungen mit den **unverbindlichen Preisempfehlungen** der Hersteller (UVP), da diese für viele Kunden gewissermaßen eine Art Richtschnur bei der Preishöhe besitzen.

Abb. Zulässige Preisgegenüberstellung mit UVP des Herstellers

Generell sind außerdem Preisnachlässe und unentgeltliche Zugaben erlaubt, das UWG setzt aber einer zu großzügigen Rabattgewährung Grenzen.

■ Gesetz gegen Wettbewerbsbeschränkungen (GWB)

Das Gesetz untersagt Preisabsprachen zwischen den am Wettbewerb beteiligten Unternehmen (Preiskartell). Diese Regelung ist deshalb von besonderer Bedeutung, weil durch Preisabsprachen einzelner Wettbewerber die Preise künstlich nach oben geschaukelt werden können (horizontale Preisbindung).

Außerdem darf ein Hersteller einem Groß- oder Einzelhändler, an den er liefert, keine Vorschriften darüber machen, zu welchen Preisen die gelieferte Ware weiterzuverkaufen ist (vertikale Preisbindung).

Eine Ausnahme besteht beim Vertrieb von Verlagserzeugnissen wie Zeitungen, Zeitschriften und Büchern. Der Hersteller kann allerdings durch Preisempfehlungen großen Einfluss auf den Bruttoverkaufspreis des Einzelhändlers nehmen.

Zwar ist auch dies grundsätzlich verboten, aber hier gibt es als Ausnahme die **unverbindliche Preisempfehlung** eines Herstellers bei Markenwaren.

Dies sind Erzeugnisse, deren Lieferung in gleich bleibender oder verbesserter Güte von dem preisempfehlenden Unternehmen gewährleistet wird und die mit einem ihre Herkunft kennzeichnenden Merkmal (Firmen-, Wort- oder Bildzeichen) versehen sind.

■ Preisangabenverordnung (PAngV)

Der Einzelhandel ist durch die **Preisangabenverordnung** (PAngV) generell verpflichtet, die Waren oder Dienstleistungen, die er verkauft, auszuzeichnen. Die Klausel gilt unabhängig davon, ob sich die Ware im Geschäft, in Schaufenstern oder in Katalogen befindet.

Um Kunden den Vergleich zwischen verschiedenen Händlern und Waren zu erleichtern, muss der Einzelhandel hinsichtlich der Auszeichnung bestimmte Kriterien beachten. So ist Konsumenten gegenüber der Preis inklusive Umsatzsteuer anzugeben (Bruttoverkaufspreis).

5.3 Preisstrategien im Einzelhandel

Die Festlegung der Preislage bzw. des Preisniveaus ist eine weitreichende und grundlegende Entscheidung der Unternehmensleitung. Preislage und Preisniveau sollten zur Betriebsform passen und stets mit einer entsprechenden Ladengestaltung, Warenpräsentation, Preisoptik und Werbebotschaft in Einklang stehen.

Generell zu unterscheiden ist die **Hochpreis-** von der **Niedrigpreisstrategie.**

Preislage	Betriebsform	Ladengestaltung	Werbebotschaft
hoch	Spezial- und Fachgeschäft, Boutiquen	attraktiv, aufwendig, edel	Markenartikel in hoher Qualität
niedrig	Discounter, SB-Warenhäuser	einfach, funktionell, Kosten sparend	Dauertiefpreise, Sonderangebote

Häufig variieren die Preise einzelner Artikel, da diese von vielen Faktoren abhängen, die außerhalb des Einflussbereiches des Einzelhandelsbetriebs liegen.

Folgende **Faktoren** beeinflussen die **Preisgestaltung:**

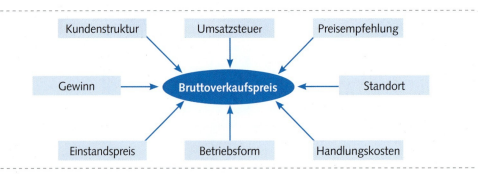

Abb. Einflussfaktoren auf den Bruttoverkaufspreis

■ Niedrigpreisstrategie

Für viele Kunden spielt der Preis eine oder gar die entscheidende Rolle bei der Entscheidung für eine bestimmte Ware. Nicht nur die bei vielen Kunden problematische wirtschaftliche Situation führt zu dieser Entscheidung, sondern auch eine schon länger anhaltende und weitverbreitete Konsumenteneinstellung, die sich durch Werbeslogans wie „Wir hassen teuer" oder „Hier spricht der Preis" zeigt.

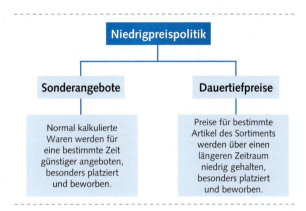

Grundsätzlich sollten Sonderangebote und Aktionen bei solchen Waren verwendet werden, von denen der Händler weiß, dass die Kunden preissensibel reagieren. Dies ist wiederum von den Preisvorstellungen der Verbraucher abhängig. Viele Konsumenten kennen die Preise von Kaffee, Waschmitteln oder Butter wesentlich genauer als die Preise von Mehl, Gewürzen oder Putzmitteln.

■ Hochpreisstrategie

Zur Hochpreisstrategie gehört es, nicht über den Preis zu sprechen. Vielmehr wird gegenüber den Kunden in den Vordergrund gestellt, was der hohe Preis signalisiert: Sie kaufen exklusive Ware oder besondere Spezialitäten mit einer entsprechenden Beratung und einem angemessenen Service.

Dabei wird ein Kundenverhalten angesprochen, das sich durch den Spruch „Man gönnt sich ja sonst nichts" zeigt. Gerade kleinere Einzelhandelsunternehmen, wie Fach- und Spezialgeschäfte, können sich durch eine Hochpreisstrategie Marktnischen sichern und sich von den in erster Linie über den Preis verkaufenden Großunternehmen absetzen.

5.4 Preisbildung im Einzelhandel

Viele Faktoren spielen eine Rolle bei der Klärung der Frage, wie der Verkaufspreis zustande kommt, mit dem die Ware ausgezeichnet wird. Eine Reihe dieser Faktoren kann der Einzelhändler selbst nicht beeinflussen *(Kaufkraft, Konjunktur, Steuern)*, andere dagegen schon *(Sortimentsgestaltung)*. Grundsätzlich kann man vier **Einflussbereiche** voneinander abgrenzen, die auf die **Preisbildung** einwirken.

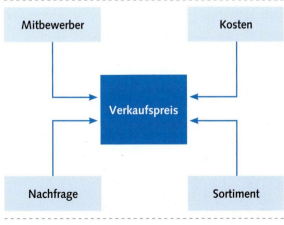

Abb. Einflüsse auf die Preisbildung

■ Kostenorientierte Preisbildung

Die **kostenorientierte Preisbildung** richtet sich an den **Kosten** aus, die eine Ware verursacht, bis sie vom Kunden erworben wird. Im Einzelhandel sind dies insbesondere die Kosten für den Wareneinkauf und die Handlungskosten *(Personalkosten, Ladenmieten, Steuern)*. In der **Praxis** wird häufig ein sogenannter **Kalkulationszuschlag** angewendet, bei dem ein prozentualer Zuschlag auf den Einstandspreis vorgenommen wird, um den Bruttoverkaufspreis (Auszeichnungspreis) zu ermitteln.

Wichtig ist in diesem Zusammenhang, dass die Gewinne, die von Unternehmen im Einzelhandel gemacht werden, von Verbrauchern, aber auch von Mitarbeitern immer wieder falsch eingeschätzt werden.

Die zentrale **Fragestellung** der **kostenorientierten** Preisbildung lautet:

Was muss ein Artikel mindestens kosten, damit der Einzelhändler die Kosten für den Wareneinkauf und seine Handlungskosten erwirtschaftet und einen angemessenen Gewinn realisieren kann? Hierbei wendet der Einzelhändler die **Vorwärtskalkulation** (vom Einkaufspreis zum Verkaufspreis) an.

■ Konkurrenzorientierte Preisbildung

Der **Spielraum** für die eigene **Preisgestaltung** ist in der Praxis **eingeengt.**

Zum einen ist hierfür die häufig aufgedruckte unverbindliche Preisempfehlung des Herstellers verantwortlich. Insbesondere bei preissensiblen Waren wird ein Kunde nur schwer einsehen, dass er mehr als diesen Preis bezahlen soll.

Zum anderen zwingen die Preise der Mitbewerber den Händler häufig, sich an bestimmte Verkaufspreise zu halten und diese nicht zu überschreiten. Ein vergleichsweise zu hoher Preis kann dazu führen, dass die Ware nur schlecht verkauft wird, da die Konkurrenz die Ware günstiger anbietet.

Wenn nun im Hinblick auf Kunden und Konkurrenten der Preis ebenfalls gesenkt wird, kann vielleicht der Umsatz erhöht werden, allerdings besteht die Gefahr, dass nicht mehr alle Kosten gedeckt werden.

Deshalb geht die konkurrenzorientierte Preisbildung davon aus, dass die Preise aufgrund des beobachteten Verhaltens der Kunden und der Konkurrenz im jeweiligen Einzugsgebiet bereits festgelegt sind.

Kalkulieren heißt hier prüfen, ob angesichts des vom **Markt** vorgegebenen Preises und der entstehenden Kosten das Angebot einer Warengruppe oder eines Artikels sich überhaupt lohnt.

Die zentrale **Fragestellung** der **konkurrenzorientierten** Preisbildung ist:

Was darf ein Artikel für den Einzelhändler im Einkauf höchstens kosten, wenn der Einzelhändler den Bruttoverkaufspreis nicht einfach ausweiten kann und Handlungskosten und Gewinnzuschläge nicht verändert werden können? Der Einzelhändler wendet hierbei die **Rückwärtskalkulation** (vom Verkaufspreis zum Einkaufspreis) an.

■ Nachfrageorientierte Preisbildung

Bei der nachfrageorientierten Preisbildung bildet die Bereitschaft der Kunden, welchen Preis sie zu zahlen bereit sind, den entscheidenden Orientierungspunkt zur Preisfestsetzung.

Die zentrale **Fragestellung** bei der **nachfrageorientierten** Preisbildung lautet für den Einzelhändler:

 Mit welchem Kaufverhalten reagieren meine Kunden auf unterschiedliche Preise?

Preisdifferenzierung

Eine Möglichkeit, durch unterschiedliche Preise das Nachfrageverhalten der Kunden zu beeinflussen, ist die **Preisdifferenzierung**. Der Einzelhändler verlangt dabei für im Prinzip gleiche Produkte unterschiedlich hohe Preise.

Die Möglichkeiten zur **Preisdifferenzierung** sind vielfältig und können auch kombiniert eingesetzt werden. Folgende **Arten** werden üblicherweise unterschieden:

Arten der Preisdifferenzierung	Erläuterung und Beispiele
räumlich 	Waren können in verschiedenen Gebieten – je nach Kaufkraft der Kunden und/oder Konkurrenzlage – zu unterschiedlichen Preisen angeboten werden *(Stadt/Land oder Vorort/City)*. Interessant ist diese Art der Preisdifferenzierung insbesondere für große Filialbetriebe, die so unterschiedliche Wettbewerbsverhältnisse ausnutzen können. **»** **Beispiel:** Da man Obst und Gemüse in einer Kleinstadt im Innenstadtbereich nur noch im dortigen Lebensmittelmarkt kaufen kann, werden dort höhere Preise verlangt als an Orten mit Mitbewerbern.
zeitlich 	Waren werden zu verschiedenen Zeiten zu unterschiedlichen Preisen verkauft. **»** **Beispiel:** Obst und Gemüse wird während der Erntezeit zu günstigeren Preisen verkauft als sonst. Auch am Ende einer Saison wird die Kaufbereitschaft durch Preisnachlässe „angekurbelt" *(Kauf einer Skiausrüstung im Frühjahr)*. Ganz neu auf dem Markt eingeführte und nachgefragte Waren werden dagegen zunächst zu relativ hohen Preisen verkauft *(PC und Unterhaltungselektronik)*. Dies liegt sowohl zu Anfang der Markteinführung am Fehlen einer kostengünstigen Massenproduktion, als auch daran, dass es eine Käuferschicht gibt, die bestimmte Waren als Erste nutzen möchte und dafür auch hohe Preise akzeptiert.

Arten der Preisdifferenzierung	Erläuterung und Beispiele
mengenmäßig 	Die Differenzierung der Verkaufspreise findet über die Verkaufsmengen statt. **》 Beispiele:** Stückpreis eines Artikels ist in einer Großpackung günstiger, als in der Kleinpackung *(Toilettenpapier)*. Bei Damen- und Herrendüften sind die Preisunterschiede besonders groß. Weit verbreitet sind auch Angebote wie „nimm drei, zahle zwei!"
personell	Die gleiche Ware wird unterschiedlichen Kundengruppen zu unterschiedlichen Preisen angeboten. **》 Beispiele:** Einzelhändler geben Waren an Handwerker günstiger ab als an andere Kunden. Für Mitglieder von Vereinen werden Vorzugspreise gewährt *(Sportartikel)*. Inhaber einer Kundenkarte erhalten auf bestimmte Warengruppen einen Preisnachlass *(Kosmetikartikel)*.

Psychologische Preisgestaltung mithilfe der Preisoptik

Hersteller und Einzelhandel nutzen **psychologische Effekte** bei der Preisgestaltung, um den Verkaufspreis so festzulegen, dass dadurch die Verkaufszahlen positiv beeinflusst werden.

Preisschwelleneffekt

Kunden orientieren sich nach wissenschaftlichen Untersuchungen nicht an exakten Preisen, sondern greifen auf einige wenige **Preisstufen** im Sinne von „teuer"/„normal"/„billig" zurück. Überschreitet der Preis die für einen bestimmten Kunden als **Preisobergrenze** angesehene Höhe, dann kauft er nicht, weil er den Preis für überhöht hält. Unterschreitet der Preis jedoch eine für den Kunden als **Preisuntergrenze** angesehene Höhe, dann kauft er ebenfalls nicht mehr. Aufgrund eines scheinbar sehr niedrigen Preises kommen solchen Kunden Zweifel an der Qualität der Ware und sie empfinden einen Kauf als Risiko.

》 Beispiel: Bei Herrenhemden wird im Allgemeinen eine Preisspanne von 19 € bis 69 € als „normal" empfunden. Wird ein Hemd unter 10 € angeboten, werden viele Kunden eine schlechte Qualität vermuten. Kostet das Hemd jedoch über 100 € ist für die meisten Kunden die obere Preisschwelle überschritten und sie sehen von einem Kauf ab. Für Kunden, die aber bereit sind diese Schwelle zu überschreiten, kann der Händler den Verkaufspreis auch auf 119 € oder 129 € festsetzen. Solche Kunden werden nämlich diesen Preis nicht viel höher als 100 € empfinden.

Die Angst des Händlers vor Preiserhöhungen!

Preisschwellen spielen vor allem für Preiserhöhungen eine wichtige Rolle. Oft fürchten nämlich Hersteller und Händler, dass es bei Überschreitung von Preisschwellen zu einem erheblichen Absatzrückgang kommt. Aus diesem Grund wird in vielen Fällen nicht der Preis geändert, sondern einfach die Menge verringert. So wechselten viele Konfitürenhersteller vom 450 g Glas zum kleineren 340 g Glas. Dabei blieb der Preis gleich. Bei einem Verkaufspreis von 0,99 € pro Glas bedeutet dies eine versteckte Preiserhöhung von ca. 25 %.

Preisrundungseffekt

Viele Anbieter, besonders im Lebensmittelhandel, vertreten die Auffassung, dass ihre Preise nicht auf volle Euro- oder 10-Cent-Beträge (runde Preise) enden sollten.

Üblich sind vielmehr sogenannte **„gebrochene Preise"** (0,99 €; 9,99 €; 99 € usw.).

Von zehn im Lebensmitteleinzelhandel am häufigsten eingescannten Preisen weisen sieben die Endziffer 9 auf!

Für diese **Preistaktik** werden u. a. folgende **Gründe** angeführt:

> Bei einem Preis von z. B. 399 € ordnet der Kunde ihn eher dem 300-€-Bereich als dem 400-€-Bereich zu.

> Der Anbieter vermittelt den Eindruck, bei seiner Kalkulation alles herausgeholt zu haben, um dem Kunden ein besonders günstiges Angebot zu unterbreiten.

Eckartikeleffekt

Damit Kunden das gesamte Warensortiment als preisgünstig empfinden, genügt es wenige, aber dafür besonders günstige Artikel im Sortiment zu führen.

Diese sogenannten **„Eckartikel"**, die für das Preisimage eine überdurchschnittliche Bedeutung haben, sind einerseits führende Markenartikel und andererseits Waren des täglichen Bedarfs (Butter, Milch, Mehl usw.). Sie werden von vielen Geschäften angeboten und sind daher von den Konsumenten gut vergleichbar.

Ziffernfolgeneffekt

Bei mehrstelligen Preisen empfinden Kunden Preise mit einer abfallenden Ziffernfolge als preisgünstiger (3.432,00 €) als aufsteigende Preise (3.456,00 €).

Preisfärbungseffekt

Mit **Preisfärbung** bezeichnet man ein **optisches** Herausstellen der **Verkaufspreise.** Dabei findet sehr oft die Farbe Rot Verwendung, da sie allgemein als die Farbe für Preisreduzierungen gilt.

Schon **sprachliche Kennzeichnungen** wie z.B. „reduziert", „Sonderangebot" oder „Abholpreis" können den Abverkauf stark fördern. Sogenannte **Preisbrechersymbole** wie z.B. Blitze, Sterne oder Pfeile, erzeugen bei den Kunden den Eindruck, dass es sich bei diesen Angeboten um besonders preisgünstige Artikel handelt.

© Oberpaur GmbH, Ludwigsburg

■ Sortimentsorientierte Preisbildung

Der Einzelhändler muss nicht nur Preise für einzelne Waren finden, sondern für sein ganzes Sortiment. Wenn bei einigen Waren keine volle Kostendeckung durch den Verkaufspreis gelingt, weil die Konkurrenz die gleichen Artikel günstiger anbietet oder der Einzelhändler absichtlich niedriger kalkuliert, um den Kunden seine Preiswürdigkeit zu demonstrieren, dann muss er versuchen, diese Verluste durch entsprechend höhere Preise bei anderen Waren wieder hereinzuholen.

Dieses Verfahren nennt man **Mischkalkulation.** Den niedriger kalkulierten Artikel bezeichnet man als **„Ausgleichsnehmer",** den höher kalkulierten Artikel als **„Ausgleichsgeber".** Die Mischkalkulation dient der Anregung von Nachfrage und, wenn diese in Form von Sonderangeboten betrieben wird, auch dem Abbau von Lagerbeständen.

Möglichkeiten für eine Mischkalkulation am Beispiel Textilien	
Warenart	**Preisgestaltung des Händlers**
Ware, die von vielen Händlern angeboten wird und deren Preis daher den Kunden bekannt ist.	Er passt sich an die Preisgestaltung der Mitbewerber an. Bei diesen Artikeln bestimmt der Markt aufgrund der Transparenz den Preis.
Aktionsware, die besonders günstig eingekauft wurde.	Hier gibt es zwei Möglichkeiten: Niedrige Kalkulation zu Werbezwecken oder eine höhere Kalkulation, um einen Kalkulationsausgleich zu erzielen.
Modische und hochmodische Artikel.	Sie verlangen eine höhere Kalkulation, weil mit hohen Preisabschriften zu rechnen ist, wenn die Ware nicht während der Saison verkauft wurde. Für manche Kunden signalisiert ein hoher Preis auch bestimmte Wertvorstellungen wie Qualität und Exklusivität.
Artikel, die der Händler am Ort exklusiv anbietet.	Hier ist eine höhere Kalkulation zum Ausgleich anderer Artikel möglich, da z.B. aufgrund eines Gebietsschutzes die Konkurrenzsituation fehlt. Das gleiche gilt beim Verkauf von Eigenmarken und „Noname"-Artikeln. Auch hier fehlt für den Kunden eine direkte Vergleichsmöglichkeit.

Im Zusammenhang mit der Mischkalkulation wird in letzter Zeit immer häufiger über die Zulässigkeit von Angeboten unter Einstandspreisen diskutiert. Je nach Branche und Betriebsform werden häufig insbesondere Markenartikel des täglichen bzw. des periodischen Bedarfs, wie z. B. Lebensmittel und Drogerieartikel, Büro- und Schreibwaren, aber auch CDs und DVDs zeitweise unter dem Einstandspreis angeboten. Bekannte Markenartikel eignen sich deshalb hierfür, da der Kunde die üblichen Preise relativ gut kennt und diese als Vergleichsmaßstab verwendet.

Allerdings hat der Gesetzgeber die Möglichkeiten des Verkaufs unter Einstandspreis durch eine Änderung im Gesetz gegen Wettbewerbsbeschränkungen stark eingeschränkt. Preise für Nahrungsmittel unter Einstandspreis sind grundsätzlich verboten. Vor allem kleine und mittlere Lebensmittelhändler sollen vor der Verdrängung durch die großen Discounter geschützt werden. Zudem soll die Versorgung im ländlichen Raum gesichert werden. Der Verkauf unter dem Einstandspreis ist nur noch in Ausnahmefällen erlaubt, etwa wenn die Ware zu verderben droht.

5.5 Weitere absatzpolitische Maßnahmen zur Preisgestaltung

Der vom Kunden verlangte Verkaufspreis lässt sich nicht nur durch die Kalkulation bestimmen, sondern der Einzelhändler kann zusätzlich absatzpolitische Maßnahmen treffen, die den Endpreis mitbestimmen.

■ Konditionenpolitik

Durch die vertragliche Ausgestaltung der Lieferungs- und Zahlungsbedingungen sind unterschiedliche Preisgestaltungen möglich.

» **Beispiel:**

› Beim Verkaufspreis für ein Sofa in einem Möbelhaus handelt es sich um einen „Mitnahmepreis". Wünscht der Kunde eine Lieferung nach Hause, kann sich der Preis durch die Berechnung von Transportkosten erheblich erhöhen.

› Bei Barzahlung gewährt ein Einzelhändler 3 % Skonto, bei Anzahlung von 80 % des Verkaufspreises erhält der Kunde einen Preisnachlass von 5 %.

■ Kundendienstpolitik

Eine Beeinflussung des Verkaufspreises ist auch über Leistungen im Rahmen der Kundendienstpolitik möglich. Das Anbieten von waren-, zahlungs- und personenbezogenen Dienstleistungen ermöglicht eine Preisgestaltung, die einerseits für den Kunden einen Zusatznutzen bringt und es andererseits dem Einzelhändler erlaubt, so zu kalkulieren, dass er über das Anbieten der Dienstleistungen seine Ertragssituation verbessert.

» **Beispiel:**

› Möbelmontage *(Preis beträgt 10 % vom Warenwert zuzüglich Grundpauschale von 50,00 €)*,

› kostenpflichtiger Nähservice zum Nähen von Vorhängen,

› kostenpflichtige Service-Hotline,

› Ratenzahlungsmöglichkeit.

■ Rabattpolitik

Die Rabattgewährung ist ein Instrument für den Einzelhändler, über den Preis seinen Absatz zu steuern. Die Preisnachlässe werden i. d. R. bereits beim Kalkulieren des Verkaufpreises mit eingerechnet.

>> **Beispiele:**

> **Mengenrabatt** → Wird eine bestimmte Menge überschritten, zahlt der Kunde den niedrigeren Preis für alle gekauften Artikel.

> **Einführungsrabatt** → Bei neuen Produkten sollen so schnell Kunden gewonnen werden.

> **Auslaufrabatt** → Bei veralteten Artikeln soll die Lagerräumung erleichtert werden.

> **Bonus** → Der Kunde erhält mengenabhängige nachträgliche Gutschriften oder Prämien *(Naturalrabatt, Sachprämien)*.

> **Personalrabatt** → preisreduzierte Waren für Angestellte

> **Treuerabatt** → für langjährige Kunden

Das UWG setzt einer zu „kreativen" Rabattgewährung allerdings Grenzen.

Eine oft angewandte Methode, Kunden zum Kauf mehrerer Waren zu bewegen, ist die **Preisbündelung.** Bei der reinen Preisbündelung wird nur das gesamte Warenpaket angeboten, d. h., ein Erwerb eines einzelnen Artikels ist nicht möglich *(Hemd nur mit Krawatte)*. Bei der gemischten Preisbündelung können sowohl Paket, als auch Einzelartikel erworben werden *(Ski-Set, bestehend aus Ski, Bindung und Stöcken)*. Dabei werden die einzelnen Produkte relativ hoch kalkuliert, während das Paket mit einem erheblichen Nachlass angeboten wird. Dadurch entsteht der Eindruck eines besonders günstigen Komplettangebotes. Die Folge ist meist, dass fast ausschließlich das Set erworben wird.

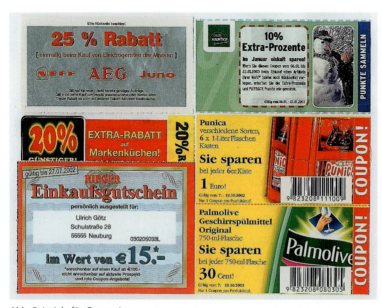

Abb. Beispiele für Couponing

Beim **Couponing** versuchen Unternehmen, Kunden über eine Rabattgewährung zu gewinnen und/oder zu binden. Dabei werden Rabattgutscheine (Coupons), die in Tageszeitungen, Zeitschriften oder Werbeträgern abgedruckt werden, beim Kauf vorgelegt und dem Kunden der darauf ausgewiesene Rabatt gewährt.

Zusätzlich zu dieser Art von Preisnachlässen gibt es für den Endverbrauchermarkt verschiedene übergreifende Treue-Sammelsysteme wie „Payback" oder „Happy-Digits". Der Vorteil für den Kunden ist hier, dass er mit einer Karte in verschiedenen Geschäften Treuepunkte sammeln kann.

Beim Erreichen einer bestimmten Bonuspunktzahl hat der Kunde die Möglichkeit, dafür Sachprämien *(Kinogutscheine, DVD-Player, Koffer)*, Einkaufsgutscheine oder Reisen zu erwerben.

■ AKTION

1 Nennen Sie drei Beispiele, die zeigen, dass Verbraucher häufig von der Höhe des Preises auf die Qualität der Ware schließen.

2 Listen Sie zehn Artikel auf, bei denen die Kaufentscheidung sehr stark durch den Preis beeinflusst wird.

3 Stellen Sie die Preislage Ihres Ausbildungsbetriebs anhand von fünf Artikeln vor und begründen Sie, warum diese Preislage für Ihr Geschäft gewählt wurde.

4 Welche Einflussfaktoren auf die Gestaltung des Verkaufspreises können vom Einzelhändler beeinflusst und welche nicht beeinflusst werden.

5 Untersuchen Sie die aktuellen Wochenangebote großer Lebensmittelanbieter auf Preisdifferenzierungen.

6 Das Sportfachgeschäft Action & Fun möchte durch Preisdifferenzierung den Umsatz erhöhen. Schlagen Sie drei Maßnahmen vor.

7 Bisher erzielte ein Einzelhändler bei einem Artikel, dessen Verkaufspreis 9,00 € beträgt, einen Wochenumsatz von 900,00 €. Für eine Woche senkte er den Preis auf 6,00 € je Stück. Wie viel Stück muss er mindestens mehr verkaufen, damit sich diese Maßnahme lohnt? Rechnen Sie im Kopf!

8 Erläutern Sie den Begriff „Mischkalkulation" anhand von Waren Ihres Ausbildungssortimentes. Nennen Sie „Ausgleichsgeber" und „Ausgleichsnehmer". Begründen Sie, warum die Mischkalkulation gerade im Einzelhandel (und weniger im Großhandel) eingesetzt wird.

9 Unterscheiden Sie die „unverbindliche Preisempfehlung" von der „vertikalen Preisbindung"!

10 Überprüfen Sie mithilfe des UWG, ob folgende Werbeaussagen mit den gesetzlichen Vorschriften vereinbar sind:

a) „Wir reduzieren! Handgeknüpfte indische Seidenteppiche von bisher 499 € auf jetzt unglaubliche 299 €! Sie sparen 200 €!"

b) „Die neue CD vom Alpenland-Trio! Bei Multi-Vision 12,99 € – aber bei uns diese Woche zum Superpreis von 7,99 €!"

11 Was hat den Gesetzgeber wohl veranlasst, bei Verlagserzeugnissen eine Preisbindung zuzulassen? Informieren Sie sich dazu im Internet und bei Buch- und Zeitschriftenhändlern.

Ist diese Ausnahmebestimmung Ihrer Meinung nach gerecht?

12 In einigen Einzelhandelsbetrieben wird die Payback-Card akzeptiert. Informieren Sie sich über diese Karte. Erläutern Sie, wie sich die Teilnahme bei Payback auf die Preisgestaltung auswirkt. Nennen Sie auch Vor- und Nachteile!

13 Ein Einzelhändler errechnet bei seiner Kalkulation einen Verkaufspreis von 100,15 €. Zu welchem Preis sollte er diesen Artikel anbieten?

14 Die Abbildung zeigt Ausschnitte aus Werbeanzeigen. Erläutern Sie, mit welchen Mitteln auf die Preiswürdigkeit der beworbenen Artikel hingewiesen wird.

6 Kontrolle und Erfassung des Wareneingangs

■ SITUATION ■

Im Warenhaus Merkur trifft eine Lieferung von 10 Paletten mit DVD-Recordern ein.

 Stellen Sie den betrieblichen Ablauf von der Anlieferung durch eine Spedition bis zur Einlagerung und Verbuchung der Eingangsrechnung grafisch dar.

■ INFORMATION ■

Nachdem ein Einzelhändler Waren z. B. aufgrund eines Angebotsvergleichs bestellt hat (vgl. Kapitel 2.2 und LF 7, Kapitel 3.3), erfolgt die Lieferung gemäß den Angebotsbedingungen.

Nach Anlieferung durch den Lieferanten oder einen Frachtführer wird die Ware im Wareneingang abgenommen, kontrolliert und eingelagert.

© METRO Group

> **!** **Hinweis:** Die Warenannahme und die damit verbundenen Aufgaben werden ausführlich im **LF 7, Kapitel 5.2,** dargestellt.

■ Warenkontrolle anhand von Begleitpapieren

Die Kontrolle beim Wareneingang erfolgt nicht nur an der Ware direkt *(Menge, Art, Güte)*, sondern es ist auch ein **Abgleich** der **Warenbegleitpapiere** mit der **Bestellung** erforderlich.

Zu den **Warenbegleitpapieren** zählen Lieferscheine, Packzettel und evtl. Frachtbriefe. Außerdem können Rechnungen sowie Auftragsbestätigungen zur Kontrolle herangezogen werden. Die Rechnungsprüfung erfolgt vor allem in größeren Unternehmen in einer eigenen Abteilung, der Rechnungskontrolle. Dort wird die Rechnung durch Abgleich mit den Bestell- und Lieferdaten aus dem Warenwirtschaftssystem auf ihre sachliche und rechnerische Richtigkeit geprüft.

■ Buchung des Wareneingangs

Nach der Waren- und Rechnungsprüfung wird der Wareneingang sowohl in der Lagerbuchhaltung, als auch in der Hauptbuchhaltung gebucht (vgl. LF 11, Kapitel 6.2).

Erfassung in der Lagerbuchhaltung

In der Lagerbuchführung (Lagermodul eines Warenwirtschaftssystems) werden fortdauernd die Bestandsveränderungen nach Art und Menge innerhalb einer Rechnungsperiode aufgezeichnet. Eingehende, vorhandene und ausgehende Waren werden auf diese Weise kontrolliert. Es ist somit für den Einzelhändler jederzeit möglich sich über die aktuellen Bestände zu informieren.

Erfassung in der Hauptbuchhaltung nach bestandsorientierter Methode

Durch den **Einkauf** von **Waren** erhöht sich der **Bestand** auf dem Warenkonto. Auf der Basis des Schlussbestandes laut Inventur ergibt sich als Saldo der Wareneinsatz.

> **Wareneinsatz:** während der Rechnungsperiode (Jahr) verkaufte Ware zum Einstandspreis.
>
> **Berechnung:** Wareneinsatz = Anfangsbestand + Warenzugänge – Endbestand lt. Inventur

» **Beispiel mit Lösung:** Beschaffung von DVD-Recordern

Der Einstandspreis für einen DVD-Recorder beträgt für das Warenhaus Merkur 120,00 €. (Es wird unterstellt, dass der Einstandspreis über das ganze Jahr gleich bleibt.)

1. Ermittlung des Wareneinsatzes

	Stück	Einstandspreis/€	Einkaufswert/€
Anfangsbestand zum 01.01.	200	120,00	24.000,00
Wareneinkäufe: (1) März (auf Ziel) (2) Juni (Überweisung) (3) Oktober (auf Ziel)	100 250 350	120,00 120,00 120,00	12.000,00 30.000,00 42.000,00
Schlussbestand zum 31.12.	150	120,00	18.000,00
Warenverkauf zum Einstands- preis (Wareneinsatz)	750	120,00	90.000,00

2. Buchung der Wareneinkäufe (Geschäftsvorfälle 1 – 3)

a) Buchungssätze:

Soll		an	Haben	
(1) Waren	12.000,00 €	an	Verbindlichkeiten aLL	12.000,00 €
(2) Waren	30.000,00 €	an	Bank	30.000,00 €
(3) Waren	42.000,00 €	an	Verbindlichkeiten aLL	42.000,00 €

b) Buchung auf T-Konto

Soll		Waren		Haben
AB	24.000,00 €	Wareneinsatz		90.000,00 €
(1) Verbindlichkeiten aLL	12.000,00 €	SB		18.000,00 €
(2) Bank	30.000,00 €			
(3) Verbindlichkeiten aLL	42.000,00 €			
	108.000,00 €			108.000,00 €

Der Saldo in Höhe von 90.000,00 € stellt den Wareneinsatz dar, d. h., es wurde im Jahr Ware zum Einstandspreis von 90.000,00 € verkauft.

Hinweis: Weiterführende Warenbuchungen erfolgen im **LF 13**.

■ AKTION ■

1 Wie erfolgt die Rechnungsprüfung bei Nutzung eines Warenwirtschaftssystems?

2 Warum werden Wareneingänge sowohl in der Lager- als auch in der Hauptbuchhaltung verbucht?

3 Was versteht man unter dem Wareneinsatz?

4 Bei der folgenden tabellarischen Übersicht ist einiges durcheinander geraten. Stellen Sie die richtige Reihenfolge dar.

Schema zur Ermittlung der verkauften Waren zum Einstandspreis:

+ Wareneinkäufe
= Verkaufte Ware zum Einstandspreis (Wareneinsatz)
Warenanfangsbestand
– Schlussbestand an Waren laut Inventur
= Zwischensumme

5 Ermitteln Sie den Wareneinsatz und führen Sie die Wareneingangsbuchungen durch:

Anfangsbestand	25.000,00 €
Wareneinkauf auf Ziel	5.000,00 €
Schlussbestand	27.000,00 €

6 Buchen Sie die folgenden Geschäftsfälle als Buchungssätze und auf einem T-Konto. Der Einstandspreis je Packung betrage 60,00 €.

Bestände	
Anfangsbestand	800 Packungen
Schlussbestand	300 Packungen
Wareneinkäufe	
Einkauf auf Ziel	200 Packungen
Einkauf bar	50 Packungen
Einkauf gegen Überweisung	400 Packungen

7 Bestandsoptimierung in der Lagerhaltung

Rote Karte für die Lagerhaltung!
Was ist zu tun, um durch optimalen Warenbestand Lagerkosten zu senken?

■ SITUATION

Herr Müller, Filialberater der DroKos – Drogeriemarktkette, bespricht mit Herrn Mader, dem Marktleiter der Neuburger Filiale, das letztjährige Betriebsergebnis. Im Augenblick wird über die Lagerhaltung gesprochen:

Herr Müller:	„Leider sind gegenüber dem Vorjahr die Lagerkosten um 2,8 % gestiegen. Das ist entschieden zu viel! Sowohl bei den fixen, als auch den variablen Kosten muss gespart werden! Besonders fällt auf, dass doch recht viele Artikel zu lange lagern. Sorgen Sie bitte für einen optimalen Warenbestand! Im Vergleich zu anderen Filialen haben sie zu hohe Bestände."
Herr Mader:	„Was heißt schon optimal? Wenn ich zu wenig Ware habe, wirkt sich das sehr negativ auf die Kunden aus."
Herr Müller:	„Das ist klar, aber bedenken Sie doch bitte die enormen Kosten bei einem erhöhten Lagerbestand."
Herr Mader:	„Und ihr in der Zentrale, wollt ihr nicht das Lager für unser Textilsortiment vergrößern?"
Herr Müller:	„Auch wir müssen sparen. Wir überlegen gerade, ob es nicht günstiger wäre auf einen Anbau zu verzichten und dafür Lagerflächen anzumieten."

1. Welche Kosten fallen bei der Lagerhaltung an?
2. Wodurch unterscheiden sich fixe von variablen Kosten?
3. Was versteht man unter einem optimalen Lagerbestand?
4. Welche negativen Folgen ergeben sich aus einem zu geringen Lagerbestand?
5. Welche Auswirkungen hat ein zu hoher Warenbestand?
6. Worin sehen Sie die Ursachen für die lange Lagerzeit vieler Artikel in dieser Filiale?

■ INFORMATION

Jeder Einzelhändler, ob als kleiner Kioskbesitzer oder als global handelnder Weltkonzern, steht immer vor dem Problem:

Wie hoch muss der Warenbestand sein, damit auf der einen Seite durch geringen Lagerbestand Kosten niedrig gehalten werden, auf der anderen Seite aber eine möglichst ständige Verfügbarkeit der Waren für die Kundennachfrage gewährleistet ist?

Diese Situation kann zu einem **Zielkonflikt** (hohe Verkaufsbereitschaft oder niedrige Kosten) führen. Die **Lösung** liegt im Ermitteln der **optimalen Lagermenge,** bei der die Nachteile einer zu hohen und die Nachteile einer zu geringen Lagerhaltung so weit wie möglich ausgeglichen werden können.

7.1 Wirtschaftliche Lagerhaltung durch Kostenkontrolle

■ Forderungen unterschiedlicher Unternehmensbereiche an die Lagerhaltung

Das **Finanz- und Rechnungs-wesen** möchte Kapitalbindung und Lagerkosten gering halten und fordert niedrige Bestände.	Der **Wareneinkauf** bevorzugt wegen besserer Preise und Konditionen den Einkauf großer Mengen.	Der **Warenverkauf** möchte stets verkaufsbereit sein und ist daher an hohen Warenbeständen interessiert.

> Die **Lagerhaltung** soll einen **Ausgleich** zwischen den unterschiedlichen Forderungen an die Warenbestände schaffen. Dabei kann es zu Spannungen und Zielkonflikten kommen.

■ Kosten der Lagerhaltung

Im Einzelhandel werden folgende **Lagerkosten** unterschieden:

Kosten für:		
Ausstattung des Lagers	**Verwaltung des Lagers**	**gelagerte Waren**
› Instandhaltung › Abschreibung › Heizung, Beleuchtung, Reinigung › Verzinsung des Kapitals für Lagerräume	› Löhne und Gehälter › Lohnzusatzkosten › Büromaterial	› Verderb, Schwund, Diebstahl, Veralten › Versicherungen › Verzinsung des in Waren gebundenen Kapitals

Fixe Kosten	Variable Kosten
Sie sind unabhängig von der gelagerten Menge	**Sie verändern sich mit der jeweils gelagerten Menge**
› Sachkosten *(Miete, Heizung, Reinigung, Abschreibung)* › Personalkosten der ständig beschäftigten Lagermitarbeiter	› Kapitalbindungskosten *(„Totes Kapital", Diebstahl, Verderb)* › Teile der Personalkosten *(Überstunden, Einsatz von Verkaufspersonal)*

■ Optimaler Lagerbestand

Der Lagerbestand ist dann für den Einzelhandelsbetrieb optimal, wenn die Nachteile sowohl eines zu hohen als auch eines zu niedrigen Bestandes vermieden werden können. Bei der Ermittlung eines optimalen Lagerbestandes sind nicht nur die Lagerbestände, sondern auch die jeweiligen Bestellverfahren zu berücksichtigen.

Negative Auswirkungen bei	
zu hohem Lagerbestand	**zu niedrigem Lagerbestand**
› unnötige Kapitalbindungskosten › erhöhte Warenrisiken *(Verfall, Ladenhüter, Diebstahl)*	› Präsenzlücken *(fehlende Verkaufsbereitschaft)* › Umsatzeinbußen durch Kundenverluste

■ AKTION

1 Im Gespräch zwischen Herrn Müller und Herrn Mader wurde ein geplanter Lageranbau in der DroKos-Zentrale angesprochen. Das für eine Entscheidung notwendige Zahlenmaterial liefert der Controller des Unternehmens:

Kosten bei Lageranbau pro Jahr:	
› Miete und Abschreibungen	15.000 €
› sonstige Kosten je m² Lagerfläche	10 €
Angebot für Fremdlagerung je m² pro Jahr:	25 €
benötigte Lagerfläche	800 m²

a) Ermitteln Sie, ob sich nach diesen Zahlen ein Lageranbau lohnt.

b) Führen Sie den rechnerischen Nachweis, ab welcher Lagergröße Eigenlagerung wirtschaftlicher als Fremdlagerung ist.
Lösungshinweis: Setzen Sie die gesuchten m² als Unbekannte „x" in die Gleichung ein und lösen sie nach „x" auf.

2 Überlegen Sie, wie Lagerhaltungskosten gesenkt werden können. Gehen Sie von den in der Information genannten Kosten aus und machen Sie drei Vorschläge zur Kostensenkung. Begründen Sie Ihre Vorschläge in einem Kurzvortrag vor der Klasse.

7.2 Lagerkontrolle

■ Aufgabe der Lagerkontrolle

Die mengen- und wertmäßige Kontrolle der Warenbestände (Lagerbestände) unterstützt den Einzelhändler bei seiner Sortimentsgestaltung und Sortimentspflege. Der Einzelhändler muss wissen, „was geht" und „was geht nicht". Voraussetzung zur Auswertung entsprechender Daten ist eine genaue Erfassung aller Warenbewegungen.

Ein Warenwirtschaftssystem ist mit seinen vielfachen Auswertungsmöglichkeiten sehr gut für die Lösung dieser Aufgabe geeignet. Durch eine fortlaufende Bestandsüberwachung erhält man Antwort auf die Fragen:

> Wie oft hat sich ein Artikel in der Planungsperiode *(Jahr, Saison, Tag)* verkauft?
> Wie lange befindet sich ein Artikel am Lager?
> Wie verändern sich die Bestände eines Artikels?

Die Zahlen des Warenwirtschaftssystems geben artikelgenau Auskunft:

> wie groß der Wareneinsatz (Warenverkauf zu Einstandspreisen),
> der Absatz (verkaufte Menge) und
> der Umsatz (verkaufte Menge in Geldeinheiten)

waren.

Die Analyse dieser Daten hilft dem Händler Entscheidungen z. B. über Nachbestellungen, Preisreduzierungen oder verbesserte Platzierung zu treffen.

»   **Beispiel: Umsatzauswertung und Bestandskontrolle mit einem Warenwirtschaftssystem**

Der Umsatzbericht zeigt Absatz, Umsatz und den aktuellen Bestand.
Die Bestandsübersicht informiert über eventuell zu tätigende Bestellungen, wenn der Melde-
bzw. Mindestbestand unterschritten ist.

1. Umsatzbericht

Naturladen Gesund & Preiswert e.K.							Tagesumsatz

31. Mrz.   13:40

Artikelkategorie: Obst
Artikelunterkategorie: Südfrüchte

EAN / Artikel-Nr.	Artikelname	Bestand	ME	Umsatz netto	%	Umsatzsteuer absolut	Umsatz brutto	Rohgewinn
4088000000318	Bananen, Tamira, HK I, 1kg	7	13	14,82 EUR	7,0	1,04 EUR	15,86 EUR	4,94 EUR
	Summen			14,82 EUR				4,94 EUR

2. Bestandsübersicht

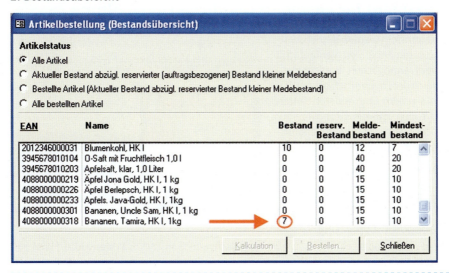

Artikelbestellung (Bestandsübersicht)

Artikelstatus

⦿ Alle Artikel
○ Aktueller Bestand abzügl. reservierter (auftragsbezogener) Bestand kleiner Meldebestand
○ Bestellte Artikel (Aktueller Bestand abzügl. reservierter Bestand kleiner Medebestand)
○ Alle bestellten Artikel

EAN	Name	Bestand	reserv. Bestand	Melde- bestand	Mindest- bestand
20123460000031	Blumenkohl, HK I	10	0	12	7
3945678010104	O-Saft mit Fruchtfleisch 1,0 l	0	0	40	20
3945678010203	Apfelsaft, klar, 1,0 Liter	0	0	40	20
4088000000219	Äpfel Jona Gold, HK I, 1 kg	0	0	15	10
4088000000226	Äpfel Berlepsch, HK I, 1 kg	0	0	15	10
4088000000233	Äpfels. Java-Gold, HK I, 1kg	0	0	15	10
4088000000301	Bananen, Uncle Sam, HK I, 1 kg	0	0	15	10
4088000000318	Bananen, Tamira, HK I, 1kg	7	0	15	10

Kalkulation   Bestellen...   Schließen

■ Möglichkeiten der Lagerkontrolle

Eine Lagerkontrolle kann durch das Führen von Statistiken und/oder durch die Ermittlung und Auswertung von Kennziffern erfolgen.

> Kennziffern sind Zahlenangaben, die bestimmte Tatbestände innerhalb oder auch außerhalb des Betriebes beschreiben. Sie spielen überall dort eine wichtige Rolle, wo im Rahmen der Kontroll- und Steuerungsaufgaben Plan- und Istwerte beurteilt werden sollen.
>
> Darüber hinaus bilden Kennziffern ein Frühwarnsystem, das den Einzelhändler rechtzeitig auf mögliche Gefahren und Fehlentwicklungen aufmerksam macht.

Warenbewegungsstatistik (wertmäßig)

Mithilfe dieser Statistik kann sich der Einzelhändler z. B. über folgende Betriebskennzahlen informieren: Umsätze, Lagerbestände, Veränderungen der Bestände, Rohgewinn, Retouren.

Lagerstatistik (mengenmäßig)

Die Lagerstatistik wird als Tages-, Wochen- oder Monatsübersicht geführt. Neben dem Verkauf wird auch der Wareneingang mengenmäßig erfasst. Die Lagerstatistik ist auch Voraussetzung für die Anwendung der permanenten Inventur im Unternehmen.

Lagerkennziffern (nach Wert und Menge)

Diese Kennziffern geben darüber Auskunft, ob eine wirtschaftliche Lagerhaltung betrieben wird. Sie bilden die Grundlage für betriebswirtschaftliche Entscheidungen im Rahmen der Sortimentsgestaltung.

7.3 Bedeutung von Lagerkennziffern (Lagerbewegungskennzahlen) für eine wirtschaftliche Lagerhaltung

Mithilfe von Kennziffern werden betriebswirtschaftliche Zusammenhänge verdeutlicht. **Lagerkennziffern** ermöglichen Branchenvergleiche *(Vergleich der Lagerumschlagshäufigkeit zwischen eigenem und anderen Unternehmen)* und bilden z. B. die Grundlage zur Berechnung des Lagerzinses, der im Verkaufspreis der Waren mit einkalkuliert wird.

Je kürzer die Lagerdauer eines Artikels im Geschäft ist, desto schneller werden Mittel freigesetzt, die in neue Ware investiert werden können *(70 % der im Textilhandel eingesetzten finanziellen Mittel sind in den Warenvorräten gebunden!).*

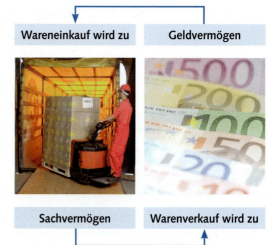

Wareneinkauf wird zu — Geldvermögen

Sachvermögen — Warenverkauf wird zu

Es ist daher notwendig, dass dieses Geldvermögen „in Fluss" bleibt. So entsteht ein Kreislauf, der sich wie folgt beschreiben lässt: Teile des Vermögens werden in Form von Ware (= Sachvermögen) eingesetzt, kommen durch den Verkauf als Erlöse (= Geldvermögen) wieder zurück und werden erneut in Ware (= Sachvermögen) eingesetzt.

■ Arten der Lagerkennziffern

Die **Berechnung** kann sowohl mengenmäßig oder wertmäßig erfolgen. Da die Kennziffern hauptsächlich dazu dienen die **Wirtschaftlichkeit** der Lagerhaltung zu überprüfen, ist die **wertmäßige** Berechnung angebracht. Der durchschnittliche Bestand ist dabei zu Einstandspreisen zu bewerten und wird dann auch als durchschnittliche Kapitalbindung bezeichnet.

Durchschnittlicher Lagerbestand (= Durchschnittliche Kapitalbindung)

Diese Kennziffer gibt darüber Auskunft, wie viel Kapital in einem bestimmten Zeitraum durchschnittlich in Warenvorräten gebunden ist. Je mehr Bestände zur Ermittlung herangezogen werden, desto höher ist die Aussagefähigkeit dieser Kennziffer.

Berechnung

$$\text{Ø Lagerbestand} = \frac{\text{Anfangsbestand} + \text{X Endbestände}}{\text{X} + 1}$$

》 Beispiel:

Anfangsbestand zum	01.01.	→	6.000,00 €
Endbestand zum	31.03.	→	14.000,00 €
Endbestand zum	30.06.	→	8.000,00 €
Endbestand zum	30.09.	→	14.000,00 €
Endbestand zum	31.12.	→	16.000,00 €

4 Quartalsendbestände

$$\text{Ø Lagerbestand} = \frac{6.000,00 + 14.000,00 + 8.000,00 + 14.000,00 + 16.000,00}{5} = \mathbf{11.600,00\ €}$$

Lagerumschlagshäufigkeit (Lagerumschlag)

Diese Kennziffer gibt an, wie oft sich der durchschnittliche Bestand eines Artikels, einer Warengruppe oder des gesamten Sortiments innerhalb einer bestimmten Berechnungsperiode verkauft hat.

Je **höher** diese Zahl, desto **häufiger** wurden die Waren verkauft. Zur **Berechnung** des Lagerumschlags wird im folgenden Beispiel der **Wareneinsatz** herangezogen.

Der Wareneinsatz ist der Wert der verkauften Waren in der Berechnungsperiode zu Einstandspreisen. Er wird folgendermaßen berechnet:

Warenanfangsbestand zu Einstandspreisen
+ Warenzugänge zu Einstandspreisen
− Warenendbestand zu Einstandspreisen laut Inventur

= **Wareneinsatz**

>> **Beispiel:** In der Abteilung Büroartikel der Reinbach GmbH ergeben sich für die Warengruppe Ordnungsmittel folgende Werte:

	Anfangsbestand	6.000,00 €
+	Zugänge	68.750,00 €
−	Schlussbestand	5.150,00 €
=	Wareneinsatz	69.600,00 €

Berechnung

$$\text{Lagerumschlagshäufigkeit} = \frac{\text{Wareneinsatz}}{\text{Ø Lagerbestand zu Einstandspreisen}}$$

>> **Beispiel:**

Wareneinsatz	69.600 €
Ø Lagerbestand	11.600 €

Lagerumschlags-
geschwindigkeit: $\dfrac{69.600\ €}{11.600\ €} = 6{,}0$

Durchschnittliche Lagerdauer

Diese Kennziffer gibt an, wie viele Tage eine Ware im Durchschnitt im Lager verweilt. Bei artikelgenauer Bestandsführung mit einem Warenwirtschaftssystem lassen sich leicht Schnelldreher (= Renner) und Ladenhüter (= Penner) feststellen.

Berechnung

$$\text{Ø Lagerdauer} = \frac{360\ \text{Tage}}{\text{Lagerumschlagshäufigkeit}}$$

>> **Beispiel:**

Lagerumschlag = 6,0

Ø Lagerdauer: $\dfrac{360}{6} = 60$ Tage

Lagerzinssatz

Das in die Warenvorräte investierte Kapital verursacht Kosten, die im Verkaufspreis der Waren mit einkalkuliert werden. Der zu ermittelnde Prozentsatz orientiert sich am banküblichen Marktzinssatz für Kapitaleinlagen, denn das in den Warenvorräten gebundene Kapital würde bei einer anderen Verwendung Zinsen erbringen.

Berechnung

$$\text{Lagerzinssatz} = \frac{\text{Marktzinssatz} \cdot \text{Ø Lagerdauer}}{360} \quad \text{oder:} \quad \frac{\text{Marktzinssatz}}{\text{Lagerumschlag}}$$

>> **Beispiel:**

Marktzinssatz = 4,5 %
Ø Lagerdauer = 60 Tage

$$\text{Lagerzinssatz} = \frac{4{,}5 \cdot 60}{360} = 0{,}75\ \% \quad \text{oder:} \quad \frac{4{,}5}{6} = 0{,}75\ \%$$

Lagerzinsen

Mithilfe des Lagerzinssatzes werden die Lagerzinsen ermittelt.

Berechnung
$\text{Lagerzinsen} = \dfrac{\text{Ø Lagerbestand} \cdot \text{Lagerzinssatz}}{100}$

>> Beispiel: Ø Lagerbestand = 11.600 € Lagerzinssatz = 0,75 %	$\text{Lagerzinsen} = \dfrac{11.600\ € \cdot 0,75\ \%}{100} = 87\ €$

Die so ermittelten Zinskosten werden in der Kalkulation der Verkaufspreise der entsprechenden Warengruppe berücksichtigt.

Maßnahmen zur Verkürzung der durchschnittlichen Lagerdauer und zur Erhöhung des Lagerumschlags

Wenn der Lagerumschlag gegenüber den branchenüblichen Werten deutlich sinkt, ist dies ein ernst zu nehmendes Warnsignal, denn es besteht die Gefahr überhöhter Altwarenbestände. Daher wird jeder Händler bestrebt sein, den Lagerumschlag zu erhöhen. Dies kann zum Beispiel durch Aktionen oder mit mehr Werbung geschehen. Häufig genügt schon eine andere Platzierung im Verkaufsraum und die Umsätze steigen. Nicht zu vergessen sind Prämien an das Verkaufspersonal für Altwaren, deren Bestände abgebaut werden sollen. Auch kann ein geändertes Einkaufsverhalten mittel- und langfristig den Lagerumschlag erhöhen.

Die **Höhe** des Lagerumschlags wird durch die Branche, die Warenart sowie den Standort und die Betriebsform bestimmt.

>> **Beispiel:** Lagerkennziffern in der Praxis

Branche		Lagerumschlag
Blumenfachhandel	→	26,4
Lebensmitteleinzelhandel	→	13,9
Naturkosteinzelhandel	→	11,8
Sortimentsbuchhandel	→	4,6
Möbeleinzelhandel	→	2,9
Textileinzelhandel	→	2,7
Schuheinzelhandel	→	1,5
Uhren- und Schmuckeinzelhandel	→	0,9

Jeder Einzelhändler ist bestrebt, seinen Lagerumschlag zu erhöhen, denn dies wirkt sich für sein Unternehmen positiv aus:

> Die Kapitalbindungsdauer sinkt und damit auch die Höhe der Lagerzinsen,

> die Liquidität verbessert sich,

> der Kapitalbedarf nimmt ab,

> sonstige Lagerkosten sinken,

> bei modischer und leicht verderblicher Ware sinkt das Risiko des Veraltens oder des Verderbs.

Lagerkennziffern im Warenwirtschaftssystem

Bei Nutzung eines Warenwirtschaftssystems erhält der Einzelhändler über Berichte sehr schnell und umfassend die notwendigen Informationen zu den Lagerkennziffern und kann schnell reagieren.

>> **Beispiel:** Bericht zu Lagerkennziffern

Naturladen Gesund & Preiswert e.K.

Lagerkennzahlen

15. Apr. ...   20:01

Artikelkategorie: Getränke, alkoholhaltig

EAN / Artikel-Nr.	Artikelname	— Berechnungszeitraum —			Lagerbestand (Werte in €)			Waren-einsatz (in €):	Um-schlags-häufigkeit	Ø Lager-dauer (Tage)	Lagerzins-satz bei 8% Jahreszinsf.:	Lager-zinsen (in €):
		von	bis	Tage	Anfang	Ende	ø					
2012345001015	Riesling Seld b.A. trockens	01.04.14	15.04.14	15	269,20	165,66	217,43	100,50	0,46	32,5	0,72 %	1,57
2012345001107	Winninger Uhlen Riesling	01.04.14	15.04.14	15	257,69	96,63	177,16	156,25	0,88	17,0	0,38 %	0,67
2012345001114	Winninger Hamm Riesling	01.04.14	15.04.14	15	124,24	82,83	103,53	40,20	0,39	38,6	0,86 %	0,89

■ AKTION

1 Finden Sie zu nebenstehender Karikatur einen passenden Titel!

2 Einem Einzelhändler liegen folgende Daten vor:

Warenbestand zum 01.01.	320.000 €
Warenendbestand zum 31.12.	440.000 €
Wareneinsatz	1.520.000 €

Berechnen Sie:

a) Ø-Lagerbestand
b) Lagerumschlagsgeschwindigkeit
c) Ø-Lagerdauer

3 Die Zentrale der Textil-Markt GmbH benötigt für einen Filialvergleich Lagerkennziffern des vergangenen Jahres. Laura Vogt ermittelt mithilfe des Warenwirtschaftssystems die benötigten Zahlen für die Warengruppe Jeans und überspielt sie per DFÜ an die Zentrale.

Führen Sie mithilfe der folgenden Zahlen den rechnerischen Nachweis, dass diese Zahlen vom Warenwirtschaftssystem richtig berechnet wurden.

TEXTIL-MARKT WG Jeans	
Lagerkennziffern : .. – 06 – 30	
Ø Lagerbestand	29.000,00 €
Wareneinsatz	290.000,00 €
Lagerumschlag	10
Ø Lagerdauer	36

TEXTIL-MARKT GmbH	Warengruppe Jeans						Jahresanfangsbestand: 30.000,00 €					
Monatsendbe-stand in TEUR	Jan	Feb	Mär	Apr	Mai	Jun	Jul	Aug	Sep	Okt	Nov	Dez
	35	40	32	28	24	25	30	30	24	22	24	33

Die Wareneinkäufe betrugen im vergangenen Jahr 293.000,00 € (alle Angaben zu Einstandspreisen).

4 Herr Lang, Inhaber des Getränkeabholmarktes Oase, liest in der Maiausgabe der Fachzeitschrift Bier-Revue einen Artikel über Absatzprobleme für Bier:

„Deutsche trinken immer weniger Bier!"

Auch dieses Jahr muss mit einem weiteren Rückgang beim Bierverbrauch gerechnet werden, wenn nicht ein besonders heißer Sommer für zusätzliche Absatzimpulse sorgt. Die Getränkehändler stöhnen über volle Lager.

Betrug die durchschnittliche Lagerdauer für Bier in den letzten Jahren etwa 4 Wochen, muss für dieses Jahr mit einer längeren Lagerdauer gerechnet werden. ...

Herr Lang möchte wissen, ob auch sein Biersortiment eine ähnliche Lagerdauer aufweist. Dazu lässt er sich folgende Zahlen (in Euro) des letzten Jahres aus der Buchhaltung geben:

1. Quartal (Januar – März)		Warengruppe Bier	
Anfangsbestand	160.000	Wareneinsatz	280.000
Zugänge	240.000	Schlussbestand	120.000
	400.000		400.000

2. Quartal (April – Juni)		Warengruppe Bier	
Anfangsbestand	120.000	Wareneinsatz	380.000
Zugänge	320.000	Schlussbestand	60.000
	440.000		440.000

3. Quartal (Juli – September)		Warengruppe Bier	
Anfangsbestand	60.000	Wareneinsatz	260.000
Zugänge	380.000	Schlussbestand	180.000
	440.000		440.000

4. Quartal (Oktober – Dezember)		Warengruppe Bier	
Anfangsbestand	180.000	Wareneinsatz	320.000
Zugänge	240.000	Schlussbestand	100.000
	420.000		420.000

 Berechnen Sie:

> die durchschnittliche Kapitalbindung,

> die Lagerumschlagshäufigkeit,

> die durchschnittliche Lagerdauer,

> den Lagerzinssatz und die Lagerzinsen (Marktzinssatz der Geschäftsbank 9 %).

5 Die Geschäftsführung des Lebensmittelgroßhandels Pur-Natur ist mit der Entwicklung der Lagerkosten unzufrieden. Während im Naturkosthandel ein Lagerumschlag von 11 üblich ist, liegt Pur-Natur mit einem Umschlag von 8 erheblich unter dem branchenüblichen Wert. Ziel der Geschäftsleitung ist es durch geeignete Maßnahmen den Lagerumschlag auf 10 zu erhöhen. Machen Sie entsprechende Vorschläge.

6 Die Bestandsdatei für Übertöpfe eines Garten-Centers weist einen Jahresanfangsbestand von 1.000 Stück und folgende Monatsendbestände auf:

Monat	Stück	Monat	Stück
Januar	1.060	Juli	980
Februar	960	August	660
März	440	September	1.000
April	1.380	Oktober	1.320
Mai	1.600	November	1.200
Juni	1.400	Dezember	?

Wie hoch darf der Jahresendbestand höchstens sein, wenn die Unternehmensleitung einen durchschnittlichen Lagerbestand von 1.200 Stück vorgegeben hat?

7 Aus der Lagerdatei eines Einzelhandelsunternehmens sind folgende Daten zu entnehmen:

Anfangsbestand 400.000,00 €, Endbestand 560.000,00 €. Es wurden Waren im Wert von 2.560.000,00 € eingekauft. Berechnen Sie:

a) die durchschnittliche Kapitalbindung,

b) den Wareneinsatz,

c) den Lagerumschlag,

d) die durchschnittliche Lagerdauer.

8 In einem kleinen Einzelhandelsunternehmen für Schreibwaren trägt die Inhaberin die Zu- und Abgänge für ihre Artikel von Hand auf Karteikarten ein. – Vervollständigen Sie die vorliegende Lagerkarte für den Artikel „Schultasche" (Einstandspreis 24,00 €).

Tag	Waren-eingang	Verkauf	Bestand	Tag	Waren-eingang	Verkauf	Bestand
01.01.			10	14.06.		3	?
25.01.	10		?	08.08.		2	?
28.01.		1	?	02.09.		7	?
06.02.		2	?	03.09.	10		?
12.03.		5	?	15.09.		5	?
05.04.	10		?	31.12.	?	?	?

Berechnen Sie:

a) durchschnittlichen Lagerbestand in Stück und Wert,

b) Lagerumschlagshäufigkeit,

c) durchschnittliche Lagerdauer.

Schwerpunkt
Steuerung und Kontrolle (SSuK)

Lernfeld 13
Kennziffern im Verkauf analysieren und erfolgswirksame Geschäftsprozesse erfassen

Inhalte

© Minerva Studio – Fotolia.com

© Jeanette Dietl – Fotolia.com

© Photo-K – Fotolia.com

1 Controlling im Einzelhandel

„Wir sind auf dem richtigen WEG!" heißt das Unternehmens-konzept der Reinbach GmbH. Dank einer erfolgreichen Ge-schäftsführung und motivierter und engagierter Mitarbeiter, gilt bei Reinbach – auch in wirtschaftlich schwierigen Zeiten – „Wachstum, Erfolg und Gewinn" als erreichbares unternehme-risches Ziel. Damit dies so bleibt, wird Dipl.-Kfm. Ralf Schumann als Controller eingestellt, um die Geschäftsführung in ihren Ent-scheidungen zu unterstützen und den „richtigen Weg" zum Erfolg einzuschlagen. Herr Schumann weiß, er kann nur den Weg weisen, gehen müssen ihn andere, und er hofft, dass seine Vorschläge nicht in Sackgassen enden.

■ SITUATION

Ralf Schumann nimmt an einer Fortbildung für Controller teil. Zu Beginn erhalten alle Teilnehmer diese Aufgabe, die sie schriftlich lösen müssen:

Hochspannung in der Fernsehquizsendung „Top oder Flop": Sie haben als Kandidat alle Fragen beantwortet und damit 100.000 € sicher gewonnen. Sie können aber auch zwischen zwei Akten-koffern wählen: In einem sind 1.000.000 € und der andere ist leer.

1. Was werden Sie tun?
2. Wie würden Sie sich verhalten, wenn in einer Diskothek jeden Samstag ebenfalls „Top oder Flop" gespielt würde, allerdings mit 100 € sicher oder der Wahl zwischen einem leeren Um-schlag und einem mit 200 €?
3. Haben Sie sich in beiden Fällen gleich oder unterschiedlich verhalten? Begründen Sie Ihr Verhalten!
4. Was hat Ihrer Meinung nach diese Aufgabe mit Controlling zu tun?

 Lösen Sie die in der Situation gestellte Aufgabe.

■ INFORMATION

1.1 Notwendigkeit des Controllings

Jedes Unternehmen möchte sich erfolgreich am Markt behaupten. Für viele Unternehmen wird dies aber immer schwieriger und die unternehmerischen Risiken steigen. Gründe sind u. a.:

› Personal- und Raumkosten steigen, die Erträge sinken.
› Die Märkte sind in vielen Branchen gesättigt.
› Die Verbraucher werden immer anspruchsvoller und in ihrem Kaufverhalten immer unbe-rechenbarer.

> Konzentrationsprozesse im Handel erhöhen den Druck auf kleinere und noch unabhängige Anbieter.

> Immer häufigere Sonderverkäufe und Aktionen wirken sich negativ auf den Unternehmenserfolg aus.

Will ein Einzelhändler **erfolgreich** bleiben, muss er bereit sein verstärkt **Risiken** einzugehen. Um die damit verbundenen Gefahren möglichst gering zu halten, ist eine sichere **Planungsgrundlage** für die vorgesehenen Maßnahmen genau so notwendig, wie eine regelmäßige **Überwachung** aller unternehmerischen Aktivitäten um im Bedarfsfall sofort gegensteuern zu können und damit Misserfolge zu vermeiden. Mit einem **Controllingsystem** im Unternehmen will man dies gewährleisten.

1.2 Begriff des Controllings

Das Wort **„Controlling"** stammt aus dem Englischen und wird in Deutschland häufig mit „Kontrolle" gleichgesetzt. Dies ist falsch, denn unter **„to control"** wird mehr als nur kontrollieren verstanden. Die umfassende Bedeutung von „to control" wird an folgendem Beispiel deutlich:

»» **Beispiel:** Wer kennt nicht den berühmten Satz: „Hey Houston, we've got a problem here!", der anlässlich des beinahe in einer Katastrophe geendeten Apollo-13-Fluges der NASA Raumfahrtgeschichte schrieb. Mit Houston war das „mission control center" gemeint, von dem aus die Flüge zum Mond im Rahmen des Apollo-Programms kontrolliert wurden. Die drei Astronauten wären aber nicht lebend zur Erde zurückgekehrt, hätte das Kontrollzentrum nicht eine Lösung zur Rettung der Besatzung gefunden.
Dazu genügte es eben nicht nur Daten auf den Monitoren zu betrachten, sondern sie mussten analysiert werden und man musste eine Strategie zur Rettung der Besatzung ausarbeiten. So wurde das Kontrollzentrum zur Steuerzentrale der Rettungsaktion und sorgte für ein „Happylanding" dieser Mission.

„To control" bedeutet also nicht nur überwachen, sondern auch planen, lenken, steuern und Lösungsvorschläge zur Beseitigung von Problemen anzubieten.

1.3 Bedeutung des Controllings

1. **Controlling** ist ein **Instrument** der **Unternehmensführung.** Mithilfe eines **Planungs-, Kontroll- und Informationssystems** hilft Controlling der Unternehmensführung die betrieblichen Ziele zu erreichen.

2. **Controlling** bedeutet nie Unternehmensführung, sondern immer **Unternehmensunterstützung.** Es hat damit eine **Servicefunktion** gegenüber der Unternehmensleitung. In dieser dienenden Funktion handelt der Controller als eine Art **innerbetrieblicher Unternehmensberater,** der in ständigem Kontakt mit allen Verantwortlichen in allen Unternehmensbereichen steht.

3. **Controlling** ist vor allem eine in die **Zukunft gerichtete Tätigkeit.** Eine der Hauptaufgaben ist die Planung, wie die Unternehmensziele erreicht werden können. Ständig werden mithilfe von Soll-Ist-Vergleichen die erreichten Ergebnisse überprüft, mit den Zielvorgaben verglichen und gegebenenfalls Korrekturmaßnahmen vorgeschlagen.

4. **Controlling** ist als **Frühwarnsystem** zu verstehen, das auf Schwachstellen im Betrieb hinweist und die Ursachen benennt sowie auf mögliche **Risiken** aufmerksam macht.

■ AKTION ■

1 Warum ist Controlling für den betrieblichen Erfolg nahezu unverzichtbar geworden?

2 Weshalb reichen für einen Controller die Zahlen der Buchhaltung nicht aus um seine Aufgaben umfassend wahrzunehmen?

3 Ihre Klasse will zum Schuljahresabschluss einen eintägigen Klassenausflug in die Landeshauptstadt durchführen. Sowohl bei der Vorbereitung als auch während des Ausfluges muss geplant, informiert und kontrolliert werden. Beschreiben Sie die dabei anfallenden typischen Planungs-, Informations- und Kontrollaufgaben.

1.4 Ziele und Aufgaben des Controllings

■ SITUATION ■

Mit Millionenaufwand ließ die Geschäftsleitung der Textil-Markt GmbH ihre über 100 Filialen von der Unternehmensberatungsgesellschaft Mac-Linsey untersuchen.

Im Abschlussbericht ist u. a. zu lesen:

> Die Personalkosten sind in den letzten Jahren um 4,8 % gestiegen und belaufen sich auf 22 % vom Umsatz.

> Die Mieten betragen 4,9 % vom Umsatz gegenüber 4,2 % vor 3 Jahren.

> 60 % der Mitarbeiter beklagen sich über zu viele Überstunden.

> Die Mitarbeiterfluktuation hat sich in den letzten 2 Jahren um 15 % erhöht.

> Preisabschriften bei hochmodischer Ware haben sich gegenüber den letzten beiden Jahren verdoppelt.

> Nichtverkäufe aufgrund von Lieferrückständen stiegen gegenüber dem Vorjahr um 12 %.

> Das Verkaufspersonal in den Filialen beklagt sich über zu wenig Kontakt zu den Einkäufern der Zentrale.

> Die Zahl der Kundenreklamationen hat besonders im Bereich der Kinderbekleidung stark zugenommen.

> Filialleiter beklagen sich über eine Häufung an Falschlieferungen.

> Bei Kundenbefragungen hört man immer wieder Klagen über inkompetentes und unfreundliches Verkaufspersonal sowie zu wenig Personal in den Filialen.

1. Welchen Teilbereichen des Controllings sind die aufgeführten Ergebnisse zuzuordnen?

2. Welche der angesprochenen Probleme sind kurzfristig, welche langfristig lösbar?

3. Entwerfen Sie zu drei der genannten Probleme als Controller einen Lösungsvorschlag. Welche betrieblichen und/oder außerbetrieblichen Unterlagen benötigen Sie dazu?

■ INFORMATION

■ Hauptziel des Controllings

Jedes **Handelsunternehmen** hat als **Hauptziel** durch den Verkauf möglichst vieler Waren und Dienstleistungen Gewinne zu erzielen. Die Waren müssen eingekauft und die Dienstleistungen bereitgestellt werden. Dies ist mit Kosten verbunden. Um Gewinne zu erzielen müssen Waren und Dienstleistungen teurer verkauft, als eingekauft werden. Diesen **Prozess** bezeichnet man als **unternehmerische Wertschöpfung.** Dabei sind alle an der Leistungserstellung beteiligten Produktions-

faktoren (Abteilungen) optimal zu kombinieren (vgl. dazu die entsprechenden Kapitel in Allgemeiner Wirtschaftslehre, z. B. „Grundlagen des Wirtschaftens"). Das **Controlling** soll diesen **Wertschöpfungsprozess** durch seine Maßnahmen **begleiten, optimieren und sichern** und so alle Aktivitäten des Unternehmens zielorientiert unterstützen.

■ Teilbereiche des Controllings

Bereiche		Beispiele für typische Aufgaben
Einkaufs-controlling	→	Senkung der Beschaffungskosten, Lieferantenbeurteilung, Lieferbereitschaft überprüfen, Bestellmengenoptimierung.
Sortiments- und Absatzcontrolling	→	Sortimentsplanung, Sortimentsüberwachung, Auswertung der Abverkäufe (WWS), Werbeerfolgskontrolle.
Informations-controlling	→	Informationen sammeln, auswerten, darstellen und weiterleiten.
Personalcontrolling	→	Personaleinsatzplanung, Personalbedarfsplanung, Personalschulung, Personalkostenoptimierung.
Kundencontrolling	→	Kundenverhalten untersuchen, Kundendienstleistungen optimieren.
Filialcontrolling	→	Steuerung und Überwachung der Filialen, Kontaktpflege.
Ergebniscontrolling	→	Planung von Kosten und Umsätzen, Steuerung und Überwachung der Ergebnissituation mithilfe der Kosten- und Leistungsrechnung und der kurzfristigen Erfolgsrechnung, Auswertung von Kennzahlen.

■ Strategisches und operatives Controlling

Nicht jede Maßnahme eines Controllers kann sofort wirksam werden. So kann er zwar kurzfristig dafür sorgen, dass durch eine sofortige Preissenkung bei bestimmten Artikeln auf eine Aktion eines Mitbewerbers reagiert wird, aber ein Abbau von Überstunden kann nur durch eine andere Personalpolitik bewirkt werden und braucht seine Zeit.

Strategisches Controlling	Operatives Controlling
→ **langfristig angelegt,** orientiert sich an den ohne Zeitrahmen festgelegten Zielen eines Handelsunternehmens.	→ **kurzfristig angelegt,** orientiert sich an den für eine Rechnungsperiode formulierten Zielen.
» Beispiele: › Wie kann die Zukunft des Unternehmens gesichert werden? › Welche Waren sollen welchen Kunden verkauft werden? › Wo und wie soll das Sortiment den Kunden präsentiert werden? › Wie muss das Unternehmen organisiert und ausgestattet sein um die langfristigen Ziele zu erreichen?	**»** Beispiele: › Gibt es Abweichungen zwischen Soll- und Ist-Umsatz? › Entsprechen Kapitalbindung und Lagerumschlag den Vorgaben? › Werden Liefertermine eingehalten? › Gibt es Qualitätsprobleme? › Werden die Einkaufslimits eingehalten? › Wie unterscheiden sich Eingangs- und erzielte Kalkulation?
Ziel → Existenzsicherung („Die richtigen Dinge machen!")	**Ziel → Gewinnerzielung** („Die Dinge richtig machen!")

▪ Fünf Hauptaufgaben des Controllings

Der Controller ...
... löst Probleme.
... bereitet vor und plant.
... informiert.
... steuert.
... kontrolliert.

Die **Aufgabe** eines **Controllers** beginnt im Allgemeinen mit der **Lösung von Problemen.**

Durch **Planung** von geeigneten und erfolgversprechenden Maßnahmen sollen die Probleme gelöst werden.

Ohne **Information** zwischen Controlling und allen beteiligten Stellen im Unternehmen, werden alle Maßnahmen wirkungslos bleiben. Alle Pläne, Analysen, Berechnungen und Vorschläge müssen zu den Betroffenen gelangen. Es ist ja nicht der Controller, der z. B. die Kosten senkt; er macht die Vorschläge, die Ausführung erfolgt in der zuständigen Fachabteilung.

Die **Steuerung** erfolgt durch einen ständigen Meinungsaustausch mit den betroffenen Fachabteilungen und Stellen im Betrieb. Der Controller greift immer dann steuernd und regelnd ein, wenn Abweichungen vom Plan festzustellen sind und er schlägt die entsprechenden Maßnahmen vor um „gegenzusteuern". Seine ganze Tätigkeit wäre aber wenig sinnvoll, wenn es keine Überprüfung seiner Maßnahmen gäbe.

Dabei erstreckt sich die **Kontrolle** nicht nur auf die Feststellung von Abweichungen zwischen Plan- und Ist-Werten, sondern es muss vor allem geklärt werden, warum, wann und in welchem Ausmaß es zu Abweichungen gekommen ist. Damit ist Kontrolle weniger ein (negatives) „Überwachen", sondern viel mehr ein (positives) „Untersuchen" mit dem Ziel die richtigen Schlussfolgerungen daraus zu ziehen.

■ AKTION ■

1 a) Nennen Sie Beispiele, wie die Mitarbeiter in einem großen Textilkaufhaus zur unternehmerischen Wertschöpfung beitragen.

  b) Zeigen Sie an einem Beispiel, wie auch der Controller dieses Unternehmens dazu beitragen kann, den Mehrwert zu erhöhen.

2 Welche Möglichkeiten hat der Controller die Einkaufsabteilung eines Unternehmens zu unterstützen?

3 Ralf Schumann, Controller der Reinbach GmbH stellt fest, dass die geplanten Umsätze bei Schulbedarfsartikeln um 15 % unter den Planzahlen liegen. Wie kann er reagieren?

4 Die Global AG – Europas Handelskonzern Nr. 1 – hat die Mehrheit an der Textil-Filialkette „Ricardo" übernommen. Es ist vorgesehen, dass die 50 Filialen im Laufe der nächsten zwei Jahre zu Filialen der „Textil-Markt GmbH" umgestaltet werden, die schon seit langem zur Global AG gehört. Alle unternehmerischen Tätigkeiten werden künftig von der Zentrale der Textil-Markt GmbH übernommen. Die Belegschaft wird zu 80 % übernommen und in das Unternehmenskonzept der Textil-Markt GmbH integriert.

  Welche Aufgaben kommen dabei auf die Controllingabteilung der Textil-Markt GmbH zu?

1.5 Controllinginstrumente

■ SITUATION ■

Corinna Claasen ist beim Kosmetikhersteller Avalon ab sofort für die Kontaktpflege zu den Kunden zuständig. Sie muss in ihrem Bereich ca. 200 Unternehmen betreuen, die Avalon-Produkte im Sortiment führen.

Ihre Vorgängerin teilte die Arbeitszeit so ein, dass jedes Unternehmen von ihr dreimal im Jahr besucht wurde. Dabei sind wichtige Kunden aber zu kurz gekommen, daher möchte Frau Claasen eine veränderte Besuchspraxis einführen. Sie bittet Frau Dr. Ludwig, die Controllerin ihres Unternehmens, um eine Lösung.

 Wie könnte solch eine für das Unternehmen und die Kunden zufriedenstellende Lösung aussehen?

■ INFORMATION ■

Der Controller kann seine Aufgaben nur dann wirksam lösen, wenn er dazu über die passenden Instrumente verfügt. Man bezeichnet diese Mittel auch als den „Werkzeugkasten" des Controlling. Diese Werkzeuge werden passend zur jeweiligen Aufgabe des Controllers eingesetzt.

Wichtige Controllinginstrumente („Werkzeuge") für die Aufgabenbereiche		
Informationsversorgung	**Planung**	**Kontrolle**
Berichte an die Unternehmens-leitung bzw. die betreffenden Abteilungen.	Planungen sind stets auf die Zu-kunft gerichtet mit dem Ziel, alles zu tun, damit das Unternehmen auch zukünftig erfolgreich arbeitet.	Sie erfolgt über:
>> Beispiele:	**>> Beispiele:**	**>> Beispiele:**
› ABC-Analysen › Frequenzanalyse › Lieferantenanalyse › Umsatzauswertungen › Renner-Penner-Analyse › Kundenanalyse › Beurteilung von Personalleistungen	› Sortimentsplanung › Beschaffungsplanung (Limitrechnung) › Personalplanung › Investitionsplanung	1. Soll-Ist-Vergleiche › Kurzfristige Erfolgsrechnung › Deckungsbeitragsrechnung › Sortimentskontrolle › Werbeerfolgskontrolle 2. Kennzahlen › Umsatz bezogen auf Ver-kaufsfläche oder Mitarbeiter › Lagerkennzahlen › Liquidität und Rentabilität

■ Instrumente zur Informationsversorgung

Zu den Instrumenten zur Informationsversorgung gehören

› die **ABC-Analyse,** mit deren Hilfe die Wichtigkeit eines bestimmten Objekts (Kunden, Lieferanten, Umsätze, Einkaufswerte) untersucht werden kann – ausführlich: LF 12; Kap. 3

› Berichte zu Umsatzauswertungen (Umsatzreports);

› Berichte zur Beurteilung von Personalleistungen.

■ Instrumente zur Planung und Steuerung

Zu den Instrumenten zur Planung und Steuerung gehören

› das Festlegen von **Melde-, Mindest- und Höchstbeständen** – ausführlich: LF 12; Kap. 1,

› das Festlegen von Einkaufsbudgets mithilfe der **Limitrechnung** – ausführlich: LF 12; Kap. 3,

› die Planung einer **optimalen Bestellmenge** – ausführlich: LF 12; Kap. 1,

› die Beobachtung von **Lagerkennziffern** bei der **Bestandsführung** – ausführlich: LF 12; Kap. 7,

› die Deckungsbeitragsrechnung (LF 14; Kap. 3)

■ Instrumente zur Kontrolle

Zu den Instrumenten zur Kontrolle gehören

› die kurzfristige Erfolgsrechnung LF 14; Kap. 4,

› die Auswertung von Kennzahlen LF 13; Kap. 2.

■ **AKTION** ▬▬▬▬▬▬▬▬▬▬▬▬▬▬▬▬▬▬▬▬▬▬▬▬▬▬▬▬▬▬▬

1 Berechnen Sie auf der Grundlage der nachstehenden Angaben den geplanten Umsatzwert für den Monat Oktober diesen Jahres:

Ist-Umsatz Oktober des Vorjahres 160.000,00 €, geplante Umsatzsteigerung 9,6 %,

Ist-Umsatz Oktober lfd. Jahr 178.880,00 €. Interpretieren Sie das Ergebnis.

2 Bei einer Überprüfung der Lagerhaltung im Zentrallager der Merkur AG stellen Sie als Controller bei der Warengruppe Sportgeräte und Zubehör fest, dass dort erheblich weniger Aufträge pro Tag bearbeitet werden, als dies bei anderen Warengruppen der Fall ist. Eine erste Nachfrage ergab, dass das Kommissionierpersonal in dieser Abteilung gegenüber anderen fast doppelt so lange benötigt, um eine Filialanforderung zu bearbeiten. Sie schlagen dem verantwortlichen Lagerleiter vor, die Waren anders zu lagern.

Wenige Tage später erhalten Sie von ihm den folgenden Vorschlag:

MERKUR AG – Zentrallager Leipzig – von: F. Weber an: Controller Zentrale
Notiz:
Anbei Vorschlag zur Erhöhung der Auftragsleistung bei der Kommissionierung von Filialanforderungen. So o.k.?
Mit freundlichen Grüßen
F. Weber

Warengruppe Sportgeräte und Zubehör – Artikelliste					
Artikel-nummer	Bezeichnung	Umsatz in Stück/Woche	Umsatz in €/Woche	A-B-C	Einlagerung
1010	Heimtrainer	100	90.000,00	A	vorne
5020	Inliner	1.200	66.000,00	A	vorne
5010	Kick-Board	800	40.000,00	B	Mitte
9020	Fitness-Video	4.000	38.000,00	B	Mitte
3050	Electronic-Dart	500	30.000,00	B	Mitte
5030	Skateboard	700	28.000,00	C	hinten
1020	Fitness-Station	15	24.000,00	C	hinten
8010	Sportbrillen	2.000	22.000,00	C	hinten
9090	Fitness-Drink	12.000	18.000,00	C	hinten
3030	Billiardtisch	10	12.000,00	C	hinten

2 Kennziffern im Verkauf

2.1 Umsatzauswertungen

Umsatz ist nicht alles! Aber ohne Umsatz ist alles nichts!

■ SITUATION

Bei der Wohnwelt GmbH werden die Umsätze der einzelnen Abteilungen über mehrere Jahre beobachtet, um ihre Bedeutung für das gesamte Sortiment zu erkennen.

Wohnwelt GmbH: Umsatzanalyse nach Hauptwarengruppen in Millionen € und Prozent vom Gesamtumsatz								
Abteilung	**2014**	**in %**	**2015**	**in %**	**2016**	**in %**	**2017**	**in %**
Boutique/ Geschenke	8,00	12,70	9,50	13,00	11,00	13,10	12,90	13,42
Küchenstudio	15,00	23,81	14,00	19,15	14,50	17,26	15,00	15,61
Wohnen & Schlafen	24,00	38,10	24,10	32,97	27,00	32,14	28,00	29,14
Junges Wohnen	12,00	19,05	19,50	26,68	24,00	28,57	32,00	33,30
Teppichgalerie	4,00	6,35	6,00	8,21	7,50	8,93	8,20	8,53
Gesamtumsatz	63,00	100,00	73,10	100,00	84,00	100,00	96,10	100,00

1. Welche Schlussfolgerungen können Sie anhand der vorgelegten Zahlen ziehen?
2. Verdeutlichen Sie die Strukturveränderungen im Sortiment für die Jahre 2014 und 2017 durch eine grafische Darstellung.

■ INFORMATION

Der **Umsatz** eines Einzelhandelsunternehmens stellt einen der wichtigsten **Werte** dar, die zur **Beurteilung** des **Unternehmenserfolges** herangezogen werden. Den Umsatz kann man sowohl in absoluten Zahlen betrachten, als auch als Basis zur Berechnung von **Kennziffern** nutzen, die den Umsatz zu anderen Größen in Beziehung setzen.

■ Umsatzentwicklungen

Die **Betrachtung** von Umsatzentwicklungen erfolgt i. d. R. **zeitbezogen.** Das bedeutet, Umsätze können mit Vergangenheitswerten (Zeitvergleich) bzw. Zukunftswerten (Soll-Ist-Vergleich) verglichen werden. Es sind auch Analysen aktueller Umsatzzahlen möglich (Betriebsvergleich).

Zeitvergleich

Für die Beobachtung und Kontrolle des Umsatzes bieten sich Zahlenvergleiche mit eigenen **Daten** aus den **Vorperioden** an. So kann man sich die Entwicklung der verschiedenen Abteilungen oder

Warengruppen nach Monaten oder Quartalen durch das Warenwirtschaftssystem zeigen lassen und vergleichen. Hierdurch werden Tagesschwankungen ausgeglichen und die Geschäftsleitung erhält Hinweise über die allgemeine Entwicklung der Warengruppen (Trend).

 Beispiel: Halbjahresumsätze in TEUR in der Drogerieabteilung eines Warenhauses

Merkur Fil. NB Umsätze Abt. Drogerie Jan. – Jun				
Monate	Wasch- und Reinigungsmittel	Haarpflege	Dekorative Kosmetik	Babypflege
Januar	250	185	325	95
Februar	280	170	308	100
März	240	150	325	84
April	320	190	387	75
Mai	290	170	400	70
Juni	350	190	415	55

Durch eine **grafische** Darstellung lassen sich Umsatzentwicklungen besonders gut veranschaulichen. So kann der Betrachter auf einen Blick den Verlauf der untersuchten Umsätze über den zugrunde gelegten Zeitraum erkennen. Abweichungen, seien sie positiv oder negativ, können schnell identifiziert werden.

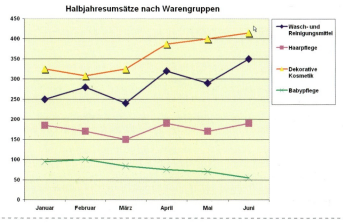

Abb. Liniendiagramm

Bei **Umsatzrückgängen** sind die **Ursachen** für diese Entwicklung zu untersuchen.

Umsatzrückgang – warum?!

› Ist der Umsatzrückgang darauf zurückzuführen, dass die Kunden das Warenangebot und/oder die Warenpräsentation und Warenplatzierung nicht attraktiv genug finden?

› Ist der Rückgang darauf zurückzuführen, dass die Kunden diesen Artikel infolge von Nachfrageänderungen und/oder Preissteigerungen insgesamt weniger nachfragen?

Soll-Ist-Vergleiche

In nahezu jedem Einzelhandelsbetrieb werden **Umsatzziele** vorgegeben. Die Planungen gehen dabei von Jahresumsätzen bis zu Tagesumsätzen. Das Warenwirtschaftssystem zeigt zu jedem Zeitpunkt, inwieweit die Umsatzvorgaben erfüllt sind. Ungewöhnliche Abweichungen müssen der Geschäftsleitung gegenüber begründet werden können.

Sie hat dann die Aufgabe Maßnahmen zu ergreifen, indem sie z. B. die Plandaten korrigiert, oder sie zeigt den Verkaufsmitarbeitern Wege, wie diese die Umsatzvorgaben erfüllen können.

>> **Beispiel:** Umsatzplanung in der Drogerieabteilung des Merkur-Warenhauses

Merkur Fil. NB	Umsatzvergleich Plan- und Istwerte Abt. Drogerie				Monat: Oktober
Warengruppe	Planumsatz	Istumsatz	Abw.	Abw. %	Melden!
Wasch- und Reinigungsmittel ...	21.200,00 ...	18.450,00 ...	– 2.750,00	– 12,97	ja
Haarpflege ...	12.700,00 ...	13.250,00 ...	550,00	4,33	
Dekorative Kosmetik ...	21.000,00 ...	25.600,00 ...	4.600,00	21,90	ja
Babypflege ...	16.000,00 ...	13.250,00 ...	– 2.750,00	– 17,19 ...	ja

Betriebsvergleich

Eine erprobte **Methode** der betrieblichen **Steuerung** und **Kontrolle** stellt der **Betriebsvergleich** dar. Im Rahmen eines solchen Vergleichs erhält der Einzelhändler Informationen über seinen eigenen Leistungsstand im Vergleich zu anderen Unternehmen und kann so die Stärken und Schwächen im eigenen Unternehmen ausfindig machen.

Betriebsvergleiche führen das Institut für Handelsforschung der Universität zu Köln, der Einzelhandelsverband oder Einkaufsverbände für ihre Mitglieder durch.

Weit verbreitet ist der Informationsaustausch innerhalb einer Erfa-Gruppe.

In einer **Erfa-Gruppe** (Erfahrungsaustausch-Gruppe) treffen sich von der Branche und Sortiment vergleichbare Einzelhändler, die in der Regel keine unmittelbar konkurrierenden Unternehmen sind, um geschäftliche Erfahrungen auszutauschen. Dabei spielt der Austausch von betriebswirtschaftlichen Kennzahlen eine besonders bedeutende Rolle.

Wichtige **Voraussetzung** für einen Betriebsvergleich ist zum einen eine Vergleichbarkeit der Unternehmen *(Betriebsform, Sortiment, Standort)*. Zum anderen müssen für die verglichenen Kennzahlen auch einheitliche Definitionen herangezogen werden. Man muss sich z. B. darüber einigen, ob man Brutto- oder Nettowerte vergleicht.

Erst durch den Vergleich der eigenen Ergebnisse mit Zahlen aus anderen Unternehmen bzw. der Branche kann der Einzelhändler bewerten, ob und wie er erfolgreich arbeitet.

Beispiel: Wenn im ersten Quartal die eigenen Umsätze um 4 % gegenüber dem Vorjahr gestiegen sind, besagt diese Zahl nicht allzu viel. Stieg der Umsatz in der Branche im gleichen Zeitraum um 2 %, bedeutet dies für den Einzelhändler, dass er mit seiner Leistung mehr als zufrieden sein kann.

■ Umsatzanalysen

Ein Warenwirtschaftssystem ermöglicht eine Vielzahl von Auswertungen (LF 11; Kap. 5.5). Zu den Auswertungen auf der Basis von Umsätzen zählen u. a.:

> Frequenzanalyse,
> Preislagenstatistik,
> Renner- und Penner-Analyse.

Frequenzanalyse

Frequenzanalysen geben wichtige Hinweise darauf, wie sich der Umsatz z. B. über einen Verkaufstag verteilt. Der gesamte Umsatz wird nach Uhrzeiten aufgelistet, ebenso die Zahl der Kunden. So können wichtige Informationen z. B. für den Personaleinsatz gewonnen werden. Es können auch Maßnahmen geplant werden um „tote" Zeiten aufzuwerten, z. B. durch Aktionen *(Verteilung von Warenproben, Verkostung)*. Problematisch bleibt allerdings, wie man trotz modernster Technik *(Frequenzzähler am Eingangsbereich)* ermitteln kann, wer nur Seh- und wer Kaufkunde ist.

Beispiel: Frequenzanalyse in der Drogerieabteilung des Merkur-Warenhauses:

Merkur Fil. NB				Frequenzanalyse Abt.: Drogerie Dienstag, 12.06. .. 19:35			
Gesamtkunden 267			Gesamtumsatz 3.885,63			Ø Umsatz/Kunde 14,55	
von	bis	Umsatz	Anzahl	von	bis	Umsatz	Anzahl
09:00	10:00	300,55	25	14:00	15:00	347,00	20
10:00	11:00	455,23	23	15:00	16:00	255,25	15
11:00	12:00	258,00	18	16:00	17:00	458,22	27
12:00	13:00	558,50	32	17:00	18:00	558,25	44
13:00	14:00	325,18	27	18:00	19:00	369,45	36

Preislagenstatistik

Preislagenstatistiken stellen ein Bindeglied zwischen Einkauf und Verkauf dar. Zu bestimmten Terminen werden die verkauften Artikel einer bestimmten Warengruppe den Beständen gegenübergestellt. Die Gliederung erfolgt nach **Preislagenschwerpunkten.** Dabei handelt es sich um die Preislagen, die den höchsten Anteil am Gesamtumsatz der Warengruppe aufweisen.

Weichen nun die Umsatzanteile stark von den in der entsprechenden Preislage vorhandenen Beständen ab, muss es beim Wareneinkauf durch entsprechendes Bestellverhalten Korrekturen geben. Preislagenstatistiken empfehlen sich bei modischen Artikeln (Gefahr von Ladenhütern) und hochwertigen Gebrauchsgütern (Gefahr hoher Kapitalbindung).

>> **Beispiel:** Schwerpunktpreislagen innerhalb einer Warengruppe

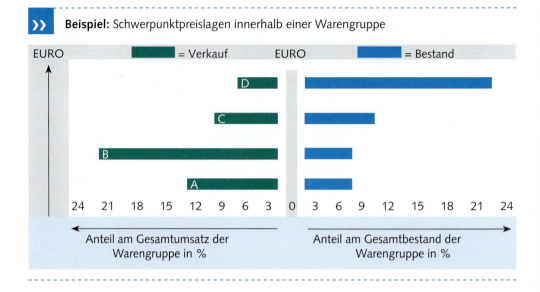

Anteil am Gesamtumsatz der
Warengruppe in %

Anteil am Gesamtbestand der
Warengruppe in %

Renner- und Penner-Analyse

Umsatzauswertungen mit einem Warenwirtschaftssystem lassen auf Knopfdruck erkennen, welche Artikel eine hohe Umschlagshäufigkeit haben **(Renner)** und welche „wie Blei" in den Regalen liegen **(Penner).**

Damit keine Präsenzlücken auftreten, müssen die Schnelldreher rasch nachbestellt werden. Lücken im Sortiment schaden nicht nur kurzfristig, sondern auch längerfristig, da unzufriedene Kunden („die haben ja nie das, was ich suche") wegbleiben und zur Konkurrenz wechseln. Artikel, die sich besonders schlecht verkaufen, binden dagegen Regal- und Lagerkapazitäten, die für andere Artikel Gewinn bringender zu verwenden wären. Renner- und Penner-Listen werden anhand von verkauften Mengen und den erzielten Umsätzen erstellt.

Diese Zahlen sind für die Einkaufsplanung und Sortimentsgestaltung von Bedeutung. In Geschäften, die entweder ganz oder teilweise auf Selbstbedienung umgestellt haben, helfen diese Listen eine optimale Platzierung zu erreichen. So kann schon eine Platzierung an einem anderen Regalplatz oder in einer verkaufsstarken Zone im Verkaufsraum zu erheblich besseren Umsätzen führen.

Die Auswahl der betreffenden Artikel lässt sich anhand der verkauften Menge und der damit erzielten Umsätze vornehmen. Es können z. B. die 10 umsatzstärksten Artikel einer Warengruppe in einem Monat ausgedruckt werden oder alle Artikel, die weniger als 200 € innerhalb eines Monats Umsatz erzielt haben.

>> **Beispiele** für eine „Renner-Penner"-Liste:

Merkur Fil. NB			Schnelldreherliste						Monat: November
Abteilung: Sport- und Freizeit			Warengruppe: 317			Wander- und Regenbekleidung			
ANZEIGE: TOP 10 im Oktober (Umsatz > 2.000,00 €)									
Art. Nr.	Bezeichnung	Lieferant	Menge	Preis/St.	Umsatz	**Rang**	WE	letzter Verkauf am:	
31755643	Kombijacke	Microtex	45	418,00	18.810,00	**1**	11.07	26.10.	
31755322	Schlupfanorak	Svenson	30	448,00	13.440,00	**2**	11.05	21.10.	
......	......	......	......	......	......	......	......	......	
......	......	......	......	......	......	......	......	......	
......	......	......	......	......	......	......	......	......	
31788143	Stirnband	Svenson	145	19,90	2.755,00	**9**	10.11	31.10.	
31722211	Lappenkappe	Oelund	70	29,00	2.030,00	**10**	10.07	30.10.	

Merkur Fil. NB			Schnelldreherliste						Monat: November
Abteilung: Sport- und Freizeit			Warengruppe: 317			Wander- und Regenbekleidung			
ANZEIGE: FLOP 10 im Oktober (Umsatz < 200,00 €)									
Art. Nr.	Bezeichnung	Lieferant	Menge	Preis/St.	Umsatz	**Rang**	WE	letzter Verkauf am:	
31755443	Polaranzug	Arctica	0	1.299,00	0	**1**	10.08	12.08.	
31799889	Kotze	Loden Pfrim	0	225,00	0	**2**	10.08	15.09.	
......	......	......	......	......	......	......	......	......	
......	......	......	......	......	......	......	......	......	
......	......	......	......	......	......	......	......	......	
31799771	Schlupfer	Ammersee	2	79,00	158,00	**9**	10.05	29.10.	
31731731	Regencape	Microtex	1	198,00	198,00	**10**	09.02	15.10.	

■ AKTION ■

1 Warum ist es für ein Einzelhandelsunternehmen unerlässlich, die eigenen Umsätze zu überprüfen? Listen Sie fünf Argumente auf!

2 Im Stoffhaus Wagner arbeiten vier Verkäuferinnen. Im ersten Quartal haben sie folgende Umsätze erzielt:

1. Quartal	Verkäuferin Seidenbach	Verkäuferin Gerber	Verkäuferin Höfert	Verkäuferin Bruhn
Januar	15.500,00 €	14.640,00 €	12.540,00 €	11.850,00 €
Februar	12.565,00 €	14.500,00 €	16.250,00 €	11.230,00 €
März	20.280,00 €	9.720,00 €	15.750,00 €	7.580,00 €

a) Berechnen Sie mit einem Tabellenkalkulationsprogramm die Quartalsumsätze der einzelnen Verkäuferinnen.

b) Stellen Sie den Quartalsumsatz der vier Verkäuferinnen in einem Kreisdiagramm dar und berücksichtigen Sie neben den absoluten auch die prozentualen Werte.

3 In einem Textilkaufhaus haben sich die Umsätze der fünf Abteilungen wie folgt entwickelt:

Quartal	Herren-konfektion	Damenober-bekleidung	Kinder-bekleidung	Accessoires	Boutique Freestyle
I	15 %	30 %	17 %	22 %	16 %
II	16 %	27 %	17 %	22 %	18 %
III	15 %	26 %	20 %	18 %	21 %
IV	14 %	25 %	21 %	19 %	21 %

a) Bei welchen Abteilungen sind auffällige Entwicklungen erkennbar?

b) Listen Sie mindestens drei mögliche Ursachen für diese Entwicklungen auf!

c) Wie deuten Sie die Zahlen der Abteilung Accessoires, wenn Sie erfahren, dass diese Abteilung im Rahmen einer Umbaumaßnahme (Juni) vom Erdgeschoss in den 1. Stock verlegt wurde?

4 Betrachten Sie die folgenden Zahlen aus einem Betriebsvergleich:

Waren-gruppen	Aktivmarkt Peters, 1000 m², ländlicher Bereich		Aktivmarkt Hofer, 350 m², Kleinstadt		Aktivmarkt Karim, 450 m², Großstadt	
Jahr	2016	2017	2016	2017	2016	2017
Standard	73,87 %	71,49 %	71,41 %	70,39 %	63,18 %	63,57 %
Obst/ Gemüse	10,22 %	11,63 %	6,06 %	6,65 %	6,98 %	8,69 %
Fleisch/ Wurst	12,67 %	13,81 %	19,48 %	19,73 %	26,56 %	24,60 %
Käse	3,22 %	3,23 %	3,05 %	3,27 %	3,28 %	3,14 %
Gesamt	100 %	100 %	100 %	100 %	100 %	100 %

a) Stellen Sie fest, wo starke Ähnlichkeiten und wo deutliche Unterschiede vorliegen!

b) Nennen Sie mögliche Ursachen für die Unterschiede!

5 Tanja Merkt ist als Abteilungsleiterin der Abteilung „Sportliche Dame" im Warenhaus Merkur für den Verkaufserfolg in ihrer Abteilung verantwortlich. Zurzeit macht ihr der hohe Bestand an Röcken Sorge. Sie denkt an eine Aktion und lässt sich dafür eine Preislagenliste dieser Warengruppe ausdrucken:

Merkur Fil. NB		Preislagenstatistik von: 26.02. ..		Zeit: 26.01. .. bis 26.02. ..				
Warengruppe: Röcke								
Preislage (€) von – bis	Menge	Anteil	Bestand	Altersgliederung Lagerbestände in Monaten (M.)				
	St.	%	St.		bis 3 M.	bis 6 M.	bis 12 M.	über 12 M.
0 – 99	35	13,36	55		25	12	6	12
100 – 149	44	16,79	15		5	2	2	6
150 – 199	28	10,69	45		16	22	3	4
200 –	8	3,05	32		1	8	8	15
Verkauf in Stück:	115			in Stück	47	44	19	37
	Bestand in Stück:		147	in %	31,97	29,93	12,93	25,17

Sie unterstützen Frau Merkt und analysieren für sie die vorliegende Liste. Machen Sie Vorschläge, wie eine Bestandsoptimierung zu erreichen ist.

2.2 Kennziffern – aktive Steuerung des Unternehmenserfolgs

■ INFORMATION ■

Kennziffern sind Zahlenangaben, die bestimmte Tatbestände im Betrieb oder auch außerbetrieblich beschreiben.

Kennziffern (auch Kennzahlen, Messzahlen und Schlüsselzahlen genannt) beziehen sich auf **Daten,** die in einen **sinnvollen Zusammenhang** gebracht werden. Sie spielen überall dort eine wichtige Rolle, wo im Rahmen der Kontroll- und Steuerungsaufgaben Plan- und Istwerte beurteilt werden sollen.

Darüber hinaus bilden **Kennziffern** ein **Frühwarnsystem,** das den Einzelhändler rechtzeitig auf mögliche Gefahren und Fehlentwicklungen aufmerksam macht.

■ Umsatzbezogene Kennziffern

Kennziffern, die sich durch den **Verkauf ergeben,** liefern wichtige Hinweise zu den Leistungen des Personals *(Umsatz je Kunde und Zahl der Kunden),* der Warenplatzierung *(Umsatz je m² Verkaufsfläche)* und zu den Kunden *(Durchschnittsumsatz, Art der Bezahlung).*

Personalbezogene Kennziffern

© Guido Adolphs

Personalkosten gehören neben dem Wareneinsatz zu den größten Kostenblöcken im Einzelhandel. EDV-gestützte Warenwirtschaftssysteme liefern heute dem Einzelhändler Kennziffern, die es ihm ermöglichen, sowohl eine gute Verkaufsbereitschaft seines Geschäftes als auch einen effizienten Mitarbeitereinsatz zu gewährleisten. Sie liefern damit einen wichtigen Beitrag für die Geschäftsführung, die Personalkosten in Grenzen zu halten. **Personalkennziffern** liefern nicht nur die Basisdaten für den Personaleinsatz *(Pausen, Einsatz an Feiertagen, Ferien, Sonderverkäufe)*. Sie stellen auch Informationen darüber bereit, ob und ggf. in welcher Höhe Provisionen zu zahlen sind oder ob Mitarbeitergespräche wegen nicht zufrieden stellender Umsätze oder Leistungen (Kasse) erforderlich werden.

Durchschnittsumsatz je Verkäufer (DUV) $\rightarrow$	DUV $=$	$\dfrac{\text{Umsatz}}{\text{Anzahl der Mitarbeiter im Verkauf}}$
Anzahl Kunden je Verkäufer (KV) $\rightarrow$	KV $=$	$\dfrac{\text{Anzahl der Kunden}}{\text{Anzahl der Verkäufer}}$
Anzahl Kunden je Kasse (KK) $\rightarrow$	KK $=$	$\dfrac{\text{Anzahl der Kunden}}{\text{Anzahl der Kassen}}$

Waren- und flächenbezogene Kennziffern

© Kaufhof AG

Eine besonders wichtige Kennziffer ist der Umsatz je Quadratmeter Verkaufsfläche. So können z.B. besonders verkaufsstarke oder verkaufsschwache Verkaufszonen identifiziert werden. Durch Umplatzierungen haben sich so schon oft erheblich bessere Umsätze erzielen lassen. Die Umsatzanteile je Warengruppe oder Artikel geben Aufschluss über deren Bedeutung im Sortiment. Werden diese Kennziffern über einen längeren Zeitraum beobachtet, geben sie wichtige Hinweise zur Sortimentsgestaltung.

Umsatz je m² Verkaufsfläche (UF) $\rightarrow$	UF $=$	$\dfrac{\text{Umsatz}}{\text{Verkaufsfläche}}$
Umsatzanteil nach: ...		
› **Filialen (UaFi)** $\rightarrow$	UaFi $=$	$\dfrac{\text{Umsatz (Filiale} \cdot 100)}{\text{Gesamtumsatz}}$
› **Abteilungen (UaAb)** $\rightarrow$	UaAb $=$	$\dfrac{\text{Umsatz (Abteilung)} \cdot 100}{\text{Gesamtumsatz}}$
› **Warengruppen (UaWG)** $\rightarrow$	UaWG $=$	$\dfrac{\text{Umsatz (Warengruppe)} \cdot 100}{\text{Gesamtumsatz}}$
› **Artikel (UaAr)** $\rightarrow$	UaAr $=$	$\dfrac{\text{Umsatz (Artikel)} \cdot 100}{\text{Gesamtumsatz}}$

Kundenbezogene Kennziffern

Wenn der Durchschnittsumsatz je Kunde über einen längeren Zeitraum betrachtet wird, sind Rückschlüsse auf das Kaufverhalten möglich. Die Aussagekraft dieser Kennziffer wird dann größer, wenn ausreichend Daten über die Kunden vorhanden sind (*Alter, Geschlecht, Bildung, Neukunde, Stammkunde*).

Über Kundenkartsysteme ist eine entsprechende Analyse möglich.

© Gina Sanders – Fotolia.com

Durchschnittsumsatz je Kunde (DUK)	→	$DUK = \dfrac{\text{Umsatz}}{\text{Anzahl der Kunden}}$
Anteil Verkäufe mit : ...		
› Barzahlung (VBZ)	→	$VBZ = \dfrac{\text{Summe der Bons bar} \cdot 100}{\text{Gesamtumsatz}}$
› EC-cash (VEC)	→	$VEC = \dfrac{\text{Summe der Bons EC} \cdot 100}{\text{Gesamtumsatz}}$
› Kreditkarte (VKrK)	→	$VKrK = \dfrac{\text{Summe der Bons Kreditkarte} \cdot 100}{\text{Gesamtumsatz}}$
› Kundenkarte (VKuK)	→	$VKuK = \dfrac{\text{Summe der Bons Kundenkarte} \cdot 100}{\text{Gesamtumsatz}}$

■ AKTION ■

1 In einem Warenhaus fand eine Italienische Woche statt. Die Unternehmensleitung erwartet von Anna Schwarz einen Bericht über den Erfolg dieser Aktion. Folgende Zahlen stehen zur Verfügung:

Filiale Neuburg – Auswertung „Italienische Woche" in KW 22

Kennzahl	Essen u. Trinken	Mode	Unterhaltung
Verkaufsfläche	300 m²	450 m²	125 m²
Wareneinsatz	514.500,00 €	1.323.000,00 €	220.000,00 €
Umsatz (netto)	686.000,00 €	2.011.500,00 €	360.000,00 €
Rohgewinn (netto)	?	?	?
Handelsspanne	?	?	?
UaAb	?	?	?
UF	?	?	?

Berechnen Sie die fehlenden Werte.

2 🖥 Ein Sportartikelfachmarkt unterhält drei Filialen.
Die Auszubildende Yvonne Kleiber hat von der Unternehmensleitung den Auftrag bekommen, folgende Kennzahlen zu berechnen:

	Filiale Tübingen	Filiale Ulm	Filiale Esslingen
Mitarbeiter	12	24	20
Verkaufsfläche	620 m²	1.152 m²	795 m²
Umsatz (netto)	6.200.000,00 €	13.850.000.00 €	8.120.000,00 €
Wareneinsatz	4.950.000,00 €	8.332.000,00 €	5.990.000,00 €
Rohgewinn (netto)	?	?	?
Handelsspanne	?	?	?
UF	?	?	?
DUV	?	?	?
UaFi	?	?	?

3 🖥 In der Abteilung „Junges Wohnen" der Wohnwelt GmbH sollen drei Vollzeitstellen gestrichen werden, da im Verhältnis zu den anderen Abteilungen eine personelle Überbesetzung vorliegt. Der Personalassistent Gerd Lippert erhält den Auftrag die Mitarbeiter auszusuchen, die unterdurchschnittliche Umsätze erzielen.

Wohnwelt GmbH Neuburg: Bericht Umsatzleistung
Verkaufsberater Junges Wohnen – Zeitraum: März–Mai

Berater/in	Zahl der Kunden	Umsatz in €	Anteil in % am Gesamtumsatz
Jürgen Weigel	675	124.700,00	?
Daniela Roth	128	45.600,00	?
Funda Gül	650	165.400,00	?
Frank Hofmeier	880	145.700,00	?
Miriam Falcone	275	63.200,00	?
Rolf Braun	405	85.600,00	?
Petra Lauer	735	134.890,00	?
Conny Martini	685	112.800,00	?
Timo Schütt	818	155.700,00	?
Gesamt	5.251	1.033.590,00	100,00
Durchschnitt	583	114.843,33	?

a) Berechnen Sie die fehlenden Angaben.

b) Mit welchen Mitarbeitern muss Herr Lippert unangenehme Gespräche führen?
Begründen Sie Ihre Entscheidung.

3 Buchen auf Ergebniskonten

3.1 Aufwand und Ertrag

Hat sich die ganze Arbeit denn gelohnt?

■ SITUATION ■

Sabrina Hesser ist die Inhaberin des Modegeschäftes Hesser Moden e. K. in Neuburg. Für ihr Ladengeschäft fällt eine monatliche Miete von 800,00 € an. Sie erhält für die abgelaufene Wintersaison eine erfolgsabhängige Verkaufsprovision für ihre Umsätze mit dem Einkaufsverband InterTex.

Sabrina Hesser möchte sich nun einen kurzen Überblick verschaffen, wie *erfolgreich* sie im aktuellen Monat März bisher war.

	Kontonummer	Auszug	Blatt	Anlage	Letzter Auszug		Kontostand alt
VOLKSBANK	22061977	33			15.03.20..		22.500,26 HABEN
NEUBURG	BLZ: 65480230	Buchungstag		Wertstellung		Belastungen	Gutschriften
BIC GENODE52XXX	IBAN DE15654802300022061977						
Monatsmiete Verkaufsladen am Marktplatz 15		15.03		15.03.		800,00	
Verkaufsprovision Wintermode		15.03		15.03.			5.500,00
			Kontostand neu EUR				27.200,26 HABEN

VOLKSBANK NEUBURG EG
Postfach 4344 – 77777 Neuburg
736/0068340/14/71332

Hesser Moden e. K.
am Marktplatz 15
77777 Neuburg

KONTOAUSZUG
per 15.03.20..

TELEFON-SERVICE UNTER NR. 0777/654901 FAST RUND UM DIE UHR.   Bitte Rückseite beachten

1. Welche Auswirkungen haben die zwei Vorgänge auf das Eigenkapital der Hesser Moden e. K.?

2. Buchen Sie die Vorgänge und stellen Sie das Eigenkapitalkonto (AB 100.000,00 €) dar.

3. Führen Sie die notwendigen Ergebniskonten ein und begründen Sie dabei Ihr Vorgehen.

4. Schließen Sie die Ergebniskonten auf dem GuV-Konto ab und ermitteln Sie den bisherigen Gewinn für Sabrina Hesser im Monat März.

5. Stellen Sie die Veränderung des Eigenkapitals der Hesser Moden e. K. dar.

6. Welche grundsätzliche Vorgehensweise lässt sich bei der Ergebnisermittlung ableiten? Formulieren Sie allgemeine Regeln für das GuV-Konto und die möglichen Auswirkungen auf das Eigenkapital.

∎ INFORMATION

Ziel der Führung eines jeden Unternehmens ist es, das eingebrachte **Eigenkapital** zu vermehren und **Gewinne** zu erzielen. Mit dem laufenden Geschäftsbetrieb besteht jedoch auch das Risiko, **das Eigenkapital zu vermindern,** also **Verluste** zu machen.

Es gibt Geschäftsvorfälle, die das Eigenkapital mindern oder erhöhen, d. h. **ergebniswirksam** sind.

∎ Aufwendungen

In einem Handelsunternehmen entstehen Kosten. Löhne und Gehälter müssen bezahlt werden, Ladenmiete und Leasingraten für Fahrzeuge und Büromaschinen sind zu begleichen. Es entstehen Kosten für die Abnutzung des Anlagevermögens und auch durch den Absatz von Gütern kommt es zu einem Werteverzehr, z. B. durch Einkauf, Lagerung und Werbung für die zum Verkauf bestimmten Artikel.

Unter **betrieblichen Aufwendungen** versteht man daher den **Werteverzehr,** der bei der Erfüllung des Unternehmenszweckes erfolgt. Sie **mindern** das **Eigenkapital.**

∎ Erträge

In einem **Handelsunternehmen** ist der **Unternehmenszweck** der Verkauf von Waren und Dienstleistungen. Dadurch werden Erlöse erzielt, die das Eigenkapital erhöhen. Neben Verkaufserlösen sind beispielsweise auch Zinserträge oder Erträge aus Vermietung und Verpachtung betriebliche Erträge. Auch sie erhöhen das Eigenkapital.

Unter **Erträgen** versteht man daher **Wertezuflüsse,** die durch unternehmerische Leistung entstanden sind. Sie **mehren** das **Eigenkapital.**

3.2 Buchungen von Geschäftsvorfällen auf Ergebniskonten

∎ Ergebniskonten als Unterkonten des Eigenkapitalkontos

Erträge und Aufwendungen verändern das Eigenkapital. Würde man die Eigenkapitalminderungen und -mehrungen direkt auf das Eigenkapitalkonto buchen, müsste wie folgt gebucht werden:

Aufwendungen als Eigenkapitalminderungen im **Soll.**
Erträge als Eigenkapitalmehrung im **Haben.**

Das Buchen ergebniswirksamer Geschäftsvorfälle unmittelbar auf dem Eigenkapitalkonto hat aber einige Nachteile:

Zum einen würde das Eigenkapitalkonto sehr unübersichtlich werden. Zum anderen könnte der Erfolg (Gewinn oder Verlust) nur durch einen Eigenkapitalvergleich ermittelt werden. Darüber hinaus sind die Erfolgsquellen, also die einzelnen Aufwendungen und Erträge, nicht mehr zu identifizieren. Um dem Grundsatz der Klarheit und Übersichtlichkeit der Buchführung gerecht zu werden ist es also notwendig, betriebliche Eigenkapitaländerungen nicht direkt auf das Eigenkapitalkonto zu buchen, sondern auf Unterkonten des Eigenkapitalkontos.

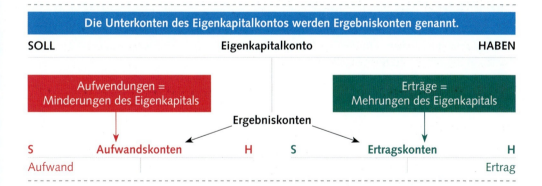

Die Unterkonten des Eigenkapitalkontos werden Ergebniskonten genannt.

SOLL   Eigenkapitalkonto   HABEN

| Aufwendungen = Minderungen des Eigenkapitals | Erträge = Mehrungen des Eigenkapitals |

Ergebniskonten

S   Aufwandskonten   H   S   Ertragskonten   H
Aufwand   Ertrag

》 Beispiele:

Aufwandskonten	Ertragskonten
Aufwendungen für Waren[1] Verpackungen Löhne, Gehälter, soziale Aufwendungen Mietaufwand Heizung, Strom, Wasser Bürobedarf Fahrzeugkosten Versicherungen Telefon Porto Zinsaufwendungen Reinigung Werbung	Umsatzerlöse aus Warenverkauf[1] Umsatzerlöse für Dienstleistungen Provisionserträge Zinserträge Mieterträge Pachterträge
↓	↓
Eigenkapitalminderungen	**Eigenkapitalmehrungen**
Auf Aufwandskonten werden Eigenkapitalminderungen erfasst, nach Aufwandsarten gegliedert.	Auf Ertragskonten werden Eigenkapitalmehrungen erfasst, nach Ertragsarten gegliedert.

》 Fallbeispiel: Herr Treiber, Inhaber eines Holzfachhandels in Neuburg, hat bei der Kontrolle der Kontoauszüge seines Geschäftskontos einen gehörigen Schreck bekommen. Das Konto ist mit über 10.000,00 € überzogen. Bei genauem Hinschauen stellt er fest, dass folgende Positionen belastet wurden:

> Gehälter für seine Mitarbeiter: 8.650,00 €,

> Miete für Geschäfts- und Lagerräume: 5.870,00 €,

> Kfz-Steuer für die Firmenfahrzeuge: 1.945,00 €.

---

1 Warenbuchungen werden im Kapitel 5 dieses Lernfeldes ausführlich behandelt.

Gutgeschrieben wurden auf dem Bankkonto in der gleichen Zeit die Zinserträge für sechs Monate einer langfristigen Geldanlage bei der Sparkasse in Höhe von 1.550,00 €.

Die Monatsrechnung seiner Reinigungsfirma hat er heute morgen in Höhe von 700,00 € bar aus der Kasse bezahlt. Außerdem erzielt Herr Treiber durch den Verkauf von Anteilen an seiner Einkaufsgenossenschaft einen außerordentlichen Ertrag von 4.400,00 €.

■ Buchungsregeln für Ergebniskonten

Da es sich bei den Ergebniskonten um Unterkonten des Eigenkapitalkontos handelt, gelten für sie dieselben Buchungsregeln, wie für das Eigenkapitalkonto.

Alle Minderungen des Eigenkapitals **(Aufwendungen)** werden im **Soll** (linke Seite) der **Aufwandskonten** gebucht.

Alle Mehrungen des Eigenkapitals **(Erträge)** werden im **Haben** (rechte Seite) der **Ertragskonten** gebucht. Üblicherweise werden dadurch Ergebniskonten nur auf einer Seite angesprochen.

≫ **Fallbeispiel 2 mit Lösungen:** So bucht Herr Treiber seine Geschäftsvorfälle:

G-Fall	Soll		an		Haben
1	Gehälter	8.650,00 €	an	Bank	8.650,00 €
2	Miete	5.870,00 €	an	Bank	5.870,00 €
3	Kfz-Steuer	1.945,00 €	an	Bank	1.945,00 €
4	Bank	1.550,00 €	an	Zinserträge	1.550,00 €
5	Instandhaltung	700,00 €	an	Kasse	700,00 €
6	Bank	4.400,00 €	an	Außerord. Erträge	4.400,00 €

■ AKTION

1 Bilden Sie die Buchungssätze zu folgenden Geschäftsvorfällen:

Nr.	Geschäftsvorfall	Betrag in €
1.	Die Aushilfe erhält ihren Lohn bar aus der Kasse ausgezahlt.	350,00
2.	Auf dem Bankkonto werden Zinserträge gutgeschrieben.	341,00
3.	Der Azubi holt Postwertzeichen und bezahlt diese bar.	100,00
4.	Die Telefonrechnung wird vom Bankkonto abgebucht.	560,00
5.	Die Miete für die Geschäftsräume wird durch Banküberweisung bezahlt.	2.540,00
6.	Abbuchung der Stromrechnung vom Bankkonto.	445,00
7.	Der Mieter unseres zurzeit nicht benötigten Außenlagers überweist die monatliche Miete auf das Bankkonto.	1.590,00
8.	Die Securia-Versicherung bucht die Prämie für die Einbruch-/Diebstahlversicherung ab.	888,00

9.	Die Berufsgenossenschaft für den Einzelhandel schickt eine Rechnung, die per Überweisung beglichen wird.	468,95
10.	Zum Sommerschlussverkauf wird eine Anzeige in der Neuburger Zeitung geschaltet. Die Bezahlung erfolgt mit Bankscheck.	1.798,00

2 Warum werden ergebniswirksame Geschäftsvorfälle nicht direkt auf dem Eigenkapitalkonto gebucht?

3 Welche beiden Begriffe passen nicht zu dieser Aufzählung? Begründen Sie Ihre Entscheidung.

> Provision,   > Gehälter,   > Grundstücke,   > Zinsen,
> Löhne,   > Miete,   > Kfz-Steuern,   > Forderungen.

4 Nennen Sie zehn typische Aufwendungen aus Ihrem Ausbildungsbetrieb.

5 Nennen Sie die Buchungsregeln der Ergebniskonten.

6 Warum haben Ergebniskonten keine Anfangsbestände?

7 Welche Geschäftsvorfälle liegen den folgenden Buchungssätzen zugrunde?

a) Bank	an	Zinserträge	e) Bank	an	Provisionserträge
b) Werbung	an	Kasse	f) Waren	an	Verbindlichkeiten
c) Gehälter	an	Bank	g) Energieaufwendung	an	Bank
d) Kasse	an	Bank	h) Bank	an	Gewerbesteuer

3.3 Abschluss der Ergebniskonten

Geht das Geschäftsjahr zu Ende, so müssen alle Ergebniskonten abgeschlossen werden. Der Abschluss der Ergebniskonten wird aber **nicht** direkt über das Eigenkapitalkonto durchgeführt. Man bedient sich hier eines **Sammelkontos: die Salden** der Ergebniskonten werden auf dem **Gewinn- und Verlustkonto (GuV)** zusammengestellt.

■ **Buchungsregeln für Abschlussbuchungen der Ergebniskonten:**

1 Gewinn- und Verlustkonto **an** Aufwandskonto
2 Ertragskonto   **an** Gewinn- und Verlustkonto

Zum Abschluss des Gewinn- und Verlustkontos wird der Differenzbetrag zwischen der Summe der Erträge und der Summe der Aufwendungen ermittelt. Aus dem **Saldo des Gewinn- und Verlustkontos** kann abgelesen werden, ob das Unternehmen in dem abgeschlossenen Geschäftsjahr mit **Gewinn oder Verlust** gearbeitet hat.

> Summe der Erträge > Summe der Aufwendungen = **Gewinn**
> Summe der Erträge < Summe der Aufwendungen = **Verlust**
Der **Abschluss** des Gewinn- und Verlustkontos erfolgt über das **Eigenkapitalkonto.**

■ Buchungsregeln zum Abschluss des Gewinn- und Verlustkontos:

Bei **Gewinn:**   **3** Gewinn- und Verlustkonto **an** Eigenkapitalkonto
Bei **Verlust:**   **4** Eigenkapitalkonto   **an** Gewinn- und Verlustkonto

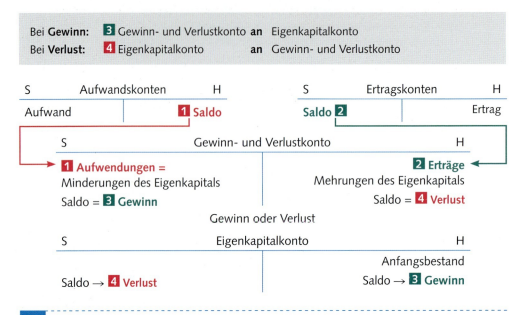

> **»» Fallbeispiel (Fortsetzung):** Am Ende des Geschäftsjahres möchte Herr Treiber feststellen, ob er mit Gewinn oder Verlust gearbeitet hat. Der Anfangsbestand seines Eigenkapitalkontos zu Beginn des Geschäftsjahres betrug 22.000,00 €. Es liegen die sechs Geschäftsvorfälle (G-Fall) aus der Situation von Seite 302 zugrunde.[1]

■ Ermittlung von Gewinn oder Verlust durch Abschluss der Ergebniskonten

> **»» Fallbeispiel mit Lösung:** In der folgenden Darstellung sind für die Geschäftsvorfälle des laufenden Geschäftsjahres nur die Aufwands- und Ertragskonten dargestellt.

Abschlussbuchungen der Ergebniskonten

G-Fall	Soll		an		Haben
1	GuV	8.650,00 €	an	Gehälter	8.650,00 €
2	GuV	5.870,00 €	an	Miete	5.870,00 €
3	GuV	1.945,00 €	an	Kfz-Steuer	1.945,00 €
4	Zinserträge	1.550,00 €	an	GuV	1.550,00 €
5	GuV	700,00 €	an	Instandhaltung	700,00 €
6	Außerord. Erträge	4.400,00 €	an	GuV	4.400,00 €

---

1 Natürlich gibt es in der Praxis kein Unternehmen, in dem im Jahr nur so wenige Geschäftsvorfälle anfallen. Dieses sehr vereinfachte Beispiel soll ausschließlich zum besseren Verständnis der Buchungsregeln dienen.

Abschluss auf T-Konten mit Abschluss über das Eigenkapitalkonto

Aufwandskonten				Ertragskonten			

S	Gehälter		H
1.	8.650,00 €	GuV	8.650,00 €

S	Zinserträge		H
GuV	1.550,00 €	4.	1.550,00 €

S	Miete		H
2.	5.870,00 €	GuV	5.870,00 €

S	Außerord. Erträge		H
GuV	4.400,00 €	6.	4.400,00 €

S	Kfz-Steuer		H
3.	1.945,00 €	GuV	1.945,00 €

S	Instandhaltung		H
5.	700,00 €	GuV	700,00 €

S	Gewinn- und Verlustkonto		H
Gehälter	8.650,00 €	Zinserträge	1.550,00 €
Miete	5.870,00 €	Außerord. Erträge	4.400,00 €
Kfz-Steuer	1.945,00 €	Eigenkapital	11.215,00 €
Instandhaltung	700,00 €		
	17.165,00 €		17.165,00 €

S	Eigenkapitalkonto		H
Saldo GuV (Verlust)	11.215,00 €	Anfangsbestand	22.000,00 €

Buchungssatz für die Abschlussbuchung:

Soll		an		Haben
Eigenkapitalkonto	11.215,00 €	an	Gehälter	11.215,00 €

■ AKTION ■

1 Im Haushaltwarengeschäft von Frau Göder sind folgende Geschäftsvorfälle zu bearbeiten:

Nr.	Geschäftsvorfall	Betrag in €
1.	Aushilfslöhne werden bar aus der Kasse ausgezahlt.	550,00
2.	Gehälter werden per Banküberweisung gezahlt.	11.000,00
3.	Bürobedarf wird gekauft und bar bezahlt.	210,00
4.	Die Telefonrechnung wird vom Bankkonto abgebucht.	234,00
5.	Gewerbesteuer ist fällig und wird per Bankeinzug beglichen.	2.143,00
6.	Provisionserträge werden durch Einzahlung auf das Geschäftskonto bezahlt.	1.763,00
7.	Mietzahlungen für Ladengeschäft durch Banküberweisung.	1.959,00
8.	Begleichung einer Rechnung für eine Kfz-Reparatur durch Electronic-cash.	560,00
9.	Verbandsbeiträge werden vom Geschäftskonto abgebucht.	190,00

a) Bilden Sie die Buchungssätze zu obigen Geschäftsvorfällen. Erstellen Sie die notwendigen Ergebniskonten und das GuV-Konto.

b) Schließen Sie das GuV-Konto ab, und ermitteln Sie den Erfolg aus den Aufwendungen und den Erträgen.

c) Nennen Sie die Abschlussbuchungen des Gewinn- und Verlustkontos im Verlustfall, und wenn das Unternehmen einen Gewinn innerhalb des Geschäftsjahres erwirtschaftet.

2 Ordnen Sie folgende Geschäftsvorgänge als Bestands- oder Erfolgsvorgänge ein.

Nr.	Geschäftsvorgang	Betrag in €
1.	Kauf von Büromaterial in bar	150,00
2.	Kauf einer Registrierkasse per Bankeinzug	1.891,89
3.	Kunde zahlt per Banküberweisung	235,00
4.	Bankeinzug der Gewerbesteuer	598,00
5.	Barabhebung zwecks Kasseneinlage	1.000,00
6.	Umwandlung eines kurzfr. Kredits in ein Darlehen, 5 Jahre Laufzeit	3.500,00
7.	Barzahlung der Aushilfslöhne	870,00
8.	Bankgutschrift für erhaltene Provisionen	1.437,00
9.	Überweisung einer Rechnung für Kfz-Reparatur	879,50
10.	Einkauf von Werbegeschenken auf Ziel	479,90

3 Der Saldo von Bestands- und Ergebniskonten kann abgeschlossen werden auf:

a) Schlussbilanzkonto

b) Gewinn- und Verlustkonto

c) Konto Eigenkapital

Auf welches Konto werden die Salden der folgenden Konten abgeschlossen: Gehälter, bebaute Grundstücke, Forderungen, Eigenkapital, Fuhrparkkosten, Reisekosten, Gewinn und Verlust, Miete?

4 Vervollständigen Sie folgende Aussagen:

a) „Ergibt der Saldo des GuV-Kontos einen Gewinn, dann …"

b) „Das Unternehmen hat mit Verlust gearbeitet, wenn …"

c) „Erfolgsvorgänge sind Geschäftsvorfälle, die zu einer Veränderung …"

5 Welche Geschäftsvorfälle liegen folgenden Buchungssätzen zugrunde?

a) Bank an Zinserträge

b) Mietaufwand an Kasse

c) Verbindlichkeiten an Bank

d) Kasse an Forderungen

e) Bank an Werbung

f) Bank an Kasse

g) Steuern an Bank

h) Gehälter an Bank und Kasse

i) Kfz-Steuer, Verbindlichkeiten und Bankdarlehen an Bank

j) Werbung an Bank

k) Bank an Forderungen

6 Bilden Sie für die folgenden ergebniswirksamen Geschäftsvorfälle die Buchungssätze, buchen Sie auf den Ergebniskonten und schließen Sie diese ab.

Nr.	Geschäftsvorfall	Betrag in €
a)	Überweisung der Löhne	23.000,00
b)	Die Bank schreibt uns Zinsen gut	400,00
c)	Barzahlung für eine Aushilfskraft	320,00
d)	Überweisung für gemietete Geschäftsräume	11.400,00
e)	Bankgutschrift für erhaltene Provisionen	1.400,00
f)	Überweisung für eine Werbeannonce	1.500,00
g)	Scheckzahlung für eine Fahrzeugreparatur	2.800,00

7 Bilden Sie für die folgenden ergebniswirksamen Geschäftsvorfälle die Buchungssätze, buchen Sie auf den Ergebniskonten und schließen Sie die Konten ab.

Nr.	Geschäftsvorfall	Betrag in €
a)	Überweisung der Kfz-Steuer	870,00
b)	Die Bank belastet uns mit Zinsen	92,00
c)	Barzahlung für eine Aushilfskraft	270,00
d)	Bankgutschrift für vermietete Räume	1.700,00
e)	Die Bank belastet uns mit Gebühren	50,00
f)	Überweisung für Werbeannoncen	250,00
g)	Scheckzahlung für Fahrzeugreparatur	1.300,00
h)	Kauf von Büromaterial auf Rechnung	60,00

8 Bilden Sie für die folgenden ergebniswirksamen Geschäftsvorfälle die Buchungssätze, buchen Sie auf den Ergebniskonten und schließen Sie die Konten ab.

Nr.	Geschäftsvorfall	Betrag in €
a)	Überweisung der Gehälter	2.700,00
b)	Die Bank schreibt uns Zinsen gut	220,00
c)	Überweisung an eine Hilfskraft	310,00
d)	Bank führt Dauerauftrag durch für geleastes Fahrzeug	450,00
e)	Bankgutschrift für erhaltene Provision	8.300,00
f)	Scheckbelastung für Kauf von Büromaterial	1.200,00
g)	Bankbelastung für Energieaufwendungen	850,00
h)	Barspende an die örtlichen Vereine	200,00
i)	Rechnungseingang für Dachreparatur	940,00

9 Wodurch unterscheiden sich Bestands- und Ergebniskonten?

3.4 Geschäftsgang mit Bestands- und Ergebniskonten

■ Arbeitsabläufe beim Buchen innerhalb eines Geschäftsjahres

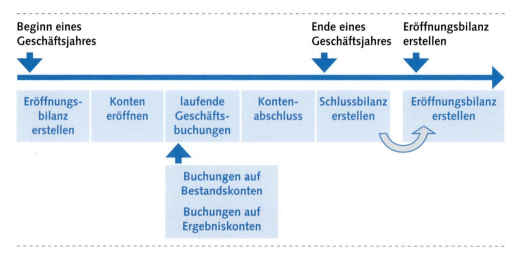

Wird ein kompletter Geschäftsgang mit Bestands- und Ergebniskonten gebucht, dann ist bei den **Buchungen** folgende **Reihenfolge** einzuhalten:

1. Erstellen einer Eröffnungsbilanz aufgrund der vorhandenen Anfangsbestände.

2. Eröffnung der Bestandskonten.

3. Buchung der Geschäftsvorfälle auf den Bestands- und Erfolgskonten (dazu T-Konten eröffnen).

4. Abschluss der Bestandskonten auf Schlussbilanz.

5. Abschluss der Ergebniskonten über das Konto Gewinn und Verlust.

6. Abschluss des Gewinn- und Verlustkontos auf das Konto Eigenkapital.

7. Schlussbilanz nach Abgleich mit den Ist-Werten erstellen.

》》 Beispiel mit Lösung

Eröffnungsbilanz

A	Eröffnungsbilanz zum 01.01. ..		P
Gebäude	110.000,00 €	Eigenkapital	22.000,00 €
Geschäftsausstattung	10.000,00 €	Bankdarlehen	100.000,00 €
Kassensysteme	3.500,00 €	Verbindl. aLL	11.000,00 €
Foderungen aLL	1000,00 €		
Bank	7.000,00 €		
Kasse	1.500,00 €		
	133.000,00 €		133.000,00 €

Geschäftsvorfälle

Nr.	Beschreibung	Betrag in €
1.	Für eine Anzeige in den Neuburger Nachrichten erhalten wir eine Rechnung. Wir bezahlen sie mit Banküberweisung.	1.200,00
2.	Der Kunde Maierhofer begleicht eine Rechnung bar.	500,00
3.	Wir bezahlen eine Rechnung unseres Lieferanten Lamprecht KG durch Banküberweisung.	1.000,00
4.	Von uns nicht genutzte Geschäftsräume haben wir an die Barollo GmbH vermietet. Wir erhalten ihre Monatsmiete bar.	2.800,00
5.	Wir überweisen für zwei Teilzeitkräfte deren Monatsgehalt.	1.200,00
6.	Die Bank schreibt uns Zinsen für eine langfristige Kapitalanlage gut.	1.400,00
7.	Der Bondrucker ist defekt und wird durch ein neues Modell ersetzt, das wir bar bezahlen.	400,00
8.	Unser Bankkonto wird mit Zinsen für ein Darlehen belastet.	140,00

Buchungssätze zu den Geschäftsvorfällen (Spaltenform)

1.

Konto	Soll	Haben
Werbung	1.200,00 €	
Bank		1.200,00 €

2.

Konto	Soll	Haben
Kasse	500,00 €	
Forderungen aLL		500,00 €

3.

Konto	Soll	Haben
Verbindlichkeiten aLL	1.000,00 €	
Bank		1.000,00 €

4.

Konto	Soll	Haben
Kasse	2.800,00 €	
Erträge aus Vermietung		2.800,00 €

5.

Konto	Soll	Haben
Gehälter	1.200,00 €	
Bank		1.200,00 €

6.

Konto	Soll	Haben
Bank	1.400,00 €	
Zinserträge		1.400,00 €

7.

Konto	Soll	Haben
Kassensysteme	400,00 €	
Kasse		400,00 €

8.

Konto	Soll	Haben
Zinsaufwendung	140,00 €	
Bank		140,00 €

Eröffnen der Bestandskonten und Buchen der Geschäftsvorfälle

Aktivkonten

S	Gebäude		H
AB	110.000,00 €	SB	110.000,00 €

S	Geschäftsausst.		H
AB	10.000,00 €	SB	10.000,00 €

S	Kassensysteme		H
AB	3.500,00 €	SB	3.900,00 €
7	400,00 €		
	3.900,00 €		3.900,00 €

S	Forderungen aLL		H
AB	1.000,00 €	2	500,00 €
		SB	500,00 €
	1.000,00 €		1.000,00 €

S	Bank		H
AB	7.000,00 €	1	1.200,00 €
6	1.400,00 €	3	1.000,00 €
		5	1.200,00 €
		8	140,00 €
		SB	4.860,00 €
	8.400,00 €		8.400,00 €

S	Kasse		H
AB	1.500,00 €	7	400,00 €
2	500,00 €	SB	4.400,00 €
4	2.800,00 €		
	4.800,00 €		4.800,00 €

Passivkonten

S	Eigenkapital		H
SB	23.660,00 €	AB	22.000,00 €
		GuV	1.660,00 €
	23.660,00 €		23.660,00 €

S	Darlehen		H
AB	100.000,00 €	SB	100.000,00 €

S	Verbindl. aLL		H
3	1.000,00 €	AB	11.000,00 €
SB	10.000,00 €		
	11.000,00 €		11.000,00 €

Aufwandskonten

S	Gehälter		H
5	1.200,00 €	GuV	1.200,00 €

S	Werbung		H
1	1.200,00 €	GuV	1.200,00 €

S	Zinsaufwendungen		H
8	140,00 €	GuV	140,00 €

Ertragskonten

S	Mieterträge		H
GuV	2.800,00 €	4	2.800,00 €

S	Zinserträge		H
GuV	1.400,00 €	6	1.400,00 €

Abschluss des Gewinn- und Verlustkontos

S	GuV-Konto		H
Gehälter	1.200,00 €	Mieterträge	2.800,00 €
Werbung	1.200,00 €	Zinserträge	1.400,00 €
Zinsaufwendungen	140,00 €		
Reingewinn	1.660,00 €		
	4.200,00 €		4.200,00 €

Erstellen der Schlussbilanz nach Abgleich mit den Ist-Werten

S	Schlussbilanz zum 31.12. ..		P
Gebäude	110.000,00 €	Eigenkapital	23.660,00 €
Geschäftsausstattung	10.000,00 €	Bankdarlehen	100.000,00 €
Kassensysteme	3.900,00 €	Verbindl. aLL	10.000,00 €
Forderungen aLL	500,00 €		
Bank	4.860,00 €		
Kasse	4.400,00 €		
	133.660,00 €		133.660,00 €

■ AKTION ■

1 Führen Sie einen Geschäftsgang auf T-Konten mit Bestands- und Ergebniskonten durch.

Aufgaben:
1. Erstellen Sie die Eröffnungsbilanz.
2. Eröffnen Sie die Bestandskonten mit den Anfangsbeständen.
3. Bilden Sie die Buchungssätze aufgrund der Geschäftsvorfälle.
4. Übertragen Sie die Buchungen auf die entsprechenden Bestands- und Ergebniskonten.
5. Nehmen Sie die Abschlussbuchungen vor.
6. Erstellen Sie die Schlussbilanz (IST-Werte ≙ Buchwerten).

Anfangsbestände:

Betriebs- und Geschäftsausstattung	138.000,00 €
Forderungen aLL	2.000,00 €
Bankkonto	5.800,00 €
Kasse	2.800,00 €
Verbindlichkeiten aLL	24.000,00 €
Darlehen bei der Bank	40.000,00 €
Eigenkapital	84.600,00 €

Geschäftsvorfälle:

1. Barzahlung für Werbeplakat	280,00 €
2. Zinsgutschrift der Bank	780,00 €
3. Überweisung wegen Lieferantenrechnung	1.050,00 €
4. Zahlung der Mitarbeitergehälter durch Banküberweisung	3.500,00 €

5. Gutschrift einer Provision auf Bankkonto	2.900,00 €
6. Mietzahlung durch Scheck	1.600,00 €
7. Kunde zahlt Rechnung bar	800,00 €

2 Bilden Sie zu den nachstehenden Geschäftsvorfällen die Buchungssätze.

Nr.	Geschäftsvorfall	Betrag in €
1.	Barzahlung der Garagenmiete für Firmenlieferwagen.	120,00
2.	Überweisung der Müllgebühren vom Bankkonto.	240,00
3.	Barkauf von Postwertzeichen.	26,00
4.	Zahlung einer Rechnung eines Betriebsberaters mit Scheck.	350,00
5.	Bewirtung ausländischer Geschäftsfreunde bar.	180,00
6.	Banküberweisung für Zeitungsanzeige.	245,00
7.	Reparaturrechnung für Ladenkasse bar bezahlt.	160,00
8.	Abbuchung der Leasinggebühren für Kopiergerät.	145,00
9.	Bezahlung des Jahresbeitrags zur IHK.	65,00
10.	Gutschrift einer Provision durch Lieferanten.	250,00

Auszug aus dem Kontenplan für den Einzelhandel:

Kontobezeichnung	Kontobezeichnung
Abfallentsorgung	Leasing
Bank	Miete
Beiträge zu Wirtschaftsverbänden und Berufsvertretungen	Postgebühren
Bewirtung	Provisionserträge
Forderungen aLL	Rechts- und Beratungsaufwendungen
Fremdinstandhaltung	Verbindlichkeiten aLL
Gehälter	Werbung
Kasse	Zinserträge

3 Eröffnen Sie die Konten, buchen Sie die Geschäftsvorfälle und schließen Sie die Konten ab.

A	Bilanz Vorjahr		P
I. Anlagevermögen		I. Eigenkapital	111.200,00 €
1. Geschäftsgebäude	95.000,00 €	II. Verbindlichkeiten	
2. Geschäftsausstattung	16.000,00 €	1. Darlehen	60.000,00 €
3. Fuhrpark	25.000,00 €	2. Verbindlichkeiten	32.800,00 €
II. Umlaufvermögen			
1. Waren	34.000,00 €		
2. Forderungen	11.500,00 €		
3. Bank	15.800,00 €		
4. Kasse	6.700,00 €		
	204.000,00 €		204.000,00 €

Nr.	Geschäftsvorfälle	Betrag in €
a)	Bankgutschrift für Zinsen	900,00
b)	Barkauf von Waren	1.600,00
c)	Überweisung der Löhne	7.800,00
d)	Überweisung für Darlehenstilgung für Darlehenszinsen	5.000,00 300,00
e)	Kunde begleicht Rechnung mittels Scheck	3.700,00
f)	Bankgutschrift für Provisionen	500,00
g)	Verkauf alter Büromöbel	2.400,00
h)	Kauf eines neuen Pkw auf Rechnung	17.800,00
Warenschlussbestand:		32.500,00

4 Erstellen Sie die Eröffnungsbilanz, eröffnen Sie die Konten, buchen Sie die Geschäftsvorfälle und schließen Sie die Konten ab.

Anfangsbestände:

Geschäftsgebäude 120.000,00 €, Geschäftsausstattung 27.000,00 €, Fuhrpark 23.000,00 €, Waren 45.000,00 €, Forderungen 17.300,00 €, Bankguthaben 19.300,00 €, Kasse 8.600,00 €, Eigenkapital 138.900,00 €, Darlehen 80.000,00 €, Verbindlichkeiten 41.300,00 €

Nr.	Geschäftsvorfälle	Betrag in €
a)	Bankgutschrift für Zinsen	1.100,00
b)	Barkauf von Waren	2.300,00
c)	Überweisung der Löhne	12.300,00
d)	Überweisung für Darlehenstilgung für Darlehenszinsen	5.000,00 450,00
e)	Überweisung eines Kunden	5.200,00
f)	Bankgutschrift für Provisionen	400,00
g)	Barzahlung für Parkplatzmiete	700,00
h)	Überweisung für Reparatur des Lieferwagens	1.900,00
i)	Unser Mieter überweist die Miete	1.000,00
j)	Überweisung an einen Lieferanten	1.400,00
k)	Barkauf von Briefmarken	250,00
l)	Barverkauf eines alten Lagerregals	650,00
m)	Zielkauf eines neuen Computers	3.200,00
n)	Barverkauf von alten Computern	2.700,00
o)	Verkauf eines alten Lkw auf Ziel	8.400,00
p)	Aufstockung des Bankdarlehens durch Bankgutschrift	10.000,00
q)	Rücksendung falsch gelieferter Ware an den Lieferanten	200,00
Schlussbestand an Waren:		47.100,00

4 Kontenrahmen und Kontenplan

Ordnung ist das halbe Leben!

■ SITUATION

Christiane Binder hat sich mit einer kleinen Mode-Boutique selbstständig gemacht.

Als Existenzgründerin im Einzelhandel macht sie sich Gedanken über die Organisation ihrer Buchführung. Als ersten Schritt hat sie sich einen guten Steuerberater ausgesucht. Dieser empfiehlt ihr folgenden Ablauf: „Wir richten uns nach dem Kontenrahmen des Einzelhandels, darin sind alle Konten enthalten, die wir brauchen! Daraus suchen wir uns diejenigen Konten aus, die wir für die laufenden Geschäftsvorfälle benötigen, dann haben wir unseren individuellen Kontenplan!"

Wie ist der Kontenrahmen des Einzelhandels aufgebaut?

■ Kontenrahmen

Um diese Übersichtlichkeit und Vergleichbarkeit zu erreichen, wird eine Vielzahl von Konten angesprochen. Ein systematischer Aufbau der verwendeten Konten und deren Vereinheitlichung erleichtern die Erreichung dieser Ziele.

Die Zusammenstellung verschiedener Konten und ihre Zusammenfassung in bestimmte Gruppen, die sogenannten Kontenklassen, bezeichnet man als **Kontenrahmen.**

Der vom Hauptverband des deutschen Einzelhandels entwickelte **Einzelhandelskontenrahmen (EKR)** enthält alle Konten, die für die Buchführung eines Einzelhandelsunternehmens benötigt werden. **In diesem Buch wird eine gekürzte Fassung für den Unterricht verwendet.**

■ Aufbau des Schulkontenrahmens für den Einzelhandel

 Hinweis: Um die folgenden Ausführungen nachvollziehen zu können, klappen Sie bitte den Schulkontenrahmen für den Einzelhandel im hinteren Buchrücken auf.

Der EKR ist nach dem **Abschlussgliederungsprinzip** aufgebaut, d. h., die Gliederung des Kontenrahmens orientiert sich an der gesetzlich vorgeschriebenen Gliederung des Jahresabschlusses.

Die **Einteilung** entspricht dem **Zehnersystem.** Sie erfolgt zunächst in zehn Kontenklassen:

Kontenklasse	Konteninhalte	Kontenart
0	Anlagevermögen: Immaterielle Vermögensgegenstände und Sachanlagen *(Lizenzen, Grundstücke, Gebäude)*	**aktive Bestandskonten**
1	Anlagevermögen: Finanzanlagen *(Beteiligungen, Wertpapiere)*	**aktive Bestandskonten**
2	Umlaufvermögen *(Warenbestände, Forderungen aLL, Bankguthaben)*	**aktive Bestandskonten**
3	Eigenkapital und Rückstellungen	**passive Bestandskonten**
4	Verbindlichkeiten *(Bankdarlehen, Verbindl. aLL)*	**passive Bestandskonten**
5	Erträge *(Umsatzerlöse, Zinserträge)*	**Ergebniskonten**
6	Betriebliche Aufwendungen *(Aufwendungen für Waren, Gehälter, Reinigung)*	**Ergebniskonten**
7	Weitere Aufwendungen *(Steuern)*	**Ergebniskonten**
8	Ergebnisrechnungen *(Eröffnungsbilanzkonto, Schlussbilanzkonto, GuV-Konto)*	**Abschlusskonten**
9	Kosten- und Leistungsrechnung	**keine Konten**

Die weitere Unterteilung erfolgt ebenfalls nach dem Zehnersystem:

> Jede Kontenklasse ist in 10 **Kontengruppen** (zweistellig nummeriert) eingeteilt.
> Jede Kontengruppe ist in 10 **Kontenarten** (dreistellig nummeriert) eingeteilt.
> Jede Kontenart ist in 10 **Kontenunterarten** (vierstellig nummeriert) eingeteilt.

》》 Beispiel:

Bezeichnung	Stellen	Beispiel	
Kontenklasse	**ein**stellig	**6**	Betriebliche Aufwendungen
Kontengruppe	**zwei**stellig	**60**	Aufwendungen für bezogene Waren
Kontenart	**drei**stellig	**600**	Aufwendungen für Waren (Gruppe 1)
Kontenunterart	**vier**stellig	**6001** **6002**	Bezugskosten (Gruppe 1) Nachlässe (Gruppe 1)

Jedes Konto des Kontenrahmens hat somit eine **eindeutige** Kontonummer und Kontobezeichnung.

! **Hinweis:** Sprich: „sechs, null, null, eins, Bezugskosten"

■ Kontenplan

■ SITUATION

Für die Boutique von Frau Binder wird aus dem Einzelhandelskontenrahmen ein individueller Kontenplan erstellt.

Ausschnitt aus dem **Einzelhandelskonten-rahmen:**			Ausschnitt aus dem **Kontenplan** für Frau Binders Unternehmen:	
	Umlaufvermögen		Kontonummer	Kontenbezeichnung (Klasse 2)
	28	Flüssige Mittel	...	...
	280	Kreditinstitute (Bank)		
			2800	Neuburger Bank
			2801	Sparkasse Neuburg
			2802	Handelsbank Neuburg
	282	Kasse		
	29	Aktive Rechnungsabgrenzung	...	...

(Die linke Spalte enthält vertikal: **Kontenklasse 2**)

Wie könnte Frau Binder das Konto 081 Ladenausstattung in drei Unterkonten gliedern?

■ INFORMATION

Der **Kontenrahmen** führt alle Konten auf, die ein Einzelhandelsbetrieb benötigen könnte. Auf dieser Grundlage werden für das einzelne Unternehmen diejenigen Konten ausgesucht, die den betriebseigenen Belangen entsprechen.

Dabei berücksichtigt man die jeweilige Branche, Größe und Organisation des Unternehmens sowie seine Rechtsform. Ziel ist es, einen genau auf das Unternehmen zugeschnittenen Kontenplan zu erstellen, der nur diejenigen **Konten** des Kontenrahmens enthält, die das Unternehmen auch **tatsächlich benötigt.**

Einzelhandelskontenrahmen (EKR)	
Kontenplan Christiane Binder e. K. nach EKR	Kontenplan Hesser-Moden e. K. nach EKR
Kontenplan Action & Fun GmbH nach EKR	Kontenplan ... nach EKR

■ Buchen mit Kontenrahmen und Kontenplan

Nach Einführung des Kontenrahmes werden die Buchungssätze ab jetzt zusätzlich zur Kontenbezeichnung mit der Kontonummer versehen. Die Kontonummer wird vor die Kontenbezeichnung gesetzt.

■ Buchung unter Angabe der Kontonummern

》 **Beispiel mit Lösung:** Frau Binder kauft ein Kopiergerät zu 1.250,00 € und bezahlt die Rechnung durch Banküberweisung.

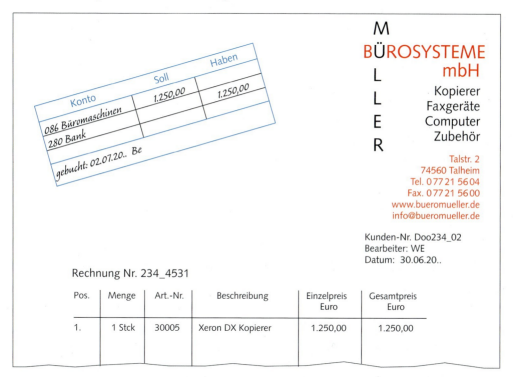

Konto	Soll	Haben
086 Büromaschinen	1.250,00	1.250,00
280 Bank		

gebucht: 02.07.20.. Be

M
BÜROSYSTEME
mbH
L
L Kopierer
E Faxgeräte
R Computer
Zubehör

Talstr. 2
74560 Talheim
Tel. 077 21 56 04
Fax. 077 21 56 00
www.bueromueller.de
info@bueromueller.de

Kunden-Nr. Doo234_02
Bearbeiter: WE
Datum: 30.06.20..

Rechnung Nr. 234_4531

Pos.	Menge	Art.-Nr.	Beschreibung	Einzelpreis Euro	Gesamtpreis Euro
1.	1 Stck	30005	Xeron DX Kopierer	1.250,00	1.250,00

Buchungssatz mit Verbindungswort „an"

Soll		an	Haben	
086 Büromaschinen	1.250,00 €	an	280 Bank	1250,00 €

Buchungssatz in Spaltenform

Konto	Soll	Haben
086 Büromaschinen	1.250,00 €	
280 Bank		1250,00 €

■ AKTION

Benutzen Sie zur Lösung der Aufgaben den beigefügten Kontenrahmen.

1 Erläutern Sie die Gliederung der Kontonummer 615.

2 Welche Nummern sind folgenden Konten im Schulkontenrahmen Einzelhandel zugeordnet:
a) Fuhrpark, b) Bebaute Grundstücke, c) Forderungen an Mitarbeiter, d) Ladenausstattung,
e) Eigenkapital, f) Umsatzerlöse für Waren, g) Gehälter.

3 In welchen Kontenklassen finden Sie Bestandskonten, Ergebniskonten, Abschlusskonten?

4 Erläutern Sie mit eigenen Worten das Abschlussprinzip der Klassen 0 bis 8 im EKR.

5 Geben Sie ein Beispiel für eine Kontenplangliederung eines Einzelhandelsunternehmens mit vier Filialen aus dem Lebensmittelbereich für die Kontengruppe 50.

6 Bilden Sie die Buchungssätze zu folgenden Geschäftsvorfällen:

Nr.	Geschäftsvorfall	Betrag in €
1.	Bareinzahlung auf das Bankkonto	500,00
2.	Barabhebung von der Bank	200,00
3.	Bezahlung einer Anzeige durch Überweisung	850,00
4.	Verkauf einer Ladentheke bar	600,00
5.	Kundenzahlung durch Überweisung	200,00
6.	Lastschrifteinzug für Telefonrechnung	185,00
7.	Gehälter werden bar (500,00 €) und durch Überweisung (2.500,00 €) bezahlt.	3.000,00
8.	Zinsgutschrift der Bank	180,00
9.	Banküberweisung an Lieferanten	2.800,00
10.	Barkauf von Büromaterial	200,00
11.	Lastschrifteinzug für Strom	350,00
12.	Lastschrifteinzug für Überziehungszinsen	180,00
13.	Überweisung der Lagermiete	350,00
14.	Überweisung der Rechnung für Autoreparatur	875,00

7 Erläutern Sie anhand der Kontenklasse 2 Kontengruppe, Kontenart und Kontounterart an einem Beispiel Ihrer Wahl.

8 Lassen Sie sich den individuellen Kontenplan Ihres Ausbildungsbetriebes aushändigen und vergleichen Sie diesen mit dem zugrunde liegenden Kontenrahmen.

9 Beschreiben Sie, wie der Kaufmann aus einem Kontenrahmen einen Kontenplan erstellt.

10 Welche Vorteile hat ein einheitlicher Kontenrahmen für ein Einzelhandelsunternehmen?

5 Warenbewegungen im Einzelhandelsunternehmen

Günstig einkaufen und mit Gewinn verkaufen, so muss es sein!

■ SITUATION

Christiane Binder ist völlig überrascht. Seit die S-Bahn eine Haltestelle direkt vor ihrer Ladentür hat, hat sie in ihrer Mode- und Accessoire Boutique fast doppelt so viele Warenumsätze. Eigentlich ist das ja sehr erfreulich, denn endlich läuft der Laden. Aber das heißt natürlich für die Inhaberin neben dem eigentlichen Verkauf: Waren bestellen, Waren kalkulieren, Bestände kontrollieren und alle Geschäftsvorfälle natürlich auch buchen. Das ist viel Arbeit, die aber durch den Erfolg belohnt wird.

© MEV Agency UG

 Beschreiben Sie das Kerngeschäft der Einzelunternehmerin Christiane Binder.

5.1 Warenbuchungen

■ SITUATION

Das Fahrradgeschäft „2-Rad" verkaufte im Laufe des Geschäftsjahres 25 Trekkingräder. Im gleichen Zeitraum wurden nochmals 10 Trekkingräder derselben Marke und Ausführung beschafft.

© MEV Agency UG

 Welche Probleme entstehen, wenn zur Buchung beider Geschäftsvorfälle nur das Konto 200 Waren zur Verfügung steht?

■ INFORMATION

Wareneinkauf und **Warenverkauf** gehören zum **Kerngeschäft** des Einzelhandels. Fast immer hat der Einzelhändler auch einen gewissen Bestand an Waren. Er verkauft diesen ganz oder teilweise und ordert dann im Laufe des Geschäftsjahres wieder neue Ware. Die häufigsten **Warenbewegungen** sind dementsprechend:

 Wareneinkauf:
Er erhöht den Bestand. **Wareneinkäufe** stellen für das Unternehmen einen **Aufwand** dar.

 Warenverkauf:
Er reduziert den Bestand. **Warenverkäufe** stellen für das Unternehmen einen **Ertrag** dar.

Bisher wurden Wareneinkäufe und -verkäufe wertmäßig gleich auf dem Warenbestandskonto gebucht. Da Wareneinstands- und verkaufspreise aber unterschiedlich hoch sind, werden in der Praxis getrennte Konten geführt.

Buchungen im Warenbereich

Wareneinkauf	**Warenverkauf**
unter Berücksichtigung von Anschaffungs-nebenkosten (Bezugskosten, Einfuhrzölle, Verpackungskosten usw.)	unter Berücksichtigung von Warenvertriebs-kosten (Frachten, Skonto, Postgebühren, Anfuhr- und Abladekosten usw.)

5.2 Betriebswirtschaftliches Ziel der Warenverkäufe

Ziel der Warenverkäufe eines Unternehmens ist es, einen positiven Erfolg zu erreichen. Der dabei ablaufende **Geschäftsprozess** hat üblicherweise folgendes **Schema:**

1. Ware wird zu einem bestimmten Preis eingekauft **(Einkaufspreis).**

2. Nachlässe **(Rabatt und Skonto)** werden abgezogen.

3. Die Kosten für den Bezug der Ware **(Bezugskosten)** werden hinzugerechnet.

4. Das Ergebnis ist der Preis, den der Kaufmann tatsächlich bezahlen muss **(Einstands- oder Bezugspreis).**

5. Dann werden die Kosten hinzugerechnet, die der Kaufmann in der Zeit zwischen Einkauf und Verkauf aufbringen muss, beispielsweise Lagerungskosten, Vertriebskosten oder Verwaltungs-kosten **(Handlungskosten).**

6. Das Ergebnis ist der **Selbstkostenpreis.**

7. Werden dann noch der **Gewinnzuschlag** und die **Umsatzsteuer** hinzugerechnet, erhält man den **Laden-Verkaufspreis.**

» **Beispiel:** Im laufenden Geschäftsjahr werden die Rennräder beim Fahrradladen „2-Rad" zu einem Preis von 1.130,00 € angeboten.

Grundlage ist dabei folgende Kalkulation (nach Abzug von Rabatt und Skonto):

	Barverkaufspreis	620,00 €	
+	Bezugskosten	50,00 €	
=	Einstands- oder Bezugspreis	670,00 €	Aufwendungen
+	Handlungskosten	160,00 €	
=	Selbstkostenpreis	830,00 €	
+	Gewinnzuschlag	300,00 €	
=	Verkaufspreis	1.130,00 €	Erträge

5.3 Konten der Warenbuchungen

Da durch den Warenverkauf Handlungskosten entstehen und **Gewinn** erzielt werden soll, müssen die Waren zu einem **höheren** Preis verkauft werden, als sie eingekauft wurden.

Zur **Gewinnermittlung** muss man den **Erlösen** aus den **Warenverkäufen** die **Aufwendungen** für die **Warenbeschaffung** gegenüberstellen.

Außerdem sind die Warenbestände zu Beginn und am Ende eines Geschäftsjahres festzustellen.

Im Rahmen der Buchführung wird der **Warenverkehr** daher auf mindestens **drei Konten** geführt:

Konto für den Warenverkauf:	500 Umsatzerlöse für Waren (Ertragskonto)
Konto für den Wareneinsatz:	600 Aufwendungen für Waren (Aufwandskonto)
Konto für den Warenbestand:	200 Waren (aktives Bestandskonto)

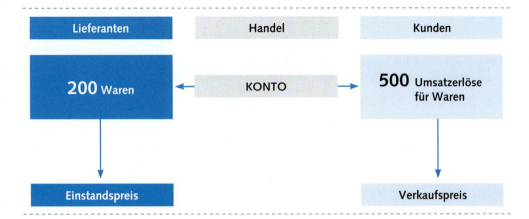

>> **Beispiel mit Lösung:** Beim Musikhandel Melody KG ist die neue Love-Songs-CD ein Verkaufshit. Die Stern GmbH nimmt die neue CD zum Preis von 12,00 € ab. Die Medion Markt GmbH zahlt 11,00 € je CD.

© MEV Agency UG

Folgende Zahlen liefert die Buchhaltung der Melody KG über die neue CD:

	Datum	Geschäftsvorfall	Stück	Stückpreis in €	Wert in €
	01.01...	Lagerbestand laut Inventur	10 000	7,00	70.000,00
(1)	02.01...	Einkauf auf Ziel	5 000	7,00	35.000,00
(2)	05.01...	Zielverkauf an Stern GmbH	4 000	12,00	48.000,00
(3)	06.01...	Zielverkauf an Medion Markt GmbH	3 000	11,00	33.000,00
	31.01...	Lagerbestand lt. Inventur	8 000	7,00	56.000,00

1. Ermittlung des Warenrohgewinns für eine CD.

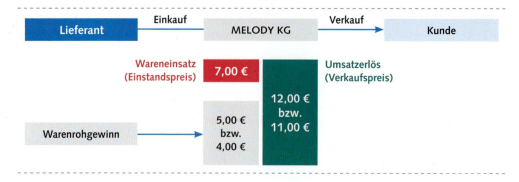

2. Ermittlung des Warenrohgewinns insgesamt für die MELODY KG.

Zuerst werden die Geschäftsvorfälle im Grundbuch (Journal) erfasst.

Fall	Konten	Soll (€)	Haben (€)
1)	200 Waren	35.000,00	
	an 440 Verbindlichkeiten aLL		35.000,00
2)	240 Forderungen aLL	48.000,00	
	an 500 Umsatzerlöse		48.000,00
3)	240 Forderungen aLL	33.000,00	
	an 500 Umsatzerlöse		33.000,00

Anschließend erfolgt die Erfassung der Geschäftsvorfälle im Hauptbuch.

S	200 Waren (CD)		H
AB 10.000 CDs je 7,00 €	70.000,00 €	SB 8.000 CDs je 7,00 €	56.000,00 €
1) 5.000 CDs je 7,00 €	35.000,00 €	Saldo (4.000 + 3.000) je 7,00 €	49.000,00 €
	105.000,00 €		105.000,00 €

S	500 Umsatzerlöse (CD)		H
802 GuV	81.000,00 €	2) 4.000 CDs je 12,00 €	48.000,00 €
		3) 3.000 CDs je 11,00 €	33.000,00 €
	81.000,00 €		81.000,00 €

S	600 Aufwendungen für Waren (CD)		H
200 Waren CDs	49.000,00 €	Saldo	49.000,00 €

S	802 GuV		H
600 Aufwendungen für Waren CDs	49.000,00 €	500 Umsatzerlöse CDs	81.000,00 €
Warenrohgewinn	32.000,00 €		

> **!** **Hinweis:** Ermittlung des **Warenrohgewinns:**
> Umsatzerlöse – Wareneinsatz (= Aufwendungen für Waren)
> (81.000,00 € – 49.000,00 € = **32.000,00 €**)

Aus der Überlegung heraus, dass die Waren einen Bestand darstellen, aber auch einen Aufwand als Wareneinsatz zur Erzielung von Umsätzen haben, werden drei Warenkonten benötigt. Dabei gibt es zwei mögliche Vorgehensweisen: Die **verbrauchsorientierte** und die **bestandsorientierte** Methode.

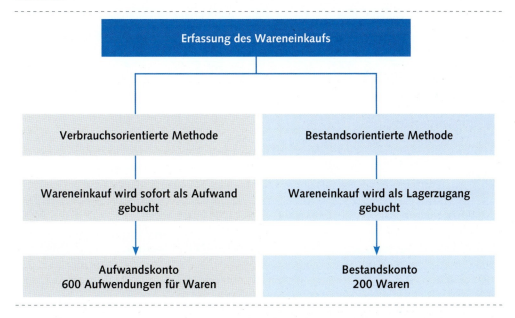

> **!** **Hinweis:** Der Bildungsplan für Baden-Württemberg sieht bei Buchungen von Wareneinkäufen ausschließlich die bestandsorientierte Methode vor. Deshalb wird die verbrauchsorientierte Methode nur kurz als Exkurs dargestellt.

5.4 Buchen nach der verbrauchsorientierten Methode (Exkurs)

Bei der Anwendung der verbrauchsorientierten Methode wird davon ausgegangen, dass der Einzelhändler die beschafften Waren nur für kurze Zeit einlagert (Verkaufslager). Das Ziel ist die Waren so schnell wie möglich zu verkaufen (hoher Lagerumschlag). Eine lange Lagerhaltung kann in vielen Branchen dadurch vermieden werden, dass mithilfe der Warenwirtschaftssysteme eine sehr kurzfristige, am Bedarf orientierte, Warenbestellung möglich ist („just-in-time-Prinzip"). Für die Buchung der Warengeschäfte bei diesem Verfahren heißt dies: Die **eingekaufte Ware** wird **sofort** als **Aufwand** erfasst und nicht als Zugang im Bestandskonto Waren gebucht.

■ Warenkonto

Das Konto **Waren** ist ein aktives Bestandskonto und zeigt lediglich im Soll den Anfangsbestand (Lagerbestand zu Beginn der Abrechnungsperiode) und im Haben den Schlussbestand laut Inventur (Lagerbestand am Ende der Abrechnungsperiode). Eine Bestandsveränderung löst eine Korrektur des Warenaufwands aus.

■ Aufwendungen für Waren (Warenaufwandskonto)

Werden Waren **eingekauft,** so werden diese auf dem Konto **Aufwendungen für Waren** gebucht.

>> **Beispiel:** Wareneinkauf auf Ziel über 5.000,00 €

600 Aufwand f. Waren	5.000,00 €	an	440 Verbindlichkeiten aLL	5.000,00 €

S	600 Aufw. f. Waren	H		S	440 Verbindlichkeiten aLL	H
440 Verbindlichkeiten 5.000,00 €					600 Aufw. f. Waren 5.000,00 €	

■ Umsatzerlöse

Werden Waren **verkauft** wird auf dem Warenertragskonto **Umsatzerlöse** gebucht.

>> ... **Fortführung des Beispiels:** Wareneinkauf auf Ziel über 6.000,00 €

240 Forderungen aLL	6.000,00 €	an	550 Umsatzerlöse	6.000,00 €

S	240 Forderungen aLL	H		S	500 Umsatzerlöse	H
500 Umsatzerlöse 6.000,00 €					240 Forderungen aLL 5.000,00 €	

■ Abschluss der Warenkonten

Zunächst wird das **Warenkonto** abgeschlossen. Eine Bestandsveränderung wird auf das Konto Aufwendungen für Waren übertragen. Die Ergebniskonten **Aufwendungen für Waren** und **Umsatzerlöse** werden dann über das GuV-Konto abgeschlossen. Dort ergibt sich als Differenz der beiden Beträge der **Warenrohgewinn** bzw. der **Warenrohverlust.** Der Warenrohgewinn stellt einen Teil der Handelsspanne dar, ohne dass weitere Aufwendungen *(Personal-, Energie-, Gebäude-, Zinsaufwendungen)* berücksichtigt sind.

》》 ... **Fortführung des Beispiels** bei unterschiedlichen Inventurbeständen (Hinweis: Die Kontobezeichnung „Aufwendungen für Waren" wird hier mit „AfW" abgekürzt).

a) keine Bestandsveränderung

b) Bestandsmehrung um 3.000,00 €

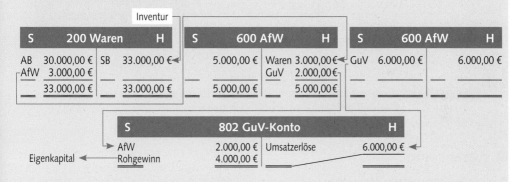

c) Bestandsminderung um 2.000,00 €

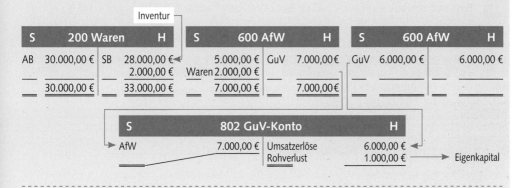

5.5 Buchen nach der bestandsorientierten Methode

Bei dieser Methode wird davon ausgegangen, dass die eingekaufte Ware zunächst ins Lager des Einzelhändlers übernommen wird. Daher erhöht der **Warenzugang** den **Warenbestand (Warenkonto)**. Aufgrund des Schlussbestandes laut Inventur ergibt sich als Saldo der Warenverkauf (Aufwand für Waren). Er weist die Bestände und deren Veränderung sowie als Saldo den Warenaufwand zu Einstandspreisen aus.

 Hinweis: Anfangsbestand + Zugang − Endbestand = Warenaufwand

Es wird somit auf drei Warenkonten gebucht.

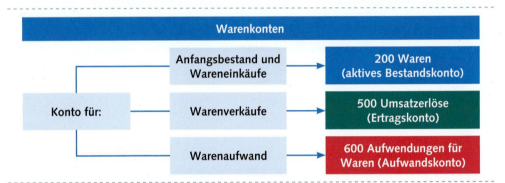

 Hinweis: Die Warenbuchungen erfolgen in diesem Lernfeld noch ohne Berücksichtigung der Umsatzsteuer. Buchungen unter Berücksichtigung der Umsatzsteuer werden im dritten Ausbildungsjahr im LF 14 ausführlich behandelt.

■ Warenkonto

Das Konto Waren ist ein Aktivkonto und zeigt im Soll den Anfangsbestand und als Zugänge die Einstandspreise der eingekauften Waren.

>> **Beispiel:** Anfangsbestand 25.000,00 €, Wareneinkauf auf Ziel über 5.000,00 €.

200 Waren	5.000,00 €	an	440 Verbindl. aLL	5.000,00 €

S	200 Waren	H		S	440 Verbindl. aLL	H
AB	25.000,00 €				200 Waren	5.000,00 €
440 Verbindlichk.	5.000,00 €					

■ Aufwendungen für Waren (Warenaufwandskonto)

Während des Jahres wird kein Warenaufwand gebucht. Dieser ergibt sich erst nach der Inventur als Saldo auf dem Warenkonto.

■ Umsatzerlöse

Der **Warenverkauf** wird auch bei der bestandsorientierten Methode auf dem Konto **Umsatzerlöse** erfasst.

>> **Beispiel:** Warenverkauf bar über 4.000,00 €.

282 Kasse	4.000,00 €	an	500 Umsatzerlöse	4.000,00 €

S	282 Kasse	H
AB	1.200,00 €	
500 Umsatzerlöse	4.000,00 €	

S	500 Umsatzerlöse	H
	282 Kasse	4.000,00 €

■ Abschluss der Warenkonten

Zunächst wird das **Warenkonto** abgeschlossen. Dort ergibt sich als Saldo der Warenabgang zu Einstandspreisen, also der **Wareneinsatz,** der auf das Konto Aufwendungen für Waren (AfW) übertragen wird. Danach werden die Ergebniskonten **Aufwendungen für Waren** und **Umsatzerlöse** über das GuV-Konto abgeschlossen. Dort wird als Differenz der beiden Beträge der **Warenrohgewinn** bzw. der **Warenrohverlust** sichtbar.

>> **... Fortführung des Beispiels:** Schlussbestand an Waren lt. Inventur 27.000,00 €.

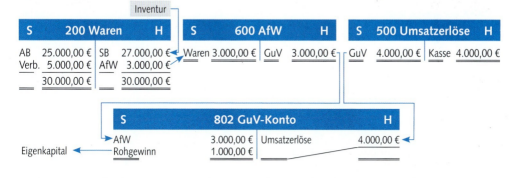

■ AKTION

1 Was versteht man unter dem Wareneinsatz und dem Warenumsatz?

2 Wie werden die Konten Umsatzerlöse für Waren und Aufwendungen für Waren abgeschlossen?

3 Wann erwirtschaftet ein Einzelhandelsunternehmen einen negativen Erfolg beim Warengeschäft?

4 Bilden Sie zu den folgenden Geschäftsvorfällen die Buchungssätze. Geben Sie neben dem Kontennamen auch die Kontennummer an.

Nr.	Geschäftsvorfall	Betrag in €
1.	Wareneinkauf auf Ziel	25.500,00
2.	Wareneinkauf gegen Bankscheck	4.500,00
3.	Warenverkauf bar	345,00
4.	Verkauf eines gebrauchten Druckers bar	200,00
5.	Einkauf von Büromaterial bar	55,00
6.	Kauf eines Warenkundebuches für Ausbildungszwecke bar	65,00
7.	Bezahlung einer Warenlieferung durch Bankscheck (2/3) und auf Ziel (1/3).	3.000,00
8.	Kauf eines Lieferwagens auf Ziel	25.000,00
9.	Warenverkauf auf Ziel	150,00
10.	Buchung der Tageslosung	12.000,00
11.	Vierteljährliche Zinsbelastung für Darlehen	1.560,00
12.	Eingangsrechnung für Warenlieferung	2.875,00

5 a) Welche Geschäftsvorfälle liegen den folgenden Buchungssätzen zugrunde?

Nr.	Buchungssatz	Betrag in €
1.	Waren an Bank	2.000,00
2.	Bank an Kasse	500,00
3.	Bank an Umsatzerlöse	870,00
4.	Kasse an Umsatzerlöse	6.450,00
5.	Waren an Verb. aLL (1.000,00) und Bank (850,00)	1.850,00
6.	Forderungen aLL an Umsatzerlöse	345,00

b) Ergänzen Sie die Kontonummern bei den Buchungssätzen.

6 Der Neuburger Getränkehändler Limber e. K. hat heute viel Betrieb gehabt. Es wurden 530 Kästen Schlossquell Mineralwasser geliefert; der Kasten zum Einstandspreis von je 3,15 €. Herr Limber hat diese Lieferung bar bezahlt. Dann wurden Cola und verschiedene Limonaden zum Gesamtpreis von 3.500,00 € angeliefert. Über diesen Betrag erhielt Herr Limber eine Rechnung mit einem Zahlungsziel von 10 Tagen. Anschließend kam die Lieferung der Brauerei: Pils, Weizen- und Exportbier für 2.400,00 €. Die Brauerei zieht den Betrag direkt vom Geschäftskonto ein.

Verkauft hat Herr Limber heute Mineralwasser für 1.005,00 €, Bier im Wert von 1.601,00 € und Limonaden zum Gesamtpreis von 365,00 €. Herr Limber verkauft nur gegen Barzahlung.

© MEV Agency UG

Nennen Sie die Buchungssätze der einzelnen Geschäftsvorfälle unter Angabe der Kontonummern des Einzelhandelskontenrahmens.

7 Bei der Inventur am Ende des Geschäftsjahres wurde bei Hesser-Moden e. K. festgestellt, dass der Ist-Bestand an Blusen höher ist als in der Bestandsführung des Warenwirtschaftssystems angegeben, dagegen aber der Bestand an Strumpfhosen niedriger ist als in der Bestandsführung angegeben.

a) Wie sind diese Differenzen zu erklären?

b) Welcher Bestand gilt?

8 Buchen Sie die folgenden Geschäftsvorfälle in einem Möbelhaus auf den entsprechenden Konten. Schließen Sie die Konten ab und berechnen Sie den Rohgewinn.

Bestände:

Kontonummer	Buchungssatz	Anfangsbestand in €
200	Waren	200.000,00
240	Forderungen aLL	25.000,00
280	Bank	6.500,00
282	Kasse	1.500,00
440	Verbindlichkeiten aLL	0,00
Schlussbestand gemäß Inventur		140.000,00

Nr.	Geschäftsvorfall	Betrag in €
1.	Buchung der Tageslosung vom Vortag	150.000,00
2.	Einzahlung der Tageslosung bei der Bank	150.000,00
3.	Eingangsrechnung für Küchenlieferung	20.000,00
4.	Verkauf einer Wohnwand und Sitzgruppe auf Rechnung	8.000,00
5.	Zielkauf von Schlafzimmern	24.000,00
6.	Barverkauf von Esszimmerstühlen	2.000,00

9 Festigen Sie Ihre Kenntnisse bei Warenbuchungen durch Lösen der folgenden Aufgaben.

Orientieren Sie sich an den folgenden Lösungsschritten:

a) Erstellen Sie eine Eröffnungsbilanz.

b) Eröffnen Sie die Bestandskonten.

c) Bilden Sie die Buchungssätze.

d) Buchen Sie entsprechend auf den Konten.

e) Schließen Sie die Konten ab.

f) Erstellen Sie eine Schlussbilanz (IST-Bestände ≙ Buchbestand).

Anfangsbestände	€	Anfangsbestände	€
Betriebs- u.Gesch.ausst.	85.000,00	Eigenkapital	?
Warenbestand	56.000,00	Verbindl. aLL	
Forderungen aLL	25.000,00		
Girokonto Sparkasse	8.000,00		
Kasse	3.600,00		

Geschäftsvorfälle:

Nr.	Geschäftsvorfall	Betrag in €
1.	Buchung der Tageslosung	18.000,00
2.	Warenverkauf mit Bezahlung durch Bankkarte	2.000,00
3.	Bareinzahlung auf Bankkonto	1.500,00
4.	Überweisung für Zeitungsanzeige	600,00
5.	Kunde zahlt Ware bar	450,00
6.	Warenlieferung wird bar bezahlt	2.600,00
7.	Warenlieferung auf Ziel	4.500,00
8.	Gehaltszahlung bar	550,00
9.	Abbuchung der Stromkosten	120,00
10.	Kauf von Büromaterial bar	125,00

Abschlussangaben: Warenbestand gemäß Inventur 48.000,00 €.

10 Das „Lerndomino" ist ein idealer Weg, um Gelerntes zu vertiefen und Strukturen zu bilden.

Erstellen Sie Karten mit Begriffen aus den vorgelernten Kapiteln, die als Grundlage für Ihr Lerndomino dienen. Die Anzahl der Karten ist beliebig und von der Größe der Spielgruppe abhängig. Es sollte jeder Mitspieler mindestens 8–10 Karten erhalten.

Das Lerndomino wird mit einer beliebigen Startkarte begonnen, dann werden die passenden Folgekarten angelegt, bis keine Karten mehr bei allen Mitspielern vorhanden sind. Beim Anlegen der Folgekarte ist der Zusammenhang ausführlich den Mitspielern zu erklären. Der Spieler, der keine Karten mehr hat, ist der Gewinner des Spiels.

》 Beispiele:

Dominokarten	Erklärung
Umsatzerlöse ↓	Startkarte
GuV-Konto ↓	Der Saldo des Kontos Umsatzerlöse wird auf dem GuV-Konto gegengebucht.
Gewinn ↓	Der Gewinn wird auf dem GuV-Konto durch das Gegenüberstellen von Aufwendungen und Erträgen (Erträge > Aufw.) ermittelt.
...	

11 Das Kartenspiel „Drei-leg-ab" hat zum Ziel, dass auf der ersten Karte der Geschäftsfall und auf den beiden folgenden Karten der Buchungssatz mit den richtigen Konten von einem Spieler abgelegt werden kann. Die Schüler sollten Spielkarten als Spielvorbereitung mit einem Geschäftsfall und den jeweiligen Kontennennungen des Buchungssatzes auf unterschiedliche Karten schreiben. Selbstverständlich können auch Joker-Karten zusätzlich eingesetzt werden.

Jeder Spieler erhält sieben Karten, der Rest liegt aufgestapelt und verdeckt in der Mitte. Jeder Spieler nimmt nach einer bestimmten Reihenfolge jeweils eine Karte und versucht einen vollständigen Kartensatz mit dem Geschäftsfall und den beiden Konten mit Soll-an-Haben-Buchung abzulegen. Sollten keine Karten mehr auf dem Stapel frei verfügbar sein, so gibt jeder Spieler immer eine Karte an seinen unmittelbaren Nachbarn weiter und versucht, eine sinnvolle Dreierkombination zu bilden. Der Spieler, der keine Spielkarten mehr hat, ist der Gewinner.

》 Beispiele:

Geschäftsfall	Soll-Buchung	Haben-Buchung
Wir verkaufen Waren auf Ziel	240 Ford aLL	500 Umsatzerlöse
Einkauf von Büromaterial bar	☺ JOKER ☺	282 Kasse

Schwerpunkt Gesamtwirtschaft (Kompetenzbereich WiSo)

Wirtschaftliches Handeln in der Sozialen Marktwirtschaft analysieren

1 Gesamtwirtschaftliche Rahmenbedingungen und Einflüsse auf das Einzelhandelsunternehmen analysieren

■ SITUATION ■

Die Reifen Roesch GmbH hat sich als nationaler Fachhändler einen hervorragenden Ruf erarbeitet. Die Umsätze sind aufgrund einer soliden Marketing-Strategie und des gesicherten inländischen Marktes stabil.

Der umtriebige geschäftsführende Gesellschafter Jürgen Roesch möchte nunmehr einerseits die Umsätze des Unternehmens erhöhen, andererseits ein „2. Standbein" schaffen, um in neuen Märkten zu bestehen.

Die folgende Anzeige führt bei Jürgen Roesch zu Überlegungen, einen neuen Geschäftszweig zu eröffnen.

Moderne Logistikkonzepte verlangen moderne Werkzeuge und innovative Denkstrukturen

Rund um das Auto

Alles in kompetenter Hand

Von der Anlieferung zur Entsorgung

**Für einen erfolgreichen Veranstalter –
für begeisterte Rennsportfans**

Ihr **Logistikkonzept** beinhaltet die komplette Versorgung und Entsorgung aller technischen Rennstallaktivitäten (Reifen, Schmier- und Treibstoffe, ...) während der neuen deutschen Formel X-Saison.

Ihr **kreatives Konzept** wird belohnt durch einen mehrjährigen **Exclusiv-Vertrag**, der für den gesamten deutschen Rennzyklus Gültigkeit hat.

Sie erfahren mehr unter ...

www.logistik-aktuell.service.de

Nach neueren Pressemitteilungen ist bekannt, dass in Politik und Rennsportverbänden die Absicht besteht, in Deutschland eine neue Rennserie einzurichten. Diese Rennserie soll einerseits ausgediente Militärflugplätze und andererseits auch einzelne Bergstrecken als Rennstrecken ausweisen. Gleichzeitig ist an den Bau von drei zusätzlichen Rennstrecken in Deutschland gedacht. Dabei sollen bevorzugt strukturschwache Gebiete ausgewählt werden. Innerhalb der angedachten „Rennparks" sollen darüber hinaus regelmäßig überregionale Großveranstaltungen stattfinden.

Gedacht ist auch, an den jeweiligen Renntagen Vorrennen zu starten, in denen Privatpersonen auf eigenen Fahrzeugen Ausscheidungsrennen fahren.

Das Problem der Akzeptanz in der Bevölkerung ist bekannt. Entsprechende Lobbyaktivitäten und vorhandene Marktstudien geben Anlass dazu, dass eine politische Umsetzung möglich sein wird.

Für seine unternehmerischen Aktivitäten dienen Jürgen Roesch mehrere Entscheidungsgrundlagen:

> Der Subventionsbericht der deutschen Bundesregierung, nach dem innovative Unternehmensgründungen staatlich gefördert werden.

> Die wirtschaftspolitische Lage und gegenwärtige Bedingungen am Kapitalmarkt.

> Eigene Einschätzungen aufgrund von Prognosen und wissenschaftlichen Untersuchungen bezüglich der zukünftigen Entwicklung in der Wirtschaftsstruktur Deutschlands und Europas.

> Die oben aufgeführte Anzeige in der Fachzeitschrift LOGISTIK AKTUELL.

Erarbeiten Sie im Rahmen des Unterrichts in einer Projektarbeit ein schlüssiges Konzept zur Umsetzung eines logistischen Dienstleistungsangebotes. Ziel ist es, einen tragfähigen und von möglichst vielen gesellschaftlichen Gruppen akzeptierten Vorschlag zu präsentieren.

Mögliche Inhalte:

> Termingerechte zentrale Lieferung und Bereitstellung von sämtlichen im Automobilrennsport benötigten Materialien (Reifen, Schmier- und Treibstoffe, Reinigungsmittel u.Ä.) für die verschiedenen Rennveranstaltungen in Deutschland. Später soll eine Ausdehnung auf ganz Europa vorgenommen werden.

> Gewährleistung einer ökologisch unbedenklichen und gleichzeitig ökonomisch sinnvollen Entsorgung von verbrauchten Stoffen, insbesondere von Schadstoffen bzw. Sondermüll.

> Stellen Sie auch dar, welche Marktsituation und welche wettbewerbliche Situation im vorgegebenen Fall vorliegt.

> Klären Sie in einem volkswirtschaftlichen Anhang die Auswirkungen auf verschiedene Problemkreise:

> > Arbeitslosigkeit;
> > Preisentwicklung;
> > Wirtschaftliche und strukturelle Entwicklung bestimmter Regionen.

Vorgehensweise:

> Bilden Sie entsprechende Arbeitsgruppen.

> Sammeln Sie Materialien und Informationen aus unterschiedlichen Informationsquellen.

> Führen Sie als Entscheidungsvorbereitung für Jürgen Roesch eine Podiumsdiskussion durch, in der die unterschiedlichen Positionen ausgetauscht werden. Halten Sie sich dabei an die vorgegebenen Rollenanweisungen. Bereiten Sie dieses Rollenspiel vor, indem Sie Argumente für Ihre Position suchen und strukturieren.

> Werten Sie dieses Rollenspiel in der Klasse aus und lassen Sie Ihre gefundene Auswertung in Ihr Logistikkonzept einfließen.

> Präsentieren Sie ein schlüssiges Konzept.

> Erarbeiten Sie die Auswirkungen, die sich aus volkswirtschaftlicher Sicht ergeben können.

Rollenkarten

Vertreter/-in einer Umweltschutzorganisation

**Ihre Rolle/
Ihre Argumente:** Sie vertreten die Organisation und deren Interessen:

> Kein Wachstum auf Kosten der Natur

> Einsatz für rohstoffschonende Produkte, Produktionsverfahren und Dienstleistungen

> Sie treten ein für konsequenten Umweltschutz

> ...

Vertreter/-in des Verbandes der Logistik-Dienstleister

**Ihre Rolle/
Ihre Argumente:** Sie vertreten die Organisation und deren Interessen:

> Unternehmensgründungen schaffen Arbeitsplätze

> Die logistische Kette schont Umwelt und Natur

> Wachstum ist notwendige Voraussetzung für eine Wohlstandsmehrung in einer modernen Industriegesellschaft

> ...

Herr Jürgen Roesch – Geschäftsführer mit Visionen

**Ihre Rolle/
Ihre Argumente:** Sie vertreten Ihre unternehmerischen Interessen:

> Schnelle Umsetzung einer Idee

> Unternehmerischen Ideen dürfen keine Grenzen gesetzt werden

> Fortschritt ist nur durch ein freies Unternehmertum möglich

> ...

Vertreter/-in des Wirtschaftsministeriums

**Ihre Rolle/
Ihre Argumente:** Sie sind der Vertreter des Staates, der regionale und wirtschaftspolitische Interessen äußert:

> Sicherung und Schaffung neuer Arbeitsplätze

> Erhaltung der schützenswerten Umwelt

> Wahrung des sozialen Friedens

> ...

Frau Dr. Karge, Repräsentantin der Behringer und Mai Consulting GmbH

**Ihre Rolle/
Ihre Argumente:** Sie vertreten die Ergebnisse einer Marktforschungsstudie zum Freizeitverhalten und ökologischen Bewusstsein in der Bevölkerung:

> Mediensportereignisse genießen hohe Akzeptanz in allen Bevölkerungsschichten

> Eigeninteressen werden gerade auch in der Bevölkerungsschicht bis 35 Jahre vor gesellschaftliche Interessen und Notwendigkeiten gestellt

> ...

1.1 Wirtschaftskreislauf

Ökonomische Beziehungen – wie können sie vereinfacht dargestellt werden?

■ SITUATION ■

Julian List arbeitet für die Wohnwelt GmbH und verdient monatlich 2.500,00 € brutto. Davon muss er an das Finanzamt (Staat) 300,00 € Steuern und an die Träger der Sozialversicherung Arbeitslosen-, Kranken-, Pflege- und Rentenversicherungsbeiträge in Höhe von 400,00 € entrichten. Es verbleiben ihm also zunächst 1.800,00 € netto im Monat, zu denen noch 328,00 € Kindergeld kommen, die der Arbeitgeber stellvertretend für das Arbeitsamt (Staat) auf sein Konto überweist. Für den Lebensunterhalt gibt er bei Einzelhandelsgeschäften monatlich 1.500 € aus. Miete muss er nicht bezahlen, weil er eine Etage im elterlichen Zweifamilienhaus bewohnt. Durchschnittlich 42,00 € pro Monat erhält er vom Staat als sogenannte Transferzahlungen (= Leistungen des Staates ohne unmittelbare Gegenleistung; z. B. staatliche Sparprämien). Vom Staat fließen anteilig 530,00 € Konsumausgaben (für Straßen- und Schulbau) an die Unternehmen, die ihrerseits durchschnittlich 200,00 € Steuern und Abgaben an den Staat zu entrichten haben.

1. Stellen Sie die stark vereinfachten Geldbewegungen zwischen der Familie List und den oben angesprochenen Institutionen in Form einer Grafik dar. Verwenden Sie hierfür die folgenden Symbole sowie die sich anschließenden Skizzen im Informationsteil.

Beteiligte	Sektor	Symbol
Familie List	Haushalt	H
Finanzamt Sozialversicherungsträger Arbeitsamt	Staat	ST
Einzelhandelsunternehmen Industriebetriebe Banken	Unternehmen	U_E U_I U_B

Darstellung einer Geldbewegung

allgemein
Vorgang und Betrag

Beispiel
Konsumausgaben 1.500 €

2. Prüfen Sie, ob die Geldein- und -ausgänge für jeden Sektor gleich groß sind, und ergänzen sowie erläutern Sie ggf. fehlende Geldströme.
3. Warum ist die entstandene Kreislaufdarstellung unvollständig?
4. Wozu werden Wirtschaftsordnungen modellhaft dargestellt?

■ INFORMATION ■

In der Bundesrepublik Deutschland gibt es fast drei Millionen Unternehmen. Deren Produkte und Dienstleistungen werden im Inland von ca. 40 Millionen privaten Haushalten, anderen Unternehmen sowie dem Staat und dem Ausland nachgefragt. In einer **Volkswirtschaft** stehen sich somit **Nachfrager** und **Anbieter** als Wirtschaftssubjekte gegenüber. Ihre Beziehungen zueinander sind sehr vielfältig.

Zwischen ihnen fließen außerdem ständig Ströme von Gütern und Geld hin und her.

Die **Gesamtheit** dieser **Beziehungen** und **Ströme** bezeichnet man als **Wirtschaftskreislauf.** Dabei handelt es sich um eine modellhafte, d. h. eine vereinfachte Darstellung der Wirtschaftsbeziehungen aller beteiligten Wirtschaftssubjekte.

Je nach Schwierigkeitsgrad des Modells wird zwischen einfachem, erweitertem und vollständigem Wirtschaftskreislauf unterschieden.

■ Gemeinsamkeiten beim Betrachten der verschiedenen Kreislaufmodelle

› Zusammenfassung bestimmter Wirtschaftsgruppen mit gleichartigen Interessen zu Sektoren. Dazu zählen:

Haushalte	Die privaten Haushalte stellen den Unternehmen Produktionsfaktoren zur Verfügung. Dies ist vor allem die Arbeitskraft. Außerdem erhalten die Unternehmen von den Haushalten Geld (Kapital) zur Finanzierung der Produktion sowie Grundstücke und Gebäude. Als Gegenleistung erhalten sie dafür Einkommen in Form von Gehältern, Zinsen und Mieten.

Unternehmen	Sie verkaufen Konsumgüter an die privaten Haushalte und erzielen dadurch Umsatzerlöse.
Staat	Bund, Länder und Gemeinden sowie die Träger der gesetzlichen Sozialversicherung.
Ausland	Ausländische Unternehmen, private Haushalte und Staaten.

Zusammenfassende Darstellung der Geldbewegungen als Geldströme und der Güterbewegungen als Güterströme, die jeweils entgegengesetzt verlaufen.

> Wertmäßig entsprechen für jeden Sektor die Geldzuflüsse den -abflüssen.

1.2 Einfacher Wirtschaftskreislauf

Beim **einfachen** Wirtschaftskreislauf erfolgt die Darstellung der **Wirtschaftsbeziehungen** zwischen **privaten Haushalten** und **Unternehmen.** Staat und Ausland werden nicht berücksichtigt. Außerdem wird davon ausgegangen, dass die Haushalte ihr **gesamtes** Einkommen für Konsumgüter **ausgeben.** Eine Volkswirtschaft, die aber ausschließlich Konsumgüter erzeugt und alles konsumiert, was hergestellt wurde, wächst nicht.

1.3 Erweiterter Wirtschaftskreislauf

Beim **erweiterten** Wirtschaftskreislauf werden die **Wirtschaftsbeziehungen** um die Sektoren **Banken** und **Staat** ergänzt. Eine Einbeziehung des Auslands findet nicht statt. Dieses Modell kommt den tatsächlichen Beziehungen im Wirtschaftsgeschehen schon recht nahe.

Im Unterschied zum einfachen Wirtschaftskreislauf geben die **privaten Haushalte** ihr Einkommen nicht vollständig aus, sondern sie **sparen** einen Teil und stellen dieses Geld den **Banken** zur Verfügung, damit diese es z. B. an **Unternehmen** für Investitionszwecke weitergeben können. Dadurch kommt es zu einem **Wachstum** der Wirtschaft, weil die Unternehmen nun zusätzliche Investitionen tätigen, um ihre Produktionskapazitäten auszuweiten.

Sowohl die **Unternehmen** als auch die **Haushalte** sind verpflichtet einen Teil ihrer Einnahmen *(Gewinne, Gehälter)* an den **Staat** in Form von **Steuern** und **Abgaben** abzuführen.

Damit fördert und unterstützt der Staat bestimmte Gruppen der Bevölkerung mit sogenannten Transferzahlungen *(Kindergeld, Arbeitslosengeld I und II)*. Für Unternehmen werden z. B. Steuervergünstigungen oder Zuschüsse bei der Geschäftsgründung gewährt (Subventionen). Aber auch der Staat tätigt Konsumausgaben bei den Unternehmen *(Kauf von neuen Schulmöbeln)*.

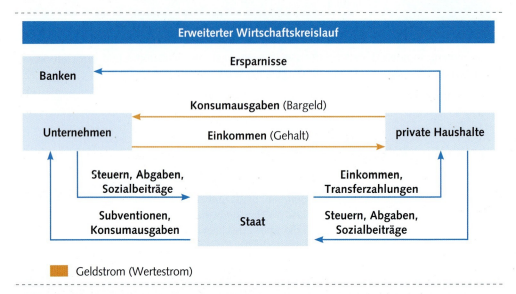

Erweiterter Wirtschaftskreislauf

Ersparnisse

Banken

Konsumausgaben (Bargeld)

Unternehmen — Einkommen (Gehalt) — private Haushalte

Steuern, Abgaben, Sozialbeiträge | Einkommen, Transferzahlungen

Subventionen, Konsumausgaben | Staat | Steuern, Abgaben, Sozialbeiträge

Geldstrom (Wertestrom)

> **Hinweis:** Ein vollständiger Wirtschaftskreislauf liegt dann vor, wenn die Bedingungen des erweiterten Wirtschaftskreislaufes um den Sektor „Ausland" ergänzt werden (Modell: **Offene** Wirtschaft **mit** staatlicher Aktivität).

■ AKTION

1 In einer geschlossenen Volkswirtschaft ohne staatliche Aktivität belaufen sich die Einkommen der privaten Haushalte auf 800 Mrd. €. Davon werden 600 Mrd. € für den Konsum ausgegeben. Die Unternehmen müssen im Gegenwert von 250 Mrd. € veraltete Anlagen ersetzen.

> Welcher Betrag wird in dieser Volkswirtschaft gespart?

> Wie hoch sind die insgesamt im Unternehmenssektor getätigten Investitionen (Bruttoinvestitionen)?

2 Ergänzen Sie die fehlenden Begriffe:

a) Der .... vollzieht sich zwischen den Wirtschaftssektoren .... und ....

b) Die .... stellen den .... vor allem den .... Arbeit zur Verfügung. Dafür erhalten sie .... in Form von .... und ....

c) Den .... Haushalten stellen die .... zur Verfügung. Dafür erhalten sie ....

3 Die ökonomischen Beziehungen in einer Volkswirtschaft sollen durch das vereinfachte Modell eines vollständigen Wirtschaftskreislaufs dargestellt werden.

Angaben in Milliarden Euro:

> Unternehmenssteuern   500
> Steuerzahlungen der privaten Haushalte   200
> Ersparnis   250
> Konsumausgaben der privaten Haushalte   850
> Vom Staat gezahlte Löhne, Gehälter und Sozialleistungen   300
> Erlöse der Unternehmen aus Staatsaufträgen   320
> Von Unternehmen an private Haushalte gezahlte Löhne und Gehälter   1.000
> Subventionen   80
> Kredite   250

a) Zeichnen Sie das Kreislaufschema und prüfen Sie, ob der Kreislauf geschlossen ist.

b) Begründen Sie allgemein, wie sich eine Erhöhung des Einkommens bei den privaten Haushalten auf das im Modell dargestellte Bild der Wirtschaft auswirkt.

4 Ordnen Sie den Einzelhandelsbetrieb (U$_E$) in den nachstehend skizzierten Wirtschaftskreislauf ein, indem Sie die Ströme (1) bis (11) kennzeichnen.

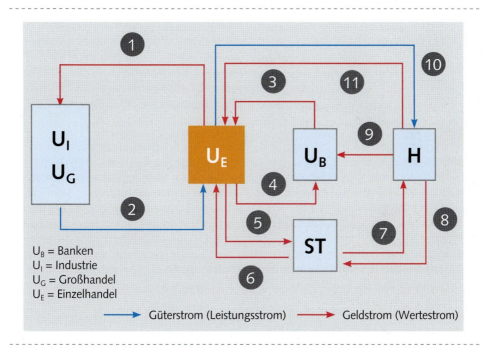

U$_B$ = Banken
U$_I$ = Industrie
U$_G$ = Großhandel
U$_E$ = Einzelhandel

→ Güterstrom (Leistungsstrom)   → Geldstrom (Wertestrom)

1.4 Stellung des Einzelhandels in der Gesamtwirtschaft

Aus für „Tante Emma"! Wie sieht die Handelslandschaft in Zukunft aus?

■ SITUATION

Nach vielen Jahren kommt Rosi Miller zur 80er-Feier ihres Jahrgangs in ihre Heimatstadt Neuburg zurück. Als Rosemarie Häfele damals den amerikanischen Leutnant Fred Miller heiratete und ihm in die USA folgte, da gab es in Neuburg an fast jeder Ecke einen Bäcker, Metzger und kleine Lebensmittelgeschäfte. In 10 Schuh- und über 20 Textilgeschäften kauften die Neuburger, trotz knapper Mittel, was in den Fünfzigern Mode war. Besonders stolz war man in Neuburg auf das kleine Kaufhaus der Familie Bergmann, deren Vorfahren schon 1863 ihren ersten Laden eröffneten. Heute zeigt Rosis Neffe, Tim Frank, ihr voller Stolz die Neuburger Fußgängerzone und das neue Einkaufszentrum mit einem Waren- und Textilkaufhaus. „Wie bei uns in Texas", sagt Rosi zu Tim, „in jeder Stadt, die Fred und ich auf unserer Deutschlandreise bisher gesehen haben, überall Geschäfte großer Filialbetriebe. Und die Fußgängerzonen gleichen sich wie ein Ei dem anderen."

Frank erzählt seiner Tante dann, alle Schuhgeschäfte gehörten zu großen Konzernen. Von den vielen Textilgeschäften seien gerade noch 7 übrig geblieben. Das alte Kaufhaus sei schon längst abgerissen und habe einem Verbrauchermarkt weichen müssen. In der Innenstadt gäbe es neben drei Discountern nur noch einen selbstständigen Lebensmittelhändler, der wolle aber auch bald aufgeben, da er die Ladenmiete nicht mehr bezahlen könne. Aber, so meint Frank, im nächsten Jahr bekommen wir drei neue Fachmärkte und ein Möbeldiscounter wolle sich an der neuen Bundesstraße ansiedeln.

„Ein bisschen traurig bin ich ja", sagt Tim, „dass nun der Sohn der kürzlich verstorbenen Frau Enderle deren Süßwarenladen geschlossen hat und das Ladenlokal an eine Drogeriekette vermieten wird." Auf ihrem Weg durch die Neuburger Geschäfte kommen die zwei auch an Franks Ausbildungsbetrieb, dem Sportgeschäft Action and Fun vorbei. „Bin ich froh", sagt Tim, „dass ich hier einen Ausbildungsplatz habe. Ob Snowboards, Surfbretter oder Inliner, bei uns finden die Kunden alles, was Spaß macht. Und die Umsätze, die stimmen!" Bevor sie nach Hause kommen, findet Mrs. Miller doch noch etwas, was ihr gefällt. Im stillgelegten alten Bahnhof gibt es jetzt, anstelle einer verdreckten Wartehalle und dem Stehbierausschank, viele kleine Geschäfte. Einen Naturkostladen, mehrere Lebensmittelgeschäfte, die Ausländern gehören und was sie besonders beeindruckt: Ein Geschäft, das ausschließlich Waren für ältere Menschen anbietet.

1. Warum mussten auch in Neuburg in den letzten Jahren viele und vor allem kleine Einzelhandelsbetriebe schließen?
2. Wie ist es zu erklären, dass die Fußgängerzonen vieler Städte fast gleich aussehen?
3. Warum haben das Fachgeschäft, in dem Tim Frank ausgebildet wird und die neue Ladenzeile im alten Bahnhof gute Chancen im Wettbewerb zu bestehen?
4. Welche Gründe könnten Herrn Enderle veranlasst haben das Süßwarengeschäft seiner Mutter zu verkaufen?
5. Welche Betriebsformen finden sich heute und wohl auch in Zukunft in Neuburg?

6. Beurteilen Sie die Aussage eines Händlers, der auf die Frage seiner Kunden, warum er denn aufgeben wolle, antwortete: „Ihr Verbraucher seid doch selbst schuld, dass es so weit gekommen ist und außerdem, die Damen und Herren vom Stadtrat und der Verwaltung sind auch nicht ganz unschuldig, dass ich nach 35 Jahren schließen muss."

7. Ist die Behauptung zu rechtfertigen: „Die Handelsgiganten sind die „Bösen" und die „Tante-Emma-Läden" die „Guten"?

8. Vergleichen Sie die im Text geschilderte Situation in Neuburg mit der Ihres Heimatortes. Fragen Sie Menschen, die schon viele Jahre dort wohnen, wie sich die „Ladenlandschaft" verändert hat.

■ INFORMATION ■

Der **Einzelhandel** ist in der deutschen Volkswirtschaft einer der **bedeutendsten Wirtschaftsbereiche** (LF 1, Kap. 2). Im Jahr 2016 betrug der Einzelhandelsumsatz in der Bundesrepublik etwa 400 Milliarden €. Diese Leistung wurde von rund 2,7 Millionen Beschäftigten in fast 400.000 Einzelhandelsbetrieben erbracht.

Allerdings nimmt der **Anteil** des Einzelhandelsumsatzes am **BIP** seit Jahren beständig ab. Zu den **Ursachen** für diese Entwicklung gehören vor allem veränderte **Einkaufsgewohnheiten** der Verbraucher. Die folgende Übersicht macht deutlich, dass der Anteil des Einzelhandels an den privaten Konsumausgaben seit Jahren rückläufig ist, während andere Bereiche stetige Zuwächse aufweisen.

Verteilung der Konsumausgaben der privaten Haushalte (in %)		
	1996	**2016**
Gesamtausgaben in Mrd. Euro	942,7	1.442,4
Einzelhandel Nahrungs- und Genussmittel, Tabakwaren	16,3	14,8
Einzelhandel Textil, Einrichtung, Haushaltsgeräte u.a.	15,4	11,0
Beherbergungs- und Gaststättendienstleistung	5,8	6,0
Freizeit, Unterhaltung, Kultur	9,2	8,9
Verkehr, Nachrichtenübermittlung	15,4	16,7
Wohnung, Wasser, Strom, Gas, sonstige Brennstoffe	21,9	24,4
Übrige (Gesundheit, Bildung, Körperpflege, Versicherungen)	16,0	18,2

Die **Situation** des deutschen **Einzelhandels** wird noch zusätzlich durch ein Überangebot an Verkaufsfläche, ständige Rabattschlachten und einen fortschreitenden Konzentrationsprozess **erschwert**. Die **Folge:**

Das Handelsumfeld und damit auch der Handel selbst wird sich in den nächsten Jahren immer stärker und rascher verändern. Schnell wechselnde **Verbrauchergewohnheiten** führen zu einem immer unberechenbareren Kundenverhalten. Eine härtere **Konkurrenz** für den etablierten Fachhandel durch neue, erfolgreiche **Betriebsformen** wird ebenso die Handelslandschaft verändern wie der Handel über **elektronische Medien**.

Wie kaum ein anderer Wirtschaftszweig unterliegt der Einzelhandel einem ständigen Wandel (Dynamik der Betriebsformen). Die Zahl der Einzelhandelsbetriebe ist seit Jahrzehnten rückläufig. Gab es vor dreißig Jahren noch über 170.000 Lebensmittelgeschäfte, so sind es 2016 weniger als 50.000.

Von den ca. 40.000 Einzelhandelsbetrieben, die vorwiegend Textilien verkaufen, gibt es nur 26 Unternehmen, mit einem Umsatz von über 100 Millionen €. Sie allein erzielen aber fast 45 % des gesamten Branchenumsatzes.

↖ gewinnen	→ stagnieren	↙ verlieren
› Fachmärkte › Covenience Store › Discounter › Verbrauchermärkte › spezialisierter Fachhandel › spezialisierter Versandhandel	› Supermärkte › traditioneller Versandhandel › Kaufhäuser	› traditionelle Fachgeschäfte › kleiner Lebensmitteleinzel- handel › Warenhäuser

Ursachen für den Wandel der Betriebsformen	
› Unternehmenskonzentration	Der Konzentrationsprozess – besonders im Lebensmittelhandel – und damit ein verbundener Verdrängungswettbewerb schreitet fort. Lieferanten gewähren den „Handelsriesen" Preise und Konditionen, die für einen kleinen Händler unerreichbar bleiben. Großunternehmen haben in ihren Vertriebsstrukturen auch Betriebsformen, die dem selbstständigen Händler direkt Konkurrenz machen (Supermarktfilialen, Regiebetriebe).
› Änderung des Verbraucherverhaltens	Diese Veränderungen begünstigen bestimmte Betriebsformen (Discounter für Preisbewusste, Spezialgeschäfte für das Teure und Außergewöhnliche, Mega-Malls für den Erlebniseinkauf).
› Folgen politischer Entscheidungen	Verlängerung der Ladenöffnungszeiten bringen Personalprobleme (Kosten!) für kleinere Betriebe. Zum Schutz der Innenstädte wurde die Ansiedlung von Großflächenformen außerhalb erschwert. Dies führte mit zum Entstehen der Fachmärkte und -discounter, die weniger Fläche beanspruchen.
› Mobile und informierte Gesellschaft	Ohne Auto wäre es kaum zum Bau der großen Einkaufszentren in den Ballungsräumen gekommen. Auch Fabrikläden und Factory-Outlet-Center verdanken ihre Bedeutung einer mobilen Gesellschaft. Durch die stark verbesserten Informationsmöglichkeiten der Verbraucher (Fülle von Fach- und Testzeitschriften, Vielzahl von „Ratgebern" in Buchform oder in den elektronischen Medien) ist die Bekanntheit vieler Waren gestiegen und dadurch ihr Angebot in Selbstbedienung sehr erleichtert worden.

Aber der **Wandel** zeigt sich nicht nur in einer zahlenmäßigen Zu- oder Abnahme bestimmter Betriebsformen, sondern um den sich veränderten Marktgegebenheiten anzupassen, entstehen innerhalb kurzer Zeit auch immer wieder **neue Formen** und **Vertriebskonzepte** im Einzelhandel. Dabei sind vor allem vier Trends festzustellen.

Mit **Trading-Up**-Maßnahmen **(Zielrichtung: Image)** kommt es zu einer qualitativen Verbesserung des Leistungsangebotes. Dies erreicht man z. B. durch größere Auswahl, ein höheres Qualitäts- und Preisniveau, eine anspruchsvollere Ladenausstattung, besser geschultes Personal und durch das Anbieten zusätzlicher Serviceleistungen *(Galeria-Konzept von Kaufhof).*

Beim **Trading-Down (Zielrichtung: Preis)** sollen vor allem Kosten reduziert werden *(kostengünstige Standortwahl, einfachere Geschäftsausstattung, weniger Verkaufsberater, schlichtere Warenpräsentation, geringere Sortimentsbreite und/oder -tiefe, reduzierte Warenqualität).* Ein auf eine ganze Branche bezogenes Trading-Down fand z. B. in der Drogeriebranche statt. Die traditionelle klassische Drogerie wurde nahezu völlig durch Drogeriemärkte *(dm, Rossmann)* verdrängt.

Ein dritter seit längerem festzustellender Trend ist das **Side-Trading (Zielrichtung: Kundenorientierung).** Dabei passt sich der Handel an sich verändernde Bedürfnisse einer Zielgruppe an; gewissermaßen „entwickelt" man sich mit dieser Kundengruppe.

Ein Beispiel ist die „Professionalisierung" bei der Ausrüstung *(Material, Kleidung, Zubehör)* im Fahrradhandel. Viele Kunden orientieren sich bei ihren Kaufabsichten an den bekannten Profirennfahrern und wünschen ein entsprechendes Angebot.

Ein weiteres Beispiel sind die gestiegenen Ansprüche von Heimwerkern an Qualität und Leistung der Produkte. Gaben sich solche Kunden früher noch mit relativ einfachen und preisgünstigen Geräten zufrieden, wollen sie heute Geräte wie die Profihandwerker. Hersteller und Handel haben auf diese Wünsche durch Schaffung und Vertrieb neuer Produktlinien reagiert *(blaue Serie bei Bosch-Elektrowerkzeugen).*

Ein vierter Trend, der die Handelslandschaft maßgeblich prägt, ist die **Zweiteilung** in **Versorgungshandel** einerseits und **Erlebnishandel** andererseits. Der Versorgungshandel zeichnet sich durch ein Angebot an problemlosen, selbsterklärenden Produkten mit dem Preis als Hauptargument für den Verkauf aus.

Beim Erlebnishandel dagegen ist die gesamte Geschäftspolitik darauf ausgerichtet, das Sortiment als etwas Besonderes darzustellen und durch das Anbieten zusätzlicher Serviceleistungen eine einzigartige Stellung zu erlangen *(Qualität, Image, Warenpräsentation, Freude beim Einkaufen vermitteln).*

In einer Handelslandschaft, in der wenige Große das Geschehen bestimmen, hat der **Fachhändler** durchaus eine **Chance** sich am Markt zu behaupten. Dies kann er unter anderem erreichen durch:

› Profilierung durch Spezialisierung	Beschränkung auf ertragreiche Sortimentsbereiche (hochwertig, modern, luxuriös).
› Konsequente Kundenorientierung	Dienstleistungen rund um das Sortiment (Zustellservice, Betreuung nach dem Kauf, Sonderbestellungen).
› Kompetenz des Verkaufspersonals	Fachkompetenz, Engagement, Freundlichkeit
› Intensivierung von Kooperationen	Mitgliedschaft in Einkaufsverbänden, Mitarbeit in Erfa-Gruppen.
› City-Management	Aufwertung der Innenstadt in Zusammenarbeit mit den Kommunen (Verkehrsentlastung, Parkmöglichkeiten, Erlebnisorientierung durch Aktionen, gemeinsame Werbung).

■ AKTION

1 Vervollständigen Sie die folgenden Behauptungen über die Probleme des Handels!

Die ? nimmt besonders im Lebensmittelhandel immer mehr zu. An guten Standorten explodieren die ? . Immer mehr ? bedrängen den Fachhandel. Die Haushalts- ? haben sich verändert. Der Seniorenmarkt wird immer ? . Junge Kunden haben immer ? Geld zur Verfügung. Der Trend zum Essen ? hält an. Die ? der Hersteller begünstigt die Großunternehmen. Das Verbraucherverhalten ? sich schneller als früher.

Lösungshilfe:
Größe, mehr, ändert, Konzentration, Mieten, wichtiger, außer Haus, Preisgestaltung, Discounter.

2 Die Abbildung ermöglicht eine Zuordnung bestimmter Betriebsformen nach den Unterscheidungsmerkmalen „Preis", „Qualität, Prestige" sowie den zukünftigen Wachstumschancen dieser Betriebsform. Ordnen Sie die folgenden Betriebsformen den Ihrer Meinung nach entsprechenden „Platzziffern" zu: Luxusboutiquen – kleiner traditioneller Einzelhandel – Discounter – spezialisierter Versandhandel – traditionelle Warenhäuser – Fachmärkte.

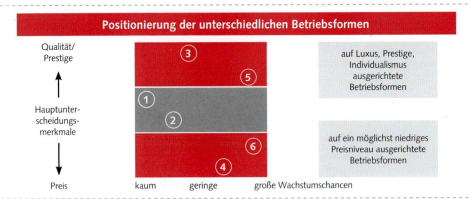

Positionierung der unterschiedlichen Betriebsformen

Qualität/Prestige

Hauptunterscheidungsmerkmale

Preis

kaum — geringe — große Wachstumschancen

auf Luxus, Prestige, Individualismus ausgerichtete Betriebsformen

auf ein möglichst niedriges Preisniveau ausgerichtete Betriebsformen

3 Vergleichen Sie die beiden Katalogtexte eines Möbelversandhauses. Welcher Wandel in den Bedürfnissen der Verbraucher lässt sich daraus erkennen?

> **Aus dem Katalog von 1974:**
>
> „... Es gab Zeiten, da hatten die meisten Möbelkäufer eigentlich nur die Wahl zwischen zwei Möglichkeiten: entweder sie investierten eine Menge Geld in ihren Geschmack. Oder sie schonten ihre Brieftasche und nahmen dafür mit minderer Qualität und Design von der Stange vorlieb. Gute und schöne Möbel für wenig Geld? Unmöglich, hieß es. Aber sehen Sie das Wort „unmöglich" haben wir noch nie akzeptiert. Und so haben wir es uns einfach zur Aufgabe gemacht, gute und schöne skandinavische Möbel zu niedrigen Preisen zu verkaufen. ..."
>
> **Aus dem Katalog von 2016:**
>
> „Wir finden, das Leben sollte viel ungezwungener und entspannter sein. Daran hat ein Zuhause, indem du dich Tag für Tag wohlfühlst, einen ganz großen Anteil.
> Ein Zuhause, in dem du deinen eigenen Stil ausleben kannst.
> In dem dein Wohlbefinden das Allerwichtigste ist. Und in dem deine liebsten Menschen immer willkommen sind – ob werktags, feiertags oder auch mal mitten in der Nacht.
> Deshalb entwickeln wir Textilien zum Selbstbemalen. Und Sofabezüge, die keine Angst vor Flecken haben. Und Matratzen, auf denen jeder seine perfekte Einschlafposition findet.
> Damit alle sich wohlfühlen können, jeder auf seine Art."

Quelle: IKEA-Kataloge von 1974 und 2016

2 Bruttoinlandsprodukt (BIP)

■ SITUATION ■

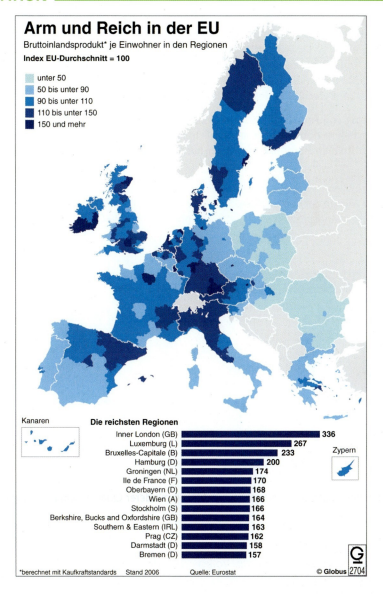

Arm und Reich in der EU

Bruttoinlandsprodukt* je Einwohner in den Regionen

Index EU-Durchschnitt = 100

- unter 50
- 50 bis unter 90
- 90 bis unter 110
- 110 bis unter 150
- 150 und mehr

Kanaren

Zypern

Die reichsten Regionen

Region	Index
Inner London (GB)	336
Luxemburg (L)	267
Bruxelles-Capitale (B)	233
Hamburg (D)	200
Groningen (NL)	174
Ile de France (F)	170
Oberbayern (D)	168
Wien (A)	166
Stockholm (S)	166
Berkshire, Bucks and Oxfordshire (GB)	164
Southern & Eastern (IRL)	163
Prag (CZ)	162
Darmstadt (D)	158
Bremen (D)	157

*berechnet mit Kaufkraftstandards   Stand 2006   Quelle: Eurostat   © Globus 2704

Die abgebildete Grafik gibt einen Überblick über die Verteilung der Wirtschaftskraft in der Europäischen Union.

1. Wie ist die Wirtschaftskraft und der Wohlstand verteilt?

2. Welche konkreten Auswirkungen hat die in dem Schaubild dargestellte Verteilung auf die Lebensverhältnisse der Bürger?

■ **INFORMATION** ■

2.1 Bedeutung des Bruttoinlandsprodukts

Das **Bruttoinlandsprodukt (BIP)** ist eine sehr wichtige gesamtwirtschaftliche Größe und ein Maß für die **Wirtschaftsleistung** eines Landes. Es steht für den Wert aller Sachgüter und Dienstleistungen, die in einer Volkswirtschaft innerhalb eines Jahres erstellt wurden; allerdings ohne die Güter, die als Vorleistungen in die Produktion eingegangen sind *(Reifenlieferungen an einen Kfz-Hersteller, Mehl des Bäckers für die Herstellung von Brot und Brötchen)*. Diese Vorleistungen wurden bereits zur Berechnung des BIP erfasst *(Reifenhersteller, Mühle)*.

Für die Schaffung von Arbeitsplätzen und die Steigerung des Wohlstandes ist ein angemessenes Wirtschaftswachstum notwendig. Dies ist allerdings nicht unbedingt gleichzusetzen mit einem Anstieg des Bruttoinlandsprodukts, da dieser auch durch steigende Preise verursacht sein kann.

›› **Beispiel:** Wenn die Preise innerhalb eines Jahres durchschnittlich um 2 % angestiegen sind und die Menge der hergestellten Güter und Dienstleistungen unverändert blieb, dann nimmt das Bruttoinlandsprodukt um 2 % zu, obwohl es nicht mehr Güter und Dienstleistungen gibt.

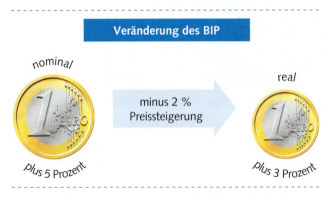

Veränderung des BIP

nominal

real

minus 2 %
Preissteigerung

plus 5 Prozent

plus 3 Prozent

Das so ermittelte **nominale Bruttoinlandsprodukt** sagt somit nichts Genaues über das tatsächliche Wachstum der Wirtschaft aus.

Für die Ermittlung des **realen Wirtschaftswachstums** wird deshalb die Preissteigerung herausgerechnet.

Man spricht dann vom **realen Bruttoinlandsprodukt.**

2.2 Ermittlung des Bruttoinlandsprodukts

■ Entstehungsrechnung

Bei der **Entstehungsrechnung** wird die **Volkswirtschaft** in **Wirtschaftsbereiche** gegliedert und festgestellt, welchen **Beitrag** sie im Berichtszeitraum, der meist ein Jahr beträgt, zum Bruttoinlandsprodukt geleistet haben.

Die Entstehungsrechnung gibt aber auch zusätzlich einen Einblick in die **Produktionsstruktur** einer Volkswirtschaft. Wenn man die Entstehungsrechnung untersucht, kann festgestellt werden, welche Bedeutung den verschiedenen Wirtschaftssektoren bei der Entstehung des BIP zukommt. Betrachtet man die Entstehungsrechnung über einen längeren Zeitraum, dann liefert sie auch einen Nachweis darüber, wie sich die Produktionsstruktur verändert hat *(Wachsen, Stagnieren oder Schrumpfen einzelner Branchen)*.

Die folgende Übersicht verdeutlicht, mit welchem Anteil die verschiedenen Wirtschaftsbereiche einer Volkswirtschaft zum Bruttoinlandsprodukt beitragen. Dieser Beitrag wird auch als **Wertschöpfung** bezeichnet.

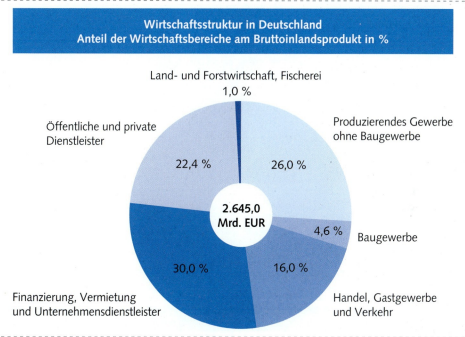

Wirtschaftsstruktur in Deutschland
Anteil der Wirtschaftsbereiche am Bruttoinlandsprodukt in %

Land- und Forstwirtschaft, Fischerei
1,0 %

Öffentliche und private Dienstleister

Produzierendes Gewerbe ohne Baugewerbe

22,4 %

26,0 %

2.645,0 Mrd. EUR

4,6 %

Baugewerbe

30,0 %

16,0 %

Finanzierung, Vermietung und Unternehmensdienstleister

Handel, Gastgewerbe und Verkehr

Quelle: Statistisches Bundesamt, http://www.destatis.de

Berechnung des Bruttoinlandsprodukts

In der **Entstehungsrechnung** wird das BIP ermittelt, indem die Wertschöpfung der gesamten Wirtschaftsbereiche berechnet wird (Produktionswert). Nach Abzug der Vorleistungen (Wert der im Produktionsprozess bereits verbrauchten, verarbeiteten oder umgewandelten Waren und Dienstleistungen) werden dann die Gütersteuern *(Tabak-, Mineralöl-, Mehrwertsteuer)* hinzugefügt und die Gütersubventionen *(finanzielle Zuwendungen des Staates an private Unternehmen wie z.B. Zuschuss bei Gründung, Steuervergünstigungen)* abgezogen.

Produktionswert
– Vorleistungen

= Bruttowertschöpfung
+ Gütersteuern
– Gütersubventionen

= Bruttoinlandsprodukt

■ Verwendungsrechnung

Die **Verwendungsrechnung** zeigt die **Verwendungszwecke** des Bruttoinlandsprodukts *(Konsum, Investition, Export)* und wer diese Güter und Dienstleistungen erworben hat. Die folgende Abbildung zeigt die prozentuale Verwendung des Bruttoinlandsprodukts.

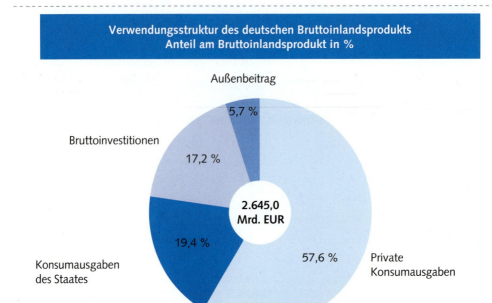

**Verwendungsstruktur des deutschen Bruttoinlandsprodukts
Anteil am Bruttoinlandsprodukt in %**

Außenbeitrag

5,7 %

Bruttoinvestitionen

17,2 %

2.645,0
Mrd. EUR

19,4 %

Konsumausgaben
des Staates

57,6 % Private
Konsumausgaben

Quelle: Statistisches Bundesamt, http://www.destatis.de

Verwendungsbereich	Erläuterung und Beispiele
Privater Konsum	Ausgaben von Privatpersonen für Sachgüter und Dienstleistungen (Lebensmittel, Kleidung, Auto usw.). Die Höhe dieser Ausgaben gibt Auskunft über die Höhe des Lebensstandards. Die Veränderungen gegenüber den Vorjahren sind ein wichtiger Hinweis auf die Entwicklung von Konsumgewohnheiten und daher auch für den Einzelhandel von großer Bedeutung.
Konsumausgaben des Staates	Ausgaben des Staates für die Bereitstellung öffentlicher Güter (Bau von Schulen und Straßen, Verwaltung, Landesverteidigung usw.) Die Höhe dieser Ausgaben zeigt die Bereitschaft und die Fähigkeit des Staates, den gemeinschaftlichen Bedarf der Bevölkerung zu decken.
Bruttoinvestitionen	Gesamte Investitionen einer Volkswirtschaft (Maschinen, Gebäude, Ladeneinrichtungen usw.). Die Entwicklung dieser Kennzahl zeigt an, wie hoch die Investitionsbereitschaft der Wirtschaft ist.
Außenbeitrag	Export (Ausfuhr) von Waren abzüglich Import (Einfuhr) von Waren. Wenn die Exporte die Importe übersteigen, dann liegt ein Exportüberschuss vor ("Exportweltmeister Deutschland"). Im umgekehrten Fall ein Importüberschuss.

■ Kritik am Bruttoinlandsprodukt als gesamtwirtschaftliche Messgröße

Das Bruttoinlandsprodukt ist als **alleiniger** Maßstab für die Leistungsfähigkeit einer Volkswirtschaft und für den Wohlstand der Bevölkerung nur **bedingt** geeignet. Als Gründe können vorgebracht werden:

1. Erfassungsprobleme
Einige Teilgrößen beruhen auf Schätzungen und Annahmen.

2. Verteilungsproblematik
Weder das Bruttoinlandsprodukt insgesamt, noch das Bruttoinlandsprodukt pro Kopf der Bevölkerung sagt etwas über den Wohlstand des Einzelnen aus, da die Wirtschaftsleistung ungleich verteilt sein kann und möglicherweise wenige im Überfluss leben, während andere verhungern.

3. Ermittlungsproblematik
Das Bruttoinlandsprodukt ist zu hoch angesetzt, weil

> die Behebung von Schäden durch Naturkatastrophen und Unfälle das Bruttoinlandsprodukt erhöht, obwohl dadurch keine Wohlstandssteigerung eintritt und

> soziale Kosten, die die Allgemeinheit und nicht das verursachende Unternehmen trägt, nicht berücksichtigt werden. Soziale Kosten entstehen z.B. durch die Verschmutzung der Luft, die Verunreinigung von Gewässern und die Lärmbelästigung von Anliegern durch Industrieanlagen.

Das Bruttoinlandsprodukt ist zu niedrig angesetzt, weil

> die Tätigkeit der Hausfrauen,
> Schwarzarbeit und
> ehrenamtliche Arbeiten

nicht erfasst werden.

4. Definition „Lebensstandard"
Ein hoher materieller Wohlstand ist nicht gleichbedeutend mit einem hohen Lebensstandard. Nicht zum Ausdruck kommt, unter welchen Arbeitsbedingungen das Bruttoinlandsprodukt erwirtschaftet wird und wie hoch der Freizeitanteil in einer Gesellschaft ist.

■ Bruttoinlandsprodukt (BIP)

BIP = die Summe aller produzierten Güter und Dienstleistungen einer Volkswirtschaft

■ AKTION

1 Erläutern Sie den Unterschied zwischen nominalem und realem Wachstum des BIP.

2 Welche Informationen können Sie aus der Verwendungsrechnung des BIP für Ihre Branche im Einzelhandel ziehen?

3 Berechnen Sie anhand der folgenden Angaben das Bruttoinlandsprodukt von der Entstehungs- und Verwendungsseite.

Wertschöpfung in Mrd. EUR					
Land- und Forstwirt- schaft, Fischerei	Produzieren- des Gewerbe ohne Bau- gewerbe	Baugewerbe	Handel, Gast- gewerbe und Verkehr	Finanzierung, Vermietung und Unt.- dienstleister	Öffentliche und private Dienstleister
17,4	474,7	97,8	376,1	668,9	517,5

Gütersteuern abzüglich Gütersubventionen	256,7 Mrd. €
Private Konsumausgaben	1.410,8 Mrd. €
Konsumausgaben des Staates	473,6 Mrd. €
Bruttoinvestitionen	411,6 Mrd. €
Außenbeitrag	113,1 Mrd. €

4

a) Erklären Sie das Schaubild.

b) Nennen Sie Gründe für die Veränderungen.

5 Warum ist das Bruttoinlandsprodukt pro Kopf eines Landes nur bedingt als Messgröße für den Lebensstandard eines Landes geeignet?

3 Soziale Marktwirtschaft

■ SITUATION ■

Sozialleistungen in Mrd. €

- 1960: 21,5
- 1970: 54,4
- 1980: 229,8
- 1991: 456,7
- 2000: 645,6
- 20..

Zeit

(Quelle: Statistisches Bundesamt, Jahrbücher
Anmerkung: 1960–1980 früheres Bundesgebiet; ab 1991 Gesamtdeutschland)

1. Wie haben sich die Sozialausgaben seit 1960 entwickelt?
2. Sind Ihrer Meinung nach in Deutschland die Prinzipien der sozialen Gerechtigkeit und sozialen Sicherheit gewährleistet, oder empfinden Sie die aktuellen politischen Entscheidungen als unsozial oder zu sozial?

■ INFORMATION ■

Eine gut funktionierende Wirtschaft bildet die Grundlage für den Wohlstand eines Landes und seiner Bürger. Dafür bedarf es verbindlicher Regeln, an die sich alle am Wirtschaftsleben beteiligten Gruppen (Verbraucher, Arbeitnehmer, Unternehmer und Staat) halten müssen. Diese **Regeln** zur Lenkung des arbeitsteiligen Wirtschaftsprozesses nennt man **Wirtschaftsordnung.**

Wenn der Staat sich nicht in die Gestaltung der Wirtschaftsordnung einmischt, dann spricht man von einer **freien Marktwirtschaft.**

》》 **Beispiel:** Die Verbraucher treffen ihre Kaufentscheidungen alleine ohne Einflussnahme anderer. Aus der Angebotsvielfalt auf dem Markt wählen sie nach ihren Bedürfnissen Waren und Dienstleistungen aus und bezahlen mit den ihnen zur Verfügung stehenden Geldmitteln.

Wird das wirtschaftliche Handeln vom Staat geplant, gelenkt und kontrolliert, spricht man von einer **Zentralverwaltungswirtschaft.**

》》 **Beispiel:** Die Verbraucher müssen zwischen Waren und Dienstleistungen auswählen, die ihnen von einer zentralen Planungsbehörde zugewiesen werden.

Die **Soziale Marktwirtschaft** ist eine Wirtschaftsordnung, in der die **Vorteile der Marktwirtschaft verwirklicht, unsoziale Auswirkungen aber verhindert** werden sollen.

In der Sozialen Marktwirtschaft übernimmt der Staat die **ordnende und steuernde Funktion,** um **mit** geeigneten **marktkonformen Maßnahmen** den *Wettbewerb zu gewährleisten* und *soziale Gerechtigkeit zu sichern.*

■ Grundgesetz und Wirtschaftsordnung

Das Grundgesetz enthält keinen ausdrücklichen Hinweis auf eine bestimmte Wirtschaftsordnung. Die Freiheitsrechte im Rahmen der Grundrechte machen aber deutlich, dass der Gesetzgeber eine Wirtschaftsordnung nach dem Modell der Zentralverwaltungswirtschaft wegen der damit verbundenen Einschränkung der Freiheitsrechte nicht wollte.

Deshalb haben Gesetzgeber und Bundesregierung auf der Grundlage des Grundgesetzes die Wirtschaftsordnung der Sozialen Marktwirtschaft geschaffen.

Dagegen darf der Staat in die Freiheitsrechte eingreifen, um in Verantwortung für die künftigen Generationen die natürlichen Lebensgrundlagen zu schützen. Der Schutz ist im Rahmen der verfassungsmäßigen Ordnung durch die Gesetzgebung zu gewährleisten.

■ Ordnungsmerkmale der Sozialen Marktwirtschaft

Aufgrund dieser Vorgaben des Grundgesetzes ergeben sich für die Soziale Marktwirtschaft die folgenden **Ordnungsmerkmale:**

Privates und öffentliches Eigentum

Das Grundgesetz gewährleistet das Privateigentum. Jeder Einzelne ist daran interessiert, sein Eigentum zu erhalten, da Eigentumserwerb mit Verzicht verbunden ist.

>> **Beispiel:** Der Kauf eines Mittelklassewagens ist nur möglich, wenn genügend Geldmittel vorhanden sind, die zuvor durch Verzicht auf andere Konsumgüter gespart werden mussten.

Das Streben nach Eigentumserhalt setzt Antriebskräfte für den wirtschaftlichen und technischen Fortschritt frei.

>> **Beispiel:** Forschen nach neuen Materialien, um Güter haltbarer und langlebiger zu machen.

Mit Gesetzen wird sichergestellt, dass jeder Eigentum erwerben kann, aber auch, dass kein Missbrauch damit getrieben wird.

>> **Beispiel:** Staatliche Förderprogramme für Vermögensbildung, Alterssicherung, Existenzgründung, Wohnungsbau. Steuererleichterungen bei Investitionen in strukturschwachen Gebieten.

Die Gesetze sind **sozialverträglich** gestaltet, um einer möglichst breiten Schicht der Bevölkerung Privateigentum zukommen zu lassen.

Von besonderer Bedeutung für die marktwirtschaftliche Ordnung ist das **Privateigentum an Produktionsmitteln** (Maschinen, Fabrikgebäude). Es bildet die Voraussetzung für die private unternehmerische Betätigung. Der private Unternehmer setzt auf eigenes Risiko sein Vermögen ein, um Marktlücken zu schließen und durch Produktion geeigneter Güter einen Beitrag zur Bedarfsdeckung zu leisten.

Die über zwei Millionen Unternehmen der verschiedenen Wirtschaftszweige in Deutschland haben einen besseren Überblick über die Nachfrage auf ihren Absatzmärkten, als ihn noch so gut ausgestattete staatliche Behörden haben können. Der private Unternehmer kann deshalb auch mit weit größerer Sicherheit Investitionsentscheidungen treffen als diese. Da er sein eigenes Vermögen aufs Spiel setzt, ist er einerseits vorsichtiger, andererseits aber auch wegen der Gewinnchancen wagemutiger und schneller in der Ausführung als eine Behörde.

Dennoch kann auch in einer auf Privateigentum gegründeten Marktwirtschaft nicht auf **öffentliches Eigentum (Gemeineigentum) an Produktionsmitteln** verzichtet werden. So ist Gemeineigentum erforderlich, wenn der Bedarf der Bevölkerung durch private Unternehmen nicht oder nur unzureichend gedeckt werden kann.

>> **Beispiele:**

1. Privatschulen können den gesamten Bildungsbedarf nicht decken. Der Einzelne könnte nur insoweit Bildung erwerben, als er in der Lage wäre, dem „Schulunternehmer" ein kostendeckendes und gewinnbringendes Schulgeld zu bezahlen. Der Mittellose hätte keine Bildungschance, sodass manche Begabung zum Nachteil der Gesellschaft nicht entfaltet werden könnte.
2. Krankenhäuser dienen der Grundversorgung, die nur dann gewährleistet ist, wenn durch den Staat eventuelle Verluste übernommen werden.

Vertragsfreiheit

Das Leben in Freiheit schließt das Recht der Menschen mit ein, ihre Beziehungen zueinander durch Verträge frei und eigenverantwortlich zu regeln. Die Vertragsfreiheit ist wesentliches Merkmal der Marktwirtschaft.

a) **Abschlussfreiheit.** Jede geschäftsfähige Person ist frei in ihrer Entscheidung, ob und mit welchem geschäftsfähigen Vertragspartner sie einen Vertrag abschließen will.

>> **Beispiel:** Das Unternehmen schließt mit dem Lieferanten einen Vertrag ab, der nach den Kriterien der Lieferantenauswahl der geeignetste ist.

b) **Inhaltsfreiheit.** Die Vertragspartner können frei entscheiden, mit welchem Inhalt sie einen Vertrag gestalten.

>> **Beispiel:** In den Vertrag können individuelle Vereinbarungen über Lieferzeit und Zahlungsbedingungen aufgenommen werden.

c) **Formfreiheit**. Die Vertragspartner können frei entscheiden, in welcher Form sie den Vertrag abschließen wollen.

>> **Beispiel:** Der Vertrag über einen Rohstoffeinkauf kann (fern)mündlich geschlossen werden. Aus Beweisgründen wird allerdings häufig die Text- oder Schriftform gewählt.

Grenzen der Vertragsfreiheit. Die Vertragsfreiheit hat dort ihre Grenzen, wo der Einzelne bzw. die Allgemeinheit schutzbedürftig ist. Deshalb enthält unsere Rechtsordnung Regelungen, die **zwingendes Recht** sind und durch die Vertragspartner nicht abgeändert werden können.

>> **Beispiele:**

1. Ein Vertrag, der Rauschgifthandel zum Inhalt hat, ist nichtig.
2. Beim Grundstückskauf ist die notarielle Beurkundung vorgeschrieben.

Die Bestimmungen über Nichtigkeit und Anfechtbarkeit von Rechtsgeschäften sowie die Vorschriften zu den Allgemeinen Geschäftsbedingungen schützen in besonderem Maße vor Missbrauch der Vertragsfreiheit.

Gewerbefreiheit

Nach der Gewerbeordnung und dem Grundgesetz kann **grundsätzlich jedermann ein Gewerbe betreiben.** Die Gewerbefreiheit ermöglicht den freien Wettbewerb und damit preisgünstige Bedarfsdeckung.

Der Schutz der Öffentlichkeit erfordert aber eine gewisse **Beschränkung** der Gewerbefreiheit.

Sie gibt es z.B. im Einzelhandel, gewerblichen Güterverkehr, Kredit- und Versicherungswesen, Gaststättengewerbe, beim Handel mit Arzneimitteln und Giften. Die Erlaubnis oder Genehmigung zur Ausübung des Gewerbes kann in solchen Fällen von der persönlichen Zuverlässigkeit, häufig auch vom Nachweis der Sachkunde abhängig gemacht werden.

Die Errichtung und der Betrieb von Anlagen, die wegen ihrer Gefährlichkeit einer besonderen Überwachung bedürfen, können von einer behördlichen Erlaubnis abhängig gemacht werden.

Beispiel: Dampfkessel, Druckbehälter, Aufzugsanlagen, elektrische Anlagen in besonders gefährdeten Räumen.

Die Bundesregierung kann verordnen, dass diese Anlagen vor Inbetriebnahme und regelmäßig wiederkehrend technisch geprüft werden müssen. Aufsichtsbehörde ist das Gewerbeaufsichtsamt.

 Beispiel: Das Bundes-Immissionsschutzgesetz regelt die Errichtung und Betreibung von genehmigungsbedürftigen Anlagen. Das Gesetz über die friedliche Verwendung der Kernenergie und den Schutz gegen ihre Gefahren regelt den Umgang mit der Kerntechnik. Mit dem Gesetz zur Bekämpfung der Umweltkriminalität sind im Strafgesetzbuch Bestimmungen aufgenommen worden, welche die Verunreinigung von Gewässern, Luft und Boden als kriminelles Delikt unter Strafe stellen.

Freie Berufs- und Arbeitsplatzwahl

Jeder hat das Recht, Beruf, Arbeitsplatz und Ausbildungsstätte frei zu wählen **(Berufsfreiheit).** Es steht jedem Einzelnen frei, mit welchem Arbeitgeber er einen Arbeitsvertrag abschließen will. Für die Ausübung eines Berufes gelten jedoch gesetzliche Vorschriften über Ausbildung, Abschluss sowie körperliche und gesundheitliche Eignung.

 Beispiele:

1. Meisterprüfung und Sachkundenachweis im Hinblick auf die fachliche Eignung;
2. Gesundheitsnachweis für Lebensmittelhändler und Gastwirte;
3. abgeschlossenes Studium für Ärzte und Apotheker.

Durch Maßnahmen der Arbeitsförderung versucht der Staat, lenkend in den Arbeitsmarkt einzugreifen. Er hilft Berufseinsteigern oder Berufswechslern bei der Wahl des richtigen Berufs. Damit wird bereits im Vorfeld versucht, Arbeitslosigkeit zu verhindern.

■ Markteingriffe des Staates

Wesentliches Merkmal der Sozialen Marktwirtschaft ist die **Steuerung der Wirtschaft durch Angebot und Nachfrage am Markt.** Treten dabei unsoziale Auswirkungen auf, versucht der Staat, diese durch **Eingriffe** auszugleichen.

Als **marktkonform** bezeichnet man solche Markteingriffe, bei denen der Marktmechanismus nicht aufgehoben wird.

Marktkonträr ist die unmittelbare behördliche Festsetzung von Fest-, Mindest- oder Höchstpreisen, z. B. Lohn- und Preisstopp. Dieser Preis würde zu einem Instrument der Fehlsteuerung.

a) **Preispolitik des Staates.** Der Preis hat die Aufgabe, möglichst viele Anbieter und Nachfrager zufriedenzustellen. Wird der Preis seiner Aufgabe nicht gerecht, so versucht der Staat über Veränderungen von Angebot und Nachfrage den Preis mittelbar zu beeinflussen.

In der Sozialen Marktwirtschaft wendet man vor allem marktkonforme Mittel an.

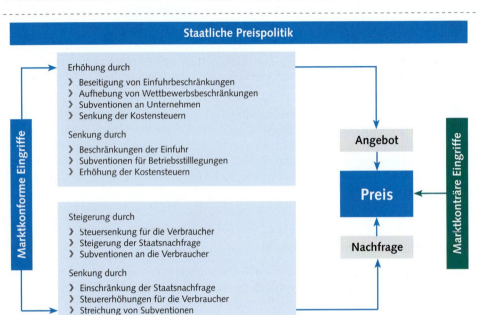

b) **Wettbewerbspolitik des Staates.** Die Anzahl der Marktteilnehmer hat wesentlichen Einfluss auf die Höhe der Marktpreise.

Hinreichender Wettbewerb nützt der Volkswirtschaft, mangelnder Wettbewerb schädigt sie. Aus diesem Grund versucht man in der Sozialen Marktwirtschaft, die **Entstehung von monopolistischen Märkten zu verhindern** und den **Wettbewerb auf allen Märkten zu unterstützen.**

>> **Beispiel:** Verbote wettbewerbshemmender Kartelle, behördliche Monopolkontrolle, staatliche Förderung von Klein- und Mittelbetrieben durch Subventionen und Steuererleichterungen.

c) **Setzung und Durchsetzung wirtschafts- und sozialpolitischer Ziele durch den Staat.** Bund und Länder müssen bei ihren wirtschafts- und finanzpolitischen Maßnahmen ebenfalls das Gleichgewicht zwischen Gütern und Geld beachten. Die Maßnahmen sind so zu treffen, dass sie im Rahmen der marktwirtschaftlichen Ordnung gleichzeitig

> zur **Stabilität des Preisniveaus,**

> zu einem **hohen Beschäftigungsstand,**

> zu **stetigem und angemessenem Wirtschaftswachstum** und

> zu **außenwirtschaftlichem Gleichgewicht**

beitragen.

■ AKTION

1 Um welche Art der Marktwirtschaft handelt es sich bei der Beschreibung der Arbeitsbedingungen im folgenden Text? Begründen Sie Ihre Antwort.

> **Verordnung für die Arbeiter der C. Reichenbach'schen Maschinenfabrik:**
>
> „Die Arbeitszeit ist von morgens 6 bis 12 Uhr und nachmittags von 1 bis 7 Uhr mit Ausnahme des Samstags, an welchem um 6 Uhr Feierabend gemacht wird. … Wer 5 Minuten nach dem Läuten nicht an seiner Arbeit ist, wird um 1 Stunde gestraft. "
>
> **Fabrikordnung der Baumwollspinnerei Straub & Söhne:**
>
> „Der Fabrikbesitzer ist zur augenblicklichen Entlassung des Arbeiters ohne Vergütung von Lohn berechtigt, wenn dieser das eine oder andere … Vergehen sich zu Schulden kommen lässt. "

2 Was unter „sozial" zu verstehen ist, wird durchaus unterschiedlich ausgelegt.

> **Sozial ist …**
>
> These 1: … „wer durch eigene Leistung zum Wohlstand für alle beiträgt. "
> (Hans Tietmeyer, ehemaliger Bundesbankpräsident)
>
> These 2: … „wer sich nicht nur auf andere verlässt. "
> (Wolfgang Schäuble, Bundesminister)
>
> These 3: … „wer den Schwachen wirklich hilft. "
> (Fritz Kuhn, Die Grünen)

a) Umschreiben Sie mit eigenen Worten, was der ehemalige Bundesbankpräsident bzw. die genannten Politiker unter „sozial" verstehen.

b) Welche Position kommt Ihrer Einstellung am nächsten?

3 „Marktwirtschaft ist von sich aus niemals sozial. (…) Wenn man sozialen Ausgleich will, muss man etwas tun, was gegen den Markt verstößt: Man muss intervenieren[1]. " (Altbundeskanzler Helmut Schmidt)

Nennen Sie Beispiele, wie der Staat eingreift, um einen sozialen Ausgleich herzustellen.

4 Begründen Sie, ob die folgenden staatlichen Maßnahmen mit den Grundsätzen der Sozialen Marktwirtschaft vereinbar sind:

a) Kinderreiche Familien erhalten Steuervorteile.

b) Für Gewerbeansiedlungen in den neuen Bundesländern gibt es Sonderabschreibungsmöglichkeiten.

c) Zur Unterstützung sozial schwacher Bevölkerungsschichten legt der Staat Höchstpreise für Grundnahrungsmittel fest.

d) Zur Sicherung von Arbeitsplätzen können Unternehmen sich ohne Genehmigung zusammenschließen.

e) Die Verwendung bestimmter gesundheitsschädlicher Stoffe beim Hausbau kann verboten werden.

---

1 Intervenieren = sich einmischen, eingreifen

5 Ein europäischer Vergleich der Ausgaben für Sozialleistungen sowie der Steuer- und Abgabenbelastung kommt zu folgendem Ergebnis:

	Deutschland	Irland	Italien	Schweden
Ausgaben für Sozialleistungen (Anteil am Bruttoinlandsprodukt in %)	28,6	14,1	24,4	32,3
Steuern und Sozialabgaben (Anteil am Bruttoinlandsprodukt in %)	43,0	30,4	42,7	52,0

Vergleichen Sie die Werte in der obigen Tabelle. Welche Schlussfolgerungen können Sie daraus ziehen?

6 Welcher Konflikt kommt in der folgenden Karikatur zum Ausdruck?

7 Zählen Sie Vor- und Nachteile auf, die das Eigentum an Produktionsmitteln dem privaten Unternehmer bringt.

8 Begründen Sie, warum das Privateigentum an Produktionsmitteln eine Gewähr dafür bietet, dass die Produzenten nur Güter anbieten, welche von den Haushalten gewünscht werden.

9 Inwiefern ist Privateigentum das beste Mittel zur Erhaltung gesamtwirtschaftlichen Vermögens?

10 Nehmen Sie Stellung zu der Aussage, dass die Marktwirtschaft durch die Gesetzgebung des Staates sozial gestaltet werden muss.

11 Die Wirtschaftsordnung der Bundesrepublik Deutschland ist die Soziale Marktwirtschaft. Sie hat viele Elemente der freien Marktwirtschaft.

Nennen Sie gemeinsame Merkmale und zeigen Sie Unterschiede auf.

12 In der Sozialen Marktwirtschaft gibt es auch staatliches Eigentum an Produktionsmitteln. Erörtern Sie diese Notwendigkeit.

13 Nennen Sie Gründe für die Einschränkung des Eigentums in der Sozialen Marktwirtschaft.

14 Der Aufbau und die Unterhaltung staatlicher Einrichtungen ist ohne Eingriffe in das Privateigentum und damit in das Wirtschaftsleben nicht denkbar.

Suchen Sie nach Gründen für diese Behauptung.

15 Begründen Sie, warum das System der Marktwirtschaft nicht ohne Vertragsfreiheit denkbar ist.

16 Unsere Rechtsordnung enthält Bestimmungen, die auch durch Vertrag nicht geändert werden können. Geben Sie Beispiele dafür an.

17 Warum muss der Staat in der Sozialen Marktwirtschaft dafür sorgen, dass die Regeln des Wettbewerbs eingehalten werden?

18 Erörtern Sie, was Gewerbefreiheit mit Wettbewerb zu tun hat.

19 Begründen Sie, ob die staatliche Berufsberatung mit der Freiheit der Berufswahl zu vereinbaren ist.

20 Ein arbeitsloser Ingenieur hat bereits mehrere Vermittlungsangebote der Agentur für Arbeit abgelehnt. Jetzt erhält er von der Agentur für Arbeit die Aufforderung, eine zumutbare Arbeit anzunehmen, andernfalls das Arbeitslosengeld gestrichen werde.

Beurteilen Sie diese Aufforderung der Agentur für Arbeit im Hinblick auf das Grundrecht der freien Berufswahl.

21 Stellen Sie die Merkmale der Sozialen Marktwirtschaft mit je einem Beispiel in einer Übersicht zusammen.

22 Entscheiden Sie in den folgenden Fällen, ob die Markteingriffe des Staates marktkonform sind:

a) Die Kostenexplosion bei den Arzneimitteln und den ärztlichen Leistungen hat den Gesetzgeber veranlasst,

> Höchstsätze für verschreibungspflichtige Arzneimittel und

> Budgets für die Abrechnung zwischen Ärzten und gesetzlichen Krankenkassen

festzulegen.

b) Im Rahmen von Arbeitsförderungsmaßnahmen gewährt der Staat sogenannten Beschäftigungsgesellschaften im Dienstleistungsbereich Zuschüsse.

c) Landwirtschaftsministerien verbieten die Einfuhr von Rindfleisch.

d) Der Export von Maschinen in Kriegsgebiete ist verboten.

e) Ein Bauherr erhält staatliche Zuschüsse mit der Auflage, die Wohnungen nur an sozial schwache Mieter zu einem staatlich festgelegten Höchstpreis zu vermieten.

23 In einem Vorort einer größeren Stadt will ein Bauherr ein Einkaufszentrum errichten. Diese Absicht stößt auf Kritik der Einzelhändler dieses Varortes.

Welche Überlegungen wird die Genehmigungsbehörde vor der Erteilung der Baugenehmigung anstellen müssen?

24 Prüfen und begründen Sie, inwieweit folgende staatliche Maßnahmen mit den Prinzipien der Sozialen Markwirtschaft vereinbar sind:

a) Erhöhung der Umsatzsteuer (Mehrwertsteuer).

b) Jeder muss für seine Kinder Schulgeld bezahlen, da Bildung Privatsache ist.

c) Kürzung der Zuschüsse an Beschäftigungsgesellschaften.

d) Zahlung von Elterngeld.

e) Vergabe von Aufträgen zum Bau von Verkehrswegen.

f) Um Landwirte zu unterstützen, wird für Rindfleisch ein Mindestpreis eingeführt.

g) Senkung des Spitzensteuersatzes in der Einkommen- und Körperschaftsteuer.

h) Absenkung der Einfuhrzölle.

i) Zur Erweiterung des Krankenhauses werden angrenzende Grundstückseigner von der Gemeinde enteignet.

j) Neuordnung des Steuersystems, damit jeder Steuerpflichtige über das gleiche Nettoeinkommen verfügt.

25 Es herrschen die gezeigten Marktsituationen (p*) vor. Der Staat ergreift Maßnahmen:

a) Nennen Sie die Markteingriffe, die der Staat in diesen Fällen vorgenommen haben könnte.

b) Erläutern Sie mögliche Auswirkungen dieser Markteingriffe.

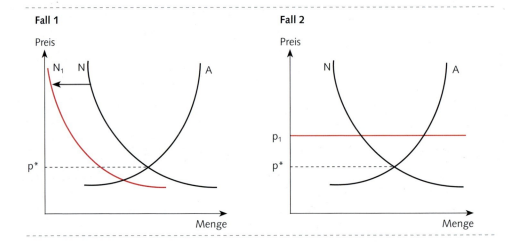

4 Unternehmenszusammenschlüsse und Wettbewerbspolitik

4.1 Kooperation und Konzentration

Schlucken oder geschluckt werden?!

■ **SITUATION** ■

Aus der Presse:

Tengelmann und Edeka formen neuen Discounter

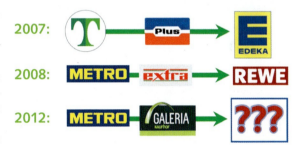

Deutschlands größter Einzelhändler Edeka und Tengelmann bilden einen neuen Discount-Riesen: Sie führen ihre Billigmärkte Netto und Plus zusammen. Der monatelange Kampf um den Discounter Plus ist entschieden. Die Tengelmann-Gruppe führt ihren Billiganbieter mit der zu Edeka gehörenden Discount-Tochter Netto zusammen. Das teilten die beiden Unternehmen am Freitag in Mülheim an der Ruhr mit. An dem Gemeinschaftsunternehmen mit einem geschätzten Umsatz von etwa elf Milliarden Euro wird Deutschlands größter Lebensmittelhändler Edeka 70 Prozent halten.

Metro verkauft Extra an Rewe

Ein Verkauf, der kaum überrascht: Der größte deutsche Handelskonzern Metro wird seine Verbrauchermarkt-Kette Extra an den Lebensmittelhändler Rewe veräußern. Wie Metro am Donnerstag mitteilte, gehen die 245 Extra-Verbrauchermärkte mit rund 1,6 Milliarden Euro Umsatz mit Wirkung zum 1. Juli 2008 an Rewe.

Kaufhof, wie geht es weiter?

Die METRO GROUP hat die Gespräche mit Interessenten für die Übernahme ihrer Warenhaustochter Galeria Kaufhof bis auf Weiteres eingestellt. Hintergrund ist die aktuelle Lage am Kapitalmarkt, die nach Aussage des METRO-Vorstandsvorsitzenden Koch keine geeigneten Rahmenbedingungen für eine so wichtige Transaktion bieten würde (Quelle: METRO, Januar 2012)

1. Was versprechen sich die großen Handelsunternehmen durch den Kauf bzw. Verkauf großer Unternehmensbereiche?

2. Überprüfen Sie, ob die 2007 und 2008 durchgeführten Zusammenschlüsse bzw. Verkäufe auch tatsächlich vom Bundeskartellamt genehmigt wurden.

3. Welche Auswirkungen haben diese Kooperations- und Konzentrationsprozesse auf den Handel insgesamt?

■ INFORMATION

In diesem Lernfeld steht vor allem die Bedeutung von Unternehmensverbindungen in ihrer Auswirkung auf die gesamte Volkswirtschaft im Mittelpunkt.

4.1.1   Ziele von Unternehmensverbindungen

Seit Jahrzehnten ist der Trend zu beobachten, dass **Unternehmen** national und international verstärkt **zusammenarbeiten** oder sich zu größeren Unternehmenseinheiten **zusammenschließen.** Sie verfolgen damit vor allem **wirtschaftliche** Ziele.

Zielsetzungen von Unternehmensverbindungen	
gewinnbezogene Ziele	〉 Steigerung des Umsatzes, 〉 möglichst hoher Gewinn, 〉 günstigere Beschaffungspreise, 〉 Erhöhung der Wirtschaftlichkeit, 〉 kostengünstigere Produktion, 〉 Stärkung der Finanzkraft, 〉 Senkung der Forschungs- und Entwicklungskosten, 〉 Nutzung von Steuervorteilen, vor allem im internationalen Bereich.
nicht gewinn-bezogene Ziele	〉 Wunsch nach größerer Marktmacht, 〉 Streben nach Prestige, vor allem einer hohen Wertschätzung in der Öffentlichkeit (Image).

Nach dem **Grad** der **Bindung** wird zwischen **Kooperation** (Zusammenarbeit) und **Konzentration** (Zusammenschluss) der beteiligten Unternehmen unterschieden.

4.1.2   Unternehmenskooperation

Unter **Kooperation** versteht man die Verbindung von rechtlich und wirtschaftlich selbstständigen Unternehmen zur Förderung ihrer Wettbewerbsfähigkeit.

■ Kooperationsformen

Grad der Bindung	Beispiele
lose Form	〉 Arbeitsgemeinschaft: Verschiedene Bauunternehmen bilden für ein Großprojekt eine Arbeitsgemeinschaft, um gemeinsam den Bau eines Einkaufszentrums durchzuführen.
intensivere Form	〉 Joint Venture: Gründung eines Gemeinschaftsunternehmens, um gemeinsam eine neue Technologie zu entwickeln.
straffe Form	〉 Kartell: Mehrere Großhandelsunternehmen vereinbaren gemeinsame Zahlungs- und Lieferungsbedingungen.

■ Kartell

Beim **Kartell** handelt es sich um eine **vertragliche** Vereinbarung zwischen gleichartigen Unternehmen, durch die die **wirtschaftliche** Selbstständigkeit der Vertragsunternehmen **eingeschränkt** wird, die **rechtliche** und **kapitalmäßige** Selbstständigkeit jedoch **erhalten** bleibt.

Hauptzweck von Kartellverträgen ist die **Beschränkung** des **Wettbewerbs** oder die vollkommene **Marktbeherrschung.**

Kartelle sind mit den wirtschafts- und gesellschaftspolitischen Zielsetzungen unserer marktwirtschaftlichen Wirtschaftsordnung **nicht** zu vereinbaren und deshalb in der Bundesrepublik Deutschland grundsätzlich nach § 1 des **Gesetzes gegen Wettbewerbsbeschränkungen** (GWB) **verboten.**

›› Beispiele:

› Preisabsprachen:

Hersteller A und Hersteller B vereinbaren, dass sie künftig ihre Produkte nicht unter einem bestimmten Mindestpreis an Einzelhändler anbieten werden. Dieses Verhalten ist kartellrechtlich unzulässig.

© Vege – Fotolia.com

› Marktaufteilung:

Zwei Getränkegroßhändler kommen überein, dass innerhalb eines bestimmten Gebietes Unternehmen A ausschließlich Einzelhändler beliefern soll, die einen jährlichen Bedarf von mehr als 100.000 Kisten Mineralwasser haben. Kunden mit einem darunter liegenden Jahresbedarf sollen ausschließlich von Unternehmen B versorgt werden. Diese Absprache ist kartellrechtlich unzulässig.

Für eine **Freistellung** bedarf es **keiner** ausdrücklichen Erlaubnis der Kartellbehörden. Vielmehr erfolgt eine Freistellung vom Kartellverbot „automatisch" kraft Gesetzes, wenn die im Gesetz genannten Voraussetzungen dafür erfüllt sind. Unternehmen müssen daher in allen Fällen selbst beurteilen, ob ihr Verhalten sich spürbar auf den Wettbewerb auswirkt und die Voraussetzungen für eine Freistellung erfüllt (Selbsteinschätzung).

Zu den **Freistellungsgründen** zählen Vereinbarungen zwischen Unternehmen oder abgestimmte Verhaltensweisen von Unternehmen, wenn die Verbraucher angemessen an dem entstehenden Gewinn beteiligt werden und eine Verbesserung der Warenerzeugung oder -verteilung bzw. eine Förderung des technischen oder wirtschaftlichen Fortschritts eintritt. Außerdem darf es zu keiner Ausschaltung des Wettbewerbs kommen (§ 2 GWB).

Wer **gegen** das Kartellrecht **verstößt,** muss mit empfindlichen **Maßnahmen** der Kartellbehörde rechnen (Bußgelder, Schadenersatz, strafrechtliche Verfolgung).

4.1.3 Unternehmenskonzentration

Unter **Konzentration** versteht man die Unterstellung eines oder mehrerer Unternehmen unter eine zentrale Leitung. Dabei **verlieren** diese Betriebe ihre wirtschaftliche und unter Umständen auch ihre rechtliche Selbstständigkeit.

■ Konzern

Ein **Konzern** ist ein **Zusammenschluss** von Unternehmen, die unter **einheitlicher** Leitung zusammengefasst werden und somit ihre wirtschaftliche Selbstständigkeit aufgeben und nur noch rechtlich selbstständig sind (eigene Unternehmen).

Nach der **Gestaltung** der **Abhängigkeiten** werden folgende **Konzernarten** unterschieden:

Unterordnungskonzern

Ein **Unterordnungskonzern** liegt vor, wenn ein oder mehrere rechtlich selbstständige Unternehmen von einem anderen Unternehmen durch eine **Kapitalbeteiligung** oder durch einen **Beherrschungsvertrag** (vertragliche Regelung zur Geschäftsführung durch die Muttergesellschaft) **abhängig** sind.

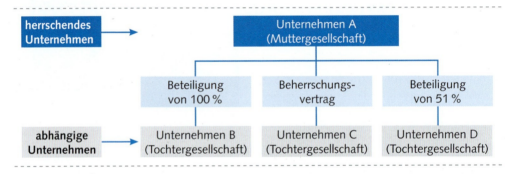

Gleichordnungskonzern

Bei einem **Gleichordnungskonzern** schließen sich mehrere rechtlich selbstständige Unternehmen unter **einheitlicher** Leitung zusammen, ohne dass ein Unternehmen das andere beherrschen kann.

Holdinggesellschaft (Dachgesellschaft)

Die Konzerngesellschaften können ihre Geschäftsanteile auch auf ein übergeordnetes Unternehmen (Holding) übertragen, das ausschließlich als Verwaltungsgesellschaft fungiert und die gesamten Leitungsaufgaben übernimmt.

Beispiel:

Die **Douglas Holding AG** (Hagen/NRW) bestimmt die Strategie-, Ziel- und Rahmenvorgaben für die Douglas-Gruppe. Der Vorstand der Konzernmutter leitet das herrschende Unternehmen (Douglas Holding AG).

> **Geschäftsbereiche:**
> „Douglas" (Parfümerien), „Thalia" (Bücher), „Christ" (Schmuck), „Appelrath-Cüpper" (Mode), „Hussel" (Süßwaren).

> **Dienstleistungsgesellschaften:**
> Douglas Informatik & Service GmbH (Warenwirtschaft, CRM), Douglas Immobilien GmbH & Co. KG (Betreuung der Immobilienverträge), Douglas Corporate Service GmbH (Lohn- und Gehaltsabrechnung für den Gesamtkonzern).

■ Vereinigte Unternehmen (Fusion)

Ein Vereinigtes Unternehmen (Trust) entsteht durch den Zusammenschluss **(Fusion)** von Unternehmen, die ihre rechtliche und wirtschaftliche Selbstständigkeit aufgeben. Dies kann auf zwei Arten erfolgen:

Verschmelzung durch Neubildung

Es wird ein völlig **neues** Unternehmen gegründet. Die bisherigen Unternehmen existieren nicht mehr.

 Beispiel: Fusion mehrerer Sparkassen und Banken zu einer Landesbank.

Verschmelzung durch Aufnahme

Das übernommene Unternehmen geht mit seinem gesamten Vermögen und seinen Schulden in das übernehmende Unternehmen über. Das **übernommene** Unternehmen **erlischt.**

 Beispiel: Bundeskartellamt gibt Fusion EDEKA/Spar frei

Das Bundeskartellamt hat die Übernahme der SPAR Handels AG („Spar") und der Michael Schels & Sohn GmbH & Co. OHG („NETTO Schels") durch die EDEKA Zentrale AG & Co. KG („EDEKA") freigegeben. Von der Freigabe umfasst ist ferner die Übernahme von 25 % der Offene Handelsgesellschaft NETTO Supermarkt GmbH & Co. („NETTO Stavenhagen"). Von dem Zusammenschluss umfasst war schließlich eine Beteiligung der EDEKA an der Einkaufs- und Vermarktungskooperation „ALIDIS/Agenor". Das Zusammenschlussvorhaben konnte nach Angaben von Bundeskartellamtspräsident Dr. Ulf Böge ohne Auflagen freigegeben werden, da es im Lebensmitteleinzelhandel weder auf der Beschaffungs- noch auf der Absatzseite zur Entstehung oder Verstärkung einer marktbeherrschenden Stellung führt.

(Quelle: Pressemeldung des Bundeskartellamtes)

4.1.4 Maßnahmen der nationalen Wettbewerbspolitik

■ Kartellrecht

Ein **intakter** Wettbewerb ist eine wesentliche Voraussetzung für das **Funktionieren** der **Sozialen Marktwirtschaft.** Durch die wachsende Unternehmenskonzentration besteht die Gefahr, dass die beteiligten Unternehmen ihre Stellung am Markt so weit ausbauen, dass der Wettbewerb beschränkt wird und vom Verbraucher ungerechtfertigt hohe Preise verlangt werden.

© StockWerk – Fotolia.com

Der Gesetzgeber hat deshalb das **Gesetz gegen Wettbewerbsbeschränkungen** (GWB) erlassen, über dessen Einhaltung das **Bundeskartellamt** wacht.

Kerninhalte dieses Gesetzes sind u. a., dass

> Kartelle grundsätzlich verboten sind (§ 1 GWB) und

> Zusammenschlüsse von Unternehmen der Fusionskontrolle durch das Bundeskartellamt (§ 35 GWB) unterliegen.

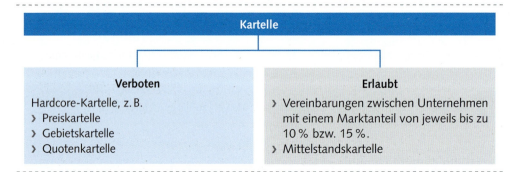

Kartelle	
Verboten	**Erlaubt**
Hardcore-Kartelle, z. B. > Preiskartelle > Gebietskartelle > Quotenkartelle	> Vereinbarungen zwischen Unternehmen mit einem Marktanteil von jeweils bis zu 10 % bzw. 15 %. > Mittelstandskartelle

Generalausnahmeklausel

Der Bundesminister für Wirtschaft und Technologie (Bundeswirtschaftsminister) kann Kartelle zulassen, die vom Kartellamt nicht genehmigt oder durch das Kartellrecht verboten sind. In zwei Fällen werden Kartelle erlaubt:

> Die Beschränkung des Wettbewerbs ist aus überwiegenden Gründen der Gesamtwirtschaft und des Gemeinwohls notwendig.

> Es besteht eine unmittelbare Gefahr für den Bestand des überwiegenden Teils der Unternehmen eines Wirtschaftszweigs.

Allerdings darf die Erlaubnis nur erteilt werden, wenn durch das Ausmaß der Wettbewerbsbeschränkung die marktwirtschaftliche Ordnung nicht gefährdet wird.

■ Kontrolle marktbeherrschender Unternehmen

Das GWB enthält neben dem Kartellrecht auch Regelungen zur Kontrolle marktbeherrschender Unternehmen.

Ein Unternehmen ist **marktbeherrschend,** soweit es

ohne Wettbewerb ist oder keinem wesentlichen Wettbewerb ausgesetzt ist oder

eine im Verhältnis zu seinen Wettbewerbern **überragende Marktstellung** hat. Merkmale hierfür sind der Marktanteil, die Finanzkraft, der Zugang zu Beschaffungs- oder Absatzmärkten, Verflechtung mit anderen Unternehmen und rechtliche oder tatsächliche Schranken für den Marktzutritt anderer Unternehmen.

Marktbeherrschung wird vermutet, wenn z. B. ein einzelnes Unternehmen für eine bestimmte Art von Waren oder Dienstleistungen einen Marktanteil von mindestens 33 $\frac{1}{3}$ % hat, zwei bis drei Unternehmen mindestens 50 % Marktanteil besitzen oder zwei bis fünf Unternehmen mindestens einen Marktanteil von 66 $\frac{2}{3}$ % erreichen.

Den Aufgaben- und Maßnahmenkatalog des **Bundeskartellamtes** nach dem GWB zeigt nachfolgende Übersicht:

Zusammenschlusskontrolle (Fusionskontrolle)

Schließen sich Unternehmen zu Konzernen und Vereinigten Unternehmen (Trusts) zusammen, muss dies dem Bundeskartellamt vorher gemeldet werden. Den eigentlichen Zusammenschluss müssen die beteiligten Unternehmen unverzüglich anzeigen. Diese Bestimmungen gelten, wenn im letzten Geschäftsjahr vor dem Zusammenschluss die beteiligten Unternehmen insgesamt weltweit Umsatzerlöse von mehr als einer halben Milliarde Euro und mindestens ein beteiligtes Unternehmen im Inland Umsatzerlöse von mehr als 25 Mio. Euro erzielt haben.

Die Kartellbehörden können verlangen, dass die beteiligten Unternehmen Auskunft und Aufklärung über Marktanteile sowie über Umsatzerlöse geben. Sie können die Unternehmen auch überwachen.

Besteht die Gefahr, dass durch den **Zusammenschluss eine marktbeherrschende Stellung entsteht oder verstärkt** wird, so kann die Kartellbehörde einen Zusammenschluss untersagen, sobald ihr das Vorhaben des Zusammenschlusses bekannt geworden ist. Eine bereits vollzogene Fusion kann unter bestimmten Voraussetzungen aufgelöst (entflochten) werden **(Fusionsverbot).**

Zur Begutachtung der Entwicklung der Unternehmenskonzentration ist eine **Monopolkommission** aus Fachleuten der Wirtschaft und Wissenschaft gebildet worden.

Missbrauchsaufsicht

Der Missbrauchsaufsicht unterliegen

> alle marktbeherrschenden Unternehmen, soweit die Marktbeherrschung nicht durch Fusionsverbot verhindert werden kann,

> alle Formen der Kooperation, die nicht dem Verbotsprinzip unterliegen, z. B. anmelde- und genehmigungspflichtige Kartelle.

Nutzen solche Unternehmen ihre marktbeherrschende Stellung missbräuchlich aus, so kann die Kartellbehörde dieses Verhalten untersagen und Verträge für unwirksam erklären.

Zusammenschlusskontrolle nach GWB	

Zusammenschlüsse von Unternehmen (§ 37) durch > Vermögenserwerb, > Erwerb von mindestens 25 % des Aktienkapitals, > Unternehmensverträge, > personelle Verflechtung müssen dem Bundeskartellamt angezeigt werden. **Anzeigepflicht (§ 39)** ist verpflichtend für die > am Zusammenschluss beteiligten Unternehmen, > Veräußerer, wenn das Vermögen eines Unternehmens ganz oder zu einem wesentlichen Teil übertragen wird oder mindestens 25 % des Kapitals oder der Stimmrechte abgegeben werden.	**Rechtsgrundlagen** > **Grundlagen der Überprüfung** Gesetz gegen Wettbewerbsbeschränkungen (GWB), besonders § 19 und § 35. > **Zuständigkeit (§ 48)** Das Bundeskartellamt prüft, ob durch den Zusammenschluss eine marktbeherrschende Stellung entsteht oder verstärkt wird. Ist dies der Fall, wird der Zusammenschluss untersagt. > **Verfahren der Zusammenschlusskontrolle (§ 40)** > **Ministererlaubnis (§ 42)** Der Bundesminister für Wirtschaft kann den Zusammenschluss trotzdem genehmigen, wenn die Wettbewerbsbeschränkung durch gesamtwirtschaftliche Vorteile aufgewogen wird.

>> **Beispiel:**

Kartellamt deckt Papier-Kartell auf

**Verbotene Preisabsprachen im Großhandel –
Herstellern drohen Bußgelder in zweistelliger Millionenhöhe**

Berlin (hej). Das Bundeskartellamt hat ein bundesweites Kartell im Papiergroßhandel aufgedeckt. Wie Kartellamtspräsident Ulf Böge am Donnerstag mitteilte, sei fast die gesamte Branche an den unzulässigen Preisabsprachen beteiligt gewesen. Den Unternehmen drohen jetzt insgesamt Bußgelder in zweistelliger Millionenhöhe. Das Kartell war unter anderem aufgeflogen, weil erstmals Beteiligte dem Kartellamt gegenüber ausgepackt hatten, um in den Genuss von Straferleichterungen zu kommen. Nach der vor zwei Jahren beschlossenen Bonusregelung kann das Amt kooperationswilligen Unternehmen oder deren Mitarbeitern die Geldbuße ganz oder zumindest teilweise erlassen, wenn die Betroffenen die Wettbewerbshüter von sich aus freiwillig über die Absprachen informieren. Das Papier-Kartell ist der erste Fall, in dem Unternehmen von dieser Möglichkeit Gebrauch gemacht haben. „Sie haben einen nicht unerheblichen Beitrag zur Aufklärung sowohl der überregionalen Kartellstruktur als auch der Regional-Kartelle geleistet", berichtete Böge. Die Betroffenen hätten zwischen 1996 und April 2000 die Preise für Bilderdruckpapier, Offset- und Selbstdurchschreibpapier abgesprochen und somit künstlich überteuert, glaubt das Kartellamt.

Insgesamt geht es beim Papiergroßhandel um ein Marktvolumen von rund drei Milliarden Euro. Der betroffene Markt habe daran einen Anteil von 25 Prozent. Schwerpunkt der Absprachen sei Nordrhein-Westfalen gewesen. Es gebe Hinweise auf weitere Regionalkartelle in Hannover, Frankfurt (Main), Nürnberg, Stuttgart und München.

Das Bundeskartellamt hatte bereits im April 2000 bundesweit rund 20 Firmenstandorte und zwei Wohnungen von Mitarbeitern durchsucht. Regionale Schwerpunkte waren damals Nordrhein-Westfalen, Baden-Württemberg, Bayern, Niedersachsen, Sachsen-Anhalt, Hamburg und Bremen. „Kartelle sind kein Kavaliersdelikt", betonte Böge, Kartellabsprachen dürften sich finanziell nicht lohnen. Deshalb dürfe das Bundeskartellamt auch Geldbußen verhängen, die bis zum Dreifachen des durch ein Kartell erzielten Mehrerlöses betragen können. Zudem kann die Wettbewerbsbehörde – anders als in der EU – nicht nur Unternehmen, sondern auch Personen belangen, die an den Absprachen mitgewirkt haben. In den vergangenen zehn Jahren haben die Wettbewerbshüter rund 300 Kartellverfahren durchgeführt und dabei Geldbußen in Höhe von rund 400 Millionen Euro verhängt.

Im Fall der Papiergroßhändler mussten die Unternehmen nur die Eckpreise weniger Produkte absprechen, um einen erheblichen Teil des Sortiments zu manipulieren. Betroffen von den höheren Preisen waren nach Informationen des Bonner Kartellamts in erster Linie Druckereien, letztlich seien die Preismanipulationen aber zulasten aller Verbraucher gegangen.

4.1.5 Maßnahmen der EU-Wettbewerbspolitik

Während in Deutschland das Kartellrecht auf Bundesebene durch eine selbstständige Behörde angewendet wird, entscheidet nach EG-Recht die EU-Kommission in Brüssel. Sie ist als politisches Organ auch für andere wirtschaftliche und politische Entscheidungen zuständig.

Die Europäische Kommission ist für alle Wettbewerbsbeschränkungen zuständig, die den Handel zwischen den Mitgliedsstaaten beeinträchtigen. Die nationalen Kartellbehörden können ebenfalls die Wettbewerbsregeln des EG-Vertrages anwenden, solange die Europäische Kommission kein eigenes Verfahren eingeleitet hat.

Innerhalb der EU sind alle

> Vereinbarungen zwischen Unternehmen,
> Beschlüsse von Unternehmensvereinigungen,
> aufeinander abgestimmte Verhaltensweisen

verboten, die den Handel zwischen Mitgliedsstaaten beeinträchtigen oder den Wettbewerb innerhalb des gemeinsamen Marktes verhindern, einschränken oder verfälschen. Dabei sind besonders gemeint

> die unmittelbare Festsetzung der An- und Verkaufspreise,
> die Einschränkung oder Kontrolle der Erzeugung, des Absatzes, der technischen Entwicklung oder Investitionen,
> die Aufteilung der Märkte oder der Versorgungsquellen.

■ AKTION

1 Welche Auswirkungen haben diese Kooperations- und Konzentrationsprozesse auf den Handel insgesamt?

2 Beschreiben Sie das folgende Schaubild.

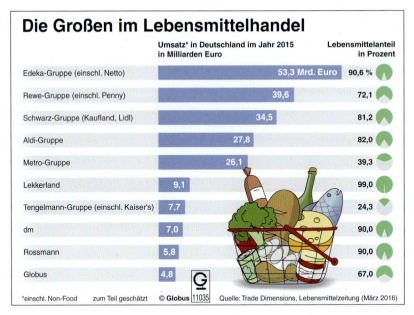

Die Großen im Lebensmittelhandel

	Umsatz* in Deutschland im Jahr 2015 in Milliarden Euro	Lebensmittelanteil in Prozent
Edeka-Gruppe (einschl. Netto)	53,3 Mrd. Euro	90,6 %
Rewe-Gruppe (einschl. Penny)	39,6	72,1
Schwarz-Gruppe (Kaufland, Lidl)	34,5	81,2
Aldi-Gruppe	27,8	82,0
Metro-Gruppe	26,1	39,3
Lekkerland	9,1	99,0
Tengelmann-Gruppe (einschl. Kaiser's)	7,7	24,3
dm	7,0	90,0
Rossmann	5,8	90,0
Globus	4,8	67,0

*einschl. Non-Food   zum Teil geschätzt   © Globus 11035   Quelle: Trade Dimensions, Lebensmittelzeitung (März 2016)

3 Um welche Form der Kooperation bzw. Konzentration handelt es sich in folgenden Fällen? Begründen Sie Ihre Antwort.

a) Die Möbelhauskette Billig-Wohnen GmbH schließt sich mit dem Filialunternehmen Polsterland GmbH zur Europa-Möbel GmbH zusammen.

b) Der IT-Konzern Global Electronics gründet mit dem Einkaufsverband INTER-TEX eine gemeinsame Gesellschaft, um Händlern in Europa ihr gemeinsames Know-how in Sachen Internet-Shopping anzubieten.

c) Der Lebensmittelgroßhändler OMNIA übernimmt eine Mehrheitsbeteiligung an dem Getränkehersteller Fructa AG.

d) Der deutsche Textilhandel vereinbart mit seinen Lieferanten einheitliche Lieferungs- und Zahlungsbedingungen.

4 Die Computer-AG gründet eine eigene Vertriebsgesellschaft in Italien, die PC-Italia GmbH. Außerdem erwirbt die Computer-AG von dem Chiphersteller Speed-AG ein Aktienpaket in Höhe von 51 Mio. € des Grundkapitals. Das gesamte Grundkapital der Speed-AG beläuft sich auf 100 Mio. €. Die Speed-AG ist ihrerseits an dem Zulieferer High-Tech-GmbH mit 26 % beteiligt.

Stellen Sie in einer Skizze die Beziehungen zwischen den einzelnen Unternehmen dar. Welche konzernrechtlichen Beziehungen bestehen zwischen den Unternehmen?

5 Um welche Konzernart handelt es sich rechtlich bei den folgenden Abbildungen? Was fällt Ihnen an der Struktur der Konzerne auf?

a)
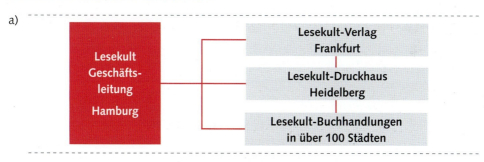

b)

6 Füllen Sie die Lücken aus. Die entsprechenden Begriffe finden Sie am Ende des Textes kursiv gedruckt. Aber Vorsicht! Nicht alle Begriffe passen!

Ein Kartell ist ein .... von Teilnehmern eines Marktes mit dem Ziel so viel .... zu erreichen, dass die .... für Angebot oder Nachfrage eines Produktes oder einer Dienstleistung im Sinne der .... festgelegt werden können.

Typischerweise handelt es sich dabei um die .....; es gibt aber auch andere Absprachen in einem Kartell, zum Beispiel Aufteilung von .... oder von .... Üblicherweise sind Kartelle Zusammenschlüsse zwischen .... Es gibt aber auch Kartelle von ....; das bekannteste davon ist die ....

Vereinigung, Zusammenschluss, Preisgestaltung, Verbrauchern, OPEC, Kartellteilnehmer, Kunden, Bedingungen, Bezugskosten, Staaten, Marktanteilen, UNICEF, Unternehmen

7 Jedes Unternehmen hat die Pflicht selbst zu prüfen, ob sein Verhalten, seine Absprachen und seine Beschlüsse kartellrechtlich zulässig sind.

Bestimmen Sie ein Kriterium, mit dem geprüft werden kann, ob es sich um ein verbotenes Kartell oder um eine erlaubte Kooperation handelt. Prüfen Sie diese gefundene Größe kritisch.

8 Bringen Sie mithilfe der Homepage des Bundeskartellamtes in Erfahrung, welche Untermehmenszusammenschlüsse in die Zuständigkeit der EU-Kommission fallen.

9 Auf der Homepage des Bundeskartellamtes finden sich folgende Fragen. Beantworten Sie diese.

a) Was sind die Aufgaben des Bundeskartellamtes?

b) Welche anderen Wettbewerbsbehörden gibt es?

c) Wer entscheidet im Bundeskartellamt über die Fälle?

d) Wo erhält man Informationen über einzelne Entscheidungen?

e) Wie geht das Bundeskartellamt gegen Kartelle vor?

f) Wann können Kartelle legalisiert werden?

g) Welche Fusionen prüft das Bundeskartellamt?

h) Wie verläuft ein Fusionskontrollverfahren?

i) Wann untersagt das Bundeskartellamt eine Fusion?

j) Wie viele Untersagungen gibt es?

k) Kann das Bundeskartellamt auch Unternehmen entflechten?

l) Funktioniert die nationale Fusionskontrolle auch bei internationalen Märkten?

m) Welche Unternehmen unterliegen der Missbrauchsaufsicht?

n) Wann liegt ein Missbrauch einer marktbeherrschenden Stellung vor?

o) Wie können die Unternehmen gegen Entscheidungen rechtlich vorgehen?

10 Welche Vor- und Nachteile hat ein Beherrschungsvertrag für die beteiligten Unternehmen?

11 Begründen Sie, warum die Gefahr der Entstehung von Überkapazitäten durch einen Konzern in höherem Maße als durch ein Kartell vermieden werden kann.

12 Erläutern Sie die Bedeutung des Wettbewerbs für die marktwirtschaftliche Ordnung.

5 Markt und Preisbildung

Pressenotiz: „Heizöl schon wieder teurer!"
Wie bilden sich eigentlich Preise für ein Gut?

■ SITUATION

In den modernen Industriegesellschaften hat sich Erdöl zu einem Rohstoff von fundamentaler Bedeutung entwickelt. Erdöl ist nicht nur die Ausgangsbasis für Treibstoffe, sondern auch Rohstoff für immer mehr Produkte, vom Surfbrett bis zum Joghurtbecher. Steigt oder fällt der Ölpreis, spürt man das nicht nur an der Heizöl- oder Tankrechnung; die gesamte Wirtschaft eines Landes ist davon betroffen.

© mrhighsky – Fotolia.com

Am Haupthandelsplatz für Rohöl in Rotterdam liegen einem Makler für die Sorte „Arabian Light" folgende Kaufaufträge vor:

Händler	gewünschte Menge	höchstens bereit zu bezahlen
A	190.000 Barrel[1]	90,00 €/Barrel
B	120.000 Barrel	108,00 €/Barrel
C	110.000 Barrel	126,00 €/Barrel
D	60.000 Barrel	144,00 €/Barrel
E	120.000 Barrel	162,00 €/Barrel
[1] Anmerkung: 1 Barrel = 1 Fass Rohöl = 159 Liter		

Hinweis: Der tatsächliche Ölpreis ist großen Schwankungen ausgesetzt. Die hier zugrunde gelegten Preise sind nicht unbedingt realistisch, sondern nur als Rechenbeispiel zu verstehen.

1. Welche Händler kaufen Rohöl bei einem Preis von 144,00 €/Barrel oder höher?
2. Wie groß ist die nachgefragte Menge bei diesem Preis?
3. Berechnen Sie die Gesamtnachfrage bei folgenden Preisen:

Preis je Barrel in €	Nachfrage in 1.000 Barrel					Gesamt-nachfrage
	A	B	C	D	E	
90,00						
108,00						
126,00						
144,00						
162,00						

4. Welcher Zusammenhang besteht zwischen Preis und Gesamtnachfrage?

5. Auf der **Anbieterseite** liegen folgende Verkaufsaufträge vor:

Händler	mögliche Verkaufsmenge	folgender Verkaufspreis sollte mindestens erzielt werden
F	60.000 Barrel	162,00 €/Barrel
G	90.000 Barrel	144,00 €/Barrel
H	120.000 Barrel	126,00 €/Barrel
I	100.000 Barrel	108,00 €/Barrel
J	70.000 Barrel	90,00 €/Barrel

Welche Händler verkaufen ihr Rohöl zu einem Preis von 126,00 €/Barrel?

6. Wie groß ist die angebotene Menge zu diesem Preis?

7. Berechnen Sie das Gesamtangebot bei folgenden Preisen:

Preis je Barrel in €	Angebot in 1.000 Barrel					Gesamt-angebot
	F	G	H	I	J	
90,00						
108,00						
126,00						
144,00						
162,00						

8. Welcher Zusammenhang besteht zwischen Preis und Gesamtangebot?

9. Der Makler erhält für seine Tätigkeit eine Provision, die sich nach dem Umsatz bemisst. Er legt deshalb den Preis fest, der den Umsatz maximiert und Angebot sowie Nachfrage nach Rohöl zum Ausgleich bringt.

   Ermitteln Sie diesen sogenannten Gleichgewichtspreis rechnerisch anhand der folgenden Tabelle.

Preis je Barrel in €	Gesamtnachfrage in 1.000 Barrel	Gesamtangebot in 1.000 Barrel	Umsatz in 1.000 Barrel
90,00	600	70	70
108,00			
126,00			
144,00			
162,00			

10. Warum ist ein Gleichgewichtspreis von 90,00 €/Barrel bzw. 162,00 €/Barrel nicht möglich?

■ INFORMATION

■ Funktion und Arten des Marktes

Der Begriff **„Markt"** ist aus dem täglichen Leben nicht mehr wegzudenken. Nicht nur beim Einkauf auf dem Wochenmarkt wird man mit dieser Bezeichnung konfrontiert. Auch bei der Lektüre der Tageszeitung erfährt der interessierte Leser viel über den Aktien-, Immobilien- sowie Geld- und Kapitalmarkt. Mit Spannung erwarten viele Bundesbürger die monatliche Bekanntgabe der Arbeitsmarktdaten und verfolgen während der Urlaubszeit ebenso genau die Kursentwicklung der Währungen von wichtigen Reiseländern, um zu einem möglichst günstigen Zeitpunkt umzutauschen. Aus den genannten Beispielen lässt sich leicht erkennen, dass es beim Markt nicht nur um einen geographisch genau festgelegten Ort (Wochenmarkt) geht, sondern grundsätzlich um jedes **Zusammentreffen von Angebot und Nachfrage** zum Zwecke des Güteraustauschs.

Eine wichtige Aufgabe des Marktes besteht nun darin, dass er über die **Preisbildung** zu einem **Ausgleich von angebotenen und nachgefragten Gütern** führt.

■ Wichtige Marktarten

Erstes Unterscheidungsmerkmal: auf den Märkten gehandelte Güter	
Beispiele	**Handelsgegenstand**
Konsumgütermarkt	Lebensmittel, Möbel, Textilien, Schuhe, Computer u. a.
Immobilienmarkt	bebaute und unbebaute Grundstücke
Geld- und Kapitalmarkt	kurz- und langfristige Kredite und Geldanlagen
Gebrauchtwagenmarkt	gebrauchte Kraftfahrzeuge
Rohstoffmärkte	Rohöl, Edelmetalle, Baumwolle, Kaffee u. a.
Arbeitsmarkt	Arbeitskräfte

Zweites Unterscheidungsmerkmal: Beschaffenheit des Marktes	
Annahmen	**Erläuterung**
1. Die gehandelten Güter sind absolut gleichartig (homogen)	Zwischen den angebotenen und den nachgefragten Gütern dürfen keine Unterschiede bestehen; sie müssen völlig gleichartig sein *(ein kg-Barren Feingold)*.
2. Der Markt ist für alle Beteiligten transparent	Alle Marktteilnehmer (Anbieter und Nachfrager) verfügen über alle wesentlichen Informationen zu den gehandelten Gütern (Preise, Liefer- und Zahlungsbedingungen). Durch die Nutzung neuer Informationsmöglichkeiten (Internet) steigt die Übersichtlichkeit der Märkte.
3. Keine Bevorzugung bestimmter Käufer und Verkäufer	Die Marktteilnehmer dürfen sich gegenseitig nicht bevorzugen, d. h. weder persönlich *(freundliche Bedienung)*, räumlich *(geringere Entfernung eines Anbieters)*, zeitlich *(unterschiedliche Lieferzeiten)* noch sachlich *(Werbung, Marketing)*.
4. Sofortige Reaktion der Anbieter und Nachfrager bei Änderungen der Marktsituation	Keine Bindung an einen Lieferanten, wenn ein anderer Anbieter günstiger anbietet.

! **Hinweis:** Treffen alle vier Annahmen zur Beschreibung eines Marktes zu, dann spricht man vom **vollkommenen Markt.**

Fehlt mindestens **eine** der vier Voraussetzungen für den vollkommenen Markt, dann handelt es sich um einen **unvollkommenen Markt.**

Vollkommene Märkte entsprechen nicht der Realität. Am nächsten kommt dieser Idealvorstellung der Handel mit Wertpapieren an der Börse.

Der Normalfall für einen Markt ist der unvollkommene Markt.

Drittes Unterscheidungsmerkmal: Anzahl der Marktteilnehmer	
Monopol	Es herrscht kein Wettbewerb. Auf diesem Markt gibt es entweder nur einen Anbieter (Angebotsmonopol) oder einen Nachfrager (Nachfragemonopol).
	» Auf einer Insel gibt es nur einen einzigen Lebensmittelladen.
Oligopol	Der Markt wird von wenigen Anbietern bzw. Nachfragern beherrscht.
	» Lebensmittelgeschäft in einer Kleinstadt mit zwei Mitbewerbern.
Polypol	Es herrscht Wettbewerb. Viele Anbieter bzw. Nachfrager sind Marktteilnehmer.
	» Lebensmittelgeschäft in einer Großstadt mit zahlreichen Mitbewerbern.

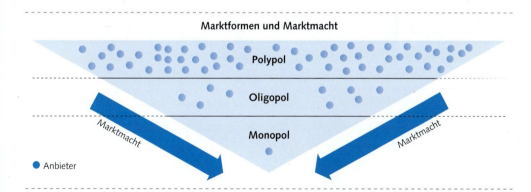

Da die Zahl der Konkurrenten sowohl auf der Angebotsseite als auch auf der Nachfrageseite verschieden sein kann, ergibt sich folgendes Marktformenschema:

Anzahl der Anbieter / Anzahl der Nachfrager	sehr viele	wenige	einer
sehr viele	Polypol	Angebotsoligopol	Angebotsmonopol
wenige	Nachfrageoligopol	beiderseitiges Oligopol	beschränktes Angebotsmonopol
einer	Nachfragemonopol	beschränktes Nachfragemonopol	beiderseitiges Monopol

>> Beispiele:

1. **Polypol:** Zahlreiche Lebensmittelgeschäfte in einer Großstadt.
2. **Angebotsoligopol:** Lebensmittelmarkt einer Kleinstadt mit nur wenigen Lebensmittelgeschäften.
3. **Angebotsmonopol:** Einziges Schuhgeschäft einer Kleinstadt.
4. **Nachfragemonopol:** Markt für militärische Ausrüstungsgegenstände in Deutschland.
5. **Beiderseitiges Oligopol:** Markt für Satellitentransporte ins Weltall.
6. **Beiderseitiges Monopol:** Tarifverhandlungen zwischen Arbeitgeberverband und Gewerkschaft einer Branche.

Märkte im Handel

Jahrhunderte lang trugen die Menschen ihre Waren zum Markt, um dort zu handeln. Auf dem **Markt** trafen **Angebot** und **Nachfrage** aufeinander, d.h., es traten **Verkäufer** und **Käufer** auf. Sie verständigten sich, dann wurden **Ware** und **Geld** wechselseitig **ausgetauscht.** Bis heute haben sich derartige Märkte erhalten, z.B. die Verkaufsmesse, der Jahrmarkt oder der Wochenmarkt in der Nachbarschaft, auf dem Blumen und frische Lebensmittel angeboten werden. Solche Märkte bezeichnet man auch als **Punktmärkte,** d.h. es sind Märkte auf denen **alle** Anbieter und Nachfrager an einem völlig überschaubaren **Ort** und zu einem bestimmten **Zeitpunkt** zusammentreffen.

Punktmärkte im Einzelhandel

| Fischmarkt um 1800 | Wochenmarkt heute |

Allerdings sieht der Handel mit Waren heutzutage auch vielfach anders aus. **Verkäufer** und **Käufer** müssen **nicht** mehr persönlich zusammenkommen, und auch die Ware muss nicht mehr anwesend sein. Moderne Kommunikationsmittel *(Telefon, E-Mail, Internet)* ermöglichen die Verständigung über große Entfernungen. Entsprechend haben sich auch die Märkte weltweit ausgedehnt. Sie sind nicht mehr an einen bestimmten Platz gebunden. Durch diese Veränderungen hat auch der Begriff „Markt" einen Bedeutungswandel erfahren.

Online-Shop als Markt im Internet

Heute versteht man unter einem **Markt** nicht allein eine Verkaufsveranstaltung an einem bestimmten Ort (Punktmarkt), sondern ganz allgemein **jedes Zusammentreffen** von **Angebot** und **Nachfrage.**

Einerseits führt der weltweite Handel zu einer nur schwer überschaubaren Vielfalt der Märkte. Andererseits kommt es für ein einzelnes Unternehmen gar nicht auf „den Weltmarkt" an, sondern auf den für dieses Geschäft bedeutsamen **Teilmarkt.** Jedes Unternehmen bestimmt durch Art und Umfang seiner Geschäftstätigkeit „seinen" Teilmarkt selbst.

» **Beispiele:** Der Teilmarkt des Tante-Emma-Ladens in einer Siedlung am Rande von Lüneburg umfasst die Bewohner dieser Siedlung, die den Weg in die 10 km entfernte Innenstadt nicht antreten können oder wollen. Auch die Vergesslichen, die kurz vor Feierabend noch schnell einkaufen, gehören dazu.

› Der Teilmarkt des rollenden Lebensmittelladens „Stop & Shop" erfasst ältere oder aus anderen Gründen wenig mobile Einwohner in 70 unterversorgten ländlichen Gemeinden im Landkreis Bernburg.

› Der Teilmarkt eines Fachgeschäftes für Brautmoden in Aachen erstreckt sich auf die Heiratswilligen einer ganzen Region.

› Der Teilmarkt eines in Köln ansässigen Versandhauses für Linkshänderbedarf umfasst die linkshändige Kundschaft in der gesamten Bundesrepublik und darüber hinaus.

Fachkräfte in Beratung und Verkauf müssen den Teilmarkt, auf dem sie tätig sind, gut kennen. Vor allem müssen sie einzuschätzen wissen, ob Verkäufer oder Käufer auf diesem Teilmarkt in einer stärkeren Position sind, denn fast alle Märkte für Konsumgüter haben sich durch massenhafte Produktion von Gütern einerseits und durch weitgehende Sättigung vieler Bedürfnisse andererseits von **Verkäufer-** zu **Käufermärkten** gewandelt.

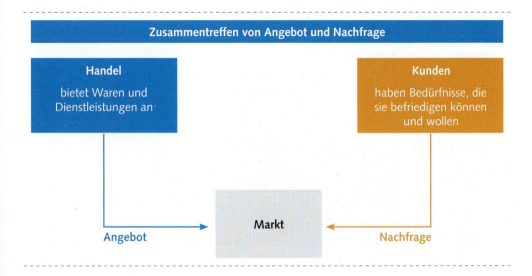

Zusammentreffen von Angebot und Nachfrage

Handel
bietet Waren und Dienstleistungen an

Kunden
haben Bedürfnisse, die sie befriedigen können und wollen

Angebot

Markt

Nachfrage

■ Preisbildung auf dem vollkommenen Markt

Warum sind bei Molkereiprodukten in letzter Zeit die Preise stark gestiegen, obwohl Milch in Europa ausreichend vorhanden ist? Weshalb treten beim Kauf von Käse und Wurst Preisunterschiede von 50 % und mehr auf?

Diese und ähnliche Fragen belegen die Vielschichtigkeit des Prozesses der **Marktpreisbildung,** der häufig auch durch staatliche Eingriffe und globale Ereignisse beeinflusst wird. Um wichtige Gesetzmäßigkeiten der Preisbildung zu erkennen, bietet es sich wie bei vielen anderen volkswirtschaftlichen Themen an, mit einem stark vereinfachten Modell zu arbeiten.

Unterstellt man, dass sowohl auf der Angebots- als auch auf der Nachfrageseite viele Marktteilnehmer auftreten **(Polypol)** und die Bedingungen des **vollkommenen** Marktes gelten, dann ergeben sich folgende Zusammenhänge:

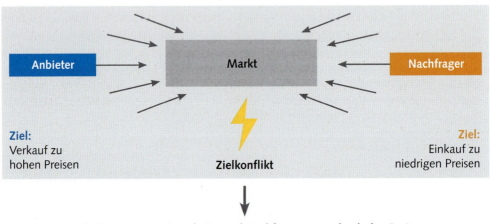

Abstimmung von Angebots- und Nachfragemenge durch den Preis

Je höher der Preis, desto größer das Angebot. Je niedriger der Preis. desto kleiner das Angebot.

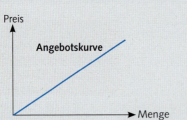

Begründung:
Ein hoher Preis veranlasst am Markt tätige Anbieter, wegen der zu erwartenden Gewinne mehr zu produzieren und lockt neue Anbieter (Existenzgründer) auf den Markt. Zudem müssen bisher unrentable Betriebe nicht schließen.

Je höher der Preis, desto geringer die Nachfrage. Je niedriger der Preis, desto größer die Nachfrage.

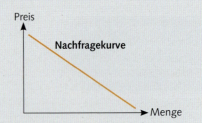

Begründung:
Bei einem niedrigen Preis sind die Nachfrager grundsätzlich eher bereit, ein Produkt zu kaufen. Zudem werden neue Käuferschichten, die nur über ein geringeres Einkommen verfügen, angesprochen und treten hinzu.

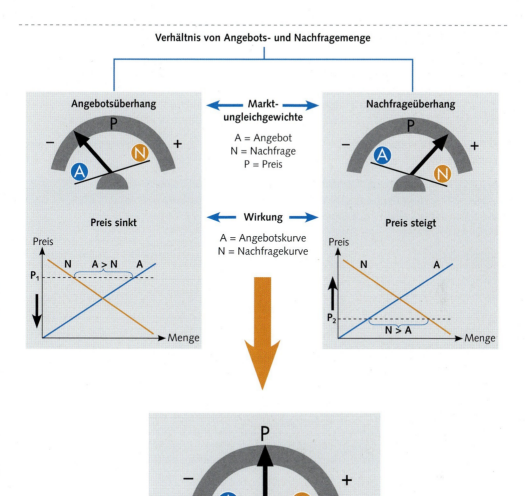

Verhältnis von Angebots- und Nachfragemenge

Angebotsüberhang ← **Markt-ungleichgewichte** → **Nachfrageüberhang**

A = Angebot
N = Nachfrage
P = Preis

Preis sinkt ← **Wirkung** → **Preis steigt**

A = Angebotskurve
N = Nachfragekurve

$A > N$

$N > A$

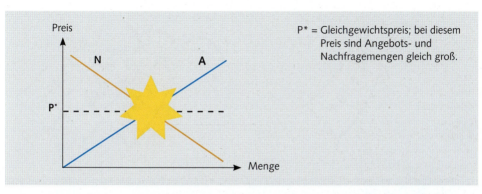

$P^* =$ Gleichgewichtspreis; bei diesem Preis sind Angebots- und Nachfragemengen gleich groß.

Beim Gleichgewichtspreis findet der größte Umsatz in dem gehandelten Gut statt!

■ Preisbildung auf dem unvollkommenen Markt

In der Realität ergibt sich häufig die Situation, dass viele Unternehmen ähnliche Produkte auf dem Markt anbieten, die sich in der Gunst der Verbraucher aber aus verschiedenen Gründen unterscheiden. Sie werden von den Verbrauchern nicht als identisch angesehen, selbst wenn sie sich nur in der Verpackung oder durch eine Markenbezeichnung unterscheiden. Der Konsument bevorzugt aus persönlichen, sachlichen oder räumlichen Gründen ein bestimmtes Produkt.

Ein **Markt** ist **unvollkommen,** wenn eine Voraussetzung des vollkommenen Marktes nicht gegeben ist.

Unvollkommener Markt am Beispiel einer Metzgerei	
Merkmale des unvoll-kommenen Marktes	**Erläuterung**
Keine vollkommen gleichartigen Güter	Die Wurst unterscheidet sich im Geschmack, der Qualität und der Aufmachung.
Fehlende Marktübersicht	Der Kunde weiß nicht, was eine bestimmte Wurstsorte in allen Geschäften der Region kostet.
Der Konsument bevor-zugt bestimmte Anbieter, d. h., es bestehen Präfe-renzen.	Der Verbraucher kauft die Wurst bei dieser bestimmten Metzgerei aus › persönlichen Gründen *(freundliche und fachkundige Bedienung)*, › räumlichen Gründen *(Metzgerei um die Ecke, Filiale im Einkaufs-zentrum)*, › sachlichen Gründen *(große Auswahl, übersichtliche Warenprä-sentation, sauber und hygienisch)*.
Folge: Der Metzger kann für eine bestimmte Wurstsorte einen geringfügig höheren Preis verlangen ohne befürchten zu müssen, dass sehr viele Kunden an die Konkurrenz abwandern.	

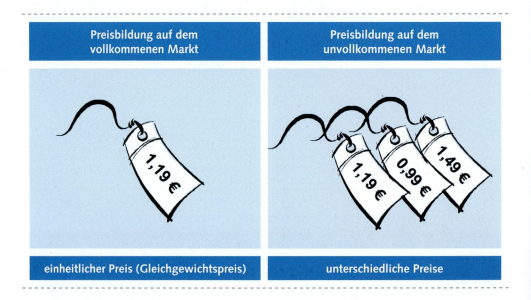

Preisbildung auf dem vollkommenen Markt	Preisbildung auf dem unvollkommenen Markt
1,19 €	1,19 € 0,99 € 1,49 €
einheitlicher Preis (Gleichgewichtspreis)	**unterschiedliche Preise**

Der **Anbieter** auf dem **unvollkommenen** Markt kann also **aktive Preispolitik** betreiben und daher auch einen höheren Preis als seine Konkurrenten verlangen, weil er z. B. wegen Standortvorteilen oder einer besonders kompetenten Beratung gegenüber der Konkurrenz bevorzugt wird. Es gibt für ihn aber eine **Preisobergrenze.**

Setzt der Anbieter den Preis über dieser Obergrenze fest, dann ist für die Verbraucher der Preisvorteil, den die Konkurrenten bieten, so groß, dass sie in erheblichem Umfang zur Konkurrenz wechseln.

›› **Beispiel:** Eine Tankstelle wird vor allem deshalb aufgesucht, weil sie bequem auf dem Weg zur Arbeit liegt. Die leicht höheren Preise nehmen die Kunden dafür in Kauf. Ziehen die Preise aber so stark an, dass sie merklich über denen des Konkurrenten liegen, muss die Tankstelle mit kräftigen Umsatzrückgängen rechnen. Die Kunden haben nämlich zahlreiche andere Tankstellen in der Umgebung zur Auswahl, und viele tanken sofort anderswo.

© Katja Xenikis – Fotolia.com

Andererseits kann ein Unternehmen auf einem unvollkommenen Markt nicht alle Kunden dadurch gewinnen, dass es den Preis **unter** den der Konkurrenz senkt. Die meisten Unternehmen scheuen sich davor, die **untere Preisbarriere** zu durchbrechen, weil sie z. B. dann ihre Betriebsgröße erweitern müssten, um die zusätzliche Nachfrage zu befriedigen. Dies wäre mit erheblichen Kosten verbunden, die u. U. durch die zusätzlichen Erträge nicht gedeckt werden können.

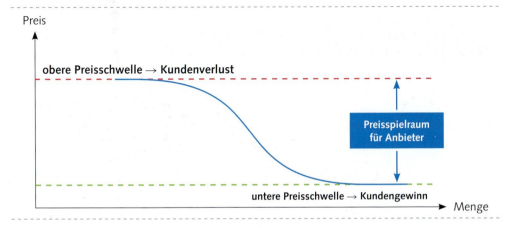

■ Funktionen des Gleichgewichtspreises

Funktionen des Gleichgewichtspreises			
Bestimmungsgrößen für das Angebot	Anbieterziel	Wirkungsweise des Gleichgewichtspreises	Benennung
1. Zielsetzung der Produzenten	Erzielen eines möglichst hohen Gewinnes (erwerbswirtschaftliches Primärziel)	› Steigender Preis zeigt den Produzenten an, wo durch vermehrte Produktion der Gewinn noch verbessert werden kann. › Sinkender Preis zeigt den Produzenten an, wo infolge Marktsättigung der bisherige Gewinn nicht mehr erzielt werden kann.	Informationsfunktion des Preises
2. Faktorkosten der Produzenten	Finden eines günstigeren Verhältnisses zwischen Erlösen und Kosten	› Steigender Preis lenkt Produktionsfaktoren in die Produktion der Güter, für die Bedarf, Nachtrage und damit Gewinnchancen bestehen. › Sinkender Preis lenkt Produktionsfaktoren aus derjenigen Produktion heraus, bei der bereits Marktsättigung erreicht ist.	Lenkungsfunktion des Preises
3. Wettbewerbssituation der Produzenten	Erhaltung der Wettbewerbsfähigkeit	› Starke Preiskonkurrenz zwingt die Produzenten zu fortschrittlicher Produktionsweise. › Fehlende Preiskonkurrenz behindert Produktionsfortschritt und Wettbewerbsfähigkeit.	Fortschrittsfunktion des Preises
4. Zielvorstellung der Nachfrager	Bedarfsdeckung gemäß Dringlichkeit der Bedürfnisse	› Steigende Preise zeigen an, wo noch dringlicher Bedarf vorhanden ist. › Sinkende Preise zeigen an, wo die Dringlichkeit des Bedarfs zurückgegangen ist.	Informationsfunktion des Preises
5. Preise der Güter für die Nachfrager	Möglichst preisgünstige Bedarfsdeckung	› Bei Nachfrageüberhang steigen die Preise, bewirken Kaufzurückhaltung, bis die Nachfrage wieder mit dem Angebot im Gleichgewicht ist. › Bei Nachfragelücke sinken die Preise, bewirken Kaufzunahme, bis die Nachfrage wieder mit dem Angebot im Gleichgewicht ist.	Ausgleichsfunktion des Preises
6. Verfügbares Einkommen der Nachfrager	Erlangung eines angemessenen Anteils am Bruttoinlandsprodukt	› Steigender Preis bewirkt bei gleichbleibendem Einkommen eine geringere Güterzuteilung. › Sinkender Preis bewirkt bei gleichbleibendem Einkommen eine vermehrte Güterzuteilung.	Zuteilungsfunktion des Preises

Da sich mithilfe des Gleichgewichtspreises also ein Ausgleich zwischen den Anbieter- und Nachfragerzielen von *selbst* einstellt, nennt man das Zusammenspiel der Marktkräfte auch **Marktautomatismus** oder **Marktmechanismus**.

■ Unternehmenspolitik beim Polypol

auf dem vollkommenen Markt

Bei einer großen Zahl von Konkurrenten mit gleichartigen Angeboten und überschaubaren Marktverhältnissen wird der Preis durch das Gesamtangebot und die Gesamtnachfrage, also „vom Markt", vorgegeben. Der Marktpreis ist ein „Datum" (lat. datum = etwas Vorgegebenes). Das anbietende Unternehmen ist an diesen Preis gebunden; es kann den Marktpreis selbst kaum beeinflussen. Ihre Marktpolitik richtet sich weniger auf den Preis als auf die Absatzmenge.

 Hinweis: Bei **vollkommener Konkurrenz** ist der **einzelne Anbieter ein „Mengenanpasser"**; er betreibt **nur Mengenpolitik, keine aktive Preispolitik.**

auf dem unvollkommenen Markt

In der Praxis ist die Konkurrenz selten so vollkommen, dass die Konkurrenten vollständig gleichartige (homogene) Leistungen auf transparenten Märkten anbieten.

Konkurrierende Unternehmen sind eher bestrebt, ihre Leistungen zu individualisieren und von vergleichbaren Konkurrenzleistungen abzuheben. Die konkurrierenden Leistungen werden mit bestimmten Vorzügen (Präferenzen) ausgestattet, die jedoch noch einen Vergleich des Käufers zulassen.

Eine **Leistungsdifferenzierung** ergibt sich, wenn die Waren oder Dienstleistungen sich unterscheiden durch

sachliche Vorzüge:	Ausstattung der Leistung mit besonderen Eigenschaften, z. B. besondere Ausstattung von Kraftfahrzeugen derselben Wagen- und Preisklasse;
werbliche Vorzüge:	Schaffung eines Firmenwertes und von Marken durch besondere Werbemaßnahmen, Public Relations und hervorragenden Kundendienst;
zeitliche Vorzüge:	Wahl eines für die Käufer günstigen Standortes und Bereitstellung von Parkmöglichkeiten.

Solche Vorzüge verschaffen den Unternehmen bei den Käufern eine besondere Anziehungskraft. Anstelle des einheitlichen Gleichgewichtspreises entstehen Preisklassen, innerhalb derer die Preise konkurrierender Leistungen differieren.

■ Preisbildung beim Angebotsmonopol

Ein **Angebotsmonopol** liegt vor, wenn es nur einen Anbieter und sehr viele Nachfrager gibt.

Entstehung des Monopolpreises

Dem alleinigen Angebot des Monopolisten steht die gesamte Nachfragemenge des Marktes gegenüber. Obwohl der Absatz des Monopolisten durch das Gesamtverhalten der Nachfrager bestimmt wird, setzt er den Monopolpreis fest. Dabei muss er beachten: Übersteigt der Monopolpreis die Nutzenerwartung, den die Nachfrager seiner Leistung zuerkennen, so verliert er jeglichen Absatz. Je niedriger aber der Monopolpreis angesetzt wird, desto mehr nimmt die Absatzmenge zu. Diesen Zusammenhang zwischen alternativen Monopolpreisen und dementsprechenden Absatzmengen nennt man **Preis-Absatz-Funktion.** Unterschiedliche Absatzmengen setzen aber unterschiedliche Leistungsmengen voraus, verursachen also auch unterschiedliche Gesamtkosten.

> Bei der **Festsetzung des Monolpolpreises** muss der Monopolist den **Gesamterlös** und die **Gesamtkosten berücksichtigen.**

Will er einen möglichst hohen Gewinn erzielen, muss er den Preis und die damit zusammenhängende Absatzmenge so festlegen, dass das Verhältnis von Gesamterlös und Gesamtkosten besonders günstig ist. Man nennt diesen Preis den **optimalen Monopolpreis** und die dazugehörige Leistungsmenge den **optimalen Beschäftigungsgrad** des Monopolisten.

 Beispiel: Die monatliche Kapazität eines Monopolunternehmens beträgt 400 Stück eines Produktes. Eine Kosten-Erlös-Untersuchung ergab die folgenden Werte, aus denen sich die Gesamterlöse und die Gesamtkosten und damit auch der jeweilige Gesamtgewinn wie folgt ermitteln lassen:

Produktions- und Absatz- menge (Stück)	50	100	150	200	250	300	350	400
Preis (Erlös) je Stück (€)	4.000	3.500	3.000	2.500	2.000	1.500	1.000	500
Kosten je Stück (€)	4.000	2.200	1.600	1.400	1.200	1.100	1.000	900
Gesamt- erlös (€)	200.000	350.000	450.000	500.000	500.000	450.000	350.000	200.000
Gesamt- kosten (€)	200.000	220.000	240.000	280.000	300.000	330.000	350.000	360.000
Gesamt- gewinn (€)	0	130.000	210.000	220.000	200.000	120.000	0	−160.000

Auswertung der Tabelle:

1. Menge 50 Stück, Preis 4.000 €: An diesem Punkt deckt der Gesamterlös gerade die Gesamtkosten. Es entsteht weder Gewinn noch Verlust. Dieser Punkt ist die **Gewinnschwelle.** Hier verlässt der Betrieb bei steigender Produktion die Verlustzone und gelangt in die Gewinnzone.

2. Menge 350 Stück, Preis 1.000 €: An diesem Punkt deckt der Gesamterlös gerade noch die Gesamtkosten. Es entsteht weder Gewinn noch Verlust. Dieser Punkt ist die **Gewinngrenze.** Hier verlässt der Betrieb bei steigender Produktion die Gewinnzone und gerät in die Verlustzone.

   Zwischen diesen beiden Punkten, also zwischen den Preisen 4.000 € und 1.000 €, liegt das **monopolistische Preisintervall (Preisspanne).** In diesem Bereich kann der Monopolist Gewinn erzielen.

3. Menge 200 Stück, Preis 2.500 €: An diesem Punkt ist der Gesamtgewinn am höchsten. Der Preis von 2.500 € ist also der **optimale Monopolpreis,** die Menge 200 Stück der **optimale Beschäftigungsgrad** des Monopolisten oder das Nutzenmaximum.

■ Grafische Ermittlung des Monopolpreises

>> **Beispiel:** Das Verhalten der Nachfrager ist dem Monopolisten durch die folgende Preis-Absatz-Funktion bekannt: p = 80 − 10x.

Eine Untersuchung der Kostenstruktur des Monopolistern ergibt, dass 15 € an Fixkosten und 5 € pro Stück an variablen Kosten anfallen.

Daraus ergeben sich folgende Zusammenhänge:

Produktions- und Absatz- menge (x)	Preis (Erlös) pro Stück (p)	Gesamt- erlös (€) (E = x · p)	Grenz- erlös[1] (€) (E')	Gesamtkosten (€) (K = K_1 + x · k_v)	Grenz- kosten[2] (€) (K')	Gesamt- gewinn (G = E − K)
0	80	0		15		−15
1	70	70	70	20	5	50
2	60	120	50	25	5	95
3	50	150	30	30	5	120
4	40	160	10	35	5	125
5	30	150	−10	40	5	110
6	20	120	−30	45	5	75
7	10	70	−50	50	5	20
8	0	0	−70	55	5	−55

a) Bestimmung der gewinnmaximalen Menge

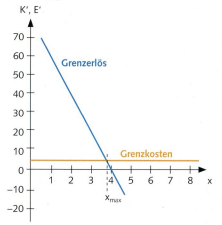

b) Darstellung des gewinnmaximalen Preises

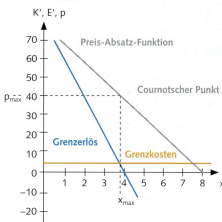

Wird die gewinnmaximale Menge auf die Preis-Absatz-Funktion projiziert, erhält man den Cournotschen Punkt, der den gewinnmaximalen Preis kennzeichnet. Der Monopolist wird diesen Preis festsetzen.

---

1 Grenzerlös: Es ist derjenige Erlöszuwachs, der sich aus dem Verkauf einer zusätzlichen Einheit ergibt.

2 Grenzkosten: Es sind diejenigen Kosten, die durch die Produktion einer zusätzlichen Einheit eines Produktes entstehen.

Unternehmenspolitik beim Monopol

Im Gegensatz zum Anbieter bei polypolistischer Konkurrenz kann der Angebotsmonopolist entweder mit *Preisen* oder mit *Absatzmengen* operieren.

Wenn auch der Preiswillkür durch das Verhalten der Nachfrager eine Grenze gesetzt ist, so kann das Monopolunternehmen dennoch **den günstigsten aus mehreren** möglichen Preisen für seine Leistung auswählen. Dies verleiht ihm eine **wirtschaftliche Machtstellung,** die zum Nachteil der Geschäftspartner genützt werden könnte. Der Monopolist beherrscht den Markt.

Der **Cournotsche Punkt** ist der Punkt auf der Preis-Absatz-Funktion eines Monopolunternehmens, an dem sich das Unternehmen im **Gewinnmaximum** befindet. Im Preis-Mengen-Diagramm erfasst der Punkt also die zwei Koordinaten Menge und Preis; aus diesen lässt sich der Gewinn eindeutig bestimmen. Der Cournotsche Punkt ist damit die Antwort auf die Frage, welche Preis-Mengen-Kombination für einen Monopolisten gewinnmaximal ist. Er ist das Ergebnis **monopolistischer Preisbildung**.

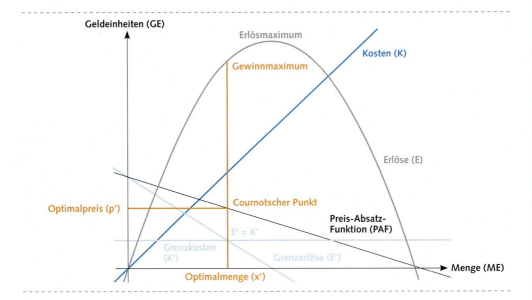

Typisch für den Cournotschen Punkt ist, dass dieser links vom Erlösmaximum liegt, dass also, mit anderen Worten, im Gewinnmaximum eine geringere Menge des Gutes abgesetzt wird, als dies im Erlösmaximum der Fall wäre.

Im Gegensatz zum Unternehmen im vollkommenen Wettbewerb, das für ein Produkt einen Marktpreis akzeptieren muss, kann der Monopolist den Verkaufspreis gewinnmaximierend festsetzen. Er muss dafür eine Nachfragefunktion, d. h. zu welchem Preis er wie viel von dem Produkt absetzen kann, annehmen oder sich langsam mit seiner Preispolitik dem Gewinnoptimum nähern.

Ein monopolistisch beherrschter Markt hat folgende gesamtwirtschaftlichen **Nachteile:**

a) Geht man davon aus, dass der Monopolist das Nutzenmaximum anstrebt, wird er für seine Leistung einen **höheren Preis** verlangen, als es zur Kostendeckung erforderlich wäre. Ein Monopolpreis ist also unsozial.

b) Bei diesem Preis ist die **Produktions- und Absatzmenge geringer** als bei voller Auslastung der Kapazität. Die Versorgung des Marktes mit Gütern ist bei monopolistischer Marktlage also schlechter, als sie sein könnte.

c) Da der Monopolist nicht unter Konkurrenzdruck steht, bringt er auch **geringere qualitative Leistung,** er schadet also der gesamten Volkswirtschaft.

d) Da der Konkurrenzdruck fehlt, ist der Monopolist auch **nicht** gezwungen, sich dem **technisch-ökonomischen Fortschritt anzupassen.** Er verzögert also Investitionen.

Unter marktwirtschaftlichen Gesichtspunkten sind Monopole unerwünscht.

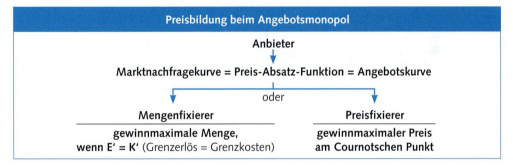

■ Preisbildung beim Angebotsoligopol

Ein **Angebotsoligopol** liegt vor, wenn es **wenige Anbieter, aber viele Nachfrager** gibt. Die Anbieter, die untereinander Konkurrenten sind, sind in ihrer Preisfestlegung nicht unabhängig. Setzt ein Anbieter den Preis für seine Leistungen herab, fordert er damit seine Konkurrenten heraus. Da sie kaum bereit sein werden, Marktanteile zu verlieren, sind mehrere Reaktionen möglich:

a) Die Konkurrenzprodukte werden durch technische Veränderung oder geeignete Werbung attraktiver gemacht, um die entstandene Preisdifferenz zu rechtfertigen **(Leistungsdifferenzierung).** Es entsteht dann ein unvollkommener oligopolistischer Konkurrenzmarkt.

b) Die Konkurrenz antwortet mit *entsprechenden Preisherabsetzungen,* um ein Abwandern ihrer Kunden zu verhindern. Es kommt zum **Preiskampf.**

c) Die Konkurrenz nimmt den Kampf auf mit dem Ziel, den lästigen **Mitbewerber** vom Markt zu **verdrängen,** indem sie billiger, unter Umständen vorübergehend sogar mit Verlust, verkauft. Wer den größeren finanziellen Rückhalt hat, wird diesen Kampf bestehen.

d) Je weniger Aussicht auf einen Erfolg im Preiskampf besteht (etwa bei gleichstarken Unternehmen), umso eher werden sich die Oligopolisten auf ausdrückliche oder stillschweigende *Preisvereinbarungen* einlassen. So entsteht ein monopolistisches **Preiskartell.** Ein Angebotsoligopol wird damit zu einem kollektiven Angebotsmonopol.

Für das **preispolitische** Verhalten eines Angebotsoligopolisten gilt der **Grundsatz:** Stets die Reaktionen der Mitanbieter und der Nachfrager berücksichtigen!

Bei der **Preisstrategie** sind zwei grundsätzliche Verhaltensweisen möglich.

Preisstrategien	
„friedliches" Verhalten	„kriegerisches" Verhalten
› untereinander abgestimmtes Verhalten (Beachte: Preisabsprachen mit den Mitbewerbern sind durch das Kartellgesetz verboten!) › Preisführerschaft, d.h., ein Unternehmen erhöht den Preis und die anderen ziehen nach.	› Die Oligopolisten unterbieten sich im Preis, um die Mitbewerber aus dem Markt zu drängen. › Im Extremfall bedeutet dies die Übernahme eines Konkurrenten. › Danach werden die Preise wieder deutlich angehoben.

Preisbildung beim Angebotsoligopol

wenige Anbieter – viele Nachfrager

Anbieterverhalten

Preisruhe **Preisabsprachen** **Preisführerschaft** **Preiskampf**

■ AKTION

1 Geben Sie Ihrer Klasse/Lerngruppe einen Bericht über den Teilmarkt, auf dem Sie tätig sind bzw. auf dem Sie tätig werden wollen, und nennen Sie dabei mindestens je fünf Kenntnisse und Fertigkeiten, die zur erfolgreichen Arbeit auf diesem Teilmarkt erforderlich sind!

2 Märkte gibt es viele, nicht nur den Fischmarkt oder den Supermarkt.

a) Zählen Sie fünf weitere Marktarten auf.

b) Beschreiben Sie das Verhalten von Anbietern und Nachfragern auf diesen Märkten anhand eines konkreten Beispiels.

3 Zu Beginn der Spargelzeit findet im Hauptanbaugebiet für Spargel eine Auktion statt, auf der die unterschiedlichen Preisvorstellungen der Käufer und Verkäufer aufeinander treffen.

© Alexander Spörr – Fotolia.com

a) Zeichnen Sie die Angebots- und Nachfragekurve in ein Koordinatensystem ein (y-Achse: Preis je kg Spargel 1 cm = 1 €; x-Achse: Menge in kg 1 cm = 200 kg).

b) Welchen Preis für 1 kg Spargel wird der Auktionator festlegen?

c) Wie verändert sich der Preis, wenn infolge einer schlechteren Ernte eine um 30 % geringere Angebotsmenge auf den Markt kommt?

Preis für 1 kg Spargel	Angebotene Menge Spargel in kg	Nachgefragte Menge Spargel in kg
4 €	440	2.040
5 €	1.460	1.460
6 €	1.800	1.160
7 €	2.080	880
8 €	2.300	660
9 €	2.480	560
10 €	2.600	540

4 Was versteht man unter Markttransparenz?

5 Unterscheiden Sie zwischen Polypol, Oligopol und Monopol.

6 Beschreiben Sie die Marktverhältnisse auf dem Benzinmarkt.

7 Der große Traum von Familie Eisele (Ehepaar mit drei Kindern) ist ein Ägyptenurlaub. Eine vierzehntägige Reise würde insgesamt etwa 7.000 € kosten. Vor zwei Jahren hat die Familie angefangen zu sparen, um sich den Wunsch erfüllen zu können. Leider ist Herr Eisele vor einem halben Jahr arbeitslos geworden. Die Familie ist seither auf Arbeitslosengeld angewiesen. Ein weiteres Ansparen für die Reise ist nicht mehr möglich, da das Geld gerade reicht, um einigermaßen über die Runden zu kommen. Immerhin befinden

© Iakov Kalinin – Fotolia.com

sich aber auf dem Sparbuch fast 800 €. Im Mai spaziert die Familie an einem Reisebüro vorbei, das sich auf „Last-Minute-Reisen" spezialisiert hat. Im Schaufenster hängt ein großes Plakat, das zu einem zweiwöchigen Ägyptenurlaub animieren soll. Mit einem ausgesprochen günstigen Preis wird geworben. Ein „All-inclusive-Urlaub" für eine Familie mit bis zu drei Kindern kostet lediglich 4.500 €. Der bisherige Katalogpreis war mit 7.200 € ausgewiesen.

Familie Eisele ist hin- und hergerissen. Das ganze Wochenende diskutiert sie darüber, ob sie die Reise buchen soll.

a) Welche Argumente werden für Familie Eisele eine Rolle spielen?

b) Weshalb ist der Reiseveranstalter zu diesem „Schnäppchen-Angebot" bereit?

8 Erklären Sie folgende Vorgänge und Erscheinungen in einer Volkswirtschaft:

a) Im Sommer und Herbst fallen die Preise für Obst beträchtlich.

b) Trotz Steigens der Produktionskosten und erheblicher Werbekosten für ein Produkt ist sein Preis gefallen.

c) Trotz Nachfragerückganges steigt der Preis eines Produktes.

9 Ermitteln Sie mithilfe eines Diagramms den Gleichgewichtspreis und die dazugehörige Menge.

Angebotene Menge in Stück	100	150	200	300	400	550	700	900
Preis in € je Stück	10	20	30	40	50	60	70	80
Nachgefragte Menge in Stück	900	700	550	400	300	200	150	100

10 Dem Makler an der Wertpapierbörse liegen folgende Aufträge in Aktien der Telematik AG vor:

Verkaufsaufträge (zum Nennwert 1 €)		Kaufaufträge (zum Nennwert 1 €)	
6.500 Stück	bestens	8.000 Stück	billigst
6.000 Stück	limit 56	7.000 Stück	limit 55
9.000 Stück	limit 56,5	7.500 Stück	limit 55,5
8.000 Stück	limit 57	6.500 Stück	limit 56
10.000 Stück	limit 57,5	4.000 Stück	limit 56,5
		5.000 Stück	limit 57

a) Ermitteln Sie in einer Gesamtaufstellung die Marktlage bei den jeweiligen Preisen (Kursen) und den Gleichgewichtspreis.

b) Warum ist dieser Gleichgewichtspreis der optimale Preis?

11 Warum kann ein Monopolist den Markt nicht „willkürlich" bestimmen?

12 Ein Monopolunternehmen ermittelt durch eine Kosten-Erlös-Untersuchung für ein Produkt folgende Ergebnisse:

Preis in €	1.000	900	800	700	600	500	400	300	200
Produktionsmenge in Stück	10	20	30	40	50	60	70	80	90
Gesamtkosten in €	15.000	18.000	21.000	24.000	27.000	30.000	33.000	36.000	39.000

Stellen Sie anhand dieser Zahlen fest:

a) Menge und Preis der Gewinnschwelle,

b) Menge und Preis der Gewinngrenze,

c) das „monopolistische Preisintervall",

d) den „optimalen Preis" und den „optimalen Beschäftigungsgrad" des Monopolisten.

13 Ein Monopolunternehmen könnte monatlich maximal 400 Stück eines Produktes herstellen. Eine Kosten-Erlös-Untersuchung ergab folgende Werte:

Produktionsmenge (Stück)	50	100	150	200	250	300	350	400
Preis je Stück in €	2.000	1.750	1.500	1.250	1.000	750	500	250
Kosten je Stück in €	2.000	1.100	800	700	600	550	500	450

Ermitteln Sie anhand dieser Werte, jeweils mit Begründung und Berechnung,

a) das monopolistische Preisintervall,

b) den Preis mit dem höchsten Gewinn je Stück,

c) den „optimalen Preis" des Monopolisten,

d) den „optimalen Beschäftigungsgrad" des Monopolisten (in Prozent der Kapazitätsgrenze).

14 a) „Je mehr der Preis eines Gutes sinkt, desto größer wird die Nachfrage." Um welche Regel handelt es sich?

b) Stellen Sie diese Regel grafisch dar.

15 Unter welchen Umständen gelingt es einem Oligopolisten trotz einer Preissenkung nicht, seinen Konkurrenten Marktanteile abzunehmen?

6 Kompetenztraining WiSo

© fotodo – Fotolia.com

1 Das Grundgesetz hat sich nicht ausdrücklich für eine bestimmte Wirtschaftsordnung ausgesprochen.

a) Nennen Sie drei Regelungen im Rahmen der Grundrechte, die auf eine freie Wirtschaftsordnung hinweisen.

b) Zeigen Sie an einer dieser Regelungen, warum sie notwendiger Bestandteil einer freien Wirtschaftsordnung ist.

c) Beschreiben Sie zwei Möglichkeiten, die das Grundgesetz zur Beschränkung der Eigentumsfreiheit in der Sozialen Marktwirtschaft vorsieht.

d) Erläutern Sie zwei Mängel einer freien Marktwirtschaft.

e) Beschreiben Sie je eine Maßnahme, mit denen der Staat in der Sozialen Marktwirtschaft versucht, diesen Mängeln zu begegnen.

2 Pressemeldung des Bundeskartellamtes (gekürzt):

> ## Bundeskartellamt veröffentlicht bundesweiten Gaspreisvergleich für Haushaltskunden
>
> Das Bundeskartellamt veröffentlicht in Zusammenarbeit mit den Kartellbehörden der Länder jetzt erstmals die Gaspreise für Haushaltskunden von 739 Gasversorgern in ganz Deutschland. …
> Kartellamtspräsident Ulf Böge: „Im Gasbereich kommt der Wettbewerb trotz der Liberalisierung nur schleppend in Gang. Angesichts hoher Preise kommt der Prüfung der Gaspreise durch die Kartellbehörden, insbesondere der Frage, ob Gasversorger die marktbeherrschende Stellung in ihrem Versorgungsgebiet bei der Preissetzung missbräuchlich ausnutzen, für Wirtschaft und Verbraucher erhebliche Bedeutung zu. Die Veröffentlichung der Gaspreise für Haushaltskunden soll mehr Transparenz schaffen und so den Wettbewerb fördern." …

a) Beschreiben Sie die Marktlage, die auf dem Gasmarkt momentan vorherrscht.

b) Begründen Sie, welcher Marktform Sie diesen Markt zuordnen würden.

c) Erläutern Sie die Bedeutung der Transparenz an diesem Beispiel.

3 Die beiden Artikel geben folgende Sachverhalte wieder:

Artikel 1:

Neues Gesetz gegen Macht der Stromkonzerne

Ein deutsches Bundesland will mit einem neuen Gesetz die Vorherrschaft der großen Stromkonzerne auf dem deutschen Markt brechen. Nach der Neuregelung soll das Kartellamt den Verkauf von Kraftwerken verfügen dürfen.

Berlin – Eine Landesregierung will das Bundeskartellamt ermächtigen, die großen Versorger notfalls zum Verkauf von Kraftwerken zu zwingen, wie der dortige Wirtschaftsminister erklärte. Es bestünden „erhebliche Zweifel daran, dass sich Wettbewerb in der Stromerzeugung von alleine entwickelt", erklärte er seinen Vorstoß. Die Verbraucherschützer begrüßten die Initiative zur Reform des Wettbewerbsrechts. Der Verband der Elektrizitätswirtschaft (VDEW) sprach von einem staatlichen Eingriff, der die Konkurrenz behindern statt fördern würde.

„Die fatalen volkswirtschaftlichen Folgen viel zu hoher Strom- und Gaspreise sind endlich in der obersten Etage der Politik angekommen", erklärte die Chefin des Dachverbandes der Verbraucherorganisationen (VZBV). Für einen funktionierenden Wettbewerb auf dem Strom- und Gasmarkt sei eine Zerschlagung der Marktmacht der großen Energiekonzerne unausweichlich. Der Energiesektor brauche „ein klar abgegrenztes Spielfeld für die einzelnen Akteure, eindeutige Spielregeln und ein machtvolles Schiedsrichterteam, das diese Regeln durchsetzt", erklärte die Chefin des Dachverbandes.

„Staatliche Eingriffe in die Marktstruktur würden den Wettbewerb im Strommarkt nicht fördern, sondern behindern", meinte hingegen der stellvertretende VDEW-Hauptgeschäftsführer. Staatliche Preiskontrolle oder Begrenzungen der Produktionskapazitäten seien die vollkommen falschen Instrumente, um den Wettbewerb anzuregen. „Im Gegenteil: Neue Anbieter würden geradezu abgeschreckt, in Kraftwerke zu investieren."

Artikel 2:

Unternehmen im Fusionsfieber

Mittal und Arcelor, Bayer und Schering, E.ON und Endesa, Linde und BOC, Adidas und Reebok – das sind nur einige Namen der derzeit geplanten oder bereits vollzogenen Fusionen.

Gier oder Pflicht?

Dass so viele Unternehmen nun wieder an Übernahmen und Firmenzukäufe denken, zeigt, dass die Manager zuletzt in ihren Bilanzen kräftig aufgeräumt haben: Die Schulden wurden gesenkt und die Kassen der Konzerne haben sich gefüllt. Die Lust auf einen Einkaufsbummel wird zusätzlich durch die über lange Zeit sehr niedrigen Zinsen gefördert, denn so kommen die Unternehmen an billige Kredite.

Es gibt auch konkrete betriebswirtschaftliche Ziele für eine Fusion. Auf der strategischen Seite wird Marktmacht angepeilt, auf der finanziellen Seite sollen Kosten gespart werden. Beide Punkte greifen dabei meist ineinander und werden immer wieder gerne von Managern genannt, um Mitarbeitern und Aktionären eine Übernahme oder Fusion schmackhaft zu machen.

Auf die Größe kommt es an

Marktmacht spielt in vielen Branchen eine entscheidende Rolle, denn mit ihr können Konkurrenten elegant aus dem Weg geräumt werden. Zulieferer und Abnehmer müssen nach dem Takt des Platzhirsches tanzen.

Bunte Paletten

Beliebtes Übernahmeziel ist auch die Erweiterung der eigenen Produktpalette – schließlich können so neue Märkte im In- und Ausland erobert werden. Organisches Wachstum, d.h., die eigene Entwicklung neuer Produkte ist für die Unternehmen oft mühsam und mit hohen Kosten und Risiken verbunden. Wenn das nötige Kleingeld da ist, ist der Zukauf bereits etablierter Marken die bequemere, risikoärmere und auf längere Sicht auch meist kostengünstigere Variante.

Es muss auch nicht immer gleich die Eroberung neuer Märkte sein – manchmal genügt es den Unternehmen auch, die abgesteckten Claims zu verteidigen.

a) Beschreiben Sie die Gemeinsamkeiten aus beiden Artikeln.

b) Welche Ziele verfolgt der Gesetzgeber in Artikel 1 mit der Reform des Wettbewerbsrechtes? Welche Einwände bringt der Verband der Elektrizitätswirtschaft dagegen vor?

© StockWerk – Fotolia.com

c) Formulieren Sie Gründe aus Artikel 2, warum Unternehmen fusionieren.

d) Welche Folgen ergeben sich aus dem Fusionsfieber zwischen Unternehmen für den Verbraucher, den Staat und den Wettbewerb?

4 Auf der Rohstoffbörse PVC-U-Mahlgut ergeben sich folgende Kauf- und Verkaufsaufträge:

Kaufaufträge		
Käufer	**will kaufen**	**zum Preis je kg**
A	10.000 kg	2,00 €
B	20.000 kg	1,60 €
C	30.000 kg	1,20 €
D	40.000 kg	0,80 €
E	50.000 kg	0,40 €

Verkaufsaufträge		
Verkäufer	**will verkaufen**	**zum Preis je kg**
F	10.000 kg	0,40 €
G	20.000 kg	0,80 €
H	30.000 kg	1,20 €
I	40.000 kg	1,60 €
J	50.000 kg	2,00 €

a) Ermitteln Sie die Gesamtnachfrage und das Gesamtangebot.

b) Zeichnen Sie die Gesamtnachfrage- und die Gesamtangebotskurve mit den von Ihnen ermittelten Werten in ein Koordinatensystem. Kennzeichnen Sie die Achsen und ermitteln Sie den Gleichgewichtspreis.

c) Erklären Sie das Zustandekommen des Gleichgewichtspreises.

d) Erläutern Sie die Marktlage, die bei einem Preis von 0,80 €/kg herrscht.

e) Eine verstärkte Auslandsnachfrage veranlasst jeden einzelnen Nachfrager, jeweils 5.000 kg mehr nachzufragen.

> Ermitteln Sie die neue Gesamtnachfrage.

> Zeichnen Sie die veränderte Nachfragekurve in Ihr Schaubild und ermitteln Sie grafisch den neuen Gleichgewichtspreis.

f) Erläutern Sie zwei Aufgaben, die der Marktpreis zu erfüllen hat.

5

Bauern verschütten ihre Milch

Aus Protest gegen zu niedrige Milchpreise haben brandenburgische Landwirte mehr als 100.000 Liter Milch auf einen Acker geschüttet. Die deutschen Milchbauern demonstrieren seit über einem Jahr für höhere Erzeugerpreise, die sie bei mindestens 40 Cent pro Liter sehen. Derzeit erhalten sie rund 20 Cent. Bis 2015 soll der Milchmarkt in der EU jedoch liberalisiert werden.

Auszug aus http://www.tagesspiegel.de/berlin/Brandenburg-Milchpreise;art128,2907614

a) Erklären Sie eine Ursache, die zu dem Preisverfall der Milch auf dem deutschen Markt geführt hat.

b) Begründen Sie, um welche Marktform nach der Anzahl der Marktteilnehmer es sich im vorliegenden Fall handelt.

c) Erläutern Sie zwei Vorteile, die sich allgemein aus dieser Marktform für den Verbraucher ergeben.

d) Vollkommene Märkte gibt es in der Realität nur sehr begrenzt.

Überprüfen Sie anhand von drei Merkmalen, ob der Milchmarkt einem vollkommenen Markt entspricht.

Zahlreiche Bauern bieten auf dem freien Markt ihre Milch an. Folgende Tabelle stellt die vorhandene Nachfrage und das vorhandene Angebot dar:

© Horst Schmidt – Fotolia.com

Kaufaufträge	Verkaufsaufträge
1.000 Liter zu jedem Preis	1.500 Liter zu jedem Preis
1.500 Liter zu 0,40 €/l höchstens	1.000 Liter zu 0,45 €/l mindestens
500 Liter zu 0,45 €/l höchstens	2.000 Liter zu 0,50 €/l mindestens
2.000 Liter zu 0,50 €/l höchstens	500 Liter zu 0,55 €/l mindestens
3.000 Liter zu 0,55 €/l höchstens	2.500 Liter zu 0,60 €/l mindestens
2.500 Liter zu 0,60 €/l höchstens	3.000 Liter zu 0,65 €/l mindestens

e) Ermitteln Sie mithilfe einer Tabelle die Gesamtnachfrage, das Gesamtangebot und die umsetzbare Menge zu den jeweiligen Preisen.

f) Beschreiben Sie die Marktsituation bei 0,55 €/l.

g) Fast die Hälfte des EU-Haushaltes im Jahr 2010 floss in Agrarsubventionen. Beschreiben Sie jeweils zwei Vor- und Nachteile dieser Subventionspolitik aus volkswirtschaftlicher Sicht.

h) Das Recht auf Privateigentum, Vertragsfreiheit und Gewerbefreiheit sind wichtige Ordnungsmerkmale in der sozialen Marktwirtschaft. Zeigen Sie an jeweils einem Beispiel auf, in welcher Form der Staat bei den genannten Merkmalen eingreifen kann.

6 Auf einem polypolistischen Markt für ein einzelnes lagerfähiges Produkt ist vom Staat ein Mindestpreis festgesetzt. Er beträgt 40 €. Der Gleichgewichtspreis würde sich bei 20 € und 100 Mengeneinheiten bilden.

a) Skizzieren Sie die Angebots- und Nachfragekurve und die sich beim Mindestpreis ergebende Situation in einem Koordinatensystem.

b) Welchen Zweck kann die Festsetzung eines Mindestpreises haben? Erklären SIe dies an einem Beispiel.

c) Welche Folgen ergeben sich durch die Festlegung eines Mindestpreises? Nehmen Sie kritisch Stellung.

7 a) „Annika Bock führt als Einzelunternehmerin in Neuburg das Sportgeschäft Sport Bock e. K. Der Schwerpunkt des Sortiments ist die Sportbekleidung neben weiteren Sportartikeln, wie z. B. Ski und Snowboard sowie Zubehör für alle Ballsportarten. Frau Bock hat nun die Möglichkeit durch den Kauf von zusätzlicher Verkaufsfläche Fahrräder neu in ihr Sortiment aufzunehmen.

© fischer-cg.de – Fotolia.com

Sie unterstützen nun dieses Vorhaben durch die Auswertung der Anlagen 1–3 und beurteilen dazu je zwei Aspekte aus gesamtwirtschaftlicher Sicht sowie aus Branchensicht.

Anlage 1

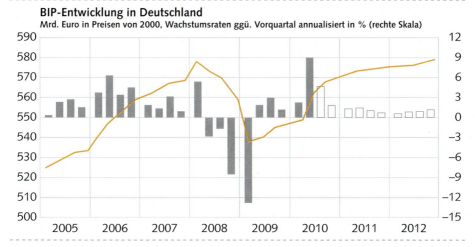

BIP-Entwicklung in Deutschland
Mrd. Euro in Preisen von 2000, Wachstumsraten ggü. Vorquartal annualisiert in % (rechte Skala)

Quelle: Destatis

Anlage 2

> ### Bedeutung der Fahrradindustrie wächst
>
> Hagen (rad-net) – Die Fahrradindustrie in Deutschland hat weiter an Bedeutung gewonnen. Das ist das Ergebnis einer Marktstudie, die jetzt von Albert Herresthal als Vorstand des Verbundes Selbstverwalteter Fahrradbetriebe (VFS) vorgestellt wurde und die ökonomische Bedeutung des Fahrradsektors beleuchten soll. Danach hat die Branche im vergangenen Jahr 13,36 Milliarden Euro Umsatz gemacht – dazu gehören allerdings auch fahrradtouristische Umsätze. Insgesamt sind nach Angaben der Studie in der Fahrradindustrie 220.000 Arbeitskräfte in Vollzeit beschäftigt. Für die Zukunft wird ein weiterhin positiver Trend prognostiziert, da das Fahrrad sowohl als Verkehrsmittel als auch als Sportgerät weiter an Bedeutung gewinne, so Herresthal. 2008 hatte der Fahrradeinzelhandel ein Umsatzplus von 5,2 % gemacht – dem stand nach Angaben des Statistischen Bundesamtes ein Minus von 0,5 % im übrigen Einzelhandel gegenüber.
>
> Nach seiner Statistik werden jedes Jahr in Deutschland über vier Millionen Fahrräder ständig wachsender Qualität verkauft. Entsprechend sei auch der Durchschnittspreis des verkauften Rades gewachsen. Insgesamt gab es nach Angaben des Statistischen Bundesamtes im Jahr 2007 ca. 5.600 Verkaufsstellen für Fahrräder, davon werden 4.110 als qualifizierte Fachhandelsbetriebe eingestuft.
>
> Quelle (rad-net, 18.03.10 Artikel gekürzt)

Anlage 3

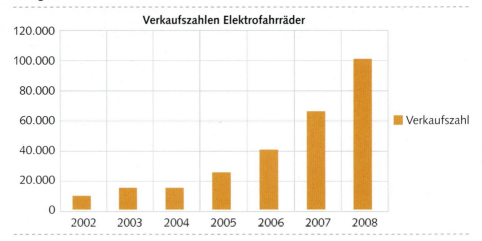

Verkaufszahlen Elektrofahrräder

b) Seit sechs Monaten sind Sie bei der Bohner GmbH in Neuburg im Bereich Marketing tätig. Die Bohner GmbH ist ein namhafter Fahrradproduzent, der seine Fahrräder im ganzen Bundesgebiet überwiegend über Fachhändler vertreibt, die auch Produkte anderer Hersteller im Sortiment führen. Obwohl im Bereich der E-Bikes über 20 weitere Hersteller tätig sind, sieht sich die Geschäftsführerin Melanie Bohner in einer vollkommen monopolistischen Marktsituation. Die Gründe hierfür sieht sie in den neuartigen Akkus, die eine hohe Reichweite bieten, im geringen Fahrradgewicht und im attraktiven Verkaufspreis von 1.299,00 €.

© Markus Mainka – Fotolia.com

Im kommenden Halbjahr soll bei den E-Bikes wiederum der Gewinn gesteigert werden. Nächste Woche wird hierfür die Marketingstrategie diskutiert. Hierzu beauftragt Sie Frau Bohner die bereits vorbereiteten Präsentationsfolien zu ergänzen. Beachten Sie dabei,

> das Datenmaterial zu vervollständigen und grafisch darzustellen,

> in der Notiz das Nachfrageverhalten und die Kostenentwicklung zu erklären und

> aufgrund der tabellarischen Wettbewerbssituation begründete Empfehlungen zur Preisfestsetzung auszusprechen.

Untersuchung der Konsum-Research GmbH und unserer Controllingabteilung

Verkaufspreis (€ je St.)	Nachfrage (St. je Monat)	Umsatz (€)	Gesamtkosten (€)	Gewinn/ Verlust (€)
1.600,00	100		187.500,00	
1.400,00	200		222.000,00	
1.200,00	300		256.500,00	
1.000,00	400		291.000,00	
800,00	500		325.500,00	
600,00	600		360.000,00	

Nachfrageverhalten:

Kostenentwicklung:

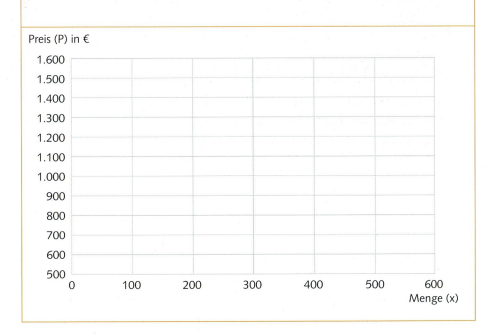

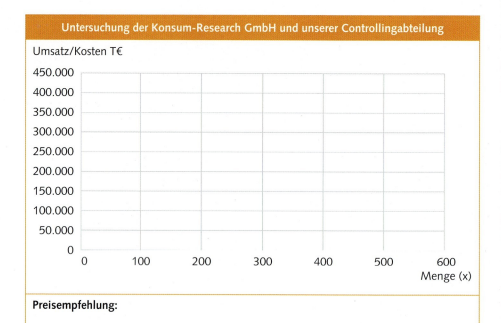

Untersuchung der Konsum-Research GmbH und unserer Controllingabteilung

Umsatz/Kosten T€

Menge (x)

Preisempfehlung:

c) Frau Bohner möchte sich an den Interessenverband ZIV (Verband der Zweiradindustrie) wenden, damit er sich bei der Bundesregierung für eine Unterstützung der E-Bike-Branche einsetzt. Hierzu hat Frau Bohner folgende Maßnahmen formuliert:

> direkte Subventionen für Nachfrager

> Subventionen für Hersteller

> Sonderabschreibungsmöglichkeiten für Unternehmen bei der Anschaffung von E-Bikes

> höhere Entfernungspauschale bei Fahrten per E-Bike zur Arbeitsstätte im Vergleich zur KFZ-Nutzung.

Verfassen Sie für Frau Bohner einen E-Mail-Text, indem Sie jeweils eine wirtschaftliche Auswirkung und mögliche weitere Effekte der einzelnen Maßnahmen beschreiben.

Sachwortverzeichnis

ERTRÄGE	AUFWENDUNGEN	

ERTRÄGE

5 Erträge

50 Umsatzerlöse
  500 Umsatzerlöse für
  Waren (Gruppe 1)
    5000 Umsatzerlöse
  501 Umsatzerlöse für
  Waren (Gruppe 2)
    5010 Umsatzerlöse

51 Sonstige Umsatzerlöse
  510 Sonstige Umsatzerlöse
  (aus Dienstleistungen)

52 Frei

53 Frei

54 Sonstige betriebliche Erträge
  540 Erträge aus Vermietung
  und Verpachtung
  541 Sonstige Erlöse
  542 Unentgeltliche Wertabgaben
  543 Andere sonstige betriebliche
  Erträge

55 Erträge aus Beteiligungen

56 Erträge aus Wertpapieren

57 Sonstige Zinsen und ähnliche Erträge
  571 Zinserträge

58 Außerordentliche Erträge

59 Frei

AUFWENDUNGEN

6 Betriebliche Aufwendungen

60 Aufwendungen für bezogene Waren und Betriebsstoffe
  600 Aufwendungen für Waren
  (Gruppe 1)
  601 Aufwendungen für Waren
  (Gruppe 2)
  604 Aufwendungen für sonst. Vorräte
  605 Aufwendungen für Energie und
  Treibstoffe
  606 Aufwendungen für Verpackungsmaterial
  607 Aufwendungen für Recycling und
  Entsorgung
  608 Aufwendungen für Leergut
  609 Aufwendungen für Rep.-Material

61 Aufwendungen für bezogene Leistungen
  613 Instandhaltung und Reparatur
  614 Frachten und Fremdlager
  615 Vertriebsprovisionen
  617 Sonstige Aufwendungen für
  bezogene Leistungen

62 Löhne
  620 Löhne

63 Gehälter
  630 Gehälter
  631 Sonstige Gehaltsaufwendungen

64 Soziale Abgaben und Aufwendungen für Altersversorgung und für Unterstützung
  640 Arbeitgeberanteil zur
  Sozialversicherung
  642 Beiträge zur
  Berufsgenossenschaft

65 Abschreibungen
  650 Abschreibungen auf Sachanlagen
  654 Abschreibungen auf geringwertige
  Wirtschaftsgüter

66 Sonstige Personalaufwendungen
  660 Sonstige Personalaufwendungen

67 Aufwendungen für die Inanspruchnahme von Rechten und Diensten
  670 Mieten, Pachten
  671 Leasing
  673 Gebühren
  675 Aufwendungen des Geldverkehrs
  677 Rechts- und Beratungs-
  aufwendungen

68 Aufwendungen für Kommunikation (Dokumentation, Information, Reisen, Werbung)
  680 Büromaterial
  681 Zeitungen, Fachliteratur
  682 Postdienstleistungen
  683 Telekommunikation
  685 Reisekosten
  686 Bewirtung, Präsentation
  687 Werbung, Dekoration
  688 Spenden

69 Aufwendungen für Beiträge und Wertkorrekturen
  690 Versicherungsbeiträge
  692 Beiträge zu Wirtschaftsverbänden
  und Berufsvertretungen
  693 Andere sonstige
  betriebliche Aufwendungen
  694 Verluste aus Schadensfällen
  695 Abschreibungen auf Forderungen

7 Weitere Aufwendungen

70 Betriebliche Steuern
  702 Grundsteuer
  703 Kraftfahrzeugsteuer

74 Abschreibungen auf Finanzanlagen und auf Wertpapiere des Umlaufvermögens

75 Zinsen und ähnliche Aufwendungen
  751 Zinsaufwendungen

76 Außerordentliche Aufwendungen

77 Steuern vom Einkommen und Ertrag
  770 Gewerbesteuer
  771 Körperschaftsteuer

ERGEBNISRECHNUNGEN

8 Ergebnisrechnungen

80 Eröffnung / Abschluss
  800 Eröffnungsbilanzkonto
  801 Schlussbilanzkonto
  802 Gewinn- und Verlustkonto

KOSTEN- U. LEISTUNGSRECHNUNG

9 Kosten- und Leistungsrechnung

In der Praxis wird die Kosten- und Leistungsrechnung gewöhnlich tabellarisch durchgeführt.

Schulkontenrahmen für den Einzelhandel[1]

AKTIVA

Anlagevermögen

0 Immaterielle Vermögensgegenstände und Sachanlagen

00 Frei
01 Frei
02 **Konzessionen, gewerbliche
Schutzrechte und Lizenzen**
05 **Grundstücke und Bauten**
   050 Unbebaute Grundstücke
   051 Bebaute Grundstücke
   053 Betriebsgebäude
   054 Verwaltungsgebäude
   055 Andere Bauten
   056 Grundstückseinrichtungen
   057 Gebäudeeinrichtungen
   059 Wohngebäude
08 **Andere Anlagen, Betriebs-
und Geschäftsausstattung**
   080 Andere Anlagen
   081 Ladenausstattung
   082 Kassensysteme
   083 Lagerausstattung
   084 Fuhrpark
   086 Büromaschinen,
      Organisationsmittel und
      Kommunikationsanlagen
   087 Büromöbel und sonstige
      Geschäftsausstattung
   089 Sammelposten GWG

1 Finanzanlagen

13 **Beteiligungen**
14 Frei
15 **Wertpapiere des Anlagevermögens**
16 **Sonstige Finanzanlagen**

Umlaufvermögen

2 Umlaufvermögen und
aktive Rechnungsabgrenzung

20 **Waren**
   200 Waren (Gruppe 1)
   201 Waren (Gruppe 2)
21 **Sonstige Vorräte**
   210 Betriebsstoffe
   211 Verpackungsmaterial
   212 Leergut
24 **Forderungen aus Lieferungen
und Leistungen**
   240 Forderungen aus Lieferungen
      und Leistungen
   245 Besitzwechsel
26 **Sonstige Vermögensgegenstände**
   260 Vorsteuer
   263 Sonstige Forderungen an
      Finanzbehörden
   265 Forderungen an Mitarbeiter
   269 Übrige sonstige Forderungen
28 **Flüssige Mittel**
   280 Bank (Kreditinstitute)
   282 Kasse

PASSIVA

3 Eigenkapital und
Rückstellungen

30 **Eigenkapital**
Bei Einzelkaufleuten:
  3000 Eigenkapital
     3001 Privatkonto
     3011 Privatkonto
         Gesellschafter B
         Gesellschafter C
  321 Gesetzliche Rücklagen

4 Verbindlichkeiten und
passive Rechnungsabgrenzung

41 **Anleihen**
42 **Verbindlichkeiten gegenüber
Kreditinstituten**
   420 Kurzfristige
      Bankverbindlichkeiten
   425 Langfristige
      Bankverbindlichkeiten
43 **Erhaltene Anzahlungen**
44 **Verbindlichkeiten aus Lieferungen
und Leistungen**
   440 Verbindlichkeiten aus Lieferungen
      und Leistungen
48 **Sonstige Verbindlichkeiten**
   480 Umsatzsteuer
   483 Sonstige Verbindlichkeiten gegenüber
      Finanzbehörden
   484 Verbindlichkeiten gegenüber
      Sozialversicherungsträgern
   485 Verbindlichkeiten gegenüber
      Mitarbeitern
   486 Verbindlichkeiten aus
      vermögenswirksamen Leistungen

[1] Grundlage sind Konten, die nach dem Bildungsplan vom August 2008 vorgesehen sind.